教育部人文社会科学重点研究基地项目成果
（项目名称：百年清史研究学术史，项目批准号：11JJD770002）

百年清史研究史

边疆民族卷

孙喆 张永江 著

黄兴涛 夏明方 杨念群 主编

中国人民大学出版社
·北京·

总　序

　　清史研究早在清王朝存在之时就已经开始。即便从清朝灭亡算起，以整个朝代为时间范围的清史研究也已有一百多年。2012年上半年，为纪念辛亥革命推翻清朝统治、结束帝制一百周年，中国人民大学清史研究所精心筹划主办了"清帝逊位与民国肇建"国际学术研讨会，自觉从"清史"与"民国史"的转换视角着眼，聚焦和探究那一特定时期的复杂历史内容。这次国际学术会议取得了圆满成功，达到了预期效果。会议期间，学者们纷纷表示，清史研究已然进入一个新的时间节点，应该对百年以来的既有研究进行系统的梳理和深度的总结，在此基础上再开始新的航程、扬帆远行。对此，专职人员较多的清史研究所自当责无旁贷。

　　思考并确立这一学术史课题，还得到了国家清史纂修工程的推动。2002年，经国家批准，戴逸先生领衔主持的国家清史纂修工程正式启动，至2012年已开展十年。展望未来，也需要对以往的清史研究进行一番整体的回顾。于是，2012年年底，在戴逸、李文海两位先生的指导下，清史研究所特别在京郊召开了一次全所会议，专门研讨这一问题，确定将"百年清史研究史"作为教育部人文社会科学重点研究基地下一阶段的重大项目来展开集体攻关，并按领域筹划分工，分别安排各领域的学术骨干来承担编撰任务。

　　大家商定，"百年清史研究史"的撰述，旨在较为系统地勾勒、梳理百年以来清史研究的基本线索，揭示其突出的问题意识和主要关切，总结其研究成绩，尽量有别于以往那些通行的研究"综述"，避免单纯罗列和一般性概述清史研究成果，力图归纳和提炼出政治、经济、社会、思想文化等清史研究领域中的若干重要进展、关注焦点和特色问题，围绕这些进展、焦点和问题对以往研究的特点及得失展开分析，并尝试寻找出某些具有共识的研究范式来进行反思，从而为今后清史研究的开展提供有益的借鉴。经过多年的努力，如今总算有了结果。

全书共分十卷，包括导论卷、政治史卷、经济史卷、思想文化史卷、社会史卷、中外关系史卷、边疆民族卷、历史地理卷、文献档案卷、海外研究卷。各卷因内容有别，故在掌握和运用体例方面会有所不同。特别值得一提的是海外研究卷的设置，我们特别邀请了国外清史研究名家森正夫、岸本美绪、狭间直树、岩井茂树、罗威廉、巴斯蒂、钟鸣旦、萨莫伊洛夫、杉山清彦、金成修、巴德妮、何娜来专门撰写，体现出真正的国际性交流与研究视野。在这里，我们要郑重地对他们，以及各卷的编撰者，表示由衷的感谢。此外，本书的出版还得到了国家出版基金的资助，这也是应该表示感谢的。

清史研究向为显学，学术成果异常丰富，对其百年历程进行全面系统的总结存在相当难度。我们秉承对前辈学者的崇敬之心和对学术的虔敬态度，努力进行此种学术史的探索，实在深感忐忑。限于视野、学力和时间的不足，分析、总结难免存在疏漏、缺失和不当之处，敬请同道学人不吝指正。

中国人民大学清史研究所
2020 年 4 月

目 录

导 言 ……………………………………………………… 1

第一章 由模糊到明晰：民国时期学人的边疆观、民族观嬗变 …… 13
  第一节 民国时期学人对"边疆""民族""边疆民族"含义的
     界定 ………………………………………………… 13
  第二节 民国时期学人的边疆观与民族观 ……………… 18

第二章 民初对清朝史、满族史研究的史观转换与评价转向 ……… 29
  第一节 嬗变中的"民族主义"观念与清朝评价 ………… 30
  第二节 《清史稿》编纂者的"歌功颂德" …………………… 50
  第三节 立场客观的清朝史、满族史研究 ………………… 52

第三章 20世纪上半叶边政学范式下的中国边疆研究 ………… 81
  第一节 第二次边疆研究高潮的到来 …………………… 82
  第二节 研究内容和关注焦点 …………………………… 83
  第三节 边疆研究发展的趋势 …………………………… 89
  第四节 新的学科雏形下边疆研究的整合与多元发展 ………… 94
  第五节 对清代边疆问题的关注与研究 ………………… 102

第四章　救亡与经世：民国时期的蒙古学研究 121
第一节　中西学术的融合与民国时期的蒙古史研究 121
第二节　民国时期的边疆考察与蒙古地理研究 140
第三节　边疆危机与蒙古问题研究 160
第四节　民国时期蒙古学研究的评估 189

第五章　边疆调查与民族识别 198
第一节　抗战时期边疆调查与民族研究 199
第二节　新中国民族识别问题的缘起和经过 217
第三节　新中国民族识别研究总体概况 220
第四节　民族识别研究的主要内容 223
第五节　民族识别与族群认同，兼及对民族识别工作的反思 230

第六章　新史观下的清代边疆民族史研究（1949—1999） 236
第一节　满族史研究的兴起与繁荣 238
第二节　蒙古史研究的曲折历程 245
第三节　新疆民族史研究的成就 253
第四节　边疆民族史视野下的藏学研究 276
第五节　20世纪下半叶的西南民族研究 287

第七章　多元视角下的21世纪清代边疆民族史研究（2000年以来） 299
第一节　中国疆域形成及相关问题 299
第二节　东北地区与满族 307
第三节　北方地区与蒙古族 311
第四节　西北地区及各族 316
第五节　西藏地区与藏族 322

第六节　西南边疆及各族 ………………………………………… 325

第八章　边疆开发范式下的清代边疆研究 ……………………………… 330
　　第一节　"边疆开发"概念、范畴的讨论及其总体研究 ……… 331
　　第二节　农（牧）业、屯垦研究 ………………………………… 340
　　第三节　边疆地区的工矿业、商业贸易和城镇 ………………… 349
　　第四节　移民和文化教育 ………………………………………… 359
　　第五节　边疆开发与生态问题 …………………………………… 365

第九章　海疆问题的出现与清代海疆史研究 …………………………… 370
　　第一节　基本概念及研究范围 …………………………………… 371
　　第二节　与国际争端联系密切的海疆专题史研究 ……………… 376
　　第三节　海上丝绸之路与海上贸易研究 ………………………… 382
　　第四节　清代海疆政策和海疆治理研究 ………………………… 385
　　第五节　海疆区域地方史研究 …………………………………… 392

主要参考文献 …………………………………………………………………… 399

导　言

　　中国不但拥有辽阔的中原腹地，而且拥有广袤的边疆地区，各族人民在这片土地上共同生活，共同缔造了中国历史和中华文明。在历史演进过程中，边疆与内地密不可分，统一多民族中国和多元一体中华民族相互依存、互相促进，造就了中国不同于世界上其他国家的特殊国情。中国边疆（含边疆民族）研究具有悠久的历史和丰厚的积累。自清中叶至今，中国边疆研究在不同的历史时期曾出现过三次高潮。鸦片战争后，中国边疆因列强环伺而危机重重，催生并促使有识之士对边疆历史和现实问题做深入研究。19世纪中叶至19世纪末，是中国边疆研究的第一次高潮时期，西北边疆史地学的兴起是此次高潮的标志。20世纪20年代至40年代，随着一批专业化边疆研究学会和学术刊物的面世以及众多学者的参与，中国边疆研究进入了第二次高潮，边政学的提出标志着边疆研究开始向独立学科的方向发展。第三次高潮出现在20世纪80年代并持续至今，凸显了国家致力于边疆稳定和发展的现实需求①。以这几次高潮为主线，边疆研究可谓人才辈出，成果蔚然可观。

　　就研究内容而言，传统的边疆研究主要由两部分构成：一是舆地学，即循着沿革地理学（近代学科体系建立后演化为历史地理学）的理路进行边疆研究；一是"四夷"研究，后进化为民族学以及边疆民族史学，这是由中国少数民族大多居于边疆地区的特殊历史事实决定的。20世纪上半叶，学术界先后出版了一批有关中国疆域历史变迁的宏观综论

---

① 马大正，刘逖. 二十世纪的中国边疆研究：一门发展中的边缘学科的演进历程. 哈尔滨：黑龙江教育出版社，1997：111 - 112，272 - 273.

性史著，如苏演存的《中国境界变迁大势考》①、葛绥成的《中国近代边疆沿革考》②、顾颉刚和史念海的《中国疆域沿革史》③、夏威的《中国疆域拓展史》④、童书业的《中国疆域沿革略》⑤等。这些著作虽然还是主要从传统沿革地理学出发，主要依据二十四史中的相关史料勾画出历史上王朝疆域变迁的大致脉络，鲜有涉及疆域形成和变迁规律的理论探索，"但称它们是中国边疆史宏观研究的开先河之作当不为过"⑥。

20世纪五六十年代，由于政治条件和外交政策的限制，边政和疆域研究在大陆成为学术禁区，只有个别领域如历史地图研究和中俄边界史研究等得到了发展。70年代末80年代初，近代疆界研究得到解禁，其他领域的研究亦开始逐渐复苏，但其后十年间，相关研究仍以边疆民族历史和边疆地理为多。

20世纪90年代以来，尤其是进入21世纪，中国边疆研究有了飞跃性的发展。主要体现在：一是研究范围大大拓宽，突破了以往以中国历代疆域变迁和近代疆界研究为重点的格局，逐渐形成边疆理论、边疆地理、边疆历史、边疆民族、边疆学史等几大研究领域。二是学科建设工作趋于完善。学者们普遍认为边疆研究对象不仅应包括边疆民族地区地理环境的形成和演变及区划沿革，而且应包括社会结构、管理机构、民族政策与思想等的演变。三是出现了一批标志性新成果。1995年，新中国第一部疆域通史——刘宏煊的《中国疆域史》⑦出版，该书虽是个人成果，但作为其理论基点的"中国统一多民族国家疆域"理论则是学术界研讨多年形成的共识。1999—2003年，中州古籍出版社出版了马大正主编的"中国边疆通史丛书"（包括《中国边疆经略史》《东北通史》《北疆通史》《西域通史》《西藏通史》《西南通史》《中国海疆通史》）。2007年，林荣贵主编的《中国古代疆域史》⑧和吕一燃主编的

---

① 上海：商务印书馆，1916.
② 上海：中华书局，1934.
③ 长沙：商务印书馆，1938.
④ 桂林：文化供应社，1941.
⑤ 上海：开明书店，1946.
⑥ 马大正."中国边疆通史丛书"总序//赵云田.中国边疆通史丛书：北疆通史.郑州：中州古籍出版社，2003：21.
⑦ 武汉：武汉出版社，1995.
⑧ 哈尔滨：黑龙江教育出版社，2007.

《中国近代边界史》①问世。2016年,由吕一燃主编的第一部关于中国海疆历史问题的研究性学术著作《中国海疆史研究》②出版。这些著作从边政史、民族史、地方史、中外关系史、地理沿革史等多个角度对中国疆域发展演变历史做了系统梳理和论述,代表着边疆研究的新高度。四是专门从事边疆问题研究的机构和刊物日益增加,研究队伍不断壮大。王锺翰在述及清末民初曹廷杰、金毓黻等前辈学者治西北和东北舆地之学时,曾感叹他们历经艰辛,竭毕生之力,"其所成就不为不大,然亦只涉及西北或东北,最多再加上整个北方内外喀尔喀蒙古,而西藏及甘青地区与广大西南地区,以及中南沿海诸岛屿尚未包括在内。即以东北一方言,固然必须读经史诸子百家之书,也应借助于日、俄、英、朝鲜语文以及满、蒙、锡伯、鄂温克、达斡尔、鄂伦春各少数民族语文;其他如考古、宗教等方面的知识似亦不可或缺。东北如此,西北、西藏、西南、中南何尝不也如此,又岂一时一人之力所能毕其功?"③指出了边疆研究领域凝聚力量、加强合作的必要性。20世纪上半叶中国边疆研究进入第二次高潮,其表现及特点之一就是涌现出众多的学者、刊物和研究机构,中国边疆的整体研究和区域研究成果大量出现,"当时活跃于这领域的学人、有影响的学术团体、受人注意的刊物,犹如群星灿烂"④。20世纪80年代以来,边疆研究迎来了又一个新的高潮时期,标志之一就是1983年中国社会科学院中国边疆史地研究中心(2014年更名为"中国边疆研究所")的成立,作为新中国第一个研究边疆史地的专门机构,它在学术研究和科研项目组织、实施方面发挥了重要的作用。进入新世纪后,随着研究内容的扩展和学术力量的壮大,一些高校开始利用自己完善的学科体系、充足的教学资源和丰厚的学术积累,纷纷成立边疆研究专门机构,聚集相关领域的优秀人才,齐心协力共同攻关创新。在此基础上,构建中国边疆学学科体系的呼声也越来越高。

清朝是中国历史上最后一个封建王朝。从1583年努尔哈赤起兵

---

① 成都:四川人民出版社,2007.
② 成都:四川人民出版社,2016.
③ 王锺翰.谈中国边疆史地学与民族史的关系.中国边疆史地研究,1992(2):9.
④ 边众.论当前开展中国边疆史地研究的几个问题.中国边疆史地研究,1991(1):14.

反明到 1759 年乾隆帝平定西域，完成统一大业，清朝统一全国行动历时 170 余年，形成东到鄂霍次克海和库页岛，西抵巴尔喀什湖和帕米尔高原，北起萨彦岭、额尔古纳河和外兴安岭，南至南海诸岛的辽阔疆域。在清朝全盛时期，全国有 26 个一级行政区，即内地 18 行省，盛京（奉天）、吉林、黑龙江、伊犁、乌里雅苏台 5 个将军辖区，驻藏大臣、西宁办事大臣 2 个辖区，以及内蒙古的盟旗。清朝统治者采取"因其教不易其俗，齐其政不易其宜"的方针，对边疆地区实施了有效的管辖，"一切制度章程，与内地省分无异"①，这样的统一范围和管辖程度是以往的中原王朝从未达到的。19 世纪中叶以后，西方列强入侵中国，中国面临着严重的国家、民族和边疆危机，在内忧外患的压力下，清朝统治最后以灭亡收场。清朝治理边疆成功的经验、失败的教训，对我们今天都有着重要的借鉴意义。现代中国的疆域版图和民族分布格局都奠定于清朝，因此清代边疆史、民族史不仅是中国边疆研究的重要组成部分，而且对我们今天来说具有特殊的学术意义和现实意义。清朝灭亡距今已 100 余年，从学术研究史的视野回顾这一时期清代边疆史、民族史的探索足迹，总结其得失，应该说是一项十分必要的工作。

　　清代边疆史和民族史的研究起步于民国时期，在边疆危机和西学的推动下，一些学者"由研究中国史而研究世界史，由研究内地史而研究边疆史，由研究以汉族为主的历史而研究少数民族史，由研究政治史而研究社会史、文化史，由研究古代史而研究当代史，由注意文献资料而注意考古发掘"②，基本具备了现代意义上的边疆观、民族观，并且积极利用这些观念去解决现实中的问题。大体说来，清代边疆史和民族史之研究缘起有二：一是民国时期所面临的边疆民族问题几乎都可以追溯到清代，"前事不远，后事之师，暗室摸索，究不若遵古损益，费力少而成功多，故余谈边事，亦每每援古酌今"③。二是中国边疆民族研究的第一次高潮始于清代的西北史地学研究，重拾晚清西北史地学

---

① 清高宗实录：卷七二二：乾隆二十九年十一月戊申.
② 胡逢祥，张文建. 中国近代史学思潮与流派. 上海：华东师范大学出版社，1991：序 1.
③ 楚明善. 清代之治边制度与政策. 边政公论，1941，1（2）：1.

所形成的经世致用之风成为民国学者的共识,"站在一切学术现实化的立场,必求其与现实接近,求其对现实发生更多的效用。这样学术才有根基,有着落。若再站在现时代而论,则局势之迫切,民族情绪之待鼓舞,民族精神之待发扬,实未有过于此时者"[①]。研究内容则主要体现在对满族史研究的史观转换与评价转向、蒙古历史地理问题、西方列强对中国领土的侵占、近代失地和边防问题、清代政教制度等方面。

新中国成立以后,特别是改革开放以来,清代边疆史、民族史的研究进入了一个新的发展时期,取得了突飞猛进的进步,形成了自己的研究特点。概括而言,主要表现在:

第一,研究视角和内容日益丰富。除了继承以往对边疆史和民族史、近代失地史、边界史的研究外,积极开拓对清代疆域形成、边疆开发、边疆社会和经济、海疆、宗教、边疆生态等问题的研究,并取得了丰硕的成果。研究视角也开始由国家层面扩展到基层社会,关注少数民族族群及地区社会文化变迁。

第二,新的研究方法和手段不断被引入与使用。在史料的收集与整理的基础上,通过分析、归纳、演绎等方法,尽可能准确复原历史原貌,把握中国统一多民族国家演进的规律,是清代边疆史、民族史研究的主要目标,因此,历史学的研究方法始终占据主要地位。但与此同时,学科的分野,以及中国边疆和民族的多样性、复杂性,决定了对边疆和民族问题的研究需要采纳多学科的理论与方法,加强学科间的合作与交融。近年来,在世界范围内研究趋势的推动下,清代边疆史、民族史所关注的课题不可避免地涉及人类学、政治学、经济学、环境学、社会学、国际关系学、法学等多个学科领域,借用或融会它们的理论与方法成为大势所趋,这已在近年的研究成果中得到了充分体现。在此基础上,学者们的研究观念也在不断发生变化。

第三,坚持边疆研究经世致用的优良传统。顾颉刚在谈及第一次边疆研究高潮时,认为:"清道光后,中国学术界曾激发边疆学之运动,群以研究边事相号召……察此种运动之主要起因,实由于外患之压迫……国中经此数度载刺,遂激起一班学人跳出空疏迂远之范围而转向经世致

[①] 徐文珊. 再论史学风气之改革: 历史教育论之十一. 文化先锋, 1944, 4 (13): 17.

用之学术。边疆学者,经世致用之大端也。"① 因此,从学术研究史的发展轨迹而言,对边疆和民族问题的研究始终与现实关怀保持着密切的关系,举凡对疆域形成、边防、边界、民族识别、民族政策、海疆、边疆开发诸问题的研究,无不是响应现实需要而得以蓬勃发展。但这并不意味着研究中要一味追求政治和社会热点问题,八十余年前,顾颉刚在论致知与致用之关系时说:"救国固仗着热烈的感情,但尤其仗着冷静的理智;救国不是一个空谈的问题,乃是许多有效的实际规划与行动的总和。所以,我们不愿用了策论式或标语式的几句门面话来博取一刹那间泄愤的快意,而要低着头沉重着脚步走路,希望在真实的学识里寻出一条民族复兴的大道来。"② 这一主张基本成为学者们的共识,在研究中始终恪守求真求实的科学态度。

第四,注意对新材料的发掘、整理和利用。除了对汉文档案文献材料的持续发掘、整理和利用外,还体现在两个方面:一是对外文文献的译介和直接利用获得了很大发展。19世纪以来,西方国家对中国边疆地区的考察、考古、战争回忆及学术研究等成果陆续面世,国内一直未曾中断过对这些档案文献、论著的译介工作。随着中外学术交往活动的日益频繁和便捷,学者们对国外文献的直接利用也得到突飞猛进的发展。二是一些少数民族语言文字(如满文、蒙古文、维吾尔文等)的历史文献日益受到重视,并开始得到较为广泛的利用。仅以清代新疆满文档案的整理翻译为例,20世纪80年代以来,相当数量的满文档案被整理翻译出版,如中国第一历史档案馆选编的《清代锡伯族档案史料选编》③、中国社会科学院民族研究所民族史研究室与中国第一历史档案馆满文部合作译编的《满文土尔扈特档案译编》④、中国第一历史档案馆、中国人民大学清史所和中国社会科学院中国边疆史地研究中心合编的《清代边疆满文档案目录》⑤、吴元丰等主编的《清代西迁新疆察哈尔蒙古满文档案全译》⑥、中国第一历史档案馆、中国边疆民族地区历

---

① 顾颉刚.《禹贡》学会研究边疆计划书.史学史研究,1981 (1):66.
② 顾颉刚.纪念辞.禹贡,1937,7 (1/2/3):2.
③ 乌鲁木齐:新疆人民出版社,1987.
④ 北京:民族出版社,1988.
⑤ 桂林:广西师范大学出版社,1999.
⑥ 乌鲁木齐:新疆人民出版社,2004.

史与地理中心合编的《军机处满文准噶尔使者档案译编》①等陆续面世。2012年，由中国边疆史地研究中心、中国第一历史档案馆合编的《清代新疆满文档案汇编》②出版，总计283册，更是为新疆历史研究提供了丰富的史料依据。

第五，重视与国际学术界的对话和交流，在吸收和借鉴国外相关理论、方法以及研究成果的同时，坚持中国历史认知的底线。20世纪90年代以来，全球化、现代化的发展对民族认同带来的新危机以及民族国家的进一步分化、整合等现实问题的出现和激化，使得民族问题再次成为国际学术界关注的热点。在中国史学领域，清代作为中国现代意义上民族国家最终形成的关键时期，加之本身王朝的统治者又是少数民族，因此，关于清代民族国家认同的研究日益引起关注。美国"新清史"学者异军突起，他们中的一些人从不同角度在对东北、蒙古、新疆等所谓"内陆亚洲"地区的历史进行考察后，认为清朝之所以能统治中国近300年的时间，关键在于其对边疆地区的成功经营，在于成功地保持满洲认同、满蒙联合，即保持满族的族群特性而不是接受"汉化"，应该更多地站在以满族为主体的视角来研究清代历史问题。概括而言，"新清史"的核心观点有如下几点：（1）强调清朝是由满人建立起来的王朝，具有征服特性，其"内亚性"十分明显。（2）反对"汉化"理论，强调满人特性。（3）从族群视角出发，强调民族认同的主观因素。（4）提倡对满语、蒙古语、维吾尔语等各种少数民族语言的学习和利用，对满文等文献格外重视。（5）在宣传推动全球史基础上，借助全球史书写形式，从清代少数族群视角认识清代的形成、发展及其在近代中国的影响。

"新清史"提出的一些观点在国内引起很大的反响。关于"内亚论"，沈卫荣认为，清朝作为中国历史上的末代王朝，它既是一个少数民族入主中原的征服王朝，也是对其前朝的继承和发展，所以它首先是一个"基于中国"的帝国③。姚大力提出，内亚诸要素是内在于中国性

---

① 北京：中央民族大学出版社，2009.
② 桂林：广西师范大学出版社，2012.
③ 沈卫荣. 我看"新清史"的热闹和门道：略议"新清史"语境中的中国、内亚、菩萨皇帝和满文文献. 上海书评，2017－09－04.

之中的，产生于中国的地理环境这一基础之中①。刘文鹏认为，"新清史"学者将满洲特性论泛化为以游牧文化为核心的内亚特性，有违以往内亚史学者之本意。他们偏向强调清朝与内亚政权的连续性，将"内陆亚洲"从一个文化概念演绎为一种与"中国"相对立的政治概念，逻辑上存在偏差，也不符合历史实际②。

关于"新清史"对满族"汉化"的解构，早在 2000 年，郭成康就发表了《也谈满族汉化》③一文，指出满族一直"自觉地、清醒地抵拒汉文化的包融和侵蚀"，处心积虑地裁量、陶铸、重塑、支配着汉文化，从而使满汉文化的交流和冲突最终达到一个新的层面、新的内涵的融合。这一漫长而历经磨难的融合过程，不仅使满族在一个相当长的时间里成功地维护了自己的民族个性，而且也给有清一代的历史打上了有别于以往历代王朝的特别醒目的烙印，其影响之深远，也许在今天仍依稀可辨。2005 年，他又就清代满洲的民族、国家认同问题，发表了《清朝皇帝的中国观》④一文，对清朝几位重要皇帝对"中国""中华"观念的认识进行了系统梳理，得出结论："清朝皇帝从民族认同到统一国家的认同，清朝治下各民族从民族认同到统一国家的认同，经历三百年的曲折发展至此终成正果，并不因清朝覆亡而被抛弃。今天中国各族人民一致认同自己是中国人，认同自己的祖国是中国，可谓历尽沧桑，备尝艰辛，中间数千年的战争与和解，分裂与统一，冲突与融合，从猜忌防范，彼此隔阂，到泯灭恩仇，合为一家。每一历史时期的人民和统治者都做出过那一时代的独特贡献，而水到渠成大势之下，终由清朝统治者一锤定音，从这个意义上讲，清朝不仅留给今天中国人民国家版图与统一的多民族国家的物质财富，而且留下了界定中国与中华民族内涵与外延的弥足珍贵的精神财富。"黄兴涛在《清代满人的"中国认同"》⑤一文中也认为，在清朝入关、政权统治逐渐稳定之后，满人的"中国认同"和"大清认同"就迅速趋于同一，并与其自身的"满洲认同"以一种交织的方式同时并存着，它们之间在特殊情况下特别是在满汉矛盾激

---

① 姚大力. 中国边疆的基本特性. 学术月刊, 2019 (2): 176-184.
② 刘文鹏. 内陆亚洲视野下的"新清史"研究. 历史研究, 2016 (4): 144-159, 192.
③ 清史研究, 2000 (2): 24-35.
④ 清史研究, 2005 (4): 1-18.
⑤ 清史研究, 2011 (2): 1-12.

化的特定时期，也会以有些汉人不认同其为"中国"或"中华"的方式，表现出某种紧张，但更多的时候则是并行不悖，而且中国认同作为一种兼顾对内对外、历史与现实的超越族群利益之上的国家认同，总体说来显然要处于更高层次。从某种意义上说，将更为广阔地区的非汉族群彻底有效地陶铸成中国人，使他们以主人翁的姿态公开认同并满足于"中国"的身份，且在晚清特别是清末实现一定程度的现代性转换，不仅是清王朝超越以往中国各王朝主导族群的满人特性独特作用的结晶，也恰恰正是体现其统治时期最为鲜明的中国特性所在。

"新清史"之所以引发普遍关注，主要原因之一就是它对清朝性质的判定以及对中国文明的理解方式极大挑战了中国国民的常识与底线[1]。中国学者对这些观点，尽管在认识和解读上并不完全一致，但都始终坚持中国历史的认知底线，即统一多民族中国和多元一体中华民族两大理论，认同费孝通所提出的"各个民族渊源、文化虽然是多样性的，但却是有着共同命运的共同体"[2]。同时，我们也应该看到，尽管在众多中国历史学家看来，"新清史"受法国历史学家与批评家福柯的影响，带有强烈的历史虚无主义特征，认为历史学家从资料中发现的不是"事实"，而是某种"表述"方式[3]，但是"新清史"也并非毫无价值，它至少引起人们对满文和其他少数民族文字以及边疆民族地位、文化的重视。清代边疆研究的重要性也由此得到学术界更为广泛的认同，这亦是不争之事实。

本卷分为九章，分别对民国时期学人的边疆观、民族观嬗变，民初对清朝史、满族史研究的史观转换与评价转向，20世纪上半叶边政学范式下的中国边疆研究，民国时期的蒙古学研究，边疆调查与民族识别，新史观下的清代边疆民族史研究（1949—1999），多元视角下的21世纪清代边疆民族史研究（2000年以来），边疆开发范式下的清代边疆研究，海疆问题的出现与清代海疆史研究等专题的研究历程进行了回顾、梳理和总结，试图从中反映出百余年来清代边疆史和民族史研究的

---

[1] 李静.《"中国崛起"的历史叙事与当代想象：以"新清史"的"帝国转向"为中心. 文艺理论与批评, 2017 (5): 45-60.
[2] 费孝通, 等. 中华民族多元一体格局. 北京: 中央民族学院出版社, 1989: 19.
[3] 罗威廉. 在美国书写清史. 林展, 译. 清史研究, 2015 (2): 1-26.

脉络、内容、趋势、特点。

　　需要说明的是,蒙古学作为在国际上与汉学、藏学、满学等并列的学术研究,在民国时期开始初现雏形。从研究机构与团体来看,这一时期已经具备一批和蒙古学研究相关的现代学术机构与团体,并在高校开设了相关课程,出版了《蒙藏月报》《蒙藏旬刊》《蒙藏周报》《蒙藏学校校刊》《新蒙古》等研究期刊。从蒙古学研究群体来看,涌现出了韩儒林、翁独健、谢彬、华企云、黄奋生、凌纯声等一大批受过现代教育的蒙古学学人。他们运用西方学术研究理论方法,并结合自身的研究领域,对蒙古史地及蒙古现状进行全方位的科学研究,出现了张印堂的《蒙古问题》①、黄奋生的《边疆政教之研究》②、凌纯声的《中国边政之盟旗制度》③ 等一批具有现代性意义的划时代论著。民国时期的蒙古学研究不仅为现代蒙古学学科的最终形成与发展奠定了坚实的基础,而且成为民国时期边疆、民族问题研究不可或缺的重要组成部分。因此,回顾、总结这一时期的蒙古学研究内容、成就和不足,具有学术和现实的双重意义。但从以往的研究来看,对这方面内容的梳理和考察尚存在明显薄弱之处,本卷拟稍加笔墨,将其作为叙述重点之一,虽与其他章节于体例上稍显不合,但亦列为一章(即第四章),为此问题将来之继续研究做一个铺垫。

　　另外,在对民国时期边疆和民族研究史进行回顾时,尽管彼时已经采用了西方的学术分科制,但从整个中国社会发展和认知来看,知识生产体系仍处于传统的四部之学向分科制的现代学术过渡时期。在史学中的表现,一是中国史学重于西洋史学;二是中国史学以断代史为次级学科单位,交叉性的专门史学科尚未分化出来,如民族史、边疆史,仍分散在断代史、民族学、舆地学及地理学之中。受此影响,本卷所论及的内容,就研究者而言,因为少有专事这一学科方向的学者,总体上是分散性的成果;从研究对象来说,受中国历史发展过程中所形成的民族分布格局的影响,边疆研究与边疆民族研究难以完全区分(时至今日仍是如此)。如论清代东北边疆,常常离不开满族;谈论满族,则离不开清

---

① 上海:商务印书馆,1937.
② 上海:商务印书馆,1947.
③ 边政公论,1943,2(9/10):1-12.

朝。蒙古、西藏的情况也类似。蒙古历史与蒙古地区相提，藏地与藏人并论，乃当时普遍做法，未便以今日之学科领域观念强做区分。特别是一些蒙元时期蒙古史课题的研究，看似不涉及清代史事，实则与民初现实息息相关。故本卷所涉成果，包含了大量的综合性的边疆研究成果，相当于今日国外所谓满学、蒙古学和藏学研究，并不局限于清代。

梁启超曾提出学术史编纂的四个原则："第一，叙一个时代的学术，须把那时代重要各学派全数网罗，不可以爱憎为去取。第二，叙某家学说，须将其特点提挈出来，令读者得很明晰的观念。第三，要忠实传写各家真相，勿以主观上下其手。第四，要把个人的时代和他一生经历大概叙述，看出那人的全人格。"① 这四点并不容易做到，但应该尽力追求。梁启超面临的知识遗产，还是传统的知识生产体系，产品总量有限，全数网罗尚有可能。但近现代以来，随着学术的独立和专业化，印刷出版业的发展，知识的产出和传播呈现加速度乃至爆炸状态，加上卷帙篇幅所限，将以往研究成果悉数搜罗殆无可能。我们只能以学术思想为纲，以点带面，择其首创性、代表性著述，加以比较分析，呈现其基本脉络和面貌，在选择论著成果时亦难免挂一漏万。至于详细观点及论说，只能割爱。是为本卷撰写之方针。

学术研究向来重视薪火相传，回顾清代边疆研究的成绩和不足，也是推动其继续向前发展的重要动力。学者们对不同阶段、不同领域的研究状况不断地进行着总结，如马大正和刘逖的《二十世纪的中国边疆研究：一门发展中的边缘学科的演进历程》、马大正的《当代中国边疆研究（1949—2014）》② 等。1999年和2009年，时值新中国成立五十周年和六十周年，学术界涌现出一批从不同领域、不同学科对以往研究状况进行回顾和总结的论著，边疆史和民族史研究领域也有相关成果问世，如于逢春的《60年来东北边疆研究论衡》③、吕文利的《新中国成立60年来北部边疆研究评述》④、厉声和贾建飞的《60年来西北边疆史

---

① 梁启超. 中国近三百年学术史. 长沙：岳麓书社，2010：54.
② 北京：中国社会科学出版社，2016.
③ 中国边疆史地研究，2009（3）：19-29.
④ 中国边疆史地研究，2009（3）：9-18.

地研究的回顾与展望》①、方铁的《西南边疆史研究 60 年的回顾与展望》②、张永攀的《边疆史视野下西藏研究 60 年》③、李国强的《新中国海疆史研究 60 年》④、宋蜀华和满都尔图主编的《中国民族学五十年（1949—1999）》⑤、达力扎布主编的《中国民族史研究 60 年》⑥、毕彩华的《20 世纪 50 年代以来云南民族识别的研究综述》⑦、木薇的《20 世纪 50 年代以来云南民族识别研究回顾与反思》⑧、李良品的《近六十年我国民族识别研究述评》⑨ 等。事实上，每隔数年乃至每年便对本领域内的研究状况进行一次梳理和总结，已日渐成为学术界的常态。因此，与清代边疆史和民族史有关的综述类研究成果数量宏富，囿于篇幅，兹不一一赘述。需要特别说明的是，在撰写本卷过程中，对这些学术史研究成果进行了充分的吸收和借鉴。

本卷在写作过程中，得到中国人民大学历史学院研究生陈雅瑶、李金飞、刘盈、张小妮、田歌、杨红霞、王栋、胡存璐、张光耀、韩善美、张心雨、谈汀、惠男、马金柱、王科杰及国家清史编纂与研究中心刘珊珊博士的大力协助，在此予以说明和感谢。

---

① 中国边疆史地研究，2009 (3)：1-8, 148.
② 中国边疆史地研究，2009 (3)：39-49.
③ 中国边疆史地研究，2009 (3)：30-38.
④ 中国边疆史地研究，2009 (3)：50-63.
⑤ 北京：人民出版社，2004.
⑥ 北京：中央民族大学出版社，2010.
⑦ 科技信息，2010 (34)：782.
⑧ 云南农业大学学报（社会科学版），2011 (3)：28-33.
⑨ 云南民族大学学报（哲学社会科学版），2011 (6)：32-37.

第一章　由模糊到明晰：
　　　　民国时期学人的边疆观、
　　　　民族观嬗变

第一节　民国时期学人对"边疆""民族"
　　　　　"边疆民族"含义的界定

一、民国时期对"边疆"含义的认知

就字面理解，"边疆"多是指地理意义上的，一般指靠近国界的领土，今日包括《辞源》在内的诸多词典也大多如此解释。但自古以来，国人对"边疆"概念的理解不限于此。从历史来看，古代中国各朝代的疆域并不固定，"边疆"含义的伸缩性也比较大。古人多以汉人居住为主的中原地区以及其所创造的华夏文明为核心圈，而将中原以外的夷狄居住的蛮荒之地视为"边疆"。这其中既蕴含地理上的差异，也包含文化及文明程度上的差距。

民国时期对于"边疆"概念的界定，虽主要沿袭和继承了中国传统的对于"边疆"的认识，但由于近代西方势力入侵和西学东渐，国人的民族与国家意识逐步明晰，民国时期学人从维护祖国统一的角度对"边疆"的概念、范畴进行了充分讨论。

顾颉刚认为，边疆者，一国领土之外缘地带，在地理上与内地异其部位，而在国家主权及政治制度上皆与内地合为一体。"然就吾国言，则其事有别。""东南滨海,而不曾以边疆一名呼苏、鲁、浙、闽诸省。若察、绥、宁、青、康、黔,按诸舆图,尽在腹地也,而无不目之曰边疆。是知所谓边疆与内地之界划,实即指地理环境与生活文化之特殊"①。强调"边疆"有两方面的含义:地理上的边疆和文化上的边疆。李安宅与其观点基本一致,亦提出边疆乃相对内地而言。边疆之所以不与内地相同,就自然条件而论,不在方位,而在地形;就人为条件而论,不在部族,而在文化。因此,应以地形与文化作为边疆的界线。"地形的分别是什么呢?河谷、平原、盆地不是边疆,高原、沙碛、茂草、森林才算边疆。文化的分别在哪里呢?进行精耕农业者不是边疆,进行粗放游牧者才算边疆。而粗放游牧必据高原、沙碛、茂草、森林一类的地形,精耕农业必据河谷、平原、盆地一类的地形。故文化的边疆实以地形的边疆作基础。"②黄奋生认为:"中国的边疆,有两方面的意义:一则为国界的边疆,即与外国领土接壤的区域;一则为文化的边疆,即未尽开发的土地,其间为游牧经济的各宗族所散居,而其习俗、宗教、生活、语文等与农业文化不同的区域。"③吴文藻认为,"边疆"一词主要不出两种用义:"一是政治上的边疆,一是文化上的边疆。政治上的边疆,是指一国的国界或边界言,所以亦是地理上的边疆";"文化上的边疆,系指国内许多语言、风俗、信仰,以及生活方式不同的民族言,所以亦是民族上的边疆"。依照此定义,吴文藻指出当时的边疆指的是:"(一)中部十八省以外而临近外国的地方而言,如蒙藏及辽吉黑热察绥新宁青康等省是。(二)中部十八省中住有苗夷羌戎各小族的荒僻之区而言,如陕甘湘粤桂川滇黔等省之边区是。"④

虽然民国时期学者们对"边疆"含义的界定侧重点不尽相同,但是皆未将"边疆"只看作纯粹的地理概念,而更看重的是"边疆"含义的文化所指。这也为现代学者们更好地理解"边疆"含义奠定了基础,正如马大正、刘逖在《二十世纪的中国边疆研究:一门发展中的边缘学科的演进历程》中所认为的:"中国边疆是一个历史的、相对的概念,只

---

① 顾颉刚. 中国边疆学会宣言//顾颉刚全集:宝树园文存:卷1. 北京:中华书局,2011:49.
② 李安宅. 边疆社会工作. 石家庄:河北教育出版社,2012:6-7.
③ 黄奋生. 泛论边疆教育. 西北通讯,1947(3):4.
④ 吴文藻. 边政学发凡. 边政公论,1942,1(5/6):3-4.

有综合地考虑了政治、经济、军事、文化和地理位置等方面的因素后，才能得出一个相对明确的答案。"①

二、民国时期的"民族"含义

中国自古就是多民族国家，虽然并未提出明确的"民族"概念，但是从先秦时代开始，史书中就有关于国境内及边境地区民族活动的相关记载，比如《诗经》《尚书》《竹书纪年》《山海经》等典籍中就有大量的民族史材料。西汉司马迁的《史记》中更是有《匈奴列传》等六篇少数民族列传。上述有关少数民族史的记载皆是在"内诸夏而外夷狄""华夷之辨"的传统话语下写就的。

自鸦片战争始，伴随着西方国家的入侵以及西方民族研究理论的传入，国人的民族意识空前高涨，一批学者逐步摆脱"内诸夏而外夷狄""华夷之辨"等传统民族思想，开始站在一种更宽广的视野下审视和研究民族问题。最先引用西方民族理论来阐述国内民族问题的是梁启超。梁启超在1899—1923年先后发表了一系列涉及民族史研究的著作，早期常用"人种""种族""部族"来表达"民族"概念，之后随着对"民族"概念认识不断加深，提出："何谓民族意识？谓对他而自觉为我。……凡遇一他族而立刻有'我中国人'之一观念浮于脑际者，此人即中华民族之一员也。"② 这一观点至今仍得到学术界的公认。但是民国时期并不是所有的学者都赞同梁启超这种淡化族群属性和血缘的"民族"概念。民国初期，受革命史观影响的一批学者并不赞成将满族作为"中华民族"的一员，认为清朝是入侵"异族"所建，民初在"民族革命史观"指引下对清史、满族史的研究便是其突出代表。直到1944年，萧一山也不承认满族的存在："中华民族现在是单纯的国族（Nation），在古代则是极复杂的宗族，经过四五千年的混合同化，才凝结而为一体。虽然还剩下少数所谓蒙、藏、回、苗等族，都是因为地域的关系，暂时保守其言语风俗习惯，而血统早已混合，生活逐渐改变，宗教也差不多一致了。四万万五千万人全是汉族。"③ 而"满族"是不存在的，

---

① 马大正，刘逖. 二十世纪的中国边疆研究：一门发展中的边缘学科的演进历程. 哈尔滨：黑龙江教育出版社，1997：3.

② 梁启超. 中国历史上民族之研究//梁启超全集：第3卷. 北京：北京出版社，1999：3435.

③ 萧一山. 清史大纲. 上海：上海古籍出版社，2014：1.

女真人早就被同化了①。

这里有必要述说民国时期学人对于"种族"与"民族"的认识。前面已经说过，梁启超最初也并未厘清"种族"与"民族"概念，存在混淆之嫌，后来才慢慢意识到二者的区别。1922年他明确厘清了"民族"和"种族"的概念，说："民族与种族异，种族为人种学研究之对象，以骨骼及其他生理上之区别为标识。一种族可析为无数民族……一民族可包含无数种族。"② 吕思勉在《中国民族演进史》中对"民族"和"种族"的关系也进行了充分讨论，认为"种族是以体质为标准的"，"一种族分为数民族，一民族包含数种族及数种族渐化为一民族却不乏其例"③。吴文藻认为："民族与种族有别；民族乃社会人类学研究的对象，故为一文化的概念；种族乃体质人类学研究的对象，故为一生物的概念。文化上的民族与生物上的种族，二者绝对不能混作一谈。国人常有误用民族为种族之义者，因而昧然主张应用民族一词，此种指鹿为马、因噎废食之论，殊属不当。"④

总之，民国时期学者们对于"民族"概念的认识经历了由浅入深的过程，为近现代民族理论的形成与发展奠定了基础。

三、民国时期的"边疆民族"含义

中国的边疆地区历来是多民族杂居和聚居的地方，特别是中国的少数民族大多聚居在边疆地区。中国边疆问题与中国民族问题有着十分密切的关系，这不仅是因为中国边疆地区是各少数民族主要的聚居地，而且各民族在自立发展（各民族都有以自己为主线的发展史）基础上的融合发展是构成统一多民族中国边疆的基石。

民国初年，孙中山将"驱除鞑虏，恢复中华"的民族口号改为"五族共和"。北京政府宣称："现在五族共和，凡蒙、藏、回疆各地方，同为我中华民国领土，则蒙、藏、回疆各民族，即同为我中华民国国民，自不能如帝政时代再有藩属名称。"⑤ 随着西方民族理论的传入以及国

---

① 萧一山. 清史大纲. 上海：上海古籍出版社，2014：5.
② 梁启超. 饮冰室合集：专集四十二. 北京：中华书局，1989：1.
③ 吕思勉. 中国民族演进史. 上海：上海文化服务社，1936：2.
④ 吴文藻. 边政学发凡. 边政公论，1942，1（5/6）：4.
⑤ 临时大总统袁世凯命令（1912年4月22日）. 东方杂志，1912，8（12）：中国大事记3.

人对"民族"含义认知的加深,对非汉民族的称呼也呈现出多种形态,如边民、少数民族、边地民族等。近代边疆危机日益加深,特别是九一八事变以后,帝国主义更是企图利用国内民族矛盾来分裂中国,如伪满洲国的成立、蒙藏"独立"等等,这客观上也催生了"边疆民族"概念的产生。此外,"边疆"的文化含义所指也体现出"边疆"问题的主体即是生活在边疆地区的"民族"。翰青在《边疆问题:注意的理由和解决的途径》一文中即认为,边疆问题并非单纯国防问题,不能"忽略边地民族的利益与意志","除了云南、广西是纯粹汉族,以及东三省的满族已与汉族同化外,蒙古的人种是通古斯族,新疆大部分的人是突厥族,西藏是唐古特族"①。他主张贯彻孙中山的民族主义,保持中华民族独立、安全,扶植蒙古、藏、回各族共同摆脱帝国主义侵略。谈到边疆民族学的开展,徐益棠认为:"往者,论边疆问题者每推其原因于帝国主义者之挑拨,证之以当时各边区之骚动,或有其显明之理由。迨广西兴安、全县、灌阳、龙胜等处瑶民二次变叛(第一次:二十一年十月;第二次:二十二年三月),云南邱北侯保全、王相等叛变(二十二年一月至八月)以及湖南永绥苗民发生抗租事件(二十五年六月至二十七年一月),乃知中国之边疆问题,民族的因子实居其重心,文化之低落,又为其根本之原因。于是各省乃竞设学校,广训师资,而民族研究之工作,亦同时为各边省当局所注重。"②

对于"边疆民族"的具体所指,吴文藻给出了较为确切的说法:"边疆民族系指国内僻居边地或邻近边地的各种少数民族或浅化民族而言。"主要包括四种类型的民族:"(一)有全族聚居于一个区域,别无他族混杂其间而自成一个政治单位者,如内外蒙的蒙族、前后藏的藏族是。国内不称边疆政治,而称蒙藏政治,就是这个道理。(二)有全族聚居于一个区域,虽有他族杂居其间,仍不失为该区内最大多数的民族,而自成一个文化单位者,如新疆的缠回是。新疆境内,除汉回与缠回宗教相同外,余如民族、语言、文化方式、经济生活,均属互异。(三)又有许多零星小族散布于各边省荒僻之区,邻近随处都有大族集

---

① 清华周刊,1928,30(8):3.
② 徐益棠.十年来中国边疆民族研究之回顾与前瞻:为《边政公论》出版及中国民族学会七周年纪念而作.边政公论,1942,1(5/6):58.

居,是其不论在政治上或在文化上,均居于附从地位者,如西南、西北的苗夷羌戎诸族、东北的通古斯族是。(四)复有若干混合民族——即中华民族所赖以构成者——分布于幅员辽广的边远省区以内,其涵化程度,介乎纯内地人与纯边地人之间,能通两种语言,过惯边缘文化生活,如来自各族而被国族化的边地人,及去自各省而被土著化的内地人是。"①

"边疆民族"含义既包含了边疆与内地的区分,也包含了汉人与边民的区分;既突出了近代以来的边疆危机,又显示出边疆问题的关键在于民族问题。正如杨思机所指出的,"边疆民族"概念的特色在于,边疆民族作为民国时期非汉人群的主要指称之一,并非传统"边民"称谓的简单延续,而是因应外来民族理论独特思维和取舍途径的产物②。

综上,随着中国时局变动以及西学东渐进程的加快,民国时期学人对"边疆""民族""边疆民族"含义的认识经历了一个不断深化的过程,这对我们理解民国时期学人边疆观与民族观的演变具有重要作用。

第二节 民国时期学人的边疆观与民族观

一、民国时期学人的边疆观

中国边疆问题及其概念的生成,有着相对漫长的发展历程。在长期的历史发展中,中国有着一种天下思想的理想观念和天下关怀,所以对具体的疆界解读更多的是一种"中心"与"疆域"观念层次上的认知。在王朝史观的传统意识下,国人长期对疆界的认识不够明晰。"从中国的情况来看,由于中国历史上原有朝贡体系和文明观念的影响,因此,在中国本土的话语对边疆认识方面,明确的单线边疆意识并不明显,政权、族裔、文化边疆共存的情况较为明显。"③ 19世纪中叶,鸦片战争

---

① 吴文藻.边政学发凡.边政公论,1942,1(5/6):5.
② 杨思机.民国时期"边疆民族"概念的生成与运用.中山大学学报(社会科学版),2012(6):106.
③ 袁剑.统合型国家的边疆话语困境与当代重建:对清朝边疆"遗产"问题的一些认识与反思//邢广程.中国边疆学:第3辑.北京:社会科学文献出版社,2015:263-264.

失败，国门洞开，国人才真正感受到来自"夷人"的威胁，也动摇了他们"天朝上国""中国为世界中心"的执念。在列强的武力冲击下，原有的藩属国开始纷纷脱离中国，传统的东方朝贡体系被打破。通过一系列不平等条约的签订，俄国攫取了我国东北、西北大片土地。清政府在与俄国的划界谈判中，也逐渐确定了近代意义上的"国际边界"。之后，清政府通过在新疆等地设省的方式加强对西北地区的管辖。危机深重的西北边疆成为少数地主阶级知识分子关注的焦点。张穆的《蒙古游牧记》考察了蒙古的地理位置以及清朝在蒙古的建置，何秋涛的《朔方备乘》论述了蒙古、新疆等地区的历史、地理，并注意到了中俄关系的问题。然而上述研究活动在当时基本是研究者的个人行为，"在那个时候，这类研究不会被明确地称为'边疆研究'，而且这些研究还是一种半自发半自觉的；也就是有一批有识之士感觉到，要应对当时的边疆危机就要去了解边疆、研究边疆，这样就兴起了一个边疆研究的高潮"[①]。但不管怎样，他们对包括蒙古在内的中国边疆地区的研究、考察，说明中国的部分上层知识分子开始用现代意义的边疆观、主权观来试图描述中国的边疆概况了，这也预示着部分国人现代意义上的主权意识和边疆意识的萌发。

民国时期不断加重的边疆危机，加深了学人对边疆的认识，他们已经开始用现代意义上的边疆观、主权观来解决边疆危机。以下试从整体边疆观念和局部边疆认识两个角度勾勒民国时期学人对边疆观念的认知和建构。

在清朝与西方诸国签订诸多条约的基础之上，近代意义上的疆界观念逐渐促成国人对疆界予以新的认识，而中国学者对"边疆"的概念也在国家现实与历史体悟的双重思考中构建起来。20 世纪 30 年代由顾颉刚、谭其骧等人所组织的禹贡学会就是其中较为典型的代表，其在中国边疆理解的过程中处于一个过渡与阐释的阶段，为现代中国边疆学奠定了基础。在《〈禹贡〉学会研究边疆计划书》中，顾颉刚即大体表明了中国边疆学发展的理念："同人发起禹贡学会，最初亦但就学校课业扩大为专题之研究，且搜集民族地理材料，分工合作，为他日系统著作之准备

---

① 王利平，等.20 世纪上半叶的中国边疆和边政研究：李绍明先生访谈录. 西南民族大学学报（人文社科版），2009（12）：34.

耳。而强邻肆虐，国亡无日，遂不期而同集于民族主义旗帜之下；又以敌人蚕食我土地，四境首当其冲，则又相率而趋于边疆史地之研究，满蒙回藏，俱得其人。"① 在这番叙述中顾颉刚已定下两方面认识与研究的基调，其一是对民族问题的理解，包括边疆民族；其二是对边疆史地状况的认识。由此可知，学人心目中的边疆，不仅有地理形态，而且兼具民族形态，是二者的有机统一。

当然，处于过渡时期的学者的认识并非同步，对《禹贡》半月刊总目进行一定的考察与了解之后，不难发现诸如"回教与回族专号"（《禹贡》第 5 卷第 11 期）、"康藏专号"（《禹贡》第 6 卷第 12 期）、"回教专号"（《禹贡》第 7 卷第 4 期）这类对于回、藏等其他民族的考察研究专号中，明显没有脱离早先的疆域观念认识，还没有关注到各民族的合力对整个中国、整个疆域状况具有的共同磨砺和塑造作用。

从另外一个方面即研究层面去考察禹贡学会对边疆研究与认识的状况，别有意味。正如顾颉刚自己所提到的，"故工作之类别有三：曰调查，曰研究，曰设计，皆所以搜集材料，树立舆论，向社会作鼓吹，为中枢作拾补，对边胞作提携"②，虽是一种总结，但很明显提出了一系列工作的特点：先从一种了解与熟悉的过程入手，"做学问之学问"，对各地区有一个基本的把握，以期在日后可以有所应用。就此顾颉刚还打了一个生动的比方说明其旨意："我辈生于今日，受重重之束缚，欲求我之知彼固不容同于彼之知我，然而我之知我则必不可逊于彼之知我。何则？主客易位则宰割由人；岂唯束手待毙，亦将无以得旁观者之同情。甲负箧而趋，乙追之，呼曰：'是吾家物也，汝何盗焉！'甲止步而询曰：'汝知箧中所藏何物？'乙瞠目不能答，甲乃侃侃陈词，谓中有币帛若干，金银若干。启而检之，果如所说，斯时旁观者必直甲而曲乙矣。虽亦有明知为盗者，然而必赞甲之能处心积虑，鄙乙之颠顸而不善保其所有矣。呜呼，今日之事何以异此！"③

在具体的内容中，"西北研究专号"（《禹贡》第 5 卷第 8、9 合期）、

---

① 史学史研究，1981（1）：66.
② 顾颉刚. 中国边疆学会宣言//顾颉刚全集：宝树园文存：卷1. 北京：中华书局，2011：51.
③ 史学史研究，1981（1）：68.

"东北研究专号"(《禹贡》第 6 卷第 3、4 合期)、"后套水利调查专号"(《禹贡》第 6 卷第 5 期)等相关专题研究,以及散见于其他卷中的冯家昇的《介绍"到西北去"的两部书》①、《我的研究东北史地的计划》②、《再介绍"到西北去"的一部书》③,顾颉刚的《王同春开发河套记》④,于鹤年和钱春斋的《清代地理沿革讨论》⑤,斯文·赫定讲并由侯仁之译述的《新疆公路视察记》⑥,李朝阳的《测量山东青岛省市新界经纬度简略报告》⑦,赵惠人的《跋〈开发西北计划书〉》⑧ 等,都很好地体现了顾氏所阐明的研究风格,在大量的学术调查和资料整合中,一方面引起重视,另一方面可以说是一种研究材料的收集而以备后用,避免类似于"我之知我则必不可逊于彼之知我"的未知状况的再次出现。

从中我们不难看出以禹贡学会为代表的边疆话语体系的内涵。危机之下对边疆茫茫之地的理解与认知中的空白,掀起了近代国家观念影响下,时人学者对整个国家面貌尤其是对边疆地区系统化研究的规划设计并逐步有计划地推进,以期为整个国民的认知理解提供必要资料,为整个边疆问题的研究营造一种以我所考察之材料观国内边疆之问题的边疆学术研究的风气。

我们还可以从蒙古(这里是指蒙古高原,行政区划上包括内外蒙古区域)这一具体的边疆进一步体察学人的边疆认知和研究重点。

民国时期,作为中国北部边疆的蒙古地区,先后发生外蒙古"独立"和内蒙古"高度自治"运动,中国政府在蒙古地区的统治岌岌可危。为加强对蒙古地区的控制与管理,中国政府采取了一系列措施。中华民国成立之初,便颁布了一系列的法律、法规、文告及声明,用法律的形式明确了中国的领土范围和国家对边疆地区的主权。孙中山在《临

---

① 禹贡, 1934, 1 (9): 28-30.
② 禹贡, 1934, 1 (10): 2-6.
③ 禹贡, 1934, 1 (12): 26-29.
④ 禹贡, 1935, 2 (12): 2-15.
⑤ 禹贡, 1935, 3 (2): 40-42.
⑥ 禹贡, 1935, 3 (3): 43-46.
⑦ 禹贡, 1936, 5 (5): 65-80.
⑧ 禹贡, 1936, 5 (10): 32-49.

时大总统宣言书》中宣布:"国家之本,在于人民。合汉、满、蒙、回、藏诸地为一国,即合汉、满、蒙、回、藏诸族为一人,是曰民族之统一。武汉首义,十数行省先后独立。所谓独立,对于清廷为脱离,对于各省为联合,蒙古、西藏意亦同此。行动既一,决无歧趋,枢机成于中央,斯经纬周于四至,是曰领土之统一。"① 北京政府曾提出过建设包括蒙古在内的边疆地区的举措,但由于种种原因并没有付诸实施。南京政府成立后,在内蒙古积极划分行省,使与内地可以整齐划一,并鼓励学人对蒙古地区进行调查研究,编修蒙古地方志,等等,以期实现开发、建设蒙古的愿望。

关于外蒙古"独立",民国时期学人通过介绍外蒙古"独立"过程,分析外蒙古"独立"原因,揭示俄国唆使外蒙古脱离中国的真相,重申我国对蒙古的主权。在著述中,民国时期学人再三强调"蒙古为我国领土,历代皆班班可考。外蒙为内蒙之唯一屏藩,地位更是重要"②。边疆危机牵动着学人的关注,这从民国时期学人对蒙古局势的论述与对解决蒙古"危机"所提出的建议上,便可窥见一斑。外交上,积极与苏联谈判,"请苏联尊重我国对外蒙之主权,并撤销其对外蒙'独立'之承认"③;军事上,"我国当道宜先经营辽、黑、热、察、绥、宁夏、新疆等省,树之巩固基础。合数省之兵力,将来定可将外蒙收复"④;舆论宣传上,"如能从速以三民主义的力,向蒙古积极灌入,以中国国民党的政纲宣言,向蒙人积极宣传,使蒙古国民党,一变而为中国国民党,蒙古问题,不难解决"⑤。对于内蒙古王公发起的"高度自治"运动,民国时期学人态度明确,如欲保卫新疆、宁夏、甘肃、陕西、山西等省,务必先稳固察、绥之圈,而中央绝不应轻易准许内蒙古"高度自治"的要求,并对内蒙古的开发与建设给出了自己的意见:政治上,支持政府在内蒙古划分行省的措施;经济上,大力发展农工商业;文化上,主张用汉文化改造蒙古文化;等等。

相比清末学人只注重从地理、政治意义上对蒙古地区进行概述,民

---

① 孙中山文集:上. 北京:团结出版社,2016:327.
② 王隆泰. 我对于外蒙问题之认识. 新评论,1944,10(3/4):15.
③ 许崇灏. 中国边疆问题处理方案. 国防月刊,1948,7(1/2):18.
④ 陆为震. 近年来蒙藏改革之设施与计划. 新亚细亚,1931,2(3):24.
⑤ 马鹤天. 外蒙国民党与三民主义. 新亚细亚,1930,1(4):55.

国时期学人已经深刻认识到对蒙古地区进行治理才是解决蒙古"危机"的关键。他们一方面积极呼吁抵制日、俄分裂蒙古地区的可耻行径,另一方面为开发、建设蒙古建言献策,逐渐改变了对边疆地区的偏见。这些都充分展现出民国时期学人已具备了近代意义上的边疆观念。

二、民国时期学人的民族观

中国的边疆地区历来是多民族聚居和杂居的地方,特别是中国的少数民族大多聚居在边疆地区。从先秦时代开始,史书中就有关于国境内及边境地区民族活动的相关记载,但皆是在"内诸夏而外夷狄""华夷之辨"的传统话语下写就的。传统的夷夏观念,在西方殖民主义入侵之后发生了改变。一部分传统知识分子把原用来指称边疆民族的"夷",用来指代西方殖民主义者,并喊出"师夷长技以制夷"的口号。虽然此时他们还不能理解"民族"的真正含义,但却预示着具有近代意义的民族意识在部分上层精英分子中的萌芽。

经历了晚清西学东渐的疾风暴雨式的观念风暴的洗礼,中国的知识分子开始接受西方单一民族国家模式下"国族"意涵的"民族"观念,虽然是梁启超等人自日本带来的舶来品,但不妨碍时人以此审视中国的现状。由此,模糊的臣民观念开始让位于基于族群和文化区分的民族观念,并在清末的反清革命中发挥了独特的启蒙作用。

清朝以"退位诏书"的形式,提出了"合满、汉、蒙、回、藏五族完全领土为一大中华民国"的呼吁。这应该是法律承认的最早的五个实体民族。民国成立,实行五族共和,国内民族一律平等。北京政府一反清理藩政策,对于蒙古不再以"化外"待之,而视同内地。1912 年《蒙古待遇条例》即规定:"嗣后各蒙古,均不以藩属待遇,应与内地一律。"1914 年《中华民国约法》第四条规定:"中华民国人民无种族、阶级、宗教之区别,法律上均为平等。"北京政府用法律形式,将包括蒙古族在内的边疆民族纳入中华民国的大家庭之内。

民族的观念虽然得到了社会的认同,但其本质上强烈的政治意涵(即民族自决/民族与国家一体)则与中国多民族国家的现实产生了巨大的张力,这力量足以使中华民国分崩离析。这一现实威胁迫使执政者和知识界认真思考,谨慎诠释"民族"这个足够危险的观念。由此围绕着政治-国家视域的"中华民族"与文化视域的边疆各"民族"之间是何关系,是"一个与多个",还是"一体与支系",争鸣一度激烈化。

20世纪30年代,内蒙古王公"依据中山先生及国民党所标揭的'五族平等,民族自决自治'的原则",在日本帝国主义的蛊惑下,要求内蒙古实现"高度自治"。

针对此种分裂行为,民国时期学人做出了相应的回击。楼桐茂指出,其所持的理由是"贫乏"的,"我们解释中山先生遗教及国民党政策政纲时,务必通观全文,窥探其主旨之所在,决不能断章取义",孙中山先生提出的各民族自决自治,是"中山先生之民族主义的最后鹄的,其间实施之先后,固大有斟酌也"。当时中国正处于帝国主义的压迫中,如果内蒙古实现"高度自治",只会加重国家的灾难,此时我们应该遵照"中山先生的遗旨,俯察国脉的飘摇,国际形势的危亟,精诚团结,共挽狂澜,先从国际资本帝国主义者的铁链困锁中,获取中国民族的独立解放,然后再进而图国内各民族的真正自决自治的实现"①。谭云山也提出:"凡我大中华国内,无论何地,无论何族,皆宜亲爱团结,拥护三民主义,拥护中央政府,以求达到和平统一与自由平等之目的。……凡我大中华国内之各地民族,皆有拥护中央政府之责任与享受中央政府之权利。当思帝国主义者蛊惑挑拨之伎俩,辄假借'民族自决'、'独立自治'与'保护宗教'等口号。但究竟如何才真算民族自决,如何才真得民族独立自治,如何才真能保护宗教,则帝国主义者不顾也。……故吾人欲求民族自决,只有求整个的大中华民族自决;欲求独立自治,只有求整个的大中华国家独立自治。反之,若国内各地民族,自相分裂,各谋自决,各谋独立自治,则自决决不可能,独立自治决不可得。"② 从上面的论述中,我们不难看出,民国时期学人将包括蒙古族在内的边疆民族视为中华民族的一员,只有精诚团结谋求整个中华民族的独立,才能实现各民族地区自治。这反映出在边疆危机、民族危机日益加深的情况下,民国时期学人已经形成了比较清晰的中华民族一体观。

但是,一体观是美好的愿景,现实中如何实现,则是一个漫长的实践过程。民国时期学人民族观念的渐趋成熟还表现在解决蒙古"危机"

---

① 楼桐茂. 论内蒙古高度自治. 时代公论, 1934, 2 (50): 32.
② 谭云山. 致达赖喇嘛书. 新亚细亚, 1932, 3 (5): 137-138.

的建议上。他们在研究蒙古具体问题时,即注意到蒙古人才是解决蒙古"危机"的关键。吴小言指出解决蒙古问题绝对不能抱着"舍蒙人而收蒙疆之幻想",应当积极扶助蒙古族,"第一步,谋近边蒙人的汉化,怀柔外蒙的逃亡。第二步,划分西北的国防,编制蒙古骑兵于汉将统治之下。第三步,以蒙土养蒙人,以蒙人守蒙土,以教化为正著,以战守为旁著"①。苏鸿宾提出要注重改善汉蒙民族感情,"使汉人除去心理上之歧视,严禁汉人愚弄蒙民,以平等之待遇相扶提携,共济危难"②。这体现出民国时期学人已经运用现代民族观念去解决边疆问题,改变了原有的民族偏见,谋求国内各民族的共同发展。

就本质而言,任何意识和观念都是人类对外界的反映和认知。民国时期中国学人的边疆、民族观念的产生、演进,明显受到了外国因素的刺激。学界关于东北三省的认知,堪为典型。19世纪末20世纪初,日本开始了鲸吞中国东北的计划。先是甲午战争,接着是日俄战争。军事手段受挫,转而使用经济手段。而日本学界则积极配合,编造出"满鲜一体""满蒙一体"等概念,配合"满蒙非中国"论、"长城以北非中国"论,旨在切割东北与中国的关系,否定边疆民族为中国民族。以傅斯年、顾颉刚、金毓黻、林同济、景方昶、景武平为代表中国学者撰文著书,驳斥日本臆造的"满蒙"概念,以"中国东北"为其正名,有力地揭露了日本军政学界的阴谋,为日后的东北边疆史学科打下了坚实基础。

中国的西南边疆及世居民族,旧史家惯用"西南夷"指代,以"蛮荒"强调其文化上的后进,并不涉及其边疆属性。但是,随着清末的中越划界,民国时"滇边""广西沿边"已成为固定概念。西南地区的族群面貌也随着学者的调查分析日渐清晰,为后来的民族识别积累了知识和经验。

整体而言,民国时期的边疆民族研究循着两个向度延伸展开,其一是政治视角的,是经世致用传统的延续,其结晶是经营边疆的边政学;其二是学术视角的,是西学东渐的结果,其成果是关注文化和体质差异的民族学与人类学。

---

① 吴小言. 蒙古人之特质. 新亚细亚,1935,9(4):51-52.
② 苏鸿宾. 内蒙自治与治蒙. 大学,1933,1(5):89.

边政学与民族学研究的对象虽然相同，但研究的方法、旨趣却判然有别，由此引发主张、理念上的碰撞自不可免。1939年围绕"中华民族是一个"论题，两种学术思路展开了交锋。这场学术辩论持续的时间并不长，但其酝酿时间已久。孙中山晚年及政府文件中已有"国内的各少数民族"和"整个的中华民族"两种提法。前者当然是指清末已有的"五族""五大民族"，后者则是孙中山1919年提出的熔五大民族于一炉而成一中华民族思想的概括。孙中山主张的整合模式是美国式的"熔炉"模式，这成为其后国民党民族政策的基础，也极大地影响了聚集在三民主义旗帜下的学者，傅斯年是最有代表性的一个。傅氏1935年发表《中华民族是整个的》①，认为少数民族与中华民族是"凭附"关系，所谓"整个的"也就是"一个"的意思。1938—1939年，傅氏在昆明期间再著《中华民族革命史稿》②，其第一章明确认为，"中华民族"虽在名词上有汉、满、蒙古、回、藏等族，但事实上为一族。1939年初，正是他致信顾颉刚，再申"中华民族是一个，这是信念，也是事实"，提醒顾颉刚主持的《益世报·边疆周刊》谨慎使用"边疆"和"民族"两名词，尤其"更当尽力发挥'中华民族是一个'之大义，证明夷汉之为一家"③。顾颉刚对傅氏观点深表赞同，于是撰写《中华民族是一个》④一文，强调，"凡是中国人都是中华民族——在中华民族之内，我们绝不该再析出什么民族——从今以后大家当留神使用'民族'二字"，并援引历史上胡汉民族交流的事实，论证"中华民族既不组织在血缘上，也不建立在同文化上"，应当是"边地人民共同集合在中华民族一名之下"，进而认为"五大民族"之说是中国人自己作茧自缚，要谨防外国人利用"种族"问题到边疆从事分裂中国的行径，宣称"我们对内没有什么民族之分，对外只有一个中华民族"。文章发表后，引发学界热议。张维华、白寿彝、马毅撰文或写信表示支持，费孝通则表示质疑。

费孝通运用西方的民族学、社会人类学观念和理论，从民族定义、

---

① 独立评论, 1935, 181: 5-8.
② 傅乐成. 傅孟真先生的民族思想 // 李东. 傅斯年印象. 上海: 学林出版社, 1998: 204-205.
③ 同②.
④ 益世报：边疆周刊, 1939 (9).《西北通讯》1947年第1期全文转载.

内涵标准、分类原则标准、民族与国家的关系论说辩驳，主张中国是一个包含多个民族（原文使用的概念是"各文化、语言、体质团体"）的国家，国家和民族不是一回事，不必否认中国境内有不同的文化、语言、体质团体（即不同民族）的存在。对此质疑，顾颉刚又写了两篇同名文章《续论"中华民族是一个"》予以答辩。除了强调一个中华民族概念有利于防止日本利用民族问题分化中国外，还认为五大民族并非客观实体，文化、语言及体质都非构成民族的条件。构成民族的主要条件只有一个，即是"团结的情绪"，即民族意识。认为满、蒙古、回、藏、苗只是种族，而非民族。进而提出，汉族是中华民族的先进者，满、蒙古、回、藏、苗是中华民族的后进者。费孝通出于政治考虑，未做进一步回应。苗族人鲁格夫尔虽然总体赞同，但对其论据之一的"苗汉同源论"提出异议。秉持唯物主义的翦伯赞也撰文反驳顾颉刚，指出其否定国内少数民族的存在背离客观事实，并以马克思主义民族理论予以驳正[1]。

客观地说，这场论辩双方既有关注视角、焦点的错位，也有学科、理论背景差异造成的观点交锋，甚至也有政治立场上党同伐异的因素，但其学术意义仍然是重大深远的。参与讨论的学者不仅在一般的学理层面阐发了民族的定义、内涵、类型、标准诸问题，更重要的是触及了中国民族问题的实际及民族关系的实质，即建设中的中华民族与各具体民族是何种关系？凝聚中华民族是否要承认各具体民族的权利？中华民族成员是否要完全同一？如何实现其同一性？这些因为已经触及当时的制度安排，故不可能有答案。直到 20 世纪中叶中国政体改变，民族观念更新，民族关系重新定位，上述问题才得以解决，也才有"中华民族多元一体"理论的成熟。

毋庸讳言，由于时代的局限性，民国时期学人的边疆观、民族观即使是在纯粹的学理层面，也存在种种不足。比如，在论述蒙古族起源问题时，部分学者坚持"蒙汉同源说"；有的学者虽不持此种说法，但是却提出用汉族文化去改造蒙古族文化，这明显是"大汉族主义"的观点，也是民国时期部分学人边疆观、民族观不成熟的地方。

---

[1] 周文玖，张锦鹏. 关于"中华民族是一个"学术论辩的考察. 民族研究，2007（3）：20-30，107-108.

综上，民国时期学人已经具备了现代意义上的边疆观、民族观，并且积极利用边疆、民族观念去解决现实中的民族问题，有利于团结各族人民共同抵抗日、俄等帝国主义国家的侵略，具有进步意义。

第二章 民初对清朝史、满族史研究的史观转换与评价转向

与发端于西方,有着长时间积累和研究基础的蒙古学(含蒙古史)、藏学(含藏族史)不同,现代意义上的满学(含满族史)是清朝灭亡后才兴起的新的学术领域。而满族史,更确切地说是从明史和清史中分立出来的。不必说,国内清史学科是20世纪30年代由孟森开创的。其出现,受到日本东洋史大家稻叶君山、内藤虎次郎、园田一龟、三田村泰助、和田清等人的直接影响。因此,国内的满族史研究,从民国初年的"满清史"论说,到清史研究,再到孟森的《满洲开国史讲义》,虽然有了"满洲史"的概念,却是用来指代入关前的"清朝前史",不同于后来的"满族史"概念。这一时期关于满族的研究,完全混融于清史著述中。只有到了20世纪50年代初,满族恢复了"中国境内的一个少数民族"的政治地位,才有了"满族史"这一族别史概念,因而正式从断代史的明史和清史中分离出来,成为中国少数民族史序列的一环。而"满学"概念,在国内更是迟至20世纪80年代以后才逐渐流行。

1912年,清朝统治终结,清朝成为历史。但在民初的社会上,清末以来一系列冲突和对立情绪,仍激荡在满汉为代表的族群关系上。清代居于统治地位的以满族为首的旗人,作为失败者,与清朝一起,成为主流社会舆论批判和贬斥的对象。但是随着时间的流逝,史学界不同政治背景的人士对待满人和清朝的态度,表现出明显差异。革命党人的抨击与指斥,以清史馆为阵营的遗老学者的颂扬与维护立场,一如辛亥革命以来南北政治上的对立格局。当然,自20世纪30年代开始,出现第三种情形,即秉持客观中立的研究立场、立足事实研究的学者,突出的

就是孟森及其学术后继者。当前二者政治上的争执尘埃落定之后，客观的学院派成为清史研究的主流，并最终奠定了清史学科的基本格局和规范。

第一节 嬗变中的"民族主义"观念与清朝评价

辛亥革命时期满汉族群关系的紧张，使得革命党人基于"种族革命"、民族革命认识的反满、排满情绪深入人心，在民国建立后依然弥漫在社会上。这在史学领域的投射，便是民初十年间社会上出现的各种以谴责清朝为基调的通俗性清史著作，如甦民的《满夷猾夏始末记》①，汪荣宝初编、许国英续编的《清史讲义》②，吴增祺的《清史纲要》③，刘法曾的《清史纂要》④，陈怀的《清史要略》⑤，黄鸿寿的《清史纪事本末》⑥，许国英的《清鉴易知录》⑦，佚名的《清鉴辑览》⑧，等等。其共同认识可以归结为：视满族为外族，把清朝的统治与满族混同为一，统曰"满清"，标榜民族革命，指斥清朝的专制统治。诚如孟森所批评的："近日浅学之士，承革命时期之态度，对清或作仇敌之词。"⑨ 这一时期的清史著述，大都带有这种政治情绪。

《满夷猾夏始末记》是鼎革之后最早问世的清史撰述，也是指斥清朝统治最为激烈的书籍。作者甦民，本名杨敦颐，号粹卿，晚号甦民。一说该书为杨敦颐与其子杨天骥（杨千里）合编。杨家为苏州吴县同里大户，杨敦颐本清末拔贡，一生致力于教育，是著名学者费孝通的外祖父。杨天骥曾资助出版邹容的《革命军》，参与营救章炳麟的行动，是

---

① 上海：新中华图书馆，1912.
② 上海：商务印书馆，1913.
③ 上海：商务印书馆，1913.
④ 上海：中华书局，1914.
⑤ 北京：北京大学出版部，1917.
⑥ 上海：文明书局，1915.
⑦ 上海：藻思堂，1918.
⑧ 上海：文明书局，1918.
⑨ 孟森. 清史讲义. 北京：中华书局，2010：4.

早期的同盟会会员，参与过《警钟日报》《民立报》编辑，鼓吹革命，抨击清政府，与蔡元培、于右任、陈其美为同道。该书正文八编：满族原始记、关外猖獗记、窃据狠毒记、文字惨狱记、祸乱相寻记、纰政蕴孽记、革命先声记、灭亡迅速记。外篇分三编，包括通论上、下和秘史。该书辑录了革命党人传略、告示、檄文、函电多篇，以宣传武装推翻清朝的必要性，其中包括邹容的《革命军》。从性质上说，可以视作清末革命党人的宣传物。书前中华民国军政府沪军都督陈其美和上海民政总长李平书禁止翻印告示中明确说："编辑《满夷猾夏始末记》一书，为彰闻满清一代污史秽政广播流传。"革命党人徐天复（徐血儿）序云："满夷猾夏盖二百六十余年，于兹相终始也，其以野蛮酋长陵制神明华胄而为之主人，压抑四百兆众以牛马之役，天下至不平，孰有过于此者！"作者自序也说："今者民军起义，天下响应，君主二字之污点决不再留于开化最先之祖国，而二百六十余年受制异族之深耻奇辱亦得一旦洗濯之，岂非甦民之大幸哉！抑更有不能已于言者。满奴以女真遗孽，滋息关外，专恃强力，蚕食同类，狼心不厌，噬及天朝，深入腹地，岁无宁日。迨乎窃据，种种惨毒，浮于暴秦。凡私家所记载，故老所传闻，皆足以眦裂而发指。爰为之辑所旧闻，成此八帙。"该书虽论及有清一代史事，但学术价值有限。值得注意的是，该书书名使用了"满夷"，但内文则使用了"满族"概念。这也许是史学书籍第一次使用"满族"概念。

这些清史书写者对清朝的否定倾向多表现在带有民族主义思想的论述里。在当时，民族主义基本指基于"夷夏"区别与对立的传统民族主义，或大汉族主义，但同时又受到西方近代民族主义的刺激，这促成了中国近代民族主义思想。我们的梳理也展现了民初的这种演化形态。随着时间的推移，传统"夷夏之辨"等思想已发生重大变化，现代意义上的民族、国家等观念也在发展着，在列强环伺下，这些人表现出的民族主义也多是以此构建中国近代民族主义，从而应对外来威胁。总之，他们的相关认识与思想也在经历着现代转型，表现出既对清朝持否定倾向又趋于认同的矛盾，反映了相关思想的复杂形态与时代性。

以下我们再以"通俗史家"汪荣宝和"专业史家"梁启超为例，分别加以分析。

一、汪荣宝对清朝的认知

汪荣宝（1878—1933），字衮父，号太玄，江苏吴县（今苏州）人，曾留学日本，晚清政府要员，在清末立宪中扮演过重要角色，后又为民初著名外交家。《清史讲义》表露了其对清朝的认识，其所撰部分虽写于清末，但鉴于思想之延续性等，对研究其民初对清朝的认识仍具相应价值。《汪荣宝日记》则记载了他在辛亥革命时期由清廷臣僚到附和共和之演变。两部论著表现出的他对清朝的认识和态度也可互为参证。

《清史讲义》是汪荣宝作为清朝官员在译学馆讲课时写的当朝史，该书大部由其所写，部分由他人完成，另外还有许国英之续写。其子撰文说："稿中微讽清亡有日。"① 许国英说他"眼光直注于世界进化之公例及外交上所受若何影响，隐然跃出专制范围外而树文明改革之竿影，特羁于忌讳，其旨约，其辞微"②。该书"序言"明确抨击了清朝的专制与民族歧视政策，指出："专制之祸不自清始，然而变本加厉，其故由于种族之畛域者一，而利禄之囮阱又其一也。"③ "清自世祖入关至宣统三年，凡二百六十八年，其覆亡之原因，至为复杂，而最初之恶感，则在满汉待遇之不平等，私厚己族，虐使汉族，实为总因。加以前此诸帝之极端专制，最近数载之涂饰立宪，且现今世界最大公例，专制政体已无容足之地，凡此皆革命之良好机会，而清之所以必亡也。"④ 明确表露了对清朝之否定及民族主义倾向。

在叙事上，该书较为客观，从对清帝及清政的论述中则可看出汪氏对清朝的认识。对所谓全盛期之乾隆朝，多突出其政治、军事、外交等方面的各种问题及严重后果。在对白莲教起事和太平天国运动的论述中，还表达了对农民军之同情。他认为嘉庆朝各省叛乱是乾隆帝统治带来的灾难性影响，指出乾隆后期官吏贪腐、军饷陡增、人口剧增，"奸民"才疾苦思乱，并称白莲教起事为白莲教案，而未称"叛乱"等；又指出清政府扰民无度，带有官逼民反之意。对太平天国运动，他提到农民不得已而造反，并指出当时清朝的积贫积弱、流民问题、民不聊生、

---

① 汪荣宝. 清史讲义. 台北：文海出版社，1966：前记.
② 汪荣宝，许国英. 清史讲义：上册. 上海：商务印书馆，1913：序 1.
③ 同②.
④ 汪荣宝，许国英. 清史讲义：下册. 上海：商务印书馆，1913：52.

吏治腐败、统治无力等乱亡之象。另外，他还指出清廷闭关锁国的保守政策及在鸦片战争里的种种问题，认为清朝君臣的排外思想、不懂近代外交，也是引发战争的原因；指出清朝的海防废弛、吏治腐败，特别是对战争无详密筹划，道光帝更是战和无定策，推诿责任，并论说此战后晚清政府"数与外人构兵，而每战必败，每败必丧失权利无算……于是西力之东侵，遂如洪水猛兽，一发而不可制"①。可见其忧虑清末国运，对清廷丧权辱国，颇有微词，而写当朝史，又似留有余地。译学馆的杨逊齐完成了该书的最后部分，汪荣宝说其"义例一循吾书"②。这部分更是直接表现了对清的不满与否定以及对清末革命与共和的赞同。

许国英的续写也表现了对清朝专制及民族歧视的否定，以及对民国之肯定，一定程度上反映了汪荣宝对清之态度。

该书叙事中也表现了民族主义倾向。在论述明清易代时，说清太宗"亦欲借和议羁縻中国"③。称明为"中国"，意味着满洲就是对称之"夷狄"。又把明末边事日坏归因于所谓的"奄竖宵小、文墨议论之徒"④，而非将帅、皇帝，或亦有对明朝君臣回护之意及对明亡惋惜之情。书中称南明为"南朝"⑤，表明对南明正统认可之倾向，对忠于南明、谋图复国、力挽狂澜的南明文官武将也多颂扬。关于鸦片战争，又特别论及奕山作为清廷宗室的腐朽不堪用，以及"防民甚于防敌"，也是指斥清朝"满汉之防"的反映。

通过《汪荣宝日记》，可以看出他在辛亥革命中对清廷从支持到游移又到否定，对革命则由否定到附和、支持的态度转化，可进一步证明其在《清史讲义》里对清之"微讽"。辛亥革命期间，他密切关注形势发展，也是其政治立场转变的重要节点。在1911年10月的日记里，他有时称清军为"北军"，革命军为"革军"，但对革命军又多以"叛徒""匪"称之，称清军则为"官军"，可见对革命的反对立场。随着革命持续发展，11月中旬他表现出对清朝与革命党和解的期许，对清廷也逐

---

① 汪荣宝，许国英. 清史讲义：上册. 上海：商务印书馆，1913：绪论3.
② 同①.
③ 汪荣宝. 清史讲义选录. 台北：台湾银行经济研究室，1966：26.
④ 同③31.
⑤ 同③50.

渐从期望到无望。月末他主动去日本理发店剪除发辫①，以行动表明了政治立场之转变。从1912年1月4日始，日记有涂抹现象，也有学者结合涂抹文字，确定他"曾力劝蒙古喀喇沁郡王贡桑诺尔布选择共和"②，如此则汪氏变成了革命的推动者。1月初，他还盛赞南京政府布告之文"光明俊伟，可与美洲宣布独立文并传矣"③。这一时期他与袁世凯关系密切，并在南北议和等中发挥了重要作用，政治立场上已完全转移到赞成共和上。2月中旬他说清帝逊位"以统治权还付国民，今满、汉、蒙、回、藏五大民族为一大中华民国……而我隆裕皇太后尊重人道，以天下让之，盛心亦当令我国民感念于无极也矣"④，既肯定共和，又盛赞清帝逊位，可见他对清廷态度的双重性、复杂性。

汪荣宝政治立场之最终转变，固然受革命形势推动及家人、友人的影响，也有他本身潜在的原因。《汪荣宝先生哀启》载："日俄战起，诸革命党人留东京者，创立国民义勇军，阴有所规画，君预焉。事既不行，流言纷炽，君从亲友劝，复官兵部。"⑤ 章太炎也记载："革命党人谋杀监国载沣，捕得将置极刑，君阴左右之，得勿死。"⑥ 可见其内心对革命之向往、同情及在政治立场上的徘徊，而这些又可与他专著里对清之"微讽"相印证，也能从内因解释其政治立场的最终转变。

综上所述，汪荣宝对清朝的态度带有双重性、变化性特点。革命前他对清朝一贯带有否定的思想因素，并具有一定的民族主义思想，在革命大潮中也最终转向共和。同时，他出身官宦世家，很早步入仕途，又为清末要员，与清廷关系格外密切。虽对清朝有否定倾向，也多是因清朝存在的问题；虽带有民族主义思想，却未上升到"夷夏之辨"。

二、梁启超在清代学术史研究中对清朝的论说

梁启超（1873—1929），字卓如，一字任甫，号任公，又号饮冰室主人、饮冰子、哀时客、中国之新民、自由斋主人。清朝光绪年间举人，戊戌变法领袖之一，中国近代思想家、政治家、教育家、文学家、

---

① 赵阳阳，马梅玉. 汪荣宝日记. 南京：凤凰出版社，2014：251.
② 韩策.《汪荣宝日记》对辛亥革命的记录与涂改. 读书，2014（8）：140.
③ 同①261.
④ 同①269.
⑤ 同①276.
⑥ 太炎文录续编. 上海：上海人民出版社，2014：290.

史学家,以史学研究成绩最显著。他早年积极参与政治活动,对中国近代社会发展产生了重要影响。1917年基本结束从政,1920年旅欧回国后,以主要精力从事文化教育和学术研究活动。在史学上,梁启超是近代资产阶级史学的奠基人,是20世纪前期创建我国近代史学理论的代表人物。其中,梁氏在学术史上成就很大,1902年开始在《新民丛报》上连载《论中国学术思想变迁之大势》,至1904年刊出末章"近世之学术(起明亡以迄今日)",1920年《清代学术概论》问世,1923年至1925年又有讲义形式的《中国近三百年学术史》。这里主要是通过这些学术史著作探讨其清史观。

梁启超与其师康有为领导了戊戌变法,后又是立宪派代表,在民国之前是改良派,与清朝有着各种复杂的关系。在民族观念上,立宪派是主张满汉一体的,梁启超还最早使用了"中华民族"一词,提出当时的汉族是由过去的各民族融合而来,突出文化的重要性,这些也会影响到他对清朝的认识和评价。而梁启超本人的一些思想与他的政治经历一样,也具有多变性与复杂性,他的清史观也需要更具体地予以分析。通过对他论著的分析可知,总体上他的学术史所反映出的对清朝的认识与评价是偏于否定的,当然这主要是从他对清朝学术的评述这一视角得出的。其主要著述完成于20世纪20年代。与立宪派的汪荣宝相比,因为写作时期不同,梁启超对清朝的否定倾向鲜明得多。

1.《论中国学术思想变迁之大势》中的清朝

戊戌政变后,梁启超流亡日本,1902年开始写《论中国学术思想变迁之大势》,1904年完成最后一章,指出:"学术思想之在一国,犹人之有精神也;而政事、法律、风俗及历史上种种之现象,则其形质也。故欲觇其国文野强弱之程度如何,必于学术思想焉求之。"通过此书可以了解他对清朝的认识和评价。

正是在这本书中,他第一次创制使用了"中华民族"的概念:"上古时代,我中华民族之有四海思想者厥惟齐,故于其间产生两种观念焉,一曰国家观,二曰世界观。"[1]

论及明末清初学者,他所选择的多是具有民族气节与反清事迹者,或拒绝与清廷妥协合作者,并对他们的学术成就与品质气节大加颂扬。

---

[1] 梁启超全集:第3卷.北京:北京出版社,1999:573.

他对吕留良评价极高,表彰其民族气节,赞扬其精深学术,并特别说明其以学术图光复明朝之志,曰:"然据雍正谕旨,称其尝以博学鸿词荐,誓死不就;以山林隐逸荐,乃剃发为僧。其大节与(孙)夏峰、(李)二曲、(顾)亭林、(黄)梨洲相辉映也。……彼其茹种族之痛,处心积虑以志光复,而归本于以学术合群,其苦心达识,百世下犹将见之。……庸知夫隐于八股,而借以为号召者,正晚村智深勇沉之征证也。"① 他对学者学术之评价与对其本人之评价紧密相连,看重学者的忠义与气节,文笔挥洒间,读来亦让人为之触动:"其可称近世学术史之特色者,必推顾、黄、王、颜、刘五先生。五先生之学,应用的而非理想的也。吾欲语其学,请先语其人。亭林自国变后,首倡义里中,赞鲁王监国。""黄梨洲少年袖锥,为父复仇,气节已轰一世。画江之役,纠里中子弟数百人,号世忠营,从孙嘉绩、熊汝霖倡义。""王船山少年,自残肢体以赎其父。国变后,从桂王迁徙于肇庆、桂林、南宁间者,十有余年。缅甸覆没,乃赍志老牖下,终身不剃发,窜伏穷山四十余年,一岁数徙其处,故国之戚,生死不忘。""颜先生之志犹顾、黄、王之志也。""刘先生之为人,与顾先生何酷相肖也!""五先生皆抱经世之志,怀不世之才,深不愿以学著,而为时势所驱迫、所限制,使不得不仅以学著。"② 其中,关于黄梨洲的民族气节,一般而言,也颇有争议,而梁启超却未提及这方面,也可见他意在突出这些人的抗清。在学术方面,他又高度评价他们并分析原因:"近世学术史上,所以烂然其明者,惟恃五先生。即置诸周秦以后二千年之学界,亦罕或能先也。顾明之末清之初,以何因缘,而得有此?以晚明政治之腐败,达于极点,其结局乃至举数千年之禹域,鱼烂以奉诸他族,创巨痛深,自古所未尝有也。故瑰奇绝特有血性之君子,咸惕然于天下兴亡匹夫有责,深觉夫讲求实际应用的政论之不容已。此其由时势所造成者一也。""则此种学派,不产于他代,而惟产于永历、康熙之交。虽然,以诸先生之才、之学、之志、之节,各皆献身以尽瘁于国事。"③ 他把明末清初学术本身的发展转折也归结到明清易代上,可见是把民族主义置于核心的地位。

---

① 梁启超. 论中国学术思想变迁之大势. 上海:上海古籍出版社,2001:102-103.
② 同①103-104.
③ 同①110.

他在对其所谓的清学的论述中，既指出其特征，也揭露了清廷文化专制政策："吾论近世学派，谓其由演绎的进于归纳的，饶有科学之精神，且行分业之组织，而惜其仅用诸琐琐之考据。然则此学派之所以不尽其用者，原因何在乎？曰：是不一端，而时主之操纵其最也。自康、雍间屡兴文字狱，乾隆承之，周纳愈酷。……又严结社讲学之禁，晚明流风余韵，销匿不敢复出现。……本朝之治经术者亦然，销其脑力及其日力于故纸之丛，苟以逭死而已。……斯学之敝中国久矣！"① 由此突出了清廷的文字狱与禁锢思想的政策，进而揭示了清朝在文化上的民族压迫。

他还专门为明清易代之际的焦点人物袁崇焕立传讴歌。《明季第一重要人物袁崇焕传》② 写于1903年，对袁崇焕之抵抗"满洲军"予以高度评价："使督师以前而有督师其人者，则满洲军将不能越辽河一步；使督师以后而有督师其人者，则满洲军犹不能越榆关一步。"并将其比作意大利爱国政治家加富尔。时人评价其"亦为鼓吹革命而作也"③。可见在1904年，梁启超已具有较为明显的民族主义与对清朝否定的倾向。有学者认为他"尽管在《论中国学术思想变迁之大势》中亦有以民族气节与经世致用为标准品评清代学人之处……但这样做仅因写此长文时（1902—1904）梁氏正倾向于革命"④。即认为与他当时的政治倾向、思想情况有密切的关系。

2.《清代学术概论》中的清朝

梁启超1920年旅欧归国，《清代学术概论》随后著成，成为清学史的经典名著。经历了游历西方，脱离政治，专力学术，梁启超于五四运动后首先重新讨论清学史。在选录学者及论述学者中，更注重学术本身的情况及其学术是否有革命性的一面，可见其作为维新派，倡导各方面之维新。在对清朝的评价上，与前书相比有所提高，但基本观点还是一致的，也不乏反满、革命的一些论述。

梁启超追述之前的今文学家说："龚（自珍）、魏（源）之时，清政

---

① 梁启超. 论中国学术思想变迁之大势. 上海：上海古籍出版社，2001：119-120.
② 新民丛报，1904，46/47/48：133-147；1904，49：61-66；1904，50：41-53.
③ 阎崇年. 20世纪世界满学著作提要. 北京：民族出版社，2003：215.
④ 李帆. 章太炎、刘师培、梁启超清学史著述之研究. 北京：商务印书馆，2006：62.

既渐陵夷衰微矣，举国方沈酣太平，而彼辈若不胜其忧危，恒相与指天画地，规天下大计。……自珍、源皆好作经济谈，而最注意边事。"①在此书中梁启超也不讳言自己对晚清朝廷的一些不满。戊戌前其运动，益带政治的色彩。时务学堂聘其为中文总教习，"所言皆当时一派之民权论，又多言清代故实，胪举失政，盛倡革命"。又窃印《明夷待访录》《扬州十日记》等书，传播革命思想。既亡居日本，共图革命。自是复专以宣传为业，为《新民丛报》《新小说》诸杂志，清廷虽严禁，不能遏②。这是梁氏对其学术与经历的追溯与重构，这样也更能反映此时其对清朝的态度，他在诉说中冠以所谓革命性的思想与行为，是把自己放在一个与清廷对立的位置上的。他承认自己政治上的游移。梁启超既日倡革命排满共和之论，而其师康有为深不以为然；梁启超亦不慊于当时革命家之所为，持论稍变③。写到清学后期，梁启超较多涉及了反满等方面。他论述谭嗣同，认为其《仁学》多讥切清廷，明目张胆以诋名教。此等论调，近于诡辩矣，然其怀疑之精神，解放之勇气，正可察见。其鼓吹排满革命也，词锋锐不可当④。梁启超认为清学正统派的殿军是章炳麟："（其）排满之信念日烈。……及其早岁所作政谈，专提倡单调的'种族革命论'……盖炳麟中岁以后所得，固非清学所能限矣。其影响于近年来学界者亦至巨。"⑤

梁启超书中也有直接论述清代民族关系的地方。他论明末清初的学者道："当时诸大师，皆遗老也。其于宗社之变，类含隐痛，志图匡复，故好研究古今史迹成败，地理厄塞，以及其他经世之务。"⑥又论道："异族入主中夏，有志节者耻立乎其朝，故刊落声华，专集精力以治朴学。"⑦"吾尝言当时'经世学派'之昌，由于诸大师之志存匡复。诸大师始终不为清廷所用，固已大受猜忌。其后文字狱频兴……诠释故训，究索名物……学者可以自藏焉。又所谓经世之务者……过时焉则不适

---

① 梁启超.清代学术概论.朱维铮,导读.上海：上海古籍出版社,1998：76-77.
② 同①84-85.
③ 同①86.
④ 同①91-93.
⑤ 同①95-96.
⑥ 同①27.
⑦ 同①27.

用。治此学者既未能立见推行，则藏诸名山，终不免成为一种空论。……治史学、地理学者，亦全趋于考证方面，无复以议论行之矣。"① 可知他对具有民族气节的学者之肯定，对清朝文字狱等的揭露，是带有一定的民族主义倾向的。此外，蒋方震（百里）为此书作序，也论道："清以异族，入主中夏，致用之学，必遭时忌，故借朴学以自保。"② 二人关系密切，蒋方震对清朝的评价或亦可佐证梁启超的民族主义倾向。

3.《中国近三百年学术史》中的清朝

《中国近三百年学术史》与《清代学术概论》相隔并不太久，却有了明显区别。《中国近三百年学术史》更突出了学术和政治之间的关系，也更偏重于学者的人品、气节，特别是民族气节。在对清朝的论述上，突出了它在文字狱等方面的政策，对其民族政策也予以更多披露和挞伐。这些变化反映了梁启超否认清朝的思想倾向有了较大幅度的增强，突显了他的民族主义意识，很大程度上表现了反满、反清的一面。该书在选录、论述学者上，在对清代学术、清帝及清朝的评价上，都表现出了这一点。萧一山说："可知启超虽劝人要求君主立宪，不必排满共和……殊不知共和必致亡国之说，未必能证实，而种族感情之不能自制，却于不知不觉流露出来。"③ 此论不失中允。一般认为，梁启超的学术史也受到国粹派章太炎、刘师培学术史的影响，章太炎是反清的，刘师培早期也反清，他们的学术史对清朝也是持否定态度的。对此，周予同指出："梁氏论述近三百年学术史，实在是从章太炎《清儒》那里来的。"④ 众所周知，章太炎是鼓吹反满的，梁启超很可能也受到了这方面的影响。

《中国近三百年学术史》对具有民族气节的学者大加称颂，对其相关事迹也多记录，他品评这些学者说："新朝是'非我族类'的满洲，而且来得太过突兀，太过侥幸。……唤起国民极痛切的自觉，而自觉的率先表现实在是学者社会。鲁王、唐王在浙、闽，永历帝在两广、云南……

---

① 梁启超. 清代学术概论. 朱维铮，导读. 上海：上海古籍出版社，1998：28.
② 同①110.
③ 萧一山. 清代通史：四. 上海：华东师范大学出版社，2006：854.
④ 同①25.

他们多半是无官守无言责之人……不过想替本族保持一分人格……虽终归失败,究竟已把残局支撑十几年,成绩也算可观了。……因为这些学者留下许多可歌可泣的事业,令我们永远景仰。"① 表明了对抗清学者的景仰,并把他们的行为称为替汉族争人格。

他把清朝的入主中原视为征服:"满洲人的征服事业,初时像很容易,越下去越感困难。……就文化中心之江、浙等省,从清师渡江后,不断的反抗。……郑氏也遁入台湾,征服事业,总算告一个结束。"②

他论述考证学的没落及思想界的新变动,认为咸丰、同治二十多年间,算是清代的最大厄运期。当太平天国前后,思想界引出三条新路。其一,宋学复兴。自此以后,学人轻蔑宋学的观念一变。其二,西学之讲求。一般士大夫对于这种"洋货",依然极端地轻蔑排斥。其三,排满思想之引动。洪秀全所打的"驱逐胡人"这个旗号,与一部分人民心理相应,所以有许多跅弛不羁的人服从他。到后来光绪末年盛倡革命时,太平天国之"小说的"故事,实为宣传资料之一种,鼓舞人心的地方很多,所以论史者也不能把该事与一般流寇同视,应认识到其在历史上的特殊价值③。在引动排满思想的角度上,梁启超给予太平天国某种意义上的肯定。在民初清史著作中,肯定太平天国的不少,在这一点上类似于萧一山的民族革命史观,萧一山把太平天国看成是民族革命的一个环节,而梁氏把太平天国也看作革命思想的一个源流。对于同治以后学术界的思想演进,他做了如下概括:"于是因政治的剧变,酿成思想的剧变,又因思想的剧变,致酿成政治上的剧变。"④ 清初几位大师所提倡的经世致用之学,"他们反抗满洲的壮烈行动和言论,到这时因为在满洲朝廷手上丢尽中国人的脸,国人正在要推勘他的责任,读了先辈的书,蓦地把二百年麻木过去的民族意识觉醒转来。他们有些人曾对于君主专制暴威作大胆的批评,到这时拿外国政体来比较一番,觉得句句都餍心切理,因此从事于推翻几千年旧政体的猛烈运动。总而言之,最

---

① 梁启超. 中国近三百年学术史. 北京:东方出版社,1996:14-15.
② 同①15.
③ 同①27-29.
④ 同①29.

近三十年思想界之变迁,虽波澜一日比一日壮阔,内容一日比一日复杂,而最初的原动力,我敢用一句话来包举他,是残明遗献思想之复活"①。从政治角度论述晚清的思想潮流:"其时主要潮流,约有数支:第一,我自己和我的朋友。继续我们从前的奋斗,鼓吹政治革命……且力谋中国过去善良思想之复活。第二,章太炎。……专提倡种族革命,同时也想把考证学引到新方向。第三,严又陵。……专翻译英国功利主义派书籍,成一家之言。第四,孙逸仙。他虽不是学者,但眼光极锐敏,提倡社会主义,以他为最先。……要之,清末思想界,不能不推他们为重镇。"② 这些论述直接表明了他反满的民族主义,也表明了对辛亥革命倾向于认同。

梁启超谈及清朝的文网太密、思想禁锢导致清史中私家史料缺乏、正史又多窜改的问题:"治明史者常厌野史之多,治清史者常感野史之少。……故清人不独无清史专书,并其留诒吾曹之史料书亦极贫乏。以吾个人的经验,治清史最感困难者,例如满洲入关以前及入关初年之宫廷事迹与夫旗人残暴状况,《实录》经屡次窜改,讳莫如深。……窃计自汉晋以来二千年,私家史料之缺乏,未有甚于清代者。"③ 因之格外重视顾祖禹:"景范之书,实为极有别裁之军事地理学,而其价值在以历史事实为根据。其著述本意,盖将以为民族光复之用。自序所言,深有隐痛焉。……盖其书经始于顺治十二、三年间。时永历尚存,闽郑未灭,仁人志士,密勿奔走谋匡复者,所在多有。此书之作,则三年畜艾之微意也。"④

当然,梁启超对清朝的基本否定倾向,主要体现在他的政治实践和清代学术史研究方面。脱离了具体语境,他对清朝的评价,也会发生变化。例如清亡以后,袁世凯组织清遗民修《清史》,因为此举是要对清朝盖棺论定,梁启超以史家的身份发表《清史商例第一书》,对清朝的评价自然会相对高一些,在一些重要方面肯定了清朝:"有清一代,令辟踵武,六七之作,度越前古,其间芟夷多难,拓展土宇,创垂法制,

---

① 梁启超. 中国近三百年学术史. 北京:东方出版社,1996:29-31.
② 同①31-33.
③ 同①302-304.
④ 同①343-344.

修明庶绩，多由宸谟，非假群力。又或典学精勤，旁通多艺，斐然述作，争席儒素，实文制之攸关，抑国运之是系。中间祸乱，以迄衰亡，亦未尝不由庙略乖方，浸成因果，或造端在百数十年以前，食报在百数十年以后，不有良吏，取鉴曷由？要之有清二百余年，大权旁落之时至少，国之休戚，民之荣悴，校其功罪，则元首与居八九焉。"① 对清朝及清帝的评价较全面、客观。对清朝政治和学术则持论平和：圣祖治历，精迈前古。丁赋之豁，旷古仁政。唯校勘之勤，清儒专美。辑佚之业，清代极盛。清儒汲古之勤，过绝曩代，其所鉴识，大率可宗②。这是因为史家立场应该客观中立，持论理性，所比较的对象是前朝而非时下和外国。

三、萧一山以民族革命史观重构清史

如果说汪氏、梁氏以"胜朝遗民"而对清朝的态度带有变化性、双重性，那么史家萧一山因成长于民国，对清朝并没有感情负担，其否定清朝也更加彻底。

萧一山（1902—1978），原名桂森，号非宇，字一山，江苏徐州人，中国著名清史学家，独力撰成中国第一部体系完整的新式大型清史著作，学界誉其与孟森是中国清史研究的两大奠基者。他的《清代通史》各卷虽印行情况不一，但基本写成于20世纪20年代，对清史学影响极深远。该书版本不一，华东师范大学2006年版基本保持了原版之原貌，故据此探究他对清朝的认识与评价。

萧一山之史学研究带有强烈的经世致用色彩，不同于当时盛行的讲求科学精神，他以民族革命史观著称，带有强烈的民族主义思想，特别表现在他对明清易代与汉族反清"民族革命"等史文叙述里。他对清朝总体上持否定态度，集中体现在对清朝统治汉族政策等论述中，这里也体现出其民族主义思想。同时，他也有客观论述之一面，且对清执政者的评价总体也较高，这与其民族主义似不协调，但因为这种肯定只出现在个别地方，故整体著述基调并未显示出矛盾。这也与其叙述技巧有关。民族主义多体现于论及明清易代、清廷对汉族政策及汉族对清"革

---

① 梁启超.清史商例第一书//许师慎.有关《清史稿》编印经过及各方意见汇编：上册.台北："国史馆"，1979：35.

② 同①41-46.

命"中，多主观性评述；客观性则多体现在对整个清朝及清帝等的论述中，多具体史事的叙述。

萧一山对清朝总体持否定态度，更多地突出了清廷对汉族之压迫，其中也表现出汉族本位的民族主义思想。他解释汉族时刻从事于革命之原因："此固由于'蛮夷猾夏'之民族意识所驱迫，抑亦'扬州十日''嘉定三屠'之血债有以激之。"① 他也多处论述了清朝入主中原后对汉族的统治之术，突出其民族之防、民族压迫等特点，包括文化上对士人的压制及消极影响。他指出清廷对汉人的"种族之见"，说清朝"即使不考虑国运之转移，亦当知同化之渐……满汉一体，并无歧视，清自开国以来，即以是二语为口头禅，然其处事设心，固未尝不右满而外汉也"②。"种族之见"即会带来满汉之防，他认为清廷"内满外汉，军政大权，操于宗室八旗之手，视汉人若奴隶"，而清末立宪，清廷"在名义上破除满汉畛域，在实际上则重用较多满人"③。其特别突出清朝在文化政策上对汉族的压制，认为其疑忌士人而禁讲学，大兴文字狱，而"文网严密，罗织极细"④。乾隆朝文字狱尤甚，借修《四库全书》而"搜毁诋斥之书"，"牢笼读书之人"⑤，还特别揭露清帝"借利禄以收买人心"，导致人民蜷伏于积威之下，于是士子相率钻研于故纸堆中。人不能尽其才，学不能致其用，而考据学"实则瞽世之俗学耳"⑥。指出清廷"使汉人有联合为治之想，无亡国受制之虞……士大夫为社会之领导阶级，甘作鹰犬，供其驱策"⑦，既表现了对清朝高超治术之喟叹，也表达了对汉族士大夫被笼络之无奈和责难。另外，萧一山也承认清末满汉间权力结构之易势和反转："地方政权，均操汉人之手，而中央任事之宰辅亦多汉人，实际业已反满为汉，清廷仅具一空洞之躯壳"⑧，庚子之役时东南互保之约更能说明这一点，"清廷所以能维持而不至瓦解者……

---

① 萧一山. 清代通史：一. 上海：华东师范大学出版社，2006：12.
② 萧一山. 清代通史：二. 上海：华东师范大学出版社，2006：17-18.
③ 萧一山. 清代通史：四. 上海：华东师范大学出版社，2006：872.
④ 同②23.
⑤ 同②45.
⑥ 同①7.
⑦ 同①13.
⑧ 萧一山. 清代通史：三. 上海：华东师范大学出版社，2006：735.

是刘（坤一）、张（之洞）二人所占之地位，确乎为当时之中流砥柱……可见同光以后之清廷命运，无形间已为中兴名臣之势力所掌握"①，同样是表现其对清廷之否定及弘扬汉族的民族主义思想。

萧一山《清代通史》对整个清史的重构贯穿了民族革命史观主线，表现出彻底、强烈的民族主义。在"导言"中他充分表述了这一点，突出了清之"异族性""专制"与近代之"革命"合理性："'二千年未有之一大变局'……殊不知就世界大势与中国历史观之，三百年以前，方为此'大变局'的开端。……吾国受异族最大之蹂躏，积专制无上之权威，皆在于清代，社会文化之回照与没落，亦适当其时。民国以后，仅属余波而已。……夫清人以女真入主，其所取代之大国，恰为提倡民族主义者朱元璋所建之明朝。于是'中国者，中国人之中国也，胡人焉得而治理之'（见《讨元檄文》）之思想，充沛发挥，而民族革命运动，遂成为中国近代史之骨干与中心。……而吾民族革命之目的与行动，数百年来，始终一贯。……在第一阶段中，我民族革命之对象为满清，目的是'反清复明'。因满清宰制中国，在当时视为异族，本于民族主义之观念，应加以抵抗驱除者也。明太祖驱逐胡元，以中国人之中国作号召，已为民族主义播下种子，恢复明朝之正统，即振兴华夏之宗国。"②萧一山视清朝统治者为异族，视其统治为蹂躏，指出其政权的极端专制性，特别是给中国社会带来了极其消极的影响。他把民族革命追溯到了朱元璋北伐元朝上，并认为从此民族革命运动遂成为中国近代史之骨干与中心，从而否认清统治之合法性、正统性。他对明清易代的论述即表现了民族主义，说皇太极"欲借合议以羁縻中国"③，称明为"中国"。对满洲多轻蔑之词，指出明朝"以奴酋含机不露……遂目为小丑戏侮……努尔哈赤初亦慑于大国之威，不敢狡焉思逞"④。

更为重要的是，他对清史的评述突出了清廷对汉族的压迫及汉族的反抗，将其定义为反清革命，其中，对明遗民、郑成功、天地会、太平天国、孙中山乃至曾国藩、康有为、梁启超等的评述尤能体现这一观

---

① 萧一山. 清代通史：四. 上海：华东师范大学出版社，2006：792-811.
② 萧一山. 清代通史：一. 上海：华东师范大学出版社，2006：3-4.
③ 同②100.
④ 同②51-52.

点。他认为在民族革命史上,"天地会肇其端,太平军扬其波,革命党竟其功"①。而对明遗民的论说,更突出了他们对清之反抗,说像顾炎武、朱舜水这样的明遗民,"不惟抱亡国破家之痛,更具有光复中兴之心",甚至对某些归顺清朝者也非全面否定,"即贰臣若钱谦益、吴伟业等亦复遁迹山林,从事著作",而"民族主义之宣传,亦已根生种播于此时矣"②。他热烈赞扬反清之运动,特别提到"惟(郑)成功开辟台湾,驱逐荷兰夷人,留存革命基地,至今崇誉弗衰"③。他认为天地会等帮会是民族革命的源流与重要部分,而"天地会之在内地者,或曰三合会、三点会,或曰小刀会、匕首会,或曰胞哥、哥老、红帮。实皆民族革命之秘密集团,以推翻满清之统治为目的,太平天国之发难,即由于是。……可见民主革命之一贯潮流,历三百年而未尝中断"④。辛亥革命之成功,"由于天地会势力之支持者亦居其半"⑤。

对太平天国则从民族革命之角度赋予重大意义,大书特书,高度评价洪秀全及太平军起义,认为太平军的"革命思想,无疑乃出之于民族主义"⑥,且其"仅失败于宗教之神权主义,而非失败于民族主义"⑦。肯定洪秀全在承袭民族革命上对当时和后世影响很大。洪秀全后虽不重民族主义,究属承袭民族革命之薪传,其影响于当时后世者颇大。一曰清政权之转移。是故曾国藩一呼而聚数万人,在表面上为相清,在骨子里实取得满人政权,是则民族革命"反清"之目的,业已成功一半矣。二曰其余党相率加入天地会,仍从事于民族革命运动。三曰辛亥革命之变成功。孙中山革命思想之来源,则由于太平天国之影响也⑧。这一定位,将天地会反清与太平天国运动置于同一革命脉络之下,对其后南京政府的清史观有直接影响。

有意思的是,萧一山还从民族主义视角肯定镇压了太平军的曾国

---

① 萧一山. 清代通史:一. 上海:华东师范大学出版社,2006:10.
② 同①715-716.
③ 同①301.
④ 萧一山. 清代通史:四. 上海:华东师范大学出版社,2006:716.
⑤ 同④.
⑥ 萧一山. 清代通史:三. 上海:华东师范大学出版社,2006:231.
⑦ 同⑥247.
⑧ 同⑥249-251.

藩，认为其"在表面上为相清，在骨子里实取得满人政权"①。如此，曾国藩实则是另一种方式的反清。而不论哪方胜出，都终可夺满人政权！循此思路，他诠释曾国藩裁撤湘军是因对清已感失望，又"不愿以自己所培植之势力更遭满人破坏，故以进为退，以为将来地步"②。他也把戊戌变法纳入民族革命，认为"康、梁固不啻为中山作驱除"③。而与论述曾国藩相似，他也突出梁启超民族革命的一面，指出其基于"种族"之感情，其言论"盖无一能为立宪党作坚固之壁垒，亦无一不为革命党作无形之宣传"④。最后，他把辛亥革命纳入革命源流中，说其"谓为国民革命之初步成功也可，谓为反清运动之最后结束也，亦无不可"⑤。他从革命源流的角度解释清之速亡："盖革命成功之顷，往往流血最多，而中国乃得其反也……殊不知自延平、金田以来，为革命牺牲者已千余万人，而自天地会创设，以抵辛亥，且已二百三十有八年矣。"⑥

理所当然，他对革命党、民国极大肯定，称清末立宪时的革命党人"亦知此种伪立宪足以阻碍革命之进行……并在处境极困难之时，拼命奋斗，以图唤起愚昧薄弱之国民精神"⑦，而中华民国"屹立于世界，将永垂无疆之庥焉"⑧。对孙中山更极推崇，肯定其经世致用之学，指出其所重者，不仅是民族革命，"而为政治社会革命。……扩充光大而为三民主义之革命"⑨。而三民主义"为集中外古今学说之大成，可以代表中国文化之精神，即孔子所谓中庸之道也"⑩，且"实际又能解决自鸦片战争以来中国对西洋文化究应持何种态度"⑪。

萧氏民族革命史观不仅体现于《清代通史》中，在其简写本《清史大纲》里，更是始终清晰地贯穿着民族革命这一主线。

---

① 萧一山. 清代通史：三. 上海：华东师范大学出版社，2006：250.
② 同①609.
③ 萧一山. 清代通史：四. 上海：华东师范大学出版社，2006：720.
④ 同③855.
⑤ 同③719.
⑥ 同③1103-1104.
⑦ 同③919.
⑧ 同③1086.
⑨ 同③716.
⑩ 同③741.
⑪ 同③742.

同时，我们也应注意到萧一山的民族主义，也已不完全等同于传统民族主义，其中已含有近代民族主义思想，或者说此也正表现了传统民族主义和近代民族主义同时存在的时代特征，从趋势与实质上说，其民族主义应接近近代民族主义。近代民族主义合中国传统民族主义与西方近代民族主义而形成，其本身即带有双重性。萧一山本人也可视为20世纪初近代民族主义的重要缔造者之一。他既认为清属"外族"，又认为也是中国一部分，不同于英、法"外夷"。他解读曾国藩与清廷的关系，有助于说明这一点。他认为曾国藩的努力目标是"保天下"，"保人民"，"保中国"。"满清入关二百余年，民族革命之义旗，时兴时仆。自洪秀全出始大张之，使非有国藩勤王之师，革命成功，或不待武昌起义矣。是国藩岂非民族革命之罪人乎？""国藩何以不能取满清而代之，以树立汉人政权？……夫国藩既非相清，其努力之目标何在？……盖有三点：一曰保天下。……满清以异族入主，以威胁利诱之政策，宰制汉人，社会风气，早已败坏……及洪、杨起而以基督教摒弃孔孟之学，倡为迷信神权，岂非亡天下乎？……国藩对洪、杨则保持中国文化，对社会则挽救颓风。……二曰保人民。……即其平乱以保民为目的，而不以维持王室政权为目的。……三曰保中国。……盖满清虽曰外族，实同中国，雍正帝早言之，究非英、法异类也。国藩攘外之思想，久露于鸦片战争之时……其不肯取代满清，恐外人有隙可乘耳。此与洪秀全之不肯利用外人，清廷之不肯假英、法、俄兵助剿，皆同一保中国之意也。"①他将"人民""中国""文化"等概念嵌入了黄宗羲"国家—天下"观念，做了重新解释和建构。他对孙中山及辛亥革命等的评论则更能体现其近代民族主义的时代特征，认为孙中山提倡的民族革命，"已不以排满为能事，而实欲建设革命政府，与满人和平共处于中国也。换言之，彼之民族革命对象，乃列强帝国主义而非满清皇室。……而结束近三百年以来之狭义的民族革命，开创中国五千年以来所未有之新局面"②。

萧一山受到近代民族、国家等思想影响，在民族观念上已经超越"夷夏之辨"，萌生了"国族"意识。认为满汉同源，且满族已汉化，

---

① 萧一山.清代通史：三.上海：华东师范大学出版社，2006：603-605.
② 萧一山.清代通史：四.上海：华东师范大学出版社，2006：1098-1103.

"清为华族支派，久受熏陶，逐渐同化"①。这一表达，与后来国民党的官方表达"华夏—边疆民族"实为"汉族—宗族"论旨趣相通。就其民族革命史观而言，王家范指出："对萧一山'民族革命史观'要作同情的理解……时人对'革命'一词的理解，差别之大，歧义之多，甚至同一个人前后也迥异，非今日所能想象。"②

总之，萧一山的民族主义有着更深的内涵和外延。他曾说国人在清朝和帝国主义双重枷锁之下③，这种情况下的革命对象与隐含的民族主义则兼及二者。而其民族主义的指向更是分期的，他曾对王家范说："我是主张民族革命史观的，尤其讲中国近代史，必须以它为骨干，为史心……第一期民族革命的对象是满清，第二期是列强帝国主义，第三期，前一阶段仍是列强帝国主义，而自抗战始，则变成日本帝国主义。"④

萧一山虽对清朝持否定倾向，并持民族主义立场，但其论著也有客观性的一面。王家范认为："他叙述的历史逻辑完全基于史实的客观。"⑤ 萧一山对清朝总体持否定态度，也肯定了其一些积极方面，承认清朝"明君贤相，仁政惠绩，皆较明朝为多"⑥。认为清朝国祚绵长的一个原因是："君主多贤明。太祖、太宗，创业开基，勇武睿智，自不必论。……综论关内十帝，性格与成就各不相同，若与明朝之君主相较，则犹胜一筹。"⑦ 表明自己著书，"为清代社会之事实，而非爱新一朝之兴亡。……即所述为清国史，亦即清代之中国史，而非清朝史，或清室史也。故本书又名为《中国近代史》"⑧。如此，则明显有承认清朝在中国王朝序列之意。

萧一山对清朝的认识，特别是其民族主义及对清朝的否定倾向，都与他的出身和经历密切相关。他出身徐州书香门第，自称兰陵萧氏后

---

① 萧一山. 清代通史：一. 上海：华东师范大学出版社，2006：12-13.
② 同①导读 30.
③ 同①8.
④ 同①导读 26.
⑤ 同①导读 29.
⑥ 同①12.
⑦ 同①12.
⑧ 同①2.

裔，自认为纯粹华夏后裔；其父好史鉴，治今文经学，且对《清代通史》上卷指导之力居多，而此也会影响到他的"夷夏之辨"思想。萧一山曾说其一生所钦佩者是孙中山、蔡元培，感恩知遇者为梁启超①，而孙中山的反清立场及梁启超在清学史里对清之否定倾向，也会深刻影响到他对清之否定态度。此外，其家乡明末抗清人士阎尔梅和万寿祺也应该影响到了他。

上述之外，其他清史书籍也从不同视角、以不同形式表现出对清朝的否定态度，表露出民族主义。罗惇曧所撰《清外史》《宾退随笔》里，记载了辛亥革命中的滦州兵变、六镇兵变，表现了对辛亥革命的赞同及对清朝的否定。钱通朋在其1923年出版的《清史纪事本末》里既肯定清朝积极的一面，也更多指出了其消极面，指出了清朝对汉族的压制，对辛亥革命则表示肯定，叙称"武汉起义""各省光复"。徐国桢的《近百年外交失败史》完成于1931年，则主要从晚清外交的视角表现了他的民族主义及对清朝的否定，也论述了清朝对汉人的民族压迫，并指出清末的民族矛盾主要是中华民族与列强之矛盾，指出鸦片战争以来，"列强所给予我们的压迫，远出满人之上"②。

民初通史类专著也对清朝多否定，兹以吕思勉为例。他在1923年出版的《白话本国史》（亦称《中国大历史》）基本持否定清朝立场，同时否定君主专制，并带有浓厚的民族主义思想，但在一些具体论述上却比较客观。他指出："清朝的猾夏，是远较辽、金、元为甚的"③，并严厉揭露了清朝的剃发令、文字狱等对汉族的文化压迫与精神摧折，也论述了汉族对清的反抗及对清革命的源流，颇类萧一山的民族革命史观。评论清帝退位使"沦陷了二百八十年的中华，至此光复；且将数千年的君主专制政体，一举而加以颠覆"④。

---

① 萧一山. 清代通史：一. 上海：华东师范大学出版社，2006：导读19，26.
② 徐国桢. 近百年外交失败史. 上海：世界书局，1932：95.
③ 吕思勉. 中国大历史. 上海：商务印书馆，1923：84.
④ 同③106 – 107.

第二节 《清史稿》编纂者的"歌功颂德"

《清史稿》是1914年到1927年仓促完成的一部清朝史书。作为正史固然不成功，但其汇集了有清一代史实，排比叙述了清代重大事件始末，以及重要制度的渊源流变，对了解清代历史有重要参考价值。仅就边疆民族史事而言，帝纪、封爵表、大臣传和藩部传已经存其大概。对《清史稿》的争议主要在政治方面。因为是清遗老所修，对清多颂扬，而对辛亥革命和革命党人则极尽污蔑诋毁。1914年北京政府国务院呈请设清史馆文说："况大清开国以来文物灿然，治具咸饬，远则金川请吏，青海敛兵，拓土开疆，历史之光荣犹在；近则重译通商，诏书变政，鼎新革故，贞元之继续攸开。洎乎末叶，孝定景皇后尤能洞观世势，俯察舆情，宣布共和，与民更始，用能成德美文明之制，洵足追唐虞揖让之风。我中华民国追维让德于大清皇室，特颁优待条文，崇德报功，无微不至。惟是先朝记载尚付阙如……尤宜广召耆儒，宏开史馆，萃一代人文之美，为千秋信史之征。"① 政府态度如此，修史者更是露骨吹捧，当时于式枚、缪荃孙、秦树声、吴士鉴、杨锺羲、陶葆廉六人合上《谨拟开馆办法九条》，首先确定了立场："敬议者，我大清定鼎二百余年，厚泽深仁，休养生息，上无失德之君，下无抗命之臣，固属前代所稀有，而武功赫奕，拓土开疆，文教昌明，轶唐绍汉，急宜及时纪载，足以信今传后。"② 这一态度，首先失去了史官应有的客观和中立立场。《清史稿》问世以后，不可避免地遭到许多人的反对和批评。

在《关于〈清史稿〉的各方意见》中，有很多人是持否定及批判《清史稿》态度的。南京政府组织的审查甚至定其有十九宗罪，但关键是"诽谤民国"。故宫博物院院长易培基呈请行政院，对《清史稿》彻

---

① 朱师辙. 清史述闻：卷一. 上海：上海书店出版社，2009：2.
② 许师慎. 有关《清史稿》编印经过及各方意见汇编：上册. 台北："国史馆"，1979：3.

底否定，对辛亥革命则肯定，并认为太平天国"实汉族之光荣"①，表现了明确的反清立场。1929年的《刘赞廷呈国民政府请启封〈清史稿〉史册发售归结文》也基于民族主义，否定清朝的专制，指出："我中华民国光复之际，正满清政府专制之余。"②傅振伦1931年发表的《〈清史稿〉评论》对《清史稿》是基本否定，对清朝的一些方面也彻底否定，表现出强烈的民族主义，对清帝之评价也显得很低，且举出一些可存疑的传闻、野史，多突出他们的消极面，而对反清运动则肯定，对清末革命则推崇。

《清史稿》之外，公开肯定清朝的清史论著比较少，且多是清遗老所作，而且也不是民初清史的主流。他们认可清朝的正统性，对清帝及清朝充分肯定，否定辛亥革命，表现了对清朝的拥护与推崇，其中多是参与修《清史稿》的人。论清史者一般直接肯定清朝入主中原的不多，但朱锺琪在《拟修清史目例》中则否定"种族"之见，肯定清朝得位之正，说清朝入关，"顺天应人，实较历朝为正"③。

金兆丰曾为清官员，参与编撰《清史稿》，在1935年写的《清史大纲》里，基本持肯定清朝立场，但也未否定民国。在明清易代上，他持天命循环史观，认为明亡也是因国运告终，而清是从农民军夺得天下，并指出："明国末造……无复纲纪，兴亡之故，盖不待入关定鼎，而早可了然矣。"④

民国初年，新旧交替，时人怎么看待满与汉、中国与清朝、中华民族与列强之关系，态度实不相同。但在革命思潮及传统"夷夏之辨"思想等影响下，清史学者乃至时人是否认同清朝则是一个重要问题。他们对清朝及革命、民族、国家的认识与现实密切相关，且经历着重构过程。学者表现出的民族主义不仅是传统民族主义，也带有近代民族主义性质。

清史学者在国内外思想及剧烈变革的时代等影响下，对清朝的认识

---

① 故宫博物院院长易培基呈行政院文//许师慎. 有关《清史稿》编印经过及各方意见汇编：上册. 台北："国史馆"，1979：228-230.
② 刘赞廷呈国民政府请启封《清史稿》史册发售归结文//许师慎. 有关《清史稿》编印经过及各方意见汇编：上册. 台北："国史馆"，1979：223.
③ 朱锺琪. 拟修清史目例//许师慎. 有关《清史稿》编印经过及各方意见汇编：上册. 台北："国史馆"，1979：124.
④ 金兆丰. 清史大纲. 上海：开明书店，1935：22.

呈现出多元性、变化性、多重性及复杂性，同时表现了一致性、趋同性。总体而言，他们对清朝的评价不太一致，而在叙事上，对清朝持客观态度的学者与对清朝持否定态度的学者较为一致，对清史叙述大体客观，二者也组成了民初清史研究之主体。对清史多一意贬低或颂扬的并不多，前者多清末革命者，后者多清遗老。民族主义立场的学者在论述上还表现出了诸多共同特征：多涉及清朝对汉族的压迫，其中多突出清廷在文化上对汉族的压制及所造成的消极影响，政治、军事用人上的民族之防，特别是持否定态度的学者也多会论述到汉族之反抗，而他们基本也都肯定辛亥革命和民国等。他们对清朝正统性判断较复杂，但趋向肯定。在对清朝国家认同上，民初清史学者大多是肯定的。

哪些因素促使他们形成了对清朝的国家认同？总的来说，对清朝的国家认同与中国传统社会的发展、西方这一"他者"的出现及中国与其文化的内在特征等相关。从思想发展角度说，这关系到了"夷夏之辨"、民族、国家等观念之演变。对清朝的国家认同与对其正统性的认同密切相连，"夷夏之辨"则是关系到清朝正统性的重要因素。清朝为了论证其正统性而对"夷夏观"做了很大改造，强调"大一统"及"华夷一家"，这又促进汉人对清朝正统性的认同，带有国家认同性质。近代以来，特别是清末革命时期，在民族建国时代需求下，这种认同受到冲击而发生了重大变化，民族主义勃兴，但为时不久。1912年中华民国成立，革命尘埃落定，孙中山宣布"五族共和""五族平等"，实际上回归了"华夷一家"观念，当然这时的"五族共和"还带有汉族中心观念。五四时期，用"中华民族"来代表中国各族的观念得到最终确立，日本入侵下，这一观念又为全国各族人民普遍认同，"中华民族"也可说等同于"国族"。这一变化与民初清史论著在对清朝的国家认同问题上逐渐趋向肯定是一致的。

第三节　立场客观的清朝史、满族史研究

一、章炳麟的转变与《清建国别记》

从20世纪20年代中期开始，有关清朝的研究和书写开始发生变化，

第二章　民初对清朝史、满族史研究的史观转换与评价转向

其明显表现是，火药味浓烈的抨击性文字如"满夷""满清"类用语减少，研究趋于理性全面，表达也转向平和。一个明显的例子是章炳麟。

章炳麟，字太炎，清末著名的革命派学者。所著《訄书》于1900年出版，后又经修订，一些篇章即反映了反清立场，甚至说："满洲贱族，民轻之，根于骨髓，其外视亡异欧美。"① 这一时期章氏属于传统民族主义，其看法混淆了满族与列强的内外之别。1906年撰写了白话文的《逐满歌》。1907年更在《天讨》上发表《讨满洲檄》。檄文控诉"满清"政府的罪行，宣扬革命排满的正当性，宣称中华乃汉人之中华，满人盗我疆土，罪大当逐。檄文以"夷狄"视满族，大量使用"犬羊之性""满洲胡人""满奴""满贼"等诬蔑性语言，号召革命者"豺狼之族不可不除，腥膻之气不可不涤"②，其激烈程度丝毫不亚于朱元璋的讨元檄文。但在革命成功以后，章炳麟不仅承认满族也是中华民族的一员，而且潜心研究明末清初的历史，特别是满族崛起于关外的历史③。其动机或见仁见智，但其态度明显回归于客观和理性。不同于梁启超和汪荣宝的泛清史视角，章炳麟在民国初年专门撰写了《清建国别记》一书，考证、阐发努尔哈赤建国之前的历史。该书记清建国史事，自清太祖起兵，至并南关（哈达）。对满洲族源世系、满洲称谓及满明关系等许多重大问题，考辨精细，立论允实，其中很多论断也为学者接受。是书取材于明人、清人、朝鲜、日本官私著作及清禁毁之书，尤以史识见长。所记范察、李满住史事，考端尾，叙过程。其记建州史事，明确努尔哈赤为王杲之婿。该书包括《清为金裔考》《建州方域考》《范察、董山、李满住事状》《范察、董山、李满住事状后考》《卜哈秃、兀者秃木事状》《伏当、加兀事状》《孟特穆、福满考》《觉昌安、塔克世、奴儿

---

① 徐复. 訄书评注. 上海：上海古籍出版社，2000：19.
② 章太炎全集：第4卷. 上海：上海人民出版社，2014：189. 一说此檄文为其弟子黄侃所拟.
③ 章太炎何以忽然究心清史事，学界有不同解读。王汎森从思想史的视角认为是清末民初国粹运动的一环，是为了"汉族历史记忆之复返，尤其是明清改朝换代之际的记忆"[王汎森. 清末的历史记忆与国家建构. 思与言，1996，34（3）]。更多的人则是在史学范围内讨论，如汪荣祖认为："章太炎写清朝开国史，颇展现现代实证派史家的精神与方法，用最原始的资料，相互参证，力求事实的真相，重建混沌不清的源流，使清室可靠的世系眉目顿现，随之完成一篇信而可征的清代开国前政治史。"（汪荣祖. 史学九章. 北京：三联书店，2006：142）

哈赤事状》，以及附考三篇。

应该承认，这部书堪称国内第一部严肃探讨清朝前史的著作，开辟了满族源流和清朝开国史这一新领域。关于其学术价值，学界看法不同。"范察、董山之事，明其素居赫图阿剌也。塔克世之事，明其不与阿太同叛也。建州国汗、后金汗之事，明其始称天命，犹不敢达于外也！"① 也有人将其与孟森的研究相比较，认为史料有限，不及孟森的成就②。这一比较本身即不公平。《清建国别记》虽刊印于 1924 年，但其研究事实上自民国初年已经开始，而其发端则是在日本期间，得读日人著作及诸多国内未见之书、朝鲜《李朝实录》等。其书最后定稿则在 1924 年 6 月到 10 月。其开始大体上与孟森的研究同时③。其时研究条件很差，不要说清档，连明清实录都难以看到，章太炎不得不辗转求助于北大的沈兼士和中国大学的吴承仕代为查核。更遑论孟森为专业的明清史教授，而章太炎则是治学博洽的国学大师，研究满洲史事只占其工作的很小部分。更为重要的是，两人的问题意识和书写框架其实大体相同，都是从考订爱新觉罗先世入手还原其早期历史。孟森也吸收了章太炎的研究成果。他们都看到了清代史书有意回避遮掩建州女真与明朝的关系，从而有恢复历史真面目的职志。《清建国别记》序言："清上世之事，以无书契，子孙弗能志，虽世系亦慢也。奴儿哈赤起侧微，史官载之，其词多不诚。余昔因攘胡事，欲知其究竟，导端《明史》，固不能具体。及明人杂著别集，有事涉建州者，遭乾隆焚书悉毁。其录于《四库》者，点窜之余也。官私所刊，若张居正、熊廷弼诸家奏议，其要者亦删之矣！"④ 为此甚为不平，"甚矣，清官书之欺人也"⑤。在研究框架上，他首先建立了以努尔哈赤祖先世系为纲的书写框架，从其部族起源于金开始，比较明人记载与清代实录所记世系之歧异，次第考论历辈祖先的顺序、事迹，这与孟森的《清朝前纪》的书写框架并无二致。章太炎提出并考订了多个满族先史研究的疑难问题。如清景、显二祖（觉昌安、

---

① 章太炎全集：清建国别记. 上海：上海人民出版社，2015：354.
② 袁英光. 章太炎与《清建国别记》//历史论丛：第 1 辑. 济南：齐鲁书社，1980：258-282.
③ 1914 年 9 月，孟森出版了《心史史料》第一册（时事新报馆发行），形成了自己的研究框架。
④ 同①353.
⑤ 章炳麟论学手札. 北京：北京师范大学出版社，2009：91.

塔克世）的死因问题，范察（凡察）的子孙传袭，努尔哈赤是后金国汗还是金国汗，"满洲"名号的来历，王杲是否系范察后裔，范察应出自阿哈出一系即范察、李满住同祖，等等。有的得到了解决，有的直到今天仍悬而未决。

二、孟森的清朝史、满族史研究

大体上，以1924年溥仪出宫为节点，此后学者对清朝的态度趋于中立。对清朝持客观态度的学者中，孟森的成就最大，可为代表。他的清史研究本着信史原则与严谨态度，显得更为客观而公允。这里主要通过孟森的论著分析他的清史观，其他一些学者，与孟森持相似态度，且清史观与孟森接近。总的来说，这一类学者基本倾向于认可清朝的正统性，对以清帝为代表的清朝评价也更多一些肯定。

孟森（1869—1937），字莼孙，号心史，江苏武进人，中国近代清史学科奠基人，代表了清史学科第一代学人的最高水平。他早年科举受挫，在洋务、变法思潮影响下留学日本，学习法律，归国后积极投身政治，主张君主立宪，民国时又一度参加政党活动，后来逐渐脱离政治，变身学者，专门从事史学研究。他一再表明自己研究清史的客观态度："故史学上之清史，自当占中国累朝史中较盛之一朝，不应故为贬抑，自失学者态度。"① 信史史观也确实贯穿到了他的论著里。总体上，他倾向于认可清朝的正统性，对清帝的评价也较高，同时也指出清廷对汉族政策的问题等。

孟森的清史研究基本是政治史，其论著可分专著、文章两类，前者如《清朝前纪》（不同时期又以《满洲开国史》《满洲开国史讲义》书名出版）、《清史讲义》、《元明清系通纪》，后者基本是考据文章。其著作运用西方近代史学章节体的编著方法，全面、系统地论述了清史，对清帝及清朝总体评价很高。考据文章是他论著的主体，最能代表其研究水平，也更能突出其实事求是的研究精神，而从其探微发覆的研究中也能勾勒出他对清朝的认识，且这里多揭露清廷对本朝历史的伪饰，通过辨误纠谬探索真相，因此也多论及清朝的一些阴暗面，随之也更多流露出对清朝的一些不满，与专著比，对论及的清帝、清朝的评价则相对较低。不过，专著与考据文章多是论述视角、侧重及具体语境不同，前者

---

① 孟森.清史讲义.北京：中华书局，2006：4.

从宏观上对清朝予以总体论述，对其多肯定，后者通过微观考据更多地突出了清朝的一些纰政及阴暗的一面，而二者结合起来则也使其对清史的研究更为全面，更为客观。二者在著述立场与原则上也基本一致，对清朝都持公允态度，认识和评价也基本一致，认可其正统，总体上肯定它的历史地位。此外，《孟森政论集》收录的是他清末至20世纪20年代报刊上发表的政论文，是较早时期所作，涉及的对清朝政治的评价较其他论著为低，这是他秉持宪政、反对专制的政治立场所决定的。

1. 孟森的客观研究态度及对清朝正统性的判定

清帝退位后，在革命思潮下，文化界多盛污蔑清室之风，特别是小说家，多编造清史，孟森则屡屡表明他的信史史观，并勉励学界。"近日浅学之士，承革命时期之态度，对清或作仇敌之词。既认为仇敌，即无代为修史之任务。若已认为应代修史，即认为现代所继承之前代，尊重现代，必并不厌薄于所继承之代，而后觉承统之有自。清一代武功文治，幅员人材，皆有可观。……后代于前代，评量政治之得失，以为法戒，乃所以为史学。故史学上之清史，自当占中国累朝史中较盛之一朝，不应故为贬抑，自失学者态度。"① 表明治清史的客观态度，并肯定清史的重要性。他尖锐地抨击清朝控制史学，抹杀掩盖历史真相。"凡有涉及清前代之纪载，无不焚毁，藏者罪等叛逆。吾党今日尚能考见清代一二真象，皆前人冒死藏匿，以为后人稍留根据。"② 但并不否认清朝有完备的史料保存。唯其如此，他认为清史研究更加重要："易代之后，禁网尽除。吾辈不能继先民忍死留待之意，为之胪列发扬，以成信史。徒据清世矫诬捏饰之本，作成一代之史。是国民果可欺，而国史真无足轻重，非学人治历史者之本怀也。"③ 他在考据文章里更是多次表明对清朝的中立立场，对清史客观、严谨之态度。他表示自己作为旁观者研究清史，对清朝"原无所加甚其爱憎"，也很自信地称自己的研究"盖无一事敢为无据之言，此可以质诸当世者也"④，而通过对其清史观的研究，可知他确实做到了这一点。

---

① 孟森. 清史讲义. 北京：中华书局，2006：4.
② 孟森. 清史前纪. 上海：商务印书馆，1930：叙言.
③ 同①3.
④ 孟森. 心史丛刊. 北京：中华书局，2006：1.

作为秉持客观立场的史家，孟森对当时纂修的《清史稿》有清醒的认识。他深知《清史稿》的问题在于编纂者的立场和情感："易代之后，纂修清史，仅据官书为底本，绝不足以传信而存真。"① 他认同当时政府否定《清史稿》为正史的意见，但仍认为《清史稿》具有史料价值："《清史稿》为排比已有具体之一大件，亦应在悬设正史之位置中，参加史料之一席。"② 为了客观地研究清史，他提出了设立清史学科的主张，其任务主要是纠正"清代官书之远于事实"，"此吾党所以列清史为学科之意也"③。但是，他对时人一味贬斥甚至污蔑清皇室的做法也持反对意见："且清史一科，固以纠正清代官书之讳饰，但亦非以摘发清世所讳为本意。盖清帝逊国以后，国人以习知清世禁网之密，清纪载之难信，于是妄造謷说，流传失实，多污蔑清室之谈。其灼然诬罔者，因考索所及，亦一一加以辨正。总使史书为征信而作，不容造言生事之小说家破坏历史大防。其为保护清室之意少，而为维持史学之意多。故虽不信官书，亦不轻听世俗之传说，尤不敢盲从革命以后之小说家妄造清世事实，以快种族之私而冀耸流俗好奇之听。此意愿与吾党共勉之。"④ 概括起来就是，成一句话据实求真，恢复历史真相，维护史学的严肃性。

孟森是认可清朝的正统性的。先说《清史讲义》的相关论述。他指出清朝先世是明朝"属夷"，但又以天命说解释明清易代，即明气数尽而亡，清得天命而立，还认为雍正帝继位是"天之佑清厚"⑤。在中国古代，天命与正统密切相关，前者可说是后者最为直接的理论依据，它们在很大程度上可说是二位一体，说一朝得天命基本等同于说其得正统，可见孟森对清朝正统性认可之倾向。虽然他也认为清军入关是"清侥天幸"⑥，但也并未影响这一结论。而在叙述清亡时，他又论及满族气数已尽。另外，他对比明末与后金双方的执政者和政情，认为明清鼎革不仅因天命，也因人为，"兴亡之叛，非偶然矣！"⑦ 这也可见他认可

---

① 孟森. 清史讲义. 北京：中华书局，2006：3.
② 同①.
③ 同①.
④ 同①.
⑤ 同①213.
⑥ 同①128.
⑦ 同①88.

清朝得国合理性的倾向。传统中国的夷夏观既论"夷夏之辨",也讲"用夏变夷",对"夏""夷"的判定也更重文化,二者还可相互转化。如韩愈所指:"孔子之作《春秋》也,诸侯用夷礼则夷之,夷而进于中国则中国之。"① 故接受华夏文明,"夷"也可以转化为"夏",孟森认为清朝这一非汉政权早已汉化,或更准确地称为"华化",这也表明他认可清朝正统性的倾向。

孟森认为早在顺治、康熙朝就不存在绝对的满汉之别了,这甚至可理解为他认为清朝政权很早就已"汉化"。他在论述顺治帝的罪己诏中说:"首列渐习汉俗,于祖宗淳朴旧制日有更张为一款。""满洲世臣不能专任,部院印信亦令汉官掌管为一款。""而其实世祖为己过之事而引罪,圣祖亦并未因遗诏之故而疏远汉臣。是敷衍满臣自有不得已,而宥密之地自有权衡,亦不至真为满臣所把持。"② 孟森认为顺治朝政权已多"汉化",而康熙帝亲近汉臣,也是借汉臣之势制衡满族权贵,以达多方势力平衡,收君主集权之效。中国封建政权的君主不断集权是大趋势,清王朝虽是非汉政权,在包括满族部落势力在内的满族权贵势力强盛的情况下,清帝重用汉臣也是封建政权运作的内在需求,清政权的汉化也就带有很大的必然性,既汉化,认可其正统性就更顺理成章了。

孟森还指出清廷上层推崇儒学,于思想文化上也已汉化,而这更会影响到他对清朝正统性的判定。他论雍正帝借朋党之名削夺旗主权力,他们终无异言,"得力于尊孔为多也……儒家名分之说在中国有极深之根柢"③。又说雍正帝对儒教也是"敬仰备至,不敢予圣。盖知机锋可以袭取,理道不能伪为也"④。再则,在清朝入关前,孟森称明朝为中国,清朝建立后,在与俄国的对称中也称清为中国,并指出清在制度上多沿袭明朝,还追溯清朝的渊源到女真族建立的汉化很深的渤海国,从这些也可看到他认可清朝正统性的痕迹。此外,孟森1931年进入北京大学历史系后,对清史史料的运用由偏于私人记述转向基本依据官方载录,应也能表明其基本已不受革命思潮影响,以及对清朝正统性的

---

① 韩昌黎文集.卷一:原道.
② 孟森.清史讲义.北京:中华书局,2006:148.
③ 同②21.
④ 同②302.

倾向。

另一方面，孟森在考据文章里多述及清朝的消极面，但并未否认其正统性。他详细论述了建州对明朝的依附关系及清朝对此的矫饰与否认等，还指出建州就已"纯习华风矣"①，比专著评说清朝政权的汉化还早。另外，他认为："元史自五百年来为一朝正史，然以其在汉土传祚不永，一切制度文物，又与汉土历代不甚沿袭，故在汉人不推为至隆极盛之朝。"② 既然对传国不久且不甚沿袭汉制的元朝尚认为是正统，由此推之，更应该认可统治日久且汉化很深的清朝的正统性了。

2. 孟森对清朝的执政者及历史地位的评价

在《清史讲义》里，孟森对清朝的历史地位评价很高："清一代武功文治，幅员人才，皆有可观。"③ 应是受传统正史纪传体影响，他的专著多围绕清帝展开论述，集中反映了他对清朝历史地位等的认识。他对清帝总体评价很高，认为："清多令主，最下亦不失为中主"④，而"顺、康、雍、乾四朝，人主聪明，实在中人以上。修文偃武，制作可观。自三代以来，帝王之尊荣安富，享国久长，未有盛于此时者也"⑤，折射出他对整个清朝历史地位的充分肯定。

孟森对历代清帝的具体评述则比较复杂，总的评价也还较高。其中，对努尔哈赤、皇太极及顺治帝都充分肯定，还高度评价带兵入关的多尔衮，也可见他对清入主中原应并无特别的抵触心理。他重点论述了康、雍、乾三朝，对康熙帝极推崇，盛赞其文治武功，一些地方甚至显得过誉，如他说康熙帝开博学鸿儒科是"网罗遗贤，与天下士共天位"⑥。实际上，康熙帝更多是为削减明遗民对清对抗之意，并标榜新朝奖掖文化，进一步证明清朝的正统，搜求人才并非最重要的原因，与士大夫共治天下就更谈不上了。同时孟森也指明了他的满汉之见与民族之忌，及在教育诸子与立储上的问题等。雍正帝在历史上是存在不少非议的，孟森对其却多加肯定，可见其更偏于突出清帝及其所代表的清王

---

① 孟森. 明元清系通纪：正编卷六：景泰朝. 北京：中华书局，2006：606.
② 孟森. 明清史论著集刊：下. 北京：中华书局，2006：749.
③ 孟森. 清史讲义. 北京：中华书局，2006：4.
④ 同③306.
⑤ 同③310.
⑥ 同③103.

朝积极的一面。孟森提及雍正帝继位之可疑，天性之寡薄，但并未苛责与渲染，而是充分肯定了他的治国能力、成效及英明勤政等，肯定他在政治、文化及平定边疆上的作为，当然也指出了不足。乾隆朝为清极盛期，孟森对乾隆帝的评述却相对低，多突出消极面，在肯定他的文治武功、政治见识等方面的同时，更论及了他身上存在的各种问题，其中多论及他在满汉民族政策上的问题，说他在征战中"必用帝室私亲、旗下贵介"①，并论断清朝中衰之机正起于乾隆朝。

3. 孟森对清代满汉关系的论述

孟森也多论及清朝对汉族的压制及满汉对立的一面，甚至表现出一些民族主义倾向。在《清史讲义》里，他指出清朝在政治、军事用人上只倚重旗人，而旗人之堪用者日渐凋零，旗兵也渐不可用，这也影响了清朝的国运。他认为太平天国运动后，汉臣势力上升，清政权中满汉势力实已倒转，但清廷还是只倚重满族，特别是宗室，而满汉势力对比的变化与清朝满汉隔阂政策的保持之间的矛盾乃是清亡至关重要之原因。他也论及了清朝在文化上的禁忌与文字狱等。清朝考据学兴盛，既是学术内在理路之演变，但也是清廷文化恐怖、禁锢政策下的不得已而为之，孟森甚至认为此"为亡国种其远因者也"②。在考据文章中，孟森更强调了清朝对汉族政策的一些问题，并流露出了不满。他说清朝，其兴起是善用机会，但又是"不善袪除种见之时代也"③。强调清朝在文化方面的讳饰与思想上的禁锢，指出："乾隆间更假四库馆为名，术取威胁、焚毁、改窜，甚于焚书坑儒之祸。"④ 突出了修《四库全书》的消极面。此外，政论文里，孟森也论及了清帝对汉人的压迫，表示不满。他还认为民国也不尽如人意，对影响政局的重要人物的评价也不是很高，不过基本态度还是否定清朝而倾向民国。

孟森在对清朝满汉问题的论述里流露出了民族主义的思想痕迹。如前所述，他对清帝的评价总体较高，但对道光帝，乃至清朝极盛时期的乾隆帝总体评价却不高，这应与他的民族主义有关。在其论述中，这些

---

① 孟森. 清史讲义. 北京：中华书局，2006：328.
② 同①306.
③ 孟森. 明清史论著集刊：上. 北京：中华书局，2006：34.
④ 孟森. 心史丛刊. 北京：中华书局，2006：1.

人在用人上都突显了满汉之防与满族本位主义,而乾隆帝在强盛国力下对汉族的打压也是随之加大的。孟森称郑成功为明之遗忠①,投诚满洲者为汉奸②,这些也更直接表现了其民族主义倾向。不过,虽然他多处论及满汉问题,并带有民族主义倾向,但并未由此而否定清朝对汉族的整个政策,也未在传统"夷夏之辨"上加以渲染、发挥,进而否认清朝的正统性及整个清朝。在文章里他还肯定了"清代所创五族一家之业"③,表明了他的五族共存史观,而这与他参加过的清末君主立宪派所主张的"满汉一体"也是一致的。

4. 孟森关于满族史、边疆史研究的学术贡献

20世纪二三十年代,孟森以其卓越的研究及丰硕成果,奠定了其近代清史研究开山者和清史学科奠基人的地位。其弟子及学术后继者商鸿逵、郑天挺、王锺翰、何龄修对此皆有定评④。其治学领域广阔,固不限于清史,这里只就满族史和边疆史的视角简要论及。

首先是孟森正确肯定了清朝与清史的地位,才有了满族早期史和八旗史研究的合法性地位。孟森从传统的国运兴衰代继的观念出发,肯定明清易代的必然性,将清代置于朝代序列的重要一环,并不以其出于满族而加以矮化和否定,这明显不同于之前的清史研究基调。这一指导性观念,应该在民国初年就已萌生。1914年,孟森发表《心史史料》第一册,展示了自己初步的研究成果。其目录包括:一、满洲名称考;二、清朝前纪,分为"纲领""女真纪第一""建州纪第二""建州左卫前纪第三""肇祖纪第四""褚宴充善纪第五""妥罗纪第六""兴祖纪第七""景祖纪第八""显祖纪第九""附王杲纪第十";三、清国号原称后金考;四、朱三太子事述⑤。这项研究,经过了不断补充、修改,最终"清朝前纪"定名为"满洲开国史"。这一命名不仅更为准确,而且赋予了满洲部族史的研究定位,其内涵也从单纯的爱新觉罗家族史扩展到整个明代女真三大部研究。这自然可以视为20世纪50年代以后满族史研究的先声。与章炳麟的清朝建国史研究对比,孟森的研究不仅更加深

---

① 孟森.清史讲义.北京:中华书局,2006:354.
② 同①88.
③ 孟森.明元清系通纪:正编卷三:宣德朝.北京:中华书局,2006:281.
④ 何龄修.孟心史学记:孟森的生平和学术.北京:三联书店,2008.
⑤ 孟森.心史史料:第1册.上海:时事新报馆,1914.

入，而且纠正了日本稻叶君山的相关谬误。其中较为重要的问题，如《明史》、《满洲源流考》及《清史稿》诸书为清室讳言其先祖建州女真与明朝之隶属关系，揭破其所制造种种疑团，终使其真相大白。考证清之始祖非孟特穆（猛哥帖木儿）而应是布库里雍顺，考出其十世之祖的顺序及名氏。指出清之直系正传应出于童仓，而非董山。考出其中的关键人物即清兴祖福满的父亲石报奇（亦称"锡宝齐篇古"）即《明实录》中的"失保"，其父为建州左卫都督董重羊，即童仓，纠正了日本学者将童仓、董山混为一人之误。《清太祖武皇帝实录》以石报奇之父为充善（即董山）之子，有攀附正系之意。发覆阐微，考证精审，迄今为不刊之论。

其次是满洲名号来历问题。针对乾隆敕撰的《满洲源流考》谓满洲为部族名，源自西藏"曼殊师利"佛号的说法，孟森认为是自相矛盾，由此细考其由来。孟森引朝鲜材料，提出"满洲"源自建州女真旧有的尊号"满住"，努尔哈赤其时尚被称为"满住"。早期著名酋长李满住，是使用此称号的例证。"可知'满住'二字，为建州最尊之称。距前李满住之被戮已百五十余年，而名称不改。是前惟李氏为建州各部之望，可称满住，至是则太祖威望极盛，足继是称。观后来清之至尊，在宦官宫妾间，恒称佛爷，知为建州之旧俗，学汉人则黄衣称朕，改元纪号，沿旧俗则使其下称文殊，以佛号自尊，是为建州特殊之制度。西藏丹书之称'曼殊师利'，亦即从其文殊之称。自李满住以来，早成故事。故建州可谓以满住即文殊，为其酋长之部族，此即所谓满住部族，亦可谓为文殊部族。既借'洲'字以影附地名，则即谓之满洲部族宜也。但满洲非地而为酋长之尊号，则满洲部族之意义，犹之帝国、王国、公国等名。要在建州，亦自成一种自名其部族之熟语。"① 认为后来皇太极"改称满洲为其国名，亦非临时所突造，其来有自"②。孟森此解，自称一说，但未被学界公认。是以近百年来，学者撰文研讨，仍无定说。

再次是八旗制度的研究。八旗制度是清朝特有的根本性制度，孟森是第一个系统研究这项制度的学者。清朝靠八旗定天下，八旗制度一向被视为军事制度，至多是附有一定的社会组织功能。这种认识在当时完

---

① 孟森. 满洲开国史讲义. 北京：中华书局，2006：5.

② 同①.

成的《清史稿》的"兵志"与"食货志"中有充分体现。孟森率先注意到了八旗制度的重要性和复杂性。"浅之乎视八旗者，以为是清之一种兵制，如《清史稿》以八旗入'兵志'是也。夫八旗与兵事之相关，乃满洲之有军国民制度，不得舍其国而独认其为军也。至'食货志'亦有八旗丁口附户口之内，稍知八旗与户籍相关矣，然言之不详，仍是膜外之见，于八旗之本体，究为何物，茫然不辨。则以其蜕化之迹已为清历代帝王隐蔽，不溯其源，无从测其委。"① 孟森独具慧眼，看到问题的本质即八旗为国家基础、国体形式。"八旗者，太祖所定之国体也。一国尽隶于八旗，以八和硕贝勒为旗主，旗下人谓属人，属人对旗主有君臣之分。八贝勒分治其国，无一定君主，由八家公推一人为首长，如八家意有不合，即可易之。此太祖之口定宪法。其国体假借名之，可曰联邦制，实则联旗制耳。"② 孟森是宪政专家，这里借用政治学理论联邦制概念来比喻太祖时代的后金国家形式，确实不尽妥当。但其揭示的八旗制本质的封建性及后金国由封建之八旗联合的形式则入木三分，准确无疑。后来者提出的"八旗制国家""旗王制"等概念，无不受其启发而来。为了阐明其封建性，孟森逐一考证了各旗的旗主系统，起初八旗正黄、镶黄属之太宗皇太极，正白属之多尔衮，正红属之代善，正蓝属之莽古尔泰，镶白属之多铎，镶红属之阿济格，镶蓝属之阿敏。太宗一人领两旗者，其镶黄一旗太祖留以自待，未及命而身殁，遂由太宗兼之。太宗殁，世祖继领之。及多尔衮殁，其众亦入于世祖，此后世"上三旗"所以由天子自将之故。此正是专制君权取代贵族合议的"八王共治"国体的过程。皇太极以来苦心变革，侵抑旗主之权，屡次更易各旗旗主，使不能据一旗以有主之名，而各旗属人亦不能于皇帝外复认本人之有主。至世宗朝而法禁大备，八旗旧制乃为新法隐蔽殆尽③。至此，八旗及其旗主脱离国家最高权力的轨迹展露无遗。

最后是对边情边政的考察与研究。孟森壮游天下，留心边事，足迹北抵吉林、黑龙江，南越镇南关，传世笔录有《粤行随笔》《广西边事旁记》《留都交涉记》《蒙古郭尔罗斯后旗旅行记》《旅行松花江日记》。

---

① 孟森. 清史讲义. 北京：中华书局，2006：20.
② 孟森. 明清史论著集刊：上册. 北京：中华书局，1959：218.
③ 郑天挺. 孟心史先生晚年著述述略//孟心史学记. 北京：三联书店，2008：37.

这些文字虽非纯粹的学术研究成果,但是都来自实地考察见闻,不仅具有研究当地边疆民族问题的资料价值,也记录着他对边疆边事的思考和研究,是其学术思想的一部分。

1905年2月中旬,孟森作为督办广西边防事务大臣郑孝胥的幕僚和随员,南下广西龙州。自宁波登船,一路泛海,经中国香港,舍舟登岸,经谅江、谅山、同登,由广西南大门镇南关入境,迤逦北行而至龙州行台。至是年10月中旬离桂,凡七阅月。在龙州期间,孟森细心观察边地风土人情,从气候、温度、物产、名胜、历史沿革、山水地势、驻防军队、机构官署等当地政情,均载其日记中,其中颇多有价值的资料。例如,关于龙州、凭祥当地土司的考述,中法双方对边界地带经营策略的比较,沿边设汛、剿匪、办学情况,中法条约弊端及办理交涉情况,特别是搜集编译了法属越南殖民机构的设置、职权、官员姓名等资料,编辑成册,包括河内、海防、北宁、高平、宝乐、海宁、谅山、同登、老街、南定、广渊、柬埔寨各地情况①。更为集中的资料是他撰写的《广西边事旁记》。该书是孟森在龙州期间,利用幕府中收藏的笺奏、函牍、批答等大量公私文献资料而写成,涉及军事、外交、经济、教育等方面。主要内容包括:边乱始末记第一,武建军防边记第二,荣军记第三,新龙银行通力局记第四,边军援剿柳庆记第五,法兰西对汛记第六,边饷记第七,交涉记第八,武建新军记第九,边防医院记第十,边防将弁学堂记第十一,龙州制造局记第十二,龙州学社记第十三,利民桥记第十四②。通过分门别类的形式介绍和评述了当时广西边防治理、发展情况,真实地反映了广西边防面貌,为研究清末广西边防问题提供了比较权威的资料。在书中,孟森对广西边政提出了不少见解,毋庸讳言,也对郑孝胥督办广西边防的政绩大加颂扬。

孟森的另一项重要边情考察是1911年夏对隶属黑龙江的蒙古郭尔罗斯后旗的实地调查。当时正值清末新政的尾声,也是清朝覆亡的前夕,其时自日本归来,秉持实业救国理念的孟森随张謇的江苏实业团考察东三省,同时兼为自己供职的《宪报》进行考察。他们一行出

---

① 谭苦盦. 孟心史日记 吴慈培日记. 南京:凤凰出版社,2018:1-43.
② 王柏中. 广西边事旁记//中国边疆研究文库:初编:西南边疆卷八. 哈尔滨:黑龙江教育出版社,2015.

山海关，经奉天、长春、哈尔滨后，孟森与刘厚生折向西，入郭尔罗斯后旗境内。此行的直接目的是评估郭尔罗斯后旗等将要开放的蒙地状况，为实业团意向中的投资做准备。孟森对当地的自然条件、政情、社情都做了细致的观察和调查，并就其中的问题提出了治理意见。比较重要的有哲里木盟十旗的土地放垦、汉人移民及官府设治情况，孟森认为："蒙旗地开放愈早，其旗愈富。"① 松花江流域有丰富的水资源，但应兴水利去水患，"变洪荒为秀壤"。其地沃野千里，蒙人不善农业，而汉人田连阡陌，"生殖极繁息"②。记录并分析了蒙古开放蒙地章程所体现的各方利益分配博弈，认为阻力来自蒙旗内部扎萨克与普通台吉分配不公导致的冲突。蒙旗社会整体封闭落后，问题一为贵族阶层追慕爵职虚荣，二为蒙人沉迷于宗教，并追根溯源，认为皆缘于清朝的治蒙政策："以虚荣锢此辈之身，又以迷信灭其奴才之种，无怪古所谓'天之骄子'，一入国朝，垂尾帖耳，生气奄奄。"③ 但这种"弱蒙"之"治边长策"，在当时边疆"强邻密迩，择肥欲噬"的危机局势下，不啻为渊驱鱼。为此他提出实边固圉的要务："破除阶级，使台吉以上无虚荣心，奴才则无暴弃心，捐除迷信，改良佛教，勤耕耨，积产业，顾嗣续，与汉人竞生存，则边可实，而蒙人之生命亦可延，为固圉计固然，为人道计尤不能不尔。"④ 同时国家应该放弃历来奉行分散、隔离、牵制的"制驭藩服之道"，统一法律政令，"受地为民"，"行以官治"，"通铁路，设流官，破藩部畛域，裁理藩部而廓清之，藩属之福，亦国家之庆也"⑤。

尤其值得重视的是他对何秋涛《朔方备乘》的批评意见。该书一向被评价为与张穆《蒙古游牧记》齐名之作，但当时中俄谈判分界，俄方援引该书的《北徼喀伦考》为据，指中俄分界标志的卡（喀）伦远在分界线之内，要求"缩进"。孟森重新审视何秋涛的论说，认为"荒谬实甚"。"秋涛认卡伦为边界"，"盖其意谓喀伦惟边界乃有之耳"⑥。显然，

---

① 谭苦盦. 孟心史日记　吴慈培日记. 南京：凤凰出版社，2018：74.
② 同①75.
③ 同①80.
④ 同①80-81.
⑤ 同①81.
⑥ 同①87.

何秋涛没有搞清卡伦的多种类和多功能的复杂性。将台站也混入卡伦。"安得搜寻喀伦之名以充边界之数"①。严正指出,边界条约"约文明以鄂博为界,不以卡伦为界。鄂博者,累石为封,特于两卡伦之间垒之,沿边自有卡伦,非卡伦独设于沿边,此不可不辨"②。进而对何秋涛所述黑龙江将军所辖十二卡伦的走向、位置进一步予以考辨,指出其错误及其致误原因:"秋涛著书自系科举对策之习,考喀伦即拾掇喀伦之名,博士卖驴,牵引无算。"③ 根本问题在于研究者纸上谈兵,"数十年以来谈西北各边舆地者,其实足迹不出塞外一步,虽极有名之作,从无实地调查眉目清朗者。圣武神威,谀词纸满,以视近日外人地志各书,奚啻霄壤之隔。学术之不能比并于世界,忧方大耳"④。孟森此议,可谓一针见血,振聋发聩。

正因为他极重视中俄边界问题,遂有后来(1935年)力荐北大购入宝贵的《俄蒙界线图》之举。这套档案共四册又两张,实系清末库伦大臣三多派人调查而来的俄蒙边境卡伦及鄂博图表。孟森专为此撰文《宣统三年调查之俄蒙界线图考证》,补正《大清会典》之失载及何秋涛之疏误。此图引起了在北平的日本当局的注意,先是借阅未果,占领北平后以武力强索此图,并迫令孟森为之讲解。其以古稀残年遭遇此劫,悲愤屈辱之情可以想见。同人认为这也是导致其不久罹患胃癌终以不治的重要原因⑤。

三、其他持客观立场之学者的清朝史、边疆史研究

与孟森立场接近的学者及著作,包括蔡郕(号东藩)的《清代史论》⑥、柳诒徵的《清史刍议》⑦、刘彦的《帝国主义压迫中国史》⑧、朱希祖的《清史宜先修志表后记传议》⑨、王桐龄的《中国史》⑩、张震南

---

① 谭苦盫. 孟心史日记 吴慈培日记. 南京:凤凰出版社,2018:88.
② 同①.
③ 同①89.
④ 同①89.
⑤ 何龄修. 孟心史学记:孟森的生平和学术. 北京:三联书店,2008:155-160.
⑥ 上海:会文堂,1915.
⑦ 史地学报,1922,1(4):21-33.
⑧ 上海:太平洋书店,1927.
⑨ 抄本.1928.
⑩ 上海:文化学社,1934.

的《国史通略》① 等。边疆史研究领域则以吴燕绍为代表,编撰有《清代蒙藏回部典汇》(稿本)②、《西藏史大纲》③ 等。

上述诸家对清史的研究态度都是相对客观而中立的,其中不乏参与《清史稿》编纂的学者。但诚如孟森所言,清史馆学人也分新旧两派,其新派即秉持客观立场之学者。刘彦作为外交家,在专著里虽不免感叹清政府的丧权辱国,但并未影响到对清朝总体较客观的评价。朱希祖曾长期主持北京大学史学系,强调史学之客观与公平,在文章中也表现了对清朝的客观态度。蔡东藩作为通俗历史作家,对清朝的评论也较严谨而客观。柳诒徵(字翼谋)认为修清史不宜多强调"夷夏之辨",而应"主于持平,婉而成章,尽而不污,必本《春秋》,义无歧重"④,即公正、全面地书写。其他人对清史的研究虽侧重有所不同,但总体上也都持相对客观的态度。

对清朝正统性的判定,一些论著表述得较清晰,另一些则不是很直接,但通过分析可知,都基本倾向认可清朝的正统性。认同清朝这一非汉政权的"汉化",某种意义上也是认可其正统性。王桐龄认为满族由折服于汉文化而"完全被同化于汉民族"⑤,既如此,就不当再用"夷夏之辨"否定清朝的正统性。还有一点,清朝开疆拓土,且对边疆的管辖空前牢固,他们对此多是充分肯定,从侧面表明了对大一统格局的认同,而在大一统下,"夷夏"界限是相对模糊的,进而可推知他们对清朝正统性认同的倾向。

一般情况下,对清朝历史地位的评价见仁见智,空间较大,具体问题上对清朝的评价也并非完全一致。总的来说,大致可以五四时期为界,之前的论著受革命思潮影响较大,相对更偏否定,之后的则偏向肯定,当然还会受其他因素影响。他们对清帝及皇族重臣多是偏于更肯定一些,这基本也可表明他们对整个清朝历史地位的评价较高。

对清入关前君主,评价多比较高。张震南称努尔哈赤、皇太极"皆

---

① 上海:中华书局,1930.
② 此书在吴燕绍生前未能出版。今有中华书局 2005 年版。
③ 系吴燕绍在北大讲稿。
④ 柳翼谋. 清史刍议//许师慎. 有关《清史稿》编印经过及各方意见汇编:下册. 台北:"国史馆",1979:519-520.
⑤ 王桐龄. 中国史:上. 长春:吉林人民出版社,2013:序10.

雄桀之主，奄有中土殆非偶然矣"①，从人为因素讨论清人主中原，而非渲染"夷夏之辨"。与孟森相似，他们也大多较偏重于论述康、雍、乾三朝，且在评论上和孟森总体一致。他们对康熙帝的素养、治国及治理边疆等方面都极为赞誉，也指出他在文字狱、满汉之防等政策上的问题。蔡东藩称："三代下之以英辟称者，前惟唐太宗，后惟清圣祖。"②也指出清文字狱"实自圣祖开其端……然人才由是衰竭"③。肯定雍正帝的英明、澄清吏治、废除贱籍、平定边疆等，同时指出他的苛察、猜忌等。在对乾隆帝的评述上，他们多肯定其开疆拓土等方面的成绩，也认同其一朝为清极盛时，但同时更多指出其骄奢、夸饰，以及吏治、民族、边疆政策，特别是和珅乱政等多方面的问题，并多认为清朝于此转衰。张震南指出："自圣祖以迄，高宗文治固优，而外拓亦盛……故四履之盛，历代自元而外，莫有伦比"④，然"高宗席富盛之业，以骄汰行之，主侈臣贪，纪纲始坏焉。……帝初政尚有为，然严察不如世宗，精勤又不及圣祖，特提倡文学粉饰升平而已"⑤，断言"清政尤衰于乾隆之世"⑥。对嘉、道两朝他们则更多指出了存在的问题，像嘉庆朝在吏风、外交、满汉民族政策，道光朝在政治、文化、民族与边疆等方面的问题，王桐龄的评价显得尤为全面、客观，曰："仁宗仁厚，宣宗恭俭，皆贤君也！然皆短于才具。"⑦ 对涉及的咸丰、同治朝，他们也多指出问题，对慈禧他们更多地予以否定，涉及其擅权及戊戌政变、对外条约、庚子之役、清末立宪等多方面。张震南对慈禧重用汉人表示肯定，同时也质疑其清末新政的诚意⑧。在清史研究中，对光绪帝的评价意见常不一，张震南说他"怵于外患，尝锐行新政，以图富强"⑨。对清末立宪，他们多否定，黄鸿寿指出是"假饰立宪及组织贵族内阁"⑩，

---

① 张震南. 国史通略. 上海：中华书局，1930：239-240.
② 蔡郕. 清代史论：卷五. 上海：会文堂，1915：9.
③ 同②11.
④ 同①240.
⑤ 同①237.
⑥ 同①253.
⑦ 王桐龄. 中国史：下. 长春：吉林人民出版社，2013：1423.
⑧ 同①272-279.
⑨ 同①274.
⑩ 黄鸿寿. 清史纪事本末. 上海：文明书局，1915：583.

也反映出对载沣的否定。

与孟森相似,他们同样集中论述了清朝对汉族政策等问题,几乎都认为清朝于此是消极的。至于消极程度,不同的人认识不同。具体的问题则涉及清廷在用人上偏私满族及其亲贵,对汉族的民族之防与压制,表现在政治、军事、文化等政策中,多被提及的是战争中只倚重满人及文字狱、清末立宪等。柳诒徵言:"清代家法,满汉歧视,始则暴狠,终以猜忌。"①王桐龄指出满汉待遇的不平等,列出了清初对汉族的几大暴政,包括剃发、圈地、杀戮、禁止结社、压制文士,又从较深层次论述了清廷满汉民族政策与清亡的关系,认为清廷不得已而实行自相矛盾的政策:一方面防汉化,一方面为收揽人心,又实际上在政治、文化上施行汉化政策,最终满族完全被汉化,而"满洲朝廷不能主中国,固已为识者所共喻矣"②。

他们多颂扬、肯定清末革命党、辛亥革命及民国等。柳诒徵认为:"扬州、嘉定,文字之狱,圈地驻防,皆所心痛,革命之举,肇端乎是。"③普遍表现出了传统的民族主义倾向。作为汉族文人,在革命思潮影响下,也是较正常的。其中,王桐龄的民族主义尤为突出,认为汉族"为各种民族之中心及文化之枢轴者"④,又高度评价反抗清廷的明朝遗民:"满洲以少数未开化民族入主中国……一班仁人志士竞起义师,反抗清廷,为汉族争人格;家破身亡,终不少悔。"⑤刘法曾认为民国建立是"种族一改革也"⑥。

除了清朝总体史研究之外,史学自身受到西风日雨的强烈影响和现实中残酷剧烈的边疆危机的双重刺激,旧的学术之树也生出新的学科枝丫。继前述满洲史、清朝史学科外,民国时期,藏学和蒙古学也相继登场。

吴燕绍(1868—1944),字继全、寄荃,号侮迟,祖籍江苏吴县

---

① 柳翼谋.清史刍议//许师慎.有关清史稿编印经过及各方意见汇编:下册.台北:"国史馆",1979:519.
② 王桐龄.中国史:上.长春:吉林人民出版社,2013:序10.
③ 同①.
④ 同②序2.
⑤ 王桐龄.中国史:下.长春:吉林人民出版社,2013:1372.
⑥ 刘法曾.清史纂要.北京:中华书局,1914:159.

(今苏州)。光绪二十年甲午（1894年）中进士，以内阁中书用。他凭借工作条件，开始留心收集边疆史料，"以供恢复之用"，"每值夜班，遇边务章奏，手自抄录，往往达旦"①。宣统年间吴燕绍再调为理藩部主事，在北档房行走。又随民政部大臣善耆赴内蒙古考察，与镶红旗蒙古副都统吴禄贞共同著成《经营蒙古条议》。1912年，北京政府在内务部下设蒙藏工作处作为掌管蒙古、西藏等地区少数民族事务的中央机构，吴燕绍被任命为蒙藏工作处帮办。蒙藏院成立后，吴燕绍先后担任第一司民治科、第二司宗教科科长。清史馆馆长赵尔巽延请吴燕绍承担了《清史稿·藩部传》"西藏篇"的撰写，他六易其稿，成篇后却为总纂删去近半，已非初稿原貌。

吴燕绍自民国初年起就致力于边疆研究。由于他熟悉边疆史地之学，民初创办的殖边学堂及北平法政专门学校、清华学堂曾延聘他为教师，为学生授课，担任"边内地理""蒙藏回史""蒙藏新疆地理"等课程，都编有讲义，保存下来的《蒙藏回史略》《边内地理》部分铅印讲义现藏于国家图书馆北海分馆。1928年南京政府统一全国后，吴燕绍辞官卸任，不久进入北京大学开始从事专职教育和学术研究工作。此时的吴燕绍早已是颇有声望的蒙藏史专家，1929年前后被北京大学史学系聘为讲师，专门讲授西藏史，这也是近代以来西藏史课程第一次进入大学课堂，意义重大。正是在此时，吴燕绍著成《西藏史大纲》。北大史学系当时名师荟萃，名教授有马衡、孟森、钱穆等，讲师还有张星烺、傅斯年、蒋廷黻、顾颉刚、王桐龄、梁思成诸先生，吴燕绍能与这些名宿比肩，足证他在当时边疆史研究领域的地位。

吴燕绍代表性的研究成果主要有《西藏史大纲》和《清代蒙藏回部典汇》。《西藏史大纲》成书于1929年前后，采用章节体例，史料极其丰富，除二十四史之外，还广泛采用了清代多种谕档、廷寄、通电等原始档案资料，历朝历代御史台记、起居注、实录、《东华录》、方略，《皇朝藩部要略》《蒙古源流》《文献通考》《华夷译语》等皆有引用，体现了吴燕绍雄厚的史料功底，可谓集西藏史料之大成。全书正文分为五编，当时仅是讲义，因抗战爆发，书稿散佚颇多，今书中各编、章及名

---

① 吴丰培. 先父吴燕绍传略//吴燕绍. 西藏史大纲. 北京：全国图书馆文献缩微复制中心，1993：2.

称与书前目录有一定的出入（目录分四编，各编章节与书中也有不同，其中第五篇尚未能细分）。第一编，叙古代至唐末（内分 21 章）。第二编，叙五代迄元明之吐蕃乌斯藏（内分 33 章）。第三编，叙清与西藏关系史，原计划有清与西藏交通萌芽时代、清势力入藏渐进时代、清势力顿挫时代、清势力全盛时代、清抚藏失策退化时代、清势力衰败时代六部分，实际则因此部分内容庞杂，分 8 章叙述至清势力入藏渐进时代。第四编，叙清在藏势力顿挫时代（内分 6 章）。第五编，叙清在西藏势力全盛时代。足见清代对西藏之经营是全书的主体与核心部分。"尤为重要者，书中对西藏地方与历代中央政权之关系有至为明晰的阐释，这无疑是对今天的分裂主义者的有力驳正！该书资料珍贵、价值弥重，堪为藏史研究者足资珍视和借鉴的前人之作。"① 时人评价："本书历叙西藏自开国以来，迄于清代二千余年，举凡藏势之兴衰，对华之向背，政教之分合，以及历次兵事之始终，教争之起讫，对英对印对俄交涉之经过，旁如山川形势、道路、水利、礼俗、赋税、食货等项，见诸奏议者亦至明晰。二百年来，中外关于西藏记录各书，要以此书为最详备。"② 现代藏学家也极为重视。"现代藏学专家如于道泉、王森、牙含章、王尧诸教授，均视为珍本，争相借用，力促我将此稿早日问世，以供急需。"③ 该书堪称中国藏学史上的第一部西藏通史。

《清代蒙藏回部典汇》一书，从开始编纂到正式出版问世，前后时间跨越竟达百余年之久，这一漫长的过程充满了艰辛与困苦。该书浓缩了吴燕绍边疆研究的毕生心血。这部汇辑中国清代边疆地区历史文献的大型史料长编，收录了清朝有关的圣训、起居注、上谕、奏章、军机密档、图书等各类原始资料，举凡蒙、藏、回部的政治、经济、史地、军政、外交、宗教、风土等各个方面，具有极高的史料价值。史料取材同样力求"宁失于繁，勿失于略"。吴燕绍自作的采书目录共列图书 61 种，这些只是大型图书，其实书中所引书籍远不止

---

① 吴燕绍. 西藏史大纲. 北京：全国图书馆文献缩微复制中心，1993：编辑后记。该书初由北京大学排印十余份，作为讲义分发史学系学生课程之用。1993 年，西藏社会科学院西藏学汉文文献编辑室将其作为西藏学汉文文献汇刻第三辑之一，由全国图书馆文献缩微复制中心影印出版。
② 龙骧. 孝感龙氏卧云楼收藏西北沿边图籍志. 中央亚细亚，1942，1（1）：62.
③ 吴燕绍. 西藏史大纲. 北京：全国图书馆文献缩微复制中心，1993：跋.

此数。

该书的编纂,堪称书生报国的典范。关于吴燕绍收集资料编纂的工作,其哲嗣、藏学家吴丰培曾说:"(吴燕绍)及到蒙藏院任职,目击当时军阀在中原各地的混战,人民更处于水深火热之中,而边疆地区,则任帝国主义的吞食和侵略,主权丧失,毫无挽救之策,只会拖延推委,一旦发生变故,更措手无策。政权经济,任人侵据,尚盲然不知该地的情况,政治腐败,使人难忍。先父愤然,更欲完成一部清代边疆史料,以供国人志士之参考。除已集的资料外,更广为选录,平日节衣缩食,将部分工资收入,均作为抄录资料之用,本人则穷年累月,寒暑不休,最初仅限于蒙藏地区,后以清初平定准噶尔部,收复新疆各地,无不兼及新疆,殊难分开,因此扩大范围,将回部也包括在内,初名《清代边事长编》,继改为《清代蒙藏回部典汇》。"① 这部书的研究价值、史料价值都很高。由于该书容纳了各种文献档案资料,其中不乏罕见秘籍,经过吴燕绍加以广收佐证,再依次编排,可谓资料详赡、排比科学、内容丰富。"举凡政治、经济、地理、史事、军政、外交、风土、人情、宗教、文献,莫不涉及。篇幅之多,字数之夥,似乎清代纪边之作,无出其右者。"② 1971年,著名史学家顾颉刚在《整理国史计划书》一文中曾说:"这稿(《典汇》)为修改《清史稿》必需的第一手资料……如其尚存,应归公保管,供修《清史稿》之用。"他又在1979年4月10日的日记中写道:"予之心事,有三部书当表彰:(一)吴燕绍《清代蒙藏回部典汇》。(二)孟森《明元清系通纪》。(三)钱海岳《南明史稿》。"充分说明该书价值弥足珍贵。但在其后的漫长岁月里,这部多达1500余万字的鸿篇巨制一直没有机会问世。

直到2002年,国家清史工程启动,《清代蒙藏回部典汇》以其重大史料价值而被纳入该工程出版计划。经过清点,这部资料存稿共计16 933纸,与吴丰培几十年前的整理结果相比,没有散佚。吴氏三代接力近六十年完好保存了这部巨稿。2005年2月,《清代蒙藏回部典

---

① 吴丰培. 先父吴燕绍传略//吴燕绍. 西藏史大纲. 北京:全国图书馆文献缩微复制中心,1993:3.

② 吴丰培. 吴燕绍先生与他的蒙藏史研究//吴丰培边事题跋集. 乌鲁木齐:新疆人民出版社,1998:405.

汇》终于由中华书局影印出版，分装75册，总计1 500万余字。这部凝结着吴燕绍毕生心血的稀世学术珍品终于得以发挥其应有的历史功用。

四、后孟森时代的清朝史、边疆史研究

20世纪30年代后期至40年代，北平从事清朝史、边疆史研究的主要出自北京大学、燕京大学和清华大学。出自孟森门下的有单士元、吴丰培、商鸿逵、张鸿翔，郑天挺虽出身北大，但非孟门弟子，与孟森谊在师友之间。燕京大学历史学系在邓之城、洪业、顾颉刚领导下有自己的历史学会和《史学年报》杂志，出现了谭其骧、齐思和、翁独健、周一良、冯家昇等名家，尽管他们基本上并不从事清代研究。研究清朝史、边疆史较早的有刘选民、张诚孙，较晚的有王锺翰。另外，燕京大学政治学系陈芳芝也从事清代边疆史研究。相对而言，清华更侧重清代中外关系和近代外交史研究，但吴晗治明史，深受胡适影响；谢国桢师从梁启超治明清学术史，也颇有成绩。

单士元（1907—1998）毕生在故宫博物院整理文物、研究档案，曾在孟森指导下整理明清内阁大库档案，积累了丰富经验，于清代内阁、军机处、内务府奏事处、王府等机构沿革，以及起居注、实录、孔府档案及题本制度、选秀女制度都有研究，对中国档案史和档案目录学有开创之功[①]。

吴丰培（1909—1996），吴燕绍哲嗣。幼承其父指导，后入北大国学门，师事朱希祖、孟森习明清史。最早研究明代倭寇问题，后致力于清代边疆民族史料的收集、整理与刊刻。民国时期已编有《西藏图籍录》、《清代西藏史料》（第一集）、《清季筹藏奏牍》重要史料书，并加入禹贡学会，编印《边疆丛书》《边疆丛书续编》。还参与了傅增湘主纂的《绥远通志稿》的纂修工作[②]。

商鸿逵（1907—1983），被誉为"孟门高第"，"师事孟心史先生，尽得孟师治学之长"[③]。其治学，先从刘半农治语言文学，后从孟森治清朝史，文史兼长。民国时期，曾研究赛金花史事、清初理学及清代要

---

① 单士元自述//世纪学人自述：第3卷.北京：北京十月文艺出版社，2000：200-207.
② 吴丰培自述//世纪学人自述：第3卷.北京：北京十月文艺出版社，2000：357-364.
③ 商鸿逵教授逝世十周年纪念论文集.北京：北京大学出版社，1995：题词.

籍，尤其是花费巨大心血保存、整理和校补孟森留下的手稿，使其得以出版问世。50年代以后始终在北大担任清史教授，培养了一批清史专家，其研究成果汇编为《明清史论著合集》出版。

张鸿翔（1896—1975），早年于辅仁大学从陈垣学习史学，后入北大孟森门下攻读明清史。毕业后先后担任辅仁大学、北京师范大学教授。致力于明史研究，尤其是明代中原与北方民族关系史研究。先后就明代北方民族女性、明朝对外族的赐姓、明长城关堡及努尔哈赤受明封赏史事发表论考，后成书《明代各民族人士入仕中原考》，收录3 267人。另有《长城修建考》，未完稿而辞世。

郑天挺（1899—1981），字毅生。其父为光绪进士，曾任奉天学政及京师大学堂提调。年幼失怙，于姨母家长成。1917年考入北大国文系，1921年入北大国学门读研究生，师从钱玄同、陈垣先生。随即加入清代内阁大库档案整理会，整理明清档案，奠定了日后从事明清史研究的基础。先后执教于北大、浙江大学等，1930年回到北大。曾长期担任北大秘书长，同时在中文系、史学系执教。先校勘蒙古史家张穆的文集，后研究摄政王多尔衮，并以自己的清史论文请教孟森先生，"颇得先生奖饰"。1937年北平沦陷，他处理北大南迁事宜，拜别孟森、陈垣先生。在西南联大，郑天挺开始关注边疆民族问题，先后就南诏国、发羌与吐蕃（藏族）关系撰文。还撰文记述孟森晚年著述，以示缅怀。1939年，北大设立文科研究所，郑天挺以副所长主持明清史研究室，开始了专业的清史研究。郑天挺的清史研究有着强烈的现实关照，针对日本侵占东三省，为操纵"满洲国"而制造的"满洲独立论"，撰写了《满洲入关前后几种礼俗的变迁》《清代皇室之氏族与血系》等论文，力证"清代皇室包含了满、蒙、汉三族的血统，早在入关前就和关内人民在政治、经济、文化等方面有着密不可分的关系，是中华民族大家庭中的一员"，"近世强以满洲为地名，以统关外三省，更以之名国，于史无据，最为谬妄"①。

这一时期，郑氏还撰写了有关清代包衣制度、多尔衮及墨尔根王、阿玛王、土黑勒威勒、扎尔固齐、巴雅喇、巴图鲁、巴克什等一系列研

---

① 郑天挺自传//郑天挺学记.北京：三联书店，1991：394.

究考据文章,并结集出版了《清史探微》① 论集,成为继孟森之后最有成就的清史、满族史专家。与孟森的研究相比较,除了具有共同的经世意识和爱国情怀之外,郑天挺的研究明显在学理和方法上更进一步,在传统考据之外吸收了西方汉学兼用语言学、音韵学审音勘同等手段,使研究更具体、深入,结论更科学。

燕京大学学子中刘选民研究清代东北及北疆史地最有成绩。刘选民从燕京大学毕业后回到香港,脱离学界而湮没无名,后仅有日记留存。但其发表在《燕京学报》的两篇文章《清开国初征服诸部疆域考》②、《中俄早期贸易考》③,以及发表在《史学年报》上的《清代东三省移民与开垦》④,成为集中研讨清代北疆历史的重要文献,其考证翔实,涉及史事广泛,具有极重要的学术史价值。《清开国初征服诸部疆域考》系长篇论文。首论满人发祥地,续论部落合并与疆域,以这两点来展现满人肇兴的历史进程。认为满人从蛰居苏子河的小部落到逐步吞并其余诸部再到臣服周边,南窥明朝,其间不过七十余年,故其最初的勃兴过程中既包含了偶然的因素,也包含了许多历史的必然性。论文从发祥地周边部落,到长白山三部、扈伦国四部、东海国三部,再到东北边境诸部,均是先分部落,部落之下再分城池,每一城池用文献具体考证何时被征服和其具体方位,位于何部之内,与其他邻近城池之东南西北关系等。此文征引《清实录》、《清开国方略》、《大清一统志》、《满洲源流考》、《战绩舆图》、《盛京通志》、《朔方备乘》、《东北边防辑要》、《开国龙兴记》、《吉林通志》、《柳边纪略》、《圣武记》、《东三省舆地图说》、《张文贞公集》、《水道提纲》和《小方壶斋舆地丛钞》为论据,基本上囊括清代早期历史和地理常用文献。更重要的是其校正史料谬误之工作,相当于将清开国史地材料做了通盘校注整理,显示出其治学之科学与严谨。

《中俄早期贸易考》着重讨论恰克图一城,但又不局限于此一城,以期展开清代早期中俄贸易的概貌。此文从中俄通商贸易之酝酿起始,

---

① 按此书初版于1946年,出版地重庆。笔者所见为台北大立出版社1983年重印本。
② 燕京学报,1938,23:129-182.
③ 燕京学报,1939,25:153-213.
④ 史学年报,1938,2(5):67-120.

论述了北京、恰克图、黑龙江、广州和伊犁五地，其中北京和恰克图是重点，黑龙江、广州和伊犁是作为参照出现，篇幅较少。1689 年签订《尼布楚条约》，1690 年即有俄国使臣来清请求互市并带货物。1698 年至 1718 年，以北京为据点的中俄贸易共进行十次，之后移至恰克图，其节点是 1727 年签订《恰克图界约》，遂划定《瑷珲条约》之前中俄部分边界。刘选民将中俄贸易放在《尼布楚条约》的底色之上，既着重领土之分割划定，又关注贸易之进行、使臣之来往，是中俄贸易研究的开山之作。关于这一论题，其后又有陈复光《有清一代之中俄关系》① 更详尽的研究。

《清代东三省移民与开垦》，可以视作傅斯年、金毓黻东北研究之继续，但角度则转换为经济与社会史视角，有开辟意义，对后来谢国桢的东北流人开发史有所启迪。

张诚孙的《中英滇缅疆界问题》，1937 年作为《燕京学报》专号之十五发表。其篇幅共 16 章，近 300 页，等同于专著。该文以《清季外交史料》等所收档案为基本史料，内含珍贵的云南土司世系图和清缅边界地图数张，有极高的学术价值。论文对清代滇、缅边疆政策多有阐发，如第五章"清代滇边土司之概况"主要介绍了清代初期滇边土司的归附，以三宣、六慰为中心，其中三宣是南甸、干崖和陇川，皆于顺治、康熙年间归顺；六慰因地处偏远，归顺事宜则持续到乾隆朝，和缅甸边界外的土司同时归顺，均是乾隆远征缅甸的结果。后又附乾隆三十一年（1766 年）所收复的滇边土司的地理和历史概况。第十一章"中英关于滇缅交涉与北京条约"，详述英国武力占领缅甸始末，利用缅甸国王"管教不管政"的策略，一方面仍进贡中国，另一方面则将军政大权握在手中，逐步蚕食。到 1886 年订立《中英会议缅甸条款》后则真正划定清缅疆界，将缅甸归为殖民地之列。该文可谓是详细讨论清季西南边疆问题的力作。

陈芳芝（1914—1995），1931—1936 年在燕京大学攻读政治学，后留美获得博士学位。1940 年回国任教于燕京大学，任政治学系主任。1952 年任教北大。30 年代，东北沦丧激发了陈芳芝研究边疆政治与外

---

① 昆明：崇文印书馆，1947.

交的热情。1948年发表的《清代边制述略》① 兼述边疆地理和政策，是《燕京学报》中十分重要的一篇。论文首先从总体把握中国历史中边疆与本部的争夺，指出自秦以来有三种情形：本部盛，可御边疆，则成大一统；本部势力不足以御边疆但可自保，则为小一统；边疆盛，则小一统局面也不可持续，最终走向偏安一隅直至灭亡。所以本部之征服边疆实在是自我保护的策略，但求相安无事，而非帝国主义殖民性、侵略性的剥削政策。接下来提出，民国以来，本部战乱，而边疆沿袭旧制，欲知将来如何，则必须详述清代统治边陲的制度。随后陈芳芝循满洲部分和藩部边疆两条线索展开，在地理划分的基础上展开论述，比刘选民的文章更进一步，文献使用更加娴熟。

首先是满洲部分。满洲是清人发祥地，地位特殊，盛京将军总揽大权，奉天府尹、五部和其余部落皆受其管辖。除满洲部分外还有新满洲，即伊彻满洲，分游牧部落和吉林、乌苏里江、黑龙江的打牲部落。打牲部落后被准许出旗为平民，但亦有纳贡和征成的责任。

其次是藩部，分五部：漠南内蒙古、漠北外蒙古、漠西额鲁特蒙古、天山南路回部和唐古特西藏。中央设理藩院总领，地方分为兼有土官和派遣官的自治区域与仅有中央派遣官的非自治区域两类。并分述各地区边政情形。

陈芳芝此文意义重大，是当时少有的全面阐述清代治边体制的重头文章。在严谨的学术考辨之外，心系边疆现状，因外蒙古宣布"独立"，她坚持区分额鲁特蒙古和外蒙古，为保全额鲁特地区的领土主权做历史铺垫。她对清代新疆政策亦是盛赞，认为自汉唐来未曾有过如乾隆一样恩威并施、极有成效地抚定新疆。后来左宗棠力排众议、光绪设省郡县，也是因为前期清廷投入巨大，无法轻易割舍。该文也奠定了陈芳芝此后研究边政问题的基础。1948—1950年，她连续以英文发表了《中国北疆之历史背景》《俄人之东来与尼布楚条约》《恰克图界约协定》《东北之侵蚀》等系列论文，在海外产生很大影响。这些文章连同其后撰写的几篇东北史论文结集为《东北史探讨》② 出版。

王锺翰（1913—2007），1940年毕业于燕京大学研究院。学生时代

---

① 燕京学报，1948，34：133-164.
② 北京：中国社会科学出版社，1995.

已撰写和发表关于纪晓岚与《四库全书简明目录》、"清三通"、清代则例与政法关系多项研究。1948年自哈佛大学归国后任教燕京大学历史系，发表了《清世宗夺嫡考实》《胤禛西征纪实》等重要文章，推进了孟森等人的研究。50年代开始任教于中央民族大学，专事满族史、清史研究，出版《清史杂考》等，成为蜚声国内外的名家①。

上述之外，燕京大学的张维华、谭其骧也都在《史学年报》上发表过关于明清边疆史地的论文。

吴晗（1909—1969），1934年毕业于清华大学。他以研究明史见长，一生著述甚丰，成绩卓著，发表过学术论文、札记、杂文等600余篇。大学期间，吴晗写下40多篇文章，如《胡应麟年谱》②、《胡惟庸党案考》③。后任教于云南大学和西南联大。1943年撰写朱元璋传记，初名《由僧钵到皇权》，后改名为《朱元璋传》，成为其代表作。吴晗对满族史、女真史的研究也有贡献。30年代，他全力辑录朝鲜《李朝实录》中的中国史料，后成书十二卷。该书为满族史提供了大量珍贵史料，他也利用这一史料发表了《关于东北史上一位怪杰的新史料——李朝实录中之李满住》④，从《李朝实录》中辑录出李满住其人其事，探讨明清之际关于建州的文献被埋没、损毁导致无法还原史实本身。吴晗的明史与建州研究是一脉相承的，以建州为切入点，将明清政治、文化连缀起来，重新理解历史的书写，进而重新书写历史，也符合民国一代学人的志趣。

谢国桢（1901—1982）出自清华梁启超门下，重点研究明清文献学、学术思想史。二三十年代已出版《晚明史籍考》⑤、《明清之际党社运动考》⑥，引起学界关注。因长期在北平图书馆工作，受形势影响，颇为关注边疆史籍和边疆问题，陆续整理刊印了《清开国史料考》⑦、

---

① 王钟翰自述//世纪学人自述：第4卷. 北京：北京十月文艺出版社，2000：381-387.
② 清华学报，1934，9（1）：183-252.
③ 燕京学报，1934，15：163-287.
④ 燕京学报，1935，17：59-87.
⑤ 北平：北平图书馆，1933.
⑥ 上海：商务印书馆，1935.
⑦ 北平：北平图书馆，1931.

《清初史料四种》①、《国立北平图书馆善本丛书》(第一集)②、《吴大澂尺牍》③,这些珍稀边疆民族史料的公布,长久地推动了相关领域的研究。他的《清初流人开发东北史》④,第一次关注到流人对边疆开发的贡献,独具眼光⑤。

民国时代,时间虽短,但政治、社会变动剧烈,这些投射到学术思想领域,便是民国的清史研究呈现出不断变化的面相,无法一概而论。

在民初的时代大变局下,于革命思潮里,史学家以至时人怎么看待清,是一个重要问题。持客观态度的清史学者总体上倾向认可清朝正统性,对其历史地位的评价也多偏于肯定,对它很多方面的认识也多一致。

他们客观的研究态度,从学术方面总体讲,应与清朝乾嘉学派等传统学术对知识求真、求实的态度及西学与其影响下的进化论、兰克史学等科学精神的影响有关。孟森出身乾嘉学派发达地区,留日又受到西学影响。学者对清史的研究越深入,趋向也越来越客观。从社会、政治等方面讲,随着清渐行远去,时人对它的认识日益理性,这从前述他们写作时期不同也造成对清史研究的差别就可看出。孟森的论著主要于30年代印行,也就更客观。而为了消解社会上对清朝的诋毁,也需要客观的研究态度。另外,民国也不断暴露自身的问题,孟森由从政转向学术研究与他对民国政治的失望应有关,而这也会引起他们对清朝更为理性的认识。此外,很多学者和清有着各种关系,孟森就曾是清末立宪派,而立宪派在民族关系上主张"满汉一体",对清朝的评价也就不会太受"夷夏之辨"思想影响。

在传统大一统、天下观深远影响下,在基于中国相对独立的空间框架下,在边疆内地化已深入发展及与内地联系日益密切情况下,在汉族与少数民族格局及关系、"夷夏之辨"思想已发生重大变化形势下,在列强这一他者的出现及西方思想影响下,在"民族建国"思潮下,尽管

---

① 北平:北平图书馆,1933.
② 上海:商务印书馆,1935.
③ 长沙:商务印书馆,1936.
④ 上海:开明书店,1948.
⑤ 谢国桢自述//世纪学人自述:第3卷.北京:北京十月文艺出版社,2000:381-388.

还存在着复杂的社会情况，像满汉遗留问题、清遗民的复辟等，也尽管出现过一些波折，但中国传统民族思想等在主流上已发生历史性转变。如前文所述，王桐龄带有明显的民族主义，但已不完全是传统的民族主义，他认为清朝"建设统一汉、满、蒙、回、藏五民族大帝国"①，则具有"五族共和"的思想因素，又指出"今日压迫中国之外民族……乃文化与武力双方俱优越之欧美民族"②，可见其民族思想的变化。而从孟森早年的经历，可知他经世致用的精神，其论著里表现出的民族主义也当为激励民族精神，反抗外来压迫。而中华民族代表中国所有民族的观念已渐成主流，与之对应的则是持客观态度的学者终还是认可清朝的正统性，且对其评价总体上还偏高，而这同时也是当时清史研究的主流。

1931年东北沦陷导致的领土危机成为催生清史和边疆民族史学科出现的主要动力，史学的经世功能再一次集中展现。而国民党建立政权以后，现代西方大学体制全面展开，西方学术、思想独立的传统被移植到中国，西方史学重视证据、重视逻辑分析的研究理念和治学手段，也在重塑史学的面貌并生成自己的新传统。

---

① 王桐龄. 中国史：上. 长春：吉林人民出版社，2013：序10.
② 同①序12.

第三章 20世纪上半叶边政学范式下的中国边疆研究

20世纪上半叶,在内忧外患的双重压力下,在救亡和经世两大思潮的推动下,中国边疆问题再次引起各界的高度关注,引发了第二次边疆研究高潮的到来。用"边政学时代"① 一词来概括20世纪上半叶中国边疆学术研究的特点,得到当今许多边疆领域研究者的赞同。例如,马大正指出,边政学的提出与展开、以现代学术研究新视角和新方法对中国边疆进行全方位研究是第二次边疆研究高潮的突出成就②。汪洪亮认为:"边政学是近代中国第二轮边疆研究高潮的重要标志,是社会学、人类学、民族学等学科中国化和本土化最为重要、最具成效的学术领域,是中国边疆研究由传统学术范畴向现代社会科学研究转型的产物,也是中国学者首次将人类学、民族学应用于国族构建与国家政治建设的有效尝试。"③ 吴楚克在《中国边疆政治学》中指出,吴文藻创建的边政学"是对20世纪初历史地理学派和20世纪30年代禹贡学派从历史地理角度创建边疆学的一个科学的发展和极富远见的回应。尽管上述学派在某种意义上是边政学的萌芽和发展,但到了抗日战争进入相持阶段后,历史地理的研究越来越脱离十分紧迫的现实要求,已经不能直接为抗日救亡服务,于是从政治学和人类学角度研究边政学反映了这个学科

---

① 王铭铭. 东南与西南:寻找"学术区"之间的纽带. 社会学研究,2008(4):32-54,242.
② 民国边政史料汇编. 北京:国家图书馆出版社,2009;序1.
③ 汪洪亮. 中国边疆研究的近代转型:20世纪30—40年代边政学的兴起. 四川师范大学学报(社会科学版),2010(5):137-144.

建设和发展的客观需要"①。诸如此类的论述尽管在观点上存在一些细微差别，但基本都将边政学范式的形成视为20世纪上半叶中国边疆研究最主要的时代特征，并各自从不同角度对边政学的内涵、特点、形成背景、发展脉络、学科意义等问题进行了探讨和分析。本章试图在以往研究的基础上，以这一时期边疆研究的总体发展状况为着眼点，探讨并总结这一时期边疆学术史的发展脉络、关注重点、研究趋势及其特点，以及边政学与边疆学学科思想的提出和关系。

第一节　第二次边疆研究高潮的到来

1936年，顾颉刚在《〈禹贡〉学会研究边疆计划书》中将当时的边疆研究潮流定义为"我国研究边疆学之第二回发动"，提出："但使国家因势利导，且有设计与分配工作之机关，则以其基础之学识与使用工具之能力均远胜道光间人，此第二回运动之收获必远胜于第一回可断言也。"② 在"第二回发动"中，涌现出众多的学者、刊物和研究机构，对中国边疆的整体研究和区域研究成果大量出现，几乎遍布20世纪前50年间，其中又以三四十年代最为集中。以边疆期刊的发展为例，作为新生的传播媒介，学术期刊从20世纪初开始在中国出现，至二三十年代得到空前发展，体现在边疆研究领域里，就是刊物被广泛运用为成果发布的平台，有学者统计，20世纪三四十年代仅刊物名称含"边"字的，如"边疆"、"边事"及"边政"等字样的全国性或不带地区限定词的刊物就有49种之多③。其中比较重要的如《边政》《边政研究》《中国边疆》《边政公论》《边疆服务》《边疆建设》等。除了这些专门研究边疆问题的刊物外，《地学杂志》《禹贡》等专业性学术期刊对推动边疆研究的开展，也发挥了很大作用。例如，以地学研究为核心的《地学杂志》始终强调对边疆史地诸问题的研究及边疆实地考察，尤为注重对

---

① 吴楚克. 中国边疆政治学. 北京：中央民族大学出版社，2005：137-138.
② 顾颉刚.《禹贡》学会研究边疆计划书. 史学史研究，1981 (1)：69.
③ 赵夏. 民国时期国人西北研究之考察. 北京：北京大学，2004：58-60.

中国疆域、边界沿革的考证，此类文章在数量上有数十篇之多，对中国边疆研究的现代转型具有代表性意义，"一批开始具有现代社会意识和学术思想的爱国知识分子（包括边疆研究者）终于有史以来第一次集合于一个现代学术团体之中，从而向世人证明了新兴的中国现代地学研究、现代边疆研究已经开始不再是偶然萌发的现象"①。《禹贡》半月刊虽是以刊载沿革地理论文为主的刊物，但随着其内容的不断调整，所刊发文章亦逐渐涉及边疆历史、地理、政治、经济、民族、宗教诸多方面内容，"从一个重要的方面反映了30年代抗日战争全面爆发前中国边疆研究高潮期的研究盛况"②。这些刊物既是中国边疆研究本身发展的产物，也从传播媒介的功能和角度有力地促进了边疆研究的发展。

总体而言，在第二次边疆研究高潮时期，基于对现实问题的强烈关注，活跃于这一领域的学人、有影响的学术团体、受人注意的刊物数量众多，成就斐然，不仅为今天边疆研究的进一步开展奠定了牢固基础，而且为民国边疆学术史的研究提供了重要资料。"在宏观上，我们可以总体评述这一时期中国边疆史地研究发展的成就与不足；在微观上，可研究学者、学术团体等个体的学术活动的成败得失。对研究个体、研究群体的评述尤应重视，因为从个体到群体的过渡和群体的形成是学科发展的标志和保证。"③

第二节　研究内容和关注焦点

20世纪上半叶，研究者对边疆问题的研究内容和关注焦点，概括而言，主要集中在三个方面：

第一，边疆对主权国家建构的意义。九一八事变爆发后，日本在国联中宣称"中国不成立其nationhood，所以中国不是一个近代有组织的

---

① 马大正，刘逖. 二十世纪的中国边疆研究：一门发展中的边缘学科的演进历程. 哈尔滨：黑龙江教育出版社，1997：71.
② 同①84.
③ 边众. 论当前开展中国边疆史地研究的几个问题. 中国边疆史地研究，1991（1）：13-16.

国家","满洲"亦不属于中国的领土①。面对这些言论，中国学者深切意识到，中国要成为真正意义上的现代主权国家，尚任重而道远，而边疆问题的解决是决定国家成功转型的关键。"这一次的战事是我们有史以来未尝有过的狂风和暴雨，我们诚然是太痛苦了，然后一究这痛苦的原因，实在简单得很，我们有了广大的边疆而不知道开发，也忽略了团结……我们在自己的土地上工作，无论就哪一点说，总比帝国主义者容易万倍，然而我们时时处处把工作的机会拱手让人。""敌人对我们不怀好意，由来已久。满铁会社出版了无数种满蒙调查报告，我们是看见的。他们的御用学者矢野仁一等发表了《满蒙非支那领土论》，我们也听见的。听见了没有表示……这不怪自己怪谁？"②

因此，如何将边疆、边地与内地融为一体，整合到一个主权国家的框架下，成为当时急于在学理上和政治上谋求解决的重要问题。如禹贡学会倡言要"改变昔日怕出门的习惯，使得荒塞的边疆日益受本国人的认识和开发，杜绝了野心国的觊觎。我们要把我国祖先努力开发的土地算一个总账，合法地承受这份我们国民所应当享有的遗产，永不忘记在邻邦暴力压迫或欺骗分化下所被夺的是自己的家业。我们要把我们的祖先冒着千辛万苦而结合成的中华民族的经过探索出来，使得国内各个种族领会得大家可合而不可离的历史背景和时代使命，彼此休戚相关，交互尊重，共同提携，团结为一个最坚强的民族"③。1936年5月5日，《中华民国宪法草案》（"五五宪草"）出台，明确指出中华民国领土为江苏、浙江、安徽、江西、湖北、湖南、四川、西康、河北、山东、山西、河南、陕西、甘肃、青海、福建、广东、广西、云南、贵州、辽宁、吉林、黑龙江、热河、察哈尔、绥远、宁夏、新疆、蒙古、西藏等固有疆域。中华民国领土，非经国民大会议决不得变更。中华民国各民族均为中华国族之构成分子，一律平等。这一宪法草案可视为社会各界努力的初步成果。

第二，边疆民族与中华民族的关系。自清末至20世纪上半叶，中国学术界对民族问题的探讨，多与提高边疆各民族对中央的向心力、谋

---

① 顾颉刚. 续论"民族"的意义和中国边疆问题. 益世报：边疆周刊，1939（23）.
② 顾颉刚. 中国边疆学会边疆丛书总序. 中国边疆月刊，1943，2（1/2/3）：2-3.
③ 纪念辞. 禹贡，1936，7（1/2/3）：2.

求统一主权国家之建构有关。九一八事变后，国民政府为增强国内各民族的团结，强调由五族共和融合在一起的国族观念。同时，现实危机刺激学术界对国家建构、民族凝聚力问题再做反思，对中华民族概念的阐释由此进入了一个新的阶段。

当时很多学者如傅斯年、顾颉刚、费孝通等纷纷对此问题进行阐发，讨论的焦点集中在"民族"这一概念是否适用于中国的历史和现实、民族与种族的区别、中华民族形成的内在动力等。基于抗战对敌的需要以及边疆日益加深的危机，一些学者开始反思民族观念在中国的适用性问题。以顾颉刚为首的历史学者通过追溯中国历史的发展道路，阐述中国各民族不断融合的事实，强调共同心理和意识因素对民族形成的重要性："民族就是一个有团结情绪的最大的人民团体，只要能共享安乐同受患难的便是；文化、语言、体质方面倘能讦合无间固然很好，即使不能，亦无碍其为一个民族。""汉人的文化虽有一个传统，却也是无数文化的混合；汉人的体质虽有特殊之点，却也是无数体质的糅杂。他们为了具有团结的情绪和共同的意识，就成了拆不开的团体了……汉人体质中已有不少的蒙、藏、缠回的血液，现在的蒙、藏、缠回也正日在同化的过程之中，将来交通方便往来频繁以后，必有完全同化的一天。所谓同化，固可他们同化于我们，但也尽可把我们同化于他们，因为这是融化为一体的表现而不是东风压倒西风的表现。至于现在，虽没有完全同化，然而一民族中可以包含不少的部族，当然同列于中华民族而无疑。"① 《边政公论》发刊词也指出："在我边疆广大的区域上，散居着汉、满、蒙、回、藏各族的人民，而这各个民族，都为大中华民族之一支系，在初本出一源，历史所纪，彰彰可考，中间复经过几千年来的往来接触，使其混合融铸，成为一个国族。"②

这样的观点遭到一些学者的质疑，费孝通曾与顾颉刚就民族概念进行过辩论，费孝通认为："我们不要根据文化、语言、体质上的分歧而影响到我们政治上的统一。""若是我们的目的在建设一个现代民主国家，文化、语言、体质上没有混一的必要。若是我们的国家真能做到五

---

① 顾颉刚. 我为什么要写《中华民族是一个》. 益世报：边疆周刊，1939（20）.
② 发刊词. 边政公论，1942，1（1）：3.

族共和,组成国家的分子都能享受平等,大家都能因为有一个统一的政治团体得到切身的利益,这个国家一定会受各分子的爱护。"① 吴文藻则在《边政学发凡》中,对民族概念做了进一步的阐释:"民族与种族有别;民族乃社会人类学研究的对象,故为一文化的概念;种族乃体质人类学研究的对象,故为一生物的概念。文化上的民族与生物上的种族,二者绝对不能混作一谈。国人常有误用民族为种族之义者,因而昧然主张应用民族一词,此种指鹿为马、因噎废食之论,殊属不当。"② 在他看来,一个国家可以包括无数民族,一个民族可以造成无数国家。虽有主张一民族一国家之说,而附和者甚少,大多数人相信以数个民族自由联合而结成一大民族国家,其团体生活更为丰富,其文化精神更为优越。建立一个现代化的民族国家,这亦是中国人的理想。明白了民族及民族国家的意义,才不至于妄谈民族主义及民族政策。虽然这之后在抗战这一特殊时局的影响下,并未再有诸如顾、费之间的公开争论发生,"中华民族是一个"也成为国民政府的重要舆论导向之一,但不可否认,学术上的分歧依然存在。

第三,边疆开发问题。边疆开发是近代以来中国主权国家建构中的重要内容,也是 20 世纪上半叶边疆研究的一个主要议题。就这一时期边疆开发的主题而言,以移民实边、发展交通和开发民智为重中之重。

向边疆地区推行移民实边之策得到当时社会各界普遍认同,马鹤天认为:"在二十世纪的今日,已归中国数百年的领土,竟依然荒凉蛮野,使我蒙、藏各民族,不脱上古、中古时代的生活,丝毫未享受人类文明的福利,此不仅蒙、藏各民族的不幸,实亦中国人的一大耻辱。但他不开发的原因,固在交通不便,文化不进,而根本上,还在人口过少。现在要想发达,自当先移民以实。"③ 高长柱亦表达了相同的观点:"以如此少数人口,何能负偌大边疆之经营。而内地人口时感过剩,生计艰难,已达极点。故筹边,诚能精密计划,移民实边,实行人口调剂政策,则内地与边疆两均有利,为谋整个国家之幸福,实计无善于此者

---

① 费孝通. 关于民族问题的讨论. 益世报: 边疆周刊, 1939 (19).
② 吴文藻. 边政学发凡. 边政公论, 1942, 1 (5/6): 4.
③ 马鹤天. 开发西北是解决中国社会民生问题的根本方法. 新亚细亚, 1931, 1 (1): 37.

也。"① 在强调向边疆地区移民的同时,当时人也注意到实行这一政策时要协调好移民与边疆原有居民之间的关系,注意保护边民的利益:"边地开发屯垦与移民实边,为发展国民经济之重要方针。必须订立方案,积极进行,并予以财政及其必要之援助,而对于边地土著人民生计之筹划,尤为紧要。故开发边地,必须特别注重边地土著人民之生计。"② "在人口稀少地方,须以不损害当地人民之利益、充实人口、开发土地为首先要着,而以其他建设为辅。"③

同时,这一时期倡议边疆开发的各种声音不约而同地认为解决交通问题是各项开发举措的重要前提。"移民垦殖及其他各种经济建设,须以交通建设并减免移民来往之交通费为首要"④,"苟欲免经济之危机,不外发展交通与从速殖边"⑤。边疆交通之发展,不仅为经济开发的重要前提,而且关系到边疆政治、军事、文化等各方面的稳定和发展,如凌纯声提出:"吾国内地与边疆之交通工具,素称幼稚,长途跋涉,逾年累月,始克到达。交通既不发达,居民思想文化,自易发生巨大之差别。而各国于吾边疆,则竞相敷设铁道,朝发夕至,迅便异常。……执此以观中外形势,优劣立见,一旦有事,则主客异形,劳逸互殊,欲求胜利,庸可得乎?故欲开发边省,必先兴筑铁路,添设航空,开发水利,整顿电信,以发展内地与边疆之交通。如此则边疆与内地之思想文化不难渐趋调和,一旦有事,中央亦可与各地切实联络,指挥如意,以收指臂之效。"⑥

发展边疆地区教育、培养各民族人才,也是这一时期边疆研究者大力鼓吹的口号。马鹤天指出:"开发西北,必先解决西北人民之生活饥荒与知识饥荒。"⑦ 高长柱同样认为:"边地交通阻塞,民智未开,实不易着手,且其语文与内地有别,为联络感情计,沟通文化计,亦除普及

---

① 高长柱.边疆问题论文集.重庆:正中书局,1941:6-7.
② 中华民国史档案资料汇编:第五辑第一编:政治(二).南京:凤凰出版社,2010:326.
③ 同②336.
④ 同②.
⑤ 郑宝善,刘熙.新疆之危机及今后计划.新亚细亚,1933,5(5):100.
⑥ 凌纯声.中国今日之边疆问题.南京:正中书局,1934:编者序言3.
⑦ 马鹤天.西北开发必先解决西北人民的生活饥荒与知识饥荒.新亚细亚,1932,4(5):9.

教育，别无途径。"① 凌纯声以美国民族问题的解决为例说："世上民族复杂之国家，莫过于美利坚，然彼邦开国以来，两世纪于兹，未闻有种族冲突之事发生者，无他，同文化政策使之然也。盖惟言语文字相同，然后对国家方能产生同一之观念、同一之信仰。吾国满、蒙、回、藏各族，风俗习惯既异，言语文字，又复不同，欲其产生同一之国家观念，团结一致，以御外侮，不亦难乎？故边疆问题之治本方法，尤在励行普及教育，先求言语文字之统一，然后能消灭种族成见，以产生同一之国家观念，使满、蒙、回、藏之民，人人知为中华民族之一份子，休戚与共，痛痒相关，则挑拨者无所施其技，而边疆问题不消灭而自消灭矣。"②

虽然这一时期"同化"为实施边疆教育之前提和主旨的观点一直占据社会主流，但当时不少人也注意到，"同化"要采取自然过渡的方式："人为的同化以削足适履的手段，强人所难，决非我国实施边疆教育的基本方略。自然的同化，用教育来号召边民，用时间来争取边民，倒与我国宽大渊博的中华民族精神互相契合，有部分采用的价值。"③ 发展边疆教育"绝不可求急功速效，乃至不可希望其目前有何种对于时局政治之作用，只要真是抱定为当地人民谋真正万年利益的宗旨，则结果利人便是利己，利地方便是利国家，尊重人之民族便是造成中国国族"④。"因为教育政策是关于人的生命，经济政策是关于人的生活，所于（以）这种政策一定要中庸之道，如果一不当心就要影响到人民的生活和生命的。"⑤ 朱家骅也提出入边教育人员应先行"边化"的观点："凡入边教育人员，必须熟悉边情，通晓边疆语文，对边地同胞之宗教信仰应有同情的了解，对边地同胞之生活习惯应全部适应。诸如衣食住行及礼俗往来，均应从俗从宜，决不可矫同立异。"⑥ 种种言论表明，教育、移民、交通的确是当时边疆地区亟待解决的突出问题，并贯穿整个 20 世纪上

---

① 高长柱. 边疆问题论文集. 重庆：正中书局，1941：6-7.
② 凌纯声. 中国今日之边疆问题. 南京：正中书局，1934：编者序言 4.
③ 汪洪亮，王晓安，等. 民国时期边疆教育文选. 合肥：黄山书社，2010：21.
④ 陈天锡. 戴季陶先生文存三续编. 台北：中国国民党中央委员会党史史料编纂委员会，1971：343.
⑤ 戴季陶. 中国的经济建设与教育建设. 新亚细亚，1932，4（3）：9.
⑥ 同③8.

半叶。但时人也已经意识到，这些问题的最终解决将是一项长期工程，非能一蹴而就。

第三节　边疆研究发展的趋势

1937年11月20日，国民政府正式发表移驻重庆宣言。随之，内地大批工厂、机关、学术机构、文化机构陆续向西南转移，辗转会合于重庆。据时人统计，其中包括高级知识分子90%以上，中级知识分子50%以上①。国民政府对西南地区的工矿业、农业、商业、金融业、交通运输业、文化教育事业等制定了种种开发和建设措施，举全国之财力和人力集中于抗战。许多战前突飞猛进的学术研究因生活物资、资料、设备及资金等的匮乏而陷于发展迟缓或举步维艰的窘境。"民国二十五年以前，中国学术界曾一度呈现突飞猛进的进步，但自抗战军兴，这种进步现象停滞了。国家的财力、人力都集中于抗战。学术界人士虽然靠他们的修养有素，固守岗位，不愿见异思迁，但是因为生活物资不足，研究的设备不够，所以影响研究心情与工作效率，使前后工作不能相接，或者进行弛缓。不过，这种说法不能包括边疆研究在内，尤其是西南边疆的研究，它和其他学科的研究恰然相反，呈现一种空前的热烈与紧张，亦许以后国人对于它的研究渐渐弛缓，至少由研究的人数上来说，实有空前绝后之感。""抗战之顷，各科人士皆谈边疆，无论社会学家、历史学家、语言学家，其所学学科与边疆有密切的关系，其谈也固无不宜。然一般不相干的人士，或劳驾远征，或闭门坐谈，亦往往以边事边情为集注之点。此殆把握现实，揣摩时髦，以自列于通达之流。盖西南边疆千载一时之幸运也。"②

边疆研究得以继续发展。"抗战以来，时人对于边疆的见解，始由漠视而变为重视，边疆观念由狭隘而渐趋扩大。"③ 甚至成为一时之显

---

① 孙本文.现代中国社会问题.上海：商务印书馆，1943：261.
② 马长寿.中国十年来边疆研究的回顾与展望.中央周刊，1947，9（11）：5.
③ 汪洪亮，王晓安，等.民国时期边疆教育文选.合肥：黄山书社，2010：27.

学,"原来讥笑边疆工作者,现在也从事于边疆的考察或者边疆的鼓吹了"①。不仅延续了30年代的势头,而且再次掀起了一个小高潮。"在此形势下,有人预见到:如何推行大规模之科学考察,集人类学者、社会学者及教育工作者于一堂。以其学识修养,所见所闻,撰为报告,制成方案,借做今后边疆教育实施的指针"②,将会成为学术界努力的方向。此言虽是针对边疆教育问题而发,但亦表明边疆研究向更宽广、更深入的合作方向发展已成大势所趋。

中国边疆学会即是接续抗战前边疆研究并融战时、战后边疆研究特点于一身的一个典型。中国边疆学会是由三个地方性的边疆研究会合并而成。在20世纪40年代强烈关注边疆问题的氛围下,成都、重庆、榆林三地不约而同成立了三个边疆学会,成立时皆称"中国边疆学会"。1940年3月,顾颉刚等人在成都倡议发起中国边疆学会(成都边疆学会),成员大多来自搬迁于此地的金陵大学、金陵女子大学、齐鲁大学及本地的华西大学和四川大学。同年初夏,在黄奋生等人的发动下,又一个中国边疆学会(重庆边疆学会)在重庆成立。就重庆边疆学会的发起人来看,几乎囊括了当时党政军界、学术界及边疆上层各方面人士,颇具规模和代表性。在36名发起人中,边疆少数民族上层人士占50%以上;从其公布的会长和理事、监事名单来看,如果加上名誉会长、名誉理事及候补理事和监事的话,多达60余人。如名誉会长戴季陶、于右任、孔祥熙、冯玉祥、吴忠信、许崇灏、贺耀祖、陈立夫和朱绍良等,皆为党政军上层人物。名誉理事则多为驻边疆地区军政长官或少数民族上层人士,包括傅作义、邓宝珊、谷正伦、马步芳、马鸿逵、刘文辉、沙克都尔扎布、喜饶嘉措、章嘉策觉林、森吉堪布、龙云、吴鼎昌和黄旭初等。重庆边疆学会在人员组成上,与顾颉刚等发起的成都边疆学会有着明显差别。成都边疆学会成员主要来自两个群体:一是从事历史学研究的群体,成员如韩儒林、蒙文通、蒙思明、王栻等;一是以李安宅为代表的从事社会学、人类学和民族学研究的群体,成员如马汉骥、闻宥、柯象峰等。尽管在研究边疆问题上所采用路径有所不同,但绝大多数成员都是学者身份。这种人员构成上的明显不同,既决定了两

---

① 李安宅.边疆社会工作.上海:中华书局,1934:自序2.
② 汪洪亮,王晓安,等.民国时期边疆教育文选.合肥:黄山书社,2010:27.

个学会在研究内容与关注对象上必然有所不同,亦为后来的合并提供了一种合理的互补基础。同一时期,在西北地方实力派的支持下,马鹤天在陕西榆林也组织了一个中国边疆学会。三个边疆学会"会名是一致的,宗旨是一致的,准备担负起来的任务也是一致的","这真可说是一桩奇巧的事情。然而这是奇巧吗?乃是时代的需要如此,不容我们不如此。这需要太迫切了,它逼得我们非接受这任务而立刻发动不可",而"个人纵有微劳,然而太渺小了"①。为了发挥更大的功能起见,三会合并事宜逐渐提上日程。

1941年5月,顾颉刚在重庆参加国民政府教育部边疆教育委员会第二次全体会议期间,访问了重庆边疆学会,并与黄奋生、黄次书等进行了接触。通过讨论,他们决定把三处中国边疆学会合并,以重庆边疆学会为总会,其他两会分别称作陕西分会、成都分会。顾颉刚特别致函谷正纲,述说三会合并经过并请予资助,他在函中称:"开发边疆,陶钧族类,既以供今日抗战之需要,且以奠他日建国之基础,为绝不可缓之工作,而入手之术则在鼓吹与研究二端。鼓吹所以起共同之觉悟,研究所以导深远之进展。待其养之有素,意志交融,视听咸属,然后济以人力、财力,则各种事业之举办必皆涣然而理顺矣。"② 经过半年的发展,总会会员发展到200余人,成都分会有200余人,陕西分会有100余人,共计500余人,"汉、回、蒙、藏,集于一堂,分工合作,幸有小成"③。其后学会在云南、西康、甘肃等省又陆续设立分会,成为抗战时期三大研究会之一。

从中国边疆学会的机关刊物《中国边疆》的撰稿人来看,这种合流的现象则表现得极为明显和直观。在顾颉刚、马鹤天、刘家驹、许公武、许崇灏、戴季陶、黄奋生、任乃强、林竞、丁骕等这些主要撰稿人中,除了顾颉刚和黄奋生以外,其余皆是《新亚细亚》月刊的发起者和主要作者,以往联系甚少的《禹贡》《新亚细亚》两个期刊的作者群,如今在《中国边疆》这个平台上汇合在了一起。从这个角度来说,其不

---

① 顾颉刚. 中国边疆学会边疆丛书总序. 中国边疆, 1943, 2 (1/2/3): 3.
② 中华民国史档案资料汇编: 第五辑第二编: 文化 (二). 南京: 凤凰出版社, 2010: 438.
③ 同②.

仅是三个研究学会合流的结果，也是《禹贡》半月刊和《新亚细亚》月刊合流的产物。顾颉刚在《益世报·边疆周刊》发刊词中所期望的"我们知道自己的力量有限，想的必然不周到，说的必然不中肯，但我们知道只要同情我们工作的人多了，这力量自会日渐扩大……我们相信同情我们的人一定会很多，今日我们在纸片上的鼓吹将来一定可以得到实际的效果"①，在《中国边疆》月刊上初步得到了实现。《中国边疆》月刊在1944年出至第3卷第8期后曾停刊，后于1947年3月在南京复刊。复刊词中特别强调学术研究将不受派别、地域、政治背景的影响，明显体现出边疆研究在朝合作方向发展。

　　同时，这一时期学者与政府的联系也在加强，从另一个角度体现了边疆研究在朝合作方向发展。以顾颉刚为例，在《禹贡》半月刊时期，其仅有的一两次与国民政府打交道的经历，均是为筹款办刊之事。来到西南大后方以后，他还是一再强调自己所从事和参与的边疆活动是超然、客观的学术研究，声称"素无政治才能，绝不欲插足政界……只做研究工作，过此限度恕不应命"②，但他并不反对成为一名资政者。1942年顾颉刚向国民参政会第三届第一次大会递交了《请扩大并加紧边疆学术考察工作俾建国任务早日完成案》，强调边疆考察的必要性和重要性。值此"边疆民众拥护中央之忱念亦渐臻热烈，向来复杂之环境有简单化之可能"③，政府应聘请各领域专家，提供充足经费，组织考察团体，进行有计划与有系统之考察及独立自主之研究。他提出几项可行的具体办法，第一条就是由政府出面设立一个规模较大的边疆研究机构，统筹边疆之调查与研究事宜，聘历史、地理、地质、气象、生物、社会、语言、测绘等各学科、各领域的专家联合从事此项工作。1946年春，顾颉刚又向国民参政会第四届第二次大会提交了一份议案，鉴于国民党六届二中全会决议将蒙藏委员会改名为边政部，他提出若干条关于如何推进边政的建议④。1947年，他又受国民政府国防部新闻局之委托，编辑国防小丛书20余种，并为该丛书作总序。

---

① 顾颉刚.昆明《边疆周刊》发刊词.益世报：边疆周刊，1938（1）.
② 顾颉刚全集：宝树园文存：卷4.北京：中华书局，2011：325.
③ 同②53-54.
④ 同②335-336.

顾颉刚这些资政、议政行为，说明他已经意识到，在抵抗外侮成为全民族首要任务的形势下，学者所肩负的时代使命既包括成为社会道德的标杆、救国的先行者和民智的启发者，也应体现在向政府提供良方、促成和监督政策实施上，这反映出学者与政府对边疆问题重要性的认识逐渐趋同。有了这种互动的基础，学者与政府对边疆问题的观点得以朝着一致的方向去发展。

总之，20世纪40年代，边疆研究向着合作的方向发展，已为时势所趋。这一趋势的出现，一方面是受学术研究活动自身逻辑性和规律性的推动，如柯象峰所指出的："我国边疆之研究范畴，既如是之广，绝非一二专家或少数之士所能应付，亦非一二学术机关或大学所能担当，故如不能严密其组织，集中人才作分工之合作，颇难期望此庞大事业之克底于有成也。"① 另一方面，时代背景和客观环境在其中发挥了相当大的影响作用。

第一，抗战爆发以后，边疆问题引起社会各界的普遍关注，但正如顾颉刚所言，解决边疆问题乃是一件大事，须有系统的组织方可发挥伟大的力量，"我们感到这一层需要"，所以不谋而合成立了三个同名团体，顾颉刚认为这并不是奇巧所致，"乃是时代的需要如此，不容我们不如此。这需要太迫切了，它逼得我们非接受这任务而立刻发动不可。用宗教的话来讲，这就是上帝的默示。个人纵有微劳，然而太渺小了。我们为了发挥更大的效能起见，经三方面往返协商，这三个学会就汇合而成为一个整体……固然在抗战期间经费无法充裕，各种计划尚不能如愿进行，然而大家本着救国建国的热忱要从边疆工作上负荷起时代的使命，这一个目标是完全没有两样的"②。先将个体的力量汇合到一个团体之中，再将几个团体的力量集结起来，集思广益，必能迸发出更大的能量，这种想法是三个边疆学会能走上联合之路的重要因素。

第二，抗战以来，大量的学术机构、团体和学者聚于西南地区，使得以往受居住地域、研究领域、学术观点及政治主张等因素影响而来往不多甚至绝少交往的团体和个人，有了较多联系和了解的机会，客观上

---

① 柯象峰. 中国边疆研究计划与方法之商榷. 边政公论，1941，1 (1)：49.

② 顾颉刚. 中国边疆学会边疆丛书总序. 中国边疆，1943，2 (1/2/3)：3.

为边疆研究的合作创造了有利的环境。

第三，边疆问题的复杂性和现实性，决定了边疆学或边政学自一诞生起就与传统学问存在着本质上的区别，必然具有跨领域、多学科交叉的特点。只有集合各专业的人员，分工合作，才能取得预期的效果。正是因为意识到这一点，顾颉刚才提出由政府出面组织各学科人员组成边疆研究机构的建议。

因此，在这一时期，尽管在具体研究对象、领域、方法上各有趋重，学术观点有所不同，但在抵御外侮、发展边疆、推进边政、团结边民这一共同目标的前提下，不同派别、团体和个人逐渐将学术争论、政见分歧、一家之发展置于次要地位，向着分工协作、群策群力、共同解决边疆问题的方向发展。

第四节　新的学科雏形下边疆研究的整合与多元发展

经过近百年时间的积淀，中国边疆研究无论在资料整理、实地调查、论著撰写、舆论宣传，还是在人才培养上都取得了丰硕的成果，这一领域的研究对象、范围、方法及理论等在经年累月的探讨和实践中也日趋明晰，继中国现代意义上的史学、地理学、人类学、社会学等学科相继出现之后，在中国边疆研究领域内构建一门独立学科体系已为大势所趋。在此背景下，构建"边疆学"和"边政学"的想法被提出。有关边疆和边政的研究和实践在中国有着悠久的历史，但作为学科，则无疑是一个新鲜事物。从某种程度上来说，它们能够被提出并被认可，亦是边疆研究合作趋势的一个体现。

1936年，顾颉刚在《〈禹贡〉学会研究边疆计划书》中号召掀起"我国研究边疆学之第二回发动"，但考察计划书的内容，当时的"边疆学"主要是指与边疆有关的各种学问。1943年，他在《中国边疆学会边疆丛书总序》中，提出"这个时代是我们边疆学的启蒙时代"，始将这一词汇引申到学科意义上。他提出，边疆危机固然使国家处于风雨飘摇之中,但也由此促成了一门新学问——边疆学的诞生和发展。"近年眼看东北被占据,内蒙的一部分被诱惑,又继之以沿海一带的沦陷,国府被迫而西迁,可说是我们空前的耻辱。然而'否极泰来',空前的觉悟却也由之而起,优秀分子都到了西北和西南,开发的事业着着进行,每一个国民的心瓣上都展开了'边疆'两字。大家知道要抵抗敌人必当从根本上下功夫,这功夫便是敌人处心积虑已在我们的边疆上埋头工作几十年的,现在我们该迎头赶上了。所以这个时代是我们边疆学的启蒙时代,我们该捉住这全体国民的空前的觉悟机会而作大声的呼喊:唤起一班内地的同志不辞辛苦到边疆去,唤起一班边疆的同志不阻于生活习惯的差异而乐于到内地来,彼此精诚无间,打成一片,从觉悟上奠定了工作的基础,使得战事终止之后,从此没有边疆问题,肃清了从前不幸事件的祸根。"① 关注和研究边疆问题的群体日益扩大,并能够不计个人利益,精诚合作,既是边疆学产生的基础,也是发展的前提。而且,"学术工作不动则已,只要动了总是会前进的……我们处在这时代也不该妄自菲薄,我们要尽力抓住了这时代的共同的蕲向而完成一个启蒙运动,不亏负这时代,把我们工作的成就贡献给国人,作他们认识边疆和建设边疆的必要的初步参考资料"②,创建和发展边疆学,不仅为时势所趋,而且成为时代精神的重要体现。

边疆学的建设工作主要依托于中国边疆学会予以实施。据李绍明回忆,当时中国尽管兴起了不少学会,但以中国边政学会和中国边疆学会为主力,其次为边疆问题研究会。中国边疆学会成立在前,工作蒸蒸日上,其主要发起人,像赵守钰、黄奋生、马鹤天等都是蒙藏委员会的委员,还有一部分就是顾颉刚这样的学者③。学会有三份刊物,即重庆总会的《中国边疆》月刊、成都分会的《边疆》周刊、陕西分会的《边疆》双周刊。中国边政学会和中国边疆学会与蒙藏委员会都有着或多或

---

① 顾颉刚. 中国边疆学会边疆丛书总序. 中国边疆,1943,2 (1/2/3):3.
② 同①4.
③ 王利平,等. 20世纪上半叶的中国边疆和边政研究:李绍明先生访谈录. 西南民族大学学报(人文社科版),2009 (12):37.

少的关联①。

同一时期,吴文藻提出"边政学"学科设想。他在《边政公论》第1卷第5、6合期上发表了《边政学发凡》一文,正式提出"边政学"的概念,他指出:"民国以前,中国有筹边政的策论文章,而无研究边政的专门学问。九一八后,国内大学有少数设立边政学系,而却无边政学的科目。抗战以还,中央政治学校、边疆学校特设立边政专修科,蒙藏委员会亦专开蒙藏政治训练班,于是'边政史''边政研究''边疆政治''边疆政策'这一类科目名称始出现于课程表内。最近《边政公论》的发刊,中国边政学会的成立,行政院边疆政治研究计划委员会的组织,凡此均足以表示国人逐渐重视边政学的趋势,这不能不说是复兴国家的一种新气象。"② 吴文藻试图将各领域的边疆研究整合在一个旗帜之下,使其发展成为一门相对独立的学科、一个专业的学术领域。为此,他就边政学的学科含义、意义、研究方法、与其他学科关系等做了细致的阐述。

首先,吴文藻提出"欲使边政学成为一种专门学问,就必须先下一番正名功夫"③,为此,他对"边政"一词进行了详细阐释。他认为,就含义言,有广狭二义之不同:边疆政治,系边政之广义;边疆行政,系边政之狭义。边疆政治可以包括边疆行政,但边疆行政不能包括边疆政治。换言之,边疆行政可以被视为边疆政治之一部门,并以研究边疆政治为主要对象。至于边疆政策,乃是根据边疆政治原理推演出来的,必须凭借边疆行政机构始能见诸实施,其地位适介于边疆政治与边疆行

---

① 如马大正指出,边政学的提出与展开、以现代学术研究新视角和新方法对中国边疆进行全方位研究是第二次边疆研究高潮的突出成就。(民国边政史料汇编. 北京:国家图书馆出版社,2009:序)林超民. 应对边疆危机的新学科:边政学的兴起与发展//黄兴涛,夏明方. 清末民国社会调查与现代社会科学兴起. 福州:福建教育出版社,2008. 汪洪亮. 中国边疆研究的近代转型:20世纪30—40年代边政学的兴起. 四川师范大学学报(社会科学版),2010 (5):137-144. 段金生. 试论中国边政学的研究内容及其学科建设. 楚雄师范学院学报,2009 (5):49-56. 段金生,董继海. 试论南京国民政府边政研究的内容与方法. 云南师范大学学报(哲学社会科学版),2010 (1):21-27. 吴楚克. 中国边疆政治学. 北京:中央民族大学出版社,2005. 这些研究成果,基本将边政学建设视为20世纪上半叶中国边疆研究最主要的时代特征。

② 吴文藻. 边政学发凡. 边政公论,1942,1 (5/6):1.

③ 同②2.

政之间。广义言之，边疆政策，像边疆行政一样，亦可以被视为边疆政治之一部门；狭义言之，可以包括在边疆行政范围以内。"边政学就是研究边疆政治的专门学问。通俗的说，边疆政治就是管理边民的公众事物。用学术语，边政学就是研究关于边疆民族政治思想、事实、制度，及行政的科学。实际推行边政的行政机构，当然是边疆地方政府，所以有时也可以说边疆地方政府，就是边政学所要研究的主要对象。边疆政治是地方政治的一种，系对中央政治而言，以常理论，凡普通研究政治学的原理原则，其可以应用于研究地方政府者，亦就可以应用到研究边疆政府上去。"①

其次，吴文藻认为提倡边政学的实用研究有着重大的双重意义，一是在本国的意义，中国这次抗战是整个中华民族的解放战争，而不是国内某一民族单位的解放战争。建设一个自由统一的（各民族自由联合的）民族国家，是那个阶段的理想，而如何促成民族国家的组织此种伟大事业，一部分就有赖于边政学的贡献。二是在国际上的意义，中国是反侵略的先锋，是抵抗强权的领导，亦是被压迫民族伸张正义、打倒暴力的表率。这次抗战胜利，对外达到国家独立自由的目的，对内实行各民族一律平等的政策以后，可以在和会席上提高中国的地位，加强中国的发言权。如何能使世界各国都信守民族一律平等的要义，如何能使中国的王道文化精神、英美的委任统治观念以及苏联的少数民族政策相互融会贯通，成为一个共同的理想，以跻世界于大同，这便是边政学在比较研究时最大的贡献。

再次，就研究方法论而言，他提出研究边政学的观点有二：一是政治学的观点，一是人类学的观点，比较而言，以人类学观点为主，政治学观点为辅。他承认，人类学上所谓的边政，系指狭义的边疆行政而言，而政治学上的边政则指广义的边疆政治。但他同时指出，人类学已开始走入实用的阶段，中国自应奋起直追，迎头赶上，使人类学的研究在理论及应用上同时并进，以边政学为根据来奠定新边政的基础，而辅助新边政的推行。显然，作为人类学领域的研究者，吴文藻对该学科在边政学的研究和应用上将起的作用寄予了厚望。

最后，吴文藻强调，"欲使边政学发展成为一门独立科学，端非专

---

① 吴文藻. 边政学发凡. 边政公论，1942，1（5/6）：3.

从边政学本身着想，可以竣事；必须设法与相关的学科，密切联系，始克有成"①。他认为，在理论社会科学方面与边政学关系最深者，首推人类学、社会学及政治学，其次为经济学、法学和教育学，最后为史学、地理学以及其他有关国防的科学。在应用社会科学方面，边疆教育、边民福利事业以及边疆文化变迁等研究都与边政学有很大关系。此外，海外华侨社会的研究，亦可作为边政学的借鉴。总之，"学问之道，在研究时确须分门别类，而在实行时，都是悉悉相通的"②。

从以上的论述中可以看出，吴文藻试图将当时的边疆研究整合到一个新门类——边政学范畴之下，这一体系总体上按人类学和政治学的架构搭建，同时兼容并借鉴社会、经济、法学、教育、历史、地理、军事等各个学科对边疆问题的研究。他的这一思想在中国边政学会下设之边政公论社出版的《边政公论》上得到集中体现。

《边政公论》创刊于1941年8月10日，主办者在《发刊词》中指出："边疆问题的重要和边疆建设要求的迫切，已为举国人士所公认，毋庸繁述。惟于边疆建设的步骤和方法，则尚未能与目前的需求相配合，而待讨论的地方正多……为适应以上的要求，本刊同人所以不揣固陋，也想在这研究的大洪流中尽其一部分的力量，因而有本刊的发行。"③ 至于研究范畴，大致定位在两个方面：

第一，对理论和机构问题的研究。政治的实施必凭借政策和机构，政策指导政治活动的方向，机构是执行政策、推动政治的工具。如果政策正确，机构健全，则其最后的成功必可预期；否则，其失败亦不难预知。故政策和机构二者，为政治成败的决定要素。这体现在边政上，便是边疆政策和边政机构的问题。"吾人亟应以国家最高国策为根据，详加讨论和研究，妥为厘定，以为建设边疆的标准。"④ 而如何充实和改进各边疆地区的边政机构，使其担负起建设边疆的伟大使命，亦是一个重要的问题。

第二，对边疆现实问题的研究。政治是社会现象之一，欲推动政

---

① 吴文藻. 边政学发凡. 边政公论，1942，1 (5/6)：9.
② 同①11.
③ 发刊词. 边政公论，1941，1 (1)：1.
④ 同③2.

治，则必对其所在的社会有彻底的认识。而欲认识一个社会，又必须从"人（民族）"、"地（自然环境）"和"文化"三个要素上去研究。就民族而言，中国边疆居住着汉、满、蒙古、藏、回各族的人民，"而这各个民族，都为大中华民族之一支系，在初本出一源，历史所纪，彰彰可考，中间复经过几千年来的往来接触，使其混合融铸，成为一个国族。只因历史相沿，畛域未尽泯除，每予敌人以分化挑拨的口实。当此国际风云日趋险恶的今日，应一本民族主义团结国内各民族为一大中华民族的伟大方针，积极研求有效的团结办法；同时更应以学理上、事实上的证明，益坚我国人团结的信念，而打破敌人分化挑拨的企图"①。关于自然环境因素，中国边疆区域广阔，地形、土壤、气候及物产各不相同，但因为缺乏实际的调查和统计，对其内部的具体情况尚缺少详确的记载。因此，各方虽对于边疆问题极端注意，建设边疆的要求也极端迫切，但在真正实行时，却颇多无从下手之感，故对于边疆自然环境的考察和介绍，亦需要充分的努力。至于文化因素，中国边疆文化，因为环境上的差异和隔绝，无论在物质方面还是在非物质方面，都形成了各种各样的形态。对于这些形态，优良的应予保存，不良的应予改善，才能促进整个社会向前迈进。但究竟如何改良，如何提高，则必须先有分别的研究、精确的探讨，然后才能得到妥善的方策。

上述这些问题，"为本刊所拟研讨的范畴，亦即是本刊发行的目的和意义。盖欲凭客观的见地，真诚的研究，一方阐发一般边政原理，使得边政实施能有个正确的理论做参考基础；一方研讨实际问题，搜集实际资料，冀能为建设边疆尽其前哨的义务。换句话说，就是想使理论与实际溶成一片，行政与学术取得配合，以共谋边事的发展"；同时，《发刊词》指出，"惟其使命十分重大，工作亦十分艰巨，兹当草创伊始，切盼我国内从事边疆工作和注意边疆问题的贤达，以及研究政治、经济、社会、人类、民族、语言、史地等等学问的鸿博之士，予以多多的鼓励指示和帮助"②。

《边政公论》的发刊词主旨紧紧围绕着吴文藻等人所倡导的边政学概念，将边政（边疆政策和机构）和边疆民族作为主要研究对象，以人

---

① 发刊词.边政公论，1941，1（1）：3.
② 同①4.

类学和政治学的理论方法构建研究体系，力求将学术研究和现实需要结合起来，最终达到致用的目的。《边政公论》也由此理所当然地成为这一派学人宣传思想观念的主要阵地。

1947年，卫惠林在《边政公论》上发表了《论现阶段的边疆问题》，对边政学的研究范畴再次进行了强调。他认为，引发中国边疆问题的因素，第一是民族问题，从当时形势来看，欲言中国已无民族问题，或中华民族已是一个，实言之过早；第二是政策与制度问题，过去传统的边疆政策和制度在中国各边疆地区仍在很大程度上延续着，一切进步建设的努力都因此而无法推动；第三是文化教育问题，中国边疆地区各有其特殊的文化背景，多数边民的生活方式仍保持其原始的民族传统，尤其是语言和宗教构成了边疆民族的精神堡垒，此二问题若无长期深入的文化工作，绝对难望其有何改变；第四是经济问题，边疆经济的落后和边疆人民生活的贫困是一个长期存在的问题，特别是随着交通的开发，在给荒凉的边疆带来一些繁荣与进步的同时，也打破了边民以往因闭塞而安之若素的心理，给他们带来了混乱和苦闷①。边疆政策、制度及民族既是边政学的主要研究对象，亦是当时中国边疆亟须解决的重大现实问题。

从《边政公论》的实际研究内容上看，其设有政治、经济、社会、民族语言、历史、地理、交通、宗教、教育等栏目。至1948年12月停刊，《边政公论》总计发行7卷58期，发表文章410篇，其中，地理类69篇，教育类12篇，经济类20篇，历史和史地类47篇，民族和民族语言类46篇，社会和社会文化类63篇，政治类71篇，宗教类15篇，等等。尽管对边疆社会和边疆政治的研究占有较高比重，但对比并不强烈。这说明它是更偏向于综合性的边疆研究刊物，依托于此的边政学实际上是一个几乎囊括所有与边疆有关学问的学科。而正是这种广泛性，使它得到了众多学者的支持，如顾颉刚、白寿彝、韩儒林、张维华等当年禹贡学会的会员，任乃强、许公武、江应梁、刘家驹等新亚细亚学会的会员，都是《边政公论》的特约撰稿人，其作者群体更是几乎涵盖了当时边疆研究各领域的有名学者。由此可见，它亦是当时边疆研究的一个大的集合体，同样体现了合作的趋势。

---

① 卫惠林.论现阶段的边疆问题.边政公论，1947，6(3)：8-9.

因此，以边政学的兴起而认为历史学抑或历史地理学不能适应时代需要，从而落后于人类学和政治学，这一观点并不十分准确。从前面的论述中可以看到，在国家面临生死危亡的时候，以顾颉刚为代表的一批历史学者积极转向了对现实问题的关怀，在边疆研究领域始终发挥着重要的影响作用。从学科上看，中国历史地理学的建立本身就与边疆危机和现代主权国家建构有着千丝万缕的内在联系。将这一时期的边疆研究活动、各个团体、不同刊物都纳入边政学构建范畴之内，更多体现的是一种研究范式，并不能掩盖这一时期边疆研究多学科、多视角、多领域全面展开的特点。如柯象峰所言："我国边疆之研究园地既广，而研究之方面亦多。举凡自然科学及社会科学中重要部门之学者，均可参加，例如气象学家之研究边疆各地气象，地质学家研究边疆各地地质，地理学家之研究边疆各地山川地势以及边界问题……其他如水利也，森林也，矿藏也，农实也，畜牧也，无一不需要专家之贡献，在人文科学方面，则考古学、史学、政治学（包括外交）、经济学，均应各占重要之一席。"① 至于顾颉刚提出的边疆学则未得到更多的关注，原因是多方面的，其中，顾颉刚没有就边疆学的理论方法、研究对象和内容等做进一步的学理探讨，从而使得其学科体系仅停留在"启蒙"阶段，应该是很重要的原因。

事实上，"当时的学者大多是用最广义的'边政学'概念，很少人只从边疆政治那一方面来说问题，多是从整个边疆情况出发。这样一来，'边政学'其实也就成为一个涉及边疆地区无所不包的学科，也可以说各个学科都可从各自的方面来研究边疆问题，比如说研究历史的从历史的角度，学地理的用地理的知识，研究民族学的可以从民族学的理论来研究，搞人类学的可以用人类学的概念来研究，这些都是可以的。可以说，当时的'边政学'并没有一个确切的定义"②。在研究方法上，自然也就不单局限于政治学和人类学。边政学概念提出后，西北大学、中央大学和中央政治大学各自设立了边政学系，"这些系所授课的内容有蒙文、维吾尔文等民族语言的课，有蒙古族历史、藏族历史等民族历

---

① 柯象峰. 中国边疆研究计划与方法之商榷. 边政公论，1941，1（1）：48.
② 王利平，等. 20 世纪上半叶的中国边疆和边政研究：李绍明先生访谈录. 西南民族大学学报（人文社科版），2009（12）：37-38.

史的课，还有就是民族学、人类学等内容，这些系实际上并没有开设狭义边政学的具体课程，课程多是属于广义边政学的内容"①。今天，有的学者用"边政学的时代"来概括20世纪上半叶的边疆研究特点，也是采用了边政学最广泛的定义。

总之，在内忧外患的压力和救亡图存的动力交相推动下，在有志于边疆研究的学者的集体努力下，中国边疆研究在20世纪上半叶开始进入一个新的发展阶段，即从传统的边疆史地研究向发展中的现代边缘学科演进的阶段。虽然，在抗战胜利后，第二次边疆研究高潮渐渐沉寂下去，边政学和边疆学亦未走上兴盛发展之路，但这一时期从事边疆研究的学者能够顺应时代潮流的需要，将自己的学术研究和国家民族的兴亡紧密联系起来，这种探索精神和爱国热情令人钦佩，也是推动中国边疆研究继续发展的强大动力。"边政学"的提出和实践对于我们今天构建边疆学学科体系的工作毋庸置疑也有着重要的启发和借鉴意义。

第五节　对清代边疆问题的关注与研究

清代是中国疆域奠定的重要时期，中国的边疆范围和民族分布格局均基本成型于清代，民国肇建以来，诸多边疆和民族问题都与清朝有着千丝万缕的关系，因此，对清朝边疆民族政策、制度的回溯和讨论成为这一时期边疆民族问题研究的一个内容。总体而言，民国时期对清朝的统治政策、政治体制等多持批评态度，但是，对清代在疆域开拓及边疆治理方面，则多有赞扬之声。"考历代治边政治之比较完备者，莫过于前清，且去今未远，情势相侔；而前清一代之典章又莫不备于会典。"②"中国历代之疆域，清虽不能谓为第一广大，而制度之整齐，团结之坚固，民心之和睦，多有为历代所不及者。以铜为鉴，可正衣冠；以古为

---

① 王利平，等. 20世纪上半叶的中国边疆和边政研究：李绍明先生访谈录. 西南民族大学学报（人文社科版），2009（12）：38.
② 边疆政教制度研究会. 清代边政通考. 南京：蒙藏委员会印行，1934；陈炳光序.

鉴，可知兴替。……清代之诸般治藩政策、制度实吾人所不可须臾忽略者也。"① "近来谈边事者，多推崇清代，非推崇其羁縻政策之合理，实羡慕其边疆三万里，经时二百年之相安也，前事不远，后事之师，暗室摸索，究不若遵古损益，费力少而成功多，故余谈边事，亦每每援古酌今。"②

从研究时段上看，专题探讨清代边疆问题的论著不是很多，如《禹贡》半月刊仅有余贻泽的《清代之土司制度》③、龚维航的《清代汉人拓殖东北述略》④ 和刘选民的《东三省京旗屯垦始末》⑤ 等寥寥几篇。《边政公论》有楚明善的《清代之治边制度与政策》⑥、黄奋生的《清代设置驻藏大臣考》⑦、郑鹤声的《清代对于西南宗族之抚绥》⑧ 和《前清康乾时代之理藩政策》⑨、丁实存的《清代驻藏大臣考》⑩、张维华的《土尔扈特西徙与图理琛之出使》⑪ 等数篇。多数研究集中在近代以来的边疆民族、政教制度、边界、失地、边防、中外关系等问题上。

具体而言，在整体研究的大框架下，民国时期对清代边疆问题的关注点主要集中在以下几个方面：

一、近代失地、边界及边防问题

有关这一问题的研究，华企云贡献颇多。他在 20 世纪 30 年代的边疆研究中非常活跃，给后人留下大量有影响的边疆研究成果，仅专著就有《满蒙问题》⑫、《满洲问题》⑬、《蒙古问题》⑭、《西藏问题》⑮、《云南

---

① 边疆政教制度研究会. 清代边政通考. 南京：蒙藏委员会印行，1934；戴季陶序.
② 楚明善. 清代之治边制度与政策. 边政公论，1941，1 (2)：1.
③ 禹贡，1936，5 (5)：1-19.
④ 禹贡，1936，6 (3/4)：105-110.
⑤ 禹贡，1936，6 (3/4)：81-91.
⑥ 边政公论，1941，1 (2)：1-3.
⑦ 边政公论，1941，1 (2)：4-12.
⑧ 边政公论，1943，2 (6/7/8)：6-13.
⑨ 边政公论，1943，2 (3/4/5)：10-63.
⑩ 边政公论，1942，1 (11/12)：84-95.
⑪ 边政公论，1943，2 (3/4/5)：29-38.
⑫ 上海：大东书局，1929.
⑬ 上海：黎明书局，1930.
⑭ 上海：黎明书局，1930.
⑮ 上海：大东书局，1930.

问题》①、《满洲与蒙古》②、《中国边疆》③ 等多部。1934 年 7 月至 1935 年 10 月，华企云就边疆问题在《新亚细亚》月刊上发表了一系列文章，如《中国近代边疆失地史》④、《中国近代边疆经略史》⑤、《中国近代边疆政教史》⑥、《中国近代边疆民族志》⑦、《中国近代边疆界务志》⑧、《中国近代边疆外侮志》⑨、《中国近代边疆沿革史》⑩ 及《中国近代边疆藩属志》⑪ 等。他在《中国边疆》一书序中提到自己研究的目的就是："诚能及今努力，以固吾圉，则譬如见兔而顾犬未为晚也，亡羊而补牢未为迟也。国人中岂有意研究边疆今昔之实在状况而谋补苴罅漏之策乎？则本书源委俱在，不仅可以考见晚清以来之边患，且可兴国防民族安危之思焉。"

他认为，清廷于边疆各处建置颇为可观，重兵将帅，星罗棋布，形格势禁，东西相望，故康、雍、乾三朝边防之固于此为盛。至于近代以来，边地一再丧失，他认为原因有二：一是防内綦严。清廷只准外人至中国，绝不准中国人越境前往外国。即于遣使方面，亦仅许外国人入觐"天朝"，而不准遣使以赴外国。防内之严，莫甚于此。结果则外人独周知中国内情，而中国人反昧于外势。一是防外綦宽。"喀伦以内，清廷认为内地；喀伦以外，清廷视作外藩。当时除东北三省、蒙古、新疆、西藏外，中亚如哈萨克、安集延、拔达克等外藩均在喀伦以外，清廷除略施羁縻以外，绝不过问……防外之宽，莫甚于此。结果外藩名虽属华，实则完全放任也。"⑫ "由前之失，既养成中国人不知国际大势而徒狃于自大之心理；由后之弊，又酿成外国人利用放任政策而着手于侵略

---

① 上海：大东书局，1931．
② 上海：黎明书局，1932．
③ 南京：新亚细亚学会，1932．
④ 新亚细亚，1934，7（6）：94 - 105．
⑤ 新亚细亚，1934，8（3）：1 - 16．
⑥ 新亚细亚，1934，8（4）：29 - 38．
⑦ 新亚细亚，1934，8（5）：51 - 62．
⑧ 新亚细亚，1935，9（2）：34 - 44．
⑨ 新亚细亚，1935，9（3）：23 - 33．
⑩ 新亚细亚，1935，9（4）：50 - 58．
⑪ 新亚细亚，1935，10（4）：86 - 96．
⑫ 华企云．中国近代边疆经略史．新亚细亚，1934，8（3）：15．

之机会。乾隆以前，只因清廷势力尚强，故此种失策，犹不致生出如何影响。洎乎乾嘉以后，由盛而衰；欧势东渐，独无已时；不待社稷之屋，而边疆各处已坐而待割矣。"①

导致近代失地的关键因素，还在于清朝统治者主权观念的淡薄。"国于大地之上，必有其所由立。立者何？立其土地、人民、主权也。有其地而无其人民，则土地等于石田；有其人民而无其主权，则土地亦无由以保。故得一地也，必树立主权于其间，而后始得谓我之国土也。"② 清朝乾隆时期，开疆拓土势头之盛，为汉唐以来所仅有。"顾当时以为取其地不足以广国，得其民不足以益众。故虽取其地而只视为遐荒殊域，虽获其民而只视为边氓之流，一纸上表，即以为足，无暇植其主权也。结果则道咸衰微以后，各地均为英、俄所占领……于是安南、缅甸、朝鲜、哲孟雄、拉达克亦完全入于英、法、日本之手。是故唇亡者齿寒，捉襟者见肘，故藩属亡后，内地继之，于是黑龙江以北也，乌苏里以东也，新疆西北也，云南沿边也，以至乌梁海、科布多、阿尔泰一带也，悉有去唇落齿、剥衣及肤之险矣。抑何其衰也！"③ 其观点虽有未充分考虑中国传统疆域形成的历史基础之嫌，但在当时的社会背景下，无疑得到大多数人的认同，并对后来的边疆研究产生了深远之影响。

华企云在列举近代以来列强对中国边疆的侵蚀和鲸吞的种种情状后，提出："我之边疆方面亦由式廓之版图，缩小至于今日之状态。谁实为之？孰令致之？谓为英、俄、法、日四强之侵略为之乎？然虎狼之强国固贪得无厌者也。谓为满清失政后之颠顶致之乎？然满洲固仅中华民族之一员也。"④ 他认为这些都不是关键原因。"盖欧洲方面自文艺复兴之结果，民族的国家已经告成，再经探险家之开辟新地后，各国无不欲染指若干以为快。加之以十八世纪工业革命而后，机器日出，资本日加，工业日增，而欧洲全境实有生产过剩之患，其所产物不能不觅销售之地。于是皇皇四顾……以侵略我膏腴天府之中国。边疆之被蚕食，盖由来久矣。"⑤

---

① 华企云.中国近代边疆经略史.新亚细亚，1934，8（3）：15.
② 华企云.中国近代边疆失地史.新亚细亚，1934，7（6）：96.
③ 同②96-97.
④ 华企云.中国近代边疆外侮志.新亚细亚，1935，9（3）：32-33.
⑤ 同④33.

其并非泛泛、简单地将中国落后原因归结于清廷的腐朽和民族隔离政策，而是以近代以来东西方发展道路之不同来阐释问题，这一回答可谓颇具世界和时代眼光。在如何遏制帝国主义列强进一步侵略及挽救边疆颓势方面，他引用了曾赴欧洲各国考察军事的杨杰一段话："欧美各国无不极力讲求武备，增厚国防。立国于现代，非富强不足以图生存，非武力不足以御外侮……我国处此时机救亡图存，亟须效法欧美各国极力准备武力，充实国防，然后方能生存于今日之世界。"[1] 华企云对杨杰的观点深以为然，认为增强经济实力和充实国防是抗击外来侵略、维护国家独立的两个关键因素。就当时形势而言，提高边防实力又是国防的头等大事。

二、帝国主义列强对中国边疆的侵略

这一问题与边疆失地、边界等内容的研究息息相关，研究者重点关注的是对中国边界走向产生重大影响的国家和事件，如苏演存的《中国境界变迁大势考》，谢彬的《中国丧地史》[2]，文公直的《俄罗斯侵略中国痛史》[3]，黎孤岛的《俄人东侵史》[4]，华企云的《满蒙问题》、《满洲问题》、《蒙古问题》、《西藏问题》、《云南问题》、《新疆问题》[5]、《中国边疆》，傅斯年的《东北史纲》[6]，葛绥成的《中国近代边疆沿革考》，曾问吾的《中国经营西域史》[7]，思慕的《中国边疆问题讲话》[8]，方秋苇的《中国边疆问题十讲》[9]，顾颉刚和史念海的《中国疆域沿革史》，金毓黻的《东北通史》[10]，西尊的《边疆问题与国防》[11]，荆三林的《近代中国经营边疆史》[12]，童书业的《中国疆域沿革略》，陈复光的《有清一代之中俄关系》[13]，等等，都涉及帝国主义列强对中国边疆地区的渗

---

[1] 华企云. 中国近代边疆外侮志. 新亚细亚，1935，9（3）：33.
[2] 上海：中华书局，1925.
[3] 上海：新光书店，1929.
[4] 哈尔滨：商务印书局，1930.
[5] 上海：大东书局，1931.
[6] 北平：中央研究院历史语言研究所，1932.
[7] 上海：商务印书馆，1936.
[8] 上海：生活书店，1937.
[9] 上海：引擎出版社，1937.
[10] 重庆：五十年代出版社，1941.
[11] 曲江：广东省地方行政干部训练委员会，1942.
[12] 西安：中国文化服务社陕西分社，1942.
[13] 昆明：云南大学文法学院，1947.

透和侵占。论文方面，成果更为丰富，如翁文灏的《中俄国界史地考》①，陈烈甫的《日俄携手与边疆的危机》②、《日俄二国在我东北的铁路战争》③，何璟的《日俄侵略下的呼伦贝尔》④，方保汉的《日俄战后之满洲商业》⑤，蒋廷黻的《最近三百年东北外患史（上）：从顺治到咸丰》⑥，葛启扬的《〈尼布楚条约〉以前俄国交通中国记》⑦，孟英庚的《英俄日角逐下之新疆问题》⑧，黄定初的《帝国主义侵略下我国边疆之危机》⑨，余汉华的《俄日势力冲突之外蒙古东方境界》⑩，张维华的《清初平定喀准两部时之中俄关系》⑪，等等。

三、清代政教制度

民国成立以来，边疆危机迭起，"外蒙独立，新疆动荡，西藏若即若离，内蒙迭次要求自治，东北陷于混乱，台湾复有二二八事变，几于无日不呈风雨飘摇之况。由于问题日趋严重，中央边疆政策、边政机构以至边疆地方政治制度，乃为国人讨论之中心"⑫。"边政制度发轫于元明，备于满清"⑬，且清代距离民国最近，探讨现实中的边政、宗教问题都离不开对清代相关制度的回溯和检讨，因此，学者们对清代政教制度做了较为充分的讨论，诸如理藩院、驻边疆各地将军都统大臣、盟旗、秋狝、巡幸、会盟、朝觐制度和宗教政策等都有所论述。

总体而言，学者们基本承认清朝对边疆地区能够维持长时间的统治，主要得益于制度得当，建置井然，颇多值得后世借鉴者。"盖因其政策确立，制度井然，边疆三万里，相安二百年，治边政绩，卓然可

---

① 地学杂志，1928（1/2）：83-120.
② 新亚细亚，1931，1（5）：21-30.
③ 新亚细亚，1931，3（2）：62-93.
④ 新亚细亚，1931，3（2）：94-119.
⑤ 新亚细亚，1931，3（2）：126-147.
⑥ 清华学报，1932，8（1）：1-70.
⑦ 国立中山大学文史研究所月刊，1934，2（5）：191-201.
⑧ 新亚细亚，1935，9（2）：46-64.
⑨ 边事研究，1935，2（5）：15-32.
⑩ 新亚细亚，1936，11（2）：75-81.
⑪ 学思，1942，2（1）：8-15；1942，2（2）：16-22.
⑫ 张汉光.中国边政的出路.东方杂志，1947，43（14）：19-26.
⑬ 张汉光.《边疆政教之研究》书评.边政公论，1948，7（2）：61.

观，为历代所不及。满清保持统治者之地位，可谓成功。""近年中国边政之废弛，其原因颇多，然中枢无健全之边政机构，恐为其主要原因。今欲改革边政，必须如清初之强化中央机构。"① 楚明善总结清代治边制度的成功之处，在于"隆其体制，慎其人选，一其事权"，"夫理藩清代视为要政，故体制甚隆，权不外假，宗室以外，虽具资望功绩，亦仅加衔备咨询而已，故未尝以治边重任付诸宗室以外之汉、蒙、回、藏各族也"。从组织和政策上看，"其组织在中央化，故以公忠体国休戚相关之宗室王公大臣为边事之主持者，宗室以外不与焉。其职权在统一化，故凡关边事之各种处置问题，悉以责之理藩部，其他六部不与焉"。清朝治边之政策，"其目的在相安为用，故虽至晚清，亦只有欧美之骚扰，终无蒙藏之边患，且在太平军兴，尚可借蒙兵以自救，其运用在恩威相济，故边人畏威怀德，不敢稍有轨外之企图，咸同以前二百余年之相安也以此，惜咸同以后，边吏多为内官贬戍之途径，边吏日劣，边市日坏，于是边地骚然不安，非尽因政策制度之不良，实用人不当有以致之也"②。

  清代对边疆地区施政的主旨是"修其教不易其俗，齐其政不易其宜"，"分而治之"。"清既威定新疆、青海及蒙藏诸地，凡明代之强梁跋扈者，皆征服之。乃礼遇达赖，备极尊崇，不惟怀柔西藏，兼以羁縻蒙古也，故终清之世，蒙藏顺附，未尝携贰。末年，并提高驻藏大臣职权，而尊崇达赖，有加无减。又创金奔巴掣签法，以解决达赖、班禅与各大呼图克图转世之争。于西康则着手于改土归流之计划，颇著成效，没并有建省之议。新疆则赖有左宗棠、刘锦棠之力，勘平回乱，整饬地方，抚辑流亡，西北得以稳定，光绪十年，建为行省，改设郡县。蒙古方面，立盟旗制，官由中央任命，崇其爵位，以资笼络。至于土司之改革，尤为进步，一为分封土司，土分势弱，自然无反侧之力。且土官称号，虽有高低之不同，实无互相隶属之关系，凡土官无论高下，遇流官即低一级，实含有防制跋扈之至意。其最著成效者，厥为改土归流之法，此虽依明人旧制，然更较澈底。故至清末，两湖之内，廓清无余，滇、蜀、黔、广，十存五六，仅甘肃省仍

---

① 凌纯声. 中国边政改革刍议. 边政公论，1947，6（1）：11.
② 楚明善. 清代之治边制度与政策. 边政公论，1941，1（2）：3.

如故耳。民元以还，内忧外患，交相煎迫，边政多有废弛，然热、察、绥、宁、康之设省，无不表示其积极性也。"①

同时，一些学者也看到，清朝统治者所采取的分治政策亦是一把双刃剑，固然使咸同以前相安无事，却也造成边疆地区经济文化落后的恶果。"对蒙在备用，故塞其智而保其力。对藏在相安，故因其俗而崇其教。借藏以化蒙，凭蒙以挟藏，并分使藏蒙之不相联络，而尤注意于控制维系之方法，故于蒙藏中间之甘新区域，历归中央把握，以左顾而右盼，咸同以前二百余年之相安，固因其政策运用之成效，然蒙藏文化落后，人力、物力，均感拮据，不克藩篱国家，兼不能自卫生存，亦清代政策之恶果也。"② 从边疆局部地区来看，其政策可谓成功，但从全国来看，"于国家民族，实贻无穷之忧"③，使蒙藏之地，"或深闭固拒，或旧俗羁縻，不使有开拓之机会"④。"终清之世都采取封锁边地的政策，不准内地人自由赴边地，亦不准边人自由入内地，更不准诗书出关，以防边人获得知识后不易统治，边疆大吏都一律任用满人，而且多系宗室，以防携贰，这些设施虽然加强了清廷的直接控制，在文化上反而使中原和边地愈形隔离了，所以在辛亥鼎革，满清的统治推翻后，中原的势力就一扫而光，没有留下丝毫的痕迹。"⑤ 同时，"中枢边政机关理藩院中，上自尚书，下至主事，无一汉人，仅在汉档房有笔帖式汉军六人而已。故汉人不谙边政由来已久，民国改元，主边政者一旦骤易汉人，新任对于边政素未谙习，以至不易承前启后，处理边政"⑥。

诚然，"清代对于边疆之消极羁縻，使蒙藏民族日趋萎败，致不克藩篱边疆以自保，实属一大错误"，"然民国成立后，治边制度尚未调整，治边政策迄未确立，边事之急切过于清初，国人之忽视有如清末，亦究非长治久安之道，忆考前人遗规之优劣，易如反掌，创现在有利无弊之法制，难于登天，故智者不敢自专，多从因革损益入手，非藏拙躲

---

① 孙祖绳. 中国边疆问题发生原因之探讨. 边疆研究, 1940, 1: 27-28.
② 楚明善. 清代之治边制度与政策. 边政公论, 1941, 1 (2): 2.
③ 凌纯声. 中国边政改革刍议. 边政公论, 1947, 6 (1): 1.
④ 郑鹤声. 前清康乾时代之理藩政策. 边政公论. 1943, 2 (3/4/5): 12.
⑤ 李有义. 西藏问题之分析. 边政公论, 1948, 7 (3): 1.
⑥ 凌纯声. 中国边政之盟旗制度. 边政公论, 1943, 2 (9/10): 1.

懒,实不肯将人类最宝贵之历史教训抹杀耳"①。只有充分吸收借鉴前人施政之经验教训,才能更好地制定出符合现实需要的治边政策和制度,尤其是在"现下之地方边政机构,均仍满清之旧制"②的现实背景下。

具体而言,这一时期的学者对清代于边疆地区的建制,包括理藩院、将军大臣体制、盟旗制度、土司制度、秋狝、巡幸制度及宗教政策等均有所述评。

1. 理藩院

对于理藩院,学者们给予了很高的评价,认为它与六部平等的地位,说明"中央边政机构地位之高,为历代所未有,因此有清治边成绩,亦为历代所不及"③。因为具有这种无可替代的地位,因此辛亥革命后,尽管"理藩院"名称不复存在,但其职能被保留下来。1912年成立的中华民国政府宣布成立蒙藏工作处,旋改称蒙藏事务局。1914年袁世凯北京政府又将其改为直隶大总统府的蒙藏院。机构名称虽屡有变化,但其职掌则基本承袭自理藩院。南京国民政府成立后,于1928年颁布《国民政府蒙藏委员会组织法》,次年正式成立蒙藏委员会。1940年4月,仿效清朝驻藏大臣制度,蒙藏委员会驻藏办事处正式宣告成立,5月13日,国民政府通过《蒙藏委员会驻藏办事处组织规程》。该办事处设置的主要目的是"宣达中央对藏德意",并将藏中当局意见随时上报中央,"以恢复旧时西藏对中央之正常关系"④。抗战初期,为加强对内蒙古各盟旗的管理,蒙藏委员会曾试图恢复清朝于蒙古地区实行的会盟制度,"旧例会盟之典,其任务虽在清理册名,编审丁籍,实则寓有耀德观兵之意,故于阅兵之后,并按品级赐以冠服、银饰等物。现在既拟恢复会盟,其任务一切亦经仍照旧例斟酌现情予以明白规定,而于赏赐一层,虽不必于条文中明白规定,著为定例"⑤。蒙藏委员会参事室专门起草了《蒙古各盟会盟暂行条例》。根

---

① 楚明善. 清代之治边制度与政策. 边政公论,1941,1 (2):3.
② 张汉光. 边政往何处去. 边政公论,1947,6 (3):22.
③ 凌纯声. 中国边政改革刍议. 边政公论,1947,6 (1):11.
④ 中华民国史档案资料汇编:第五辑第二编:政治(四). 南京:凤凰出版社,2010:17-18.
⑤ 同④20.

据该条例，其会盟性质、任务及仪式，基本沿袭清朝成例，所不同者仅是增添了一些现代概念。但由于内蒙古东部盟旗相继落入日军之手，尚未沦陷之区域形势日益窘迫，亟待处理之事繁多，会盟制度实际上并未真正实行起来。

虽然民国时期政府对理藩院的特殊职能有着较为清楚的认识，然由于时局复杂严峻，其所设立的机构并未能发挥出清代理藩院的功效。"理藩院之组织原较蒙藏委员会为健全周密，其职权亦较蒙藏委员会为具体实在，其管辖范围系以整个边民区域为对象，非如蒙藏委员会囿于蒙古、西藏两地，职是之故，理藩院之效率，洵非民国以还中央边政机关所可比拟，此过去史实具在，固无庸为讳者也。"① 为时下计，似宜学习理藩院的建置，"将蒙藏委员会改为边政部，扩大其管辖区域，明定职掌，以一事权而应当前之需要"②。

在对理藩院的机构设置、作用等问题进行讨论时，学者们对满汉官员的构成表现出了很大兴趣。凌纯声认为理藩院"上自尚书，下至主事，无一汉人，仅在汉档房有笔帖式汉军六人而已"③。黄奋生也提出汉人在其中所占比例也极低："统计满洲有三十二人，蒙古五十五人，汉军六人。"④ 楚明善指出，除了以上官职外，理藩院有时也设置尚书兼管部务大臣，同样是以满人居多，"例以亲王兼之。夫理藩清代视为要政，故体制甚隆，权不外假，宗室以外，虽具资望功绩，亦仅加衔备咨询而已，故未尝以治边重任，付诸宗室以外之汉、蒙、回、藏各族也"⑤。对此，王文萱则提出不同意见，他认为，清统治者以满族身份入主中原，并且边疆地区也多是少数民族聚居区，因此理藩院轻视汉人的人员任用规则符合清统治者的统治心态，对维护边疆统治也起到了一定的积极作用，"盖以理藩院为治理蒙古之总枢，起用满人，统握大权，又以虚荣给蒙人，以坚其心，对汉人则绝不起用，是则始能运用如意，既无牵制，又可机密"⑥。当然，从长远来看，理藩院这种人员任用制

---

① 许公武. 调整边政机构之拟议. 边政公论，1947，6 (1): 15.
② 同①.
③ 凌纯声. 中国边政之盟旗制度. 边政公论，1943，2 (9/10): 1.
④ 黄奋生. 边疆政教之研究. 上海: 商务印书馆，1947: 20.
⑤ 楚明善. 清代之治边制度与政策. 边政公论，1941，1 (2): 1.
⑥ 王文萱. 清代蒙古政制研究. 开发西北，1935，3 (4): 6.

度过于偏私和狭隘，给政府造成了很大的麻烦，"汉人不谙边政由来已久，民国改元，主边政者一旦骤易汉人，新任对于边政素未谙习，以至不易承前启后，处理边政"①。

2. 驻藏大臣制度

黄奋生认为："有清一代对于蒙藏之文治武功，达到了鼎盛的时期，其政教制度之敷设详备，不但为以往历代所不及，而且仍为现在蒙藏施政者所参考袭用，由此可知清代之蒙藏政教制度，为致力边疆学术研究者最不可忽略之事。"② 他对驻藏大臣设置的时间进行了详细考证。当时的研究一般以魏源《圣武记》所记创设于雍正之初、定于乾隆之中为准。如王勤堉撰述之《西藏问题》③ 就认为雍正五年（1727 年）清军平定阿尔布巴叛乱后，清廷始设正副驻藏大臣。黄奋生通过对史籍的梳理，提出早在康熙四十四年（1705 年）清廷已令赫寿驻藏办事，雍正二年（1724 年）提出设置驻藏大臣的想法，四年（1726 年）明定，而乾隆时期是驻藏大臣职权之确定和扩大时期，驻藏大臣职权日渐衰微则是在光绪以后。"推究清代在藏主权盛衰无常之主因，就是西藏的行政，惟一的建筑在军事的基础上面；行政权的隆替以在藏军事势力的大小为转移，而忽略了文化的、经济的根本建树工作，致使藏人之思想感情生活均不易与内地协调，因之常保持闭关自守的局面，如沙滩建屋，随时可为暴风雨所击倒，事有必至，理有固然，这是我们研究清代驻藏大臣制度和其兴替，自然得到的一个结论。"④

丁实存就驻藏大臣问题发表了两篇文章——《清代驻藏大臣考》⑤和《驻藏大臣述评》⑥，就清代蒙藏宗教政策、驻藏大臣创设之起因与时间、驻藏大臣职权、各个时期的驻藏大臣履职情形等问题进行了述论。他认为，驻藏大臣议设于雍正四年（1726 年），创设于五年（1727 年）正月，早于阿尔布巴叛乱。在详细考察了各个时期的驻藏大臣任职情况后，丁实存指出："光绪、宣统年间，英人外侵，藏情内哄，驻藏

---

① 凌纯声. 中国边政之盟旗制度. 边政公论，1943，2（9/10）：1.
② 黄奋生. 清代设置驻藏大臣考. 边政公论，1941，1（2）：4.
③ 上海：商务印书馆，1929.
④ 同②12.
⑤ 边政公论，1942，1（11/12）：81 - 93.
⑥ 康导月刊，1943，5（5）：1 - 37；1943，5（6）：6 - 22.

大臣颇穷于应付，以致英兵入侵，达赖出亡，当时驻藏大臣如裕钢、有泰等实不能辞其咎，但此亦为清末国势整个衰败之所致，非驻藏大臣职权衰落之影响，因上项事件，均超出驻藏大臣职权衰落之影响。"① 这一观点与楚明善在分析清末边政倾颓之原因时所提出的"非尽因政策制度之不良，实用人不当有以致之也"有相通之处，并进而认为人也不是主要原因，时势逼迫耳。

罗友仁在《清乾隆时福将军治理西藏之办法》② 一文中提出，康熙五十七年（1718年）始派驻藏大臣，管理西藏政治，但此时毫无权力，仅协调达赖、班禅，共管西藏而已。乾隆五十七年（1792年）大败廓尔喀之后，福康安对西藏政治体制进行了改革，提高了驻藏大臣的职权和地位，规定凡外人出入西藏者须先至驻藏大臣处登记，以示限制，并给以护照，否则任何人皆不准入藏。

3. 西藏政教合一制度

民国时期学者认为，政教合一制度有两层含义："广义的，系泛指喇嘛教对于一地方政治社会之影响；狭义的，为喇嘛教与政治发生直接之关系。"③ 这一时期对清代西藏政教关系的研究主要围绕西藏政教合一制度形成和发展演变来进行。

关于西藏政教合一制度的最早形成时间，一种观点认为是在明代，明成化十五年（1479年），宗喀巴命达赖、班禅分治前后藏，"所有藏境之统治，概由喇嘛首领掌握全权"④。但其最终制度化的时期是在清代，这一观点基本成为民国时期学者们的共识。这一制度之所以能够出现，许公武认为与清代抚绥西藏的策略有关，以此制度来统辖藏人与喇嘛⑤。李有义提出："一面利用宗教的麻醉，以高爵厚禄怀柔活佛喇嘛；一面则分区驻军，加强军事上的控制"⑥。楚明善则指出这一制度的本质是恩威并用，"恩"是"宗教领袖则宠以国师、禅师、呼图克图、诺门汗、班第达、绰尔济等之职位名号，王公则有年俸廪饩，喇嘛则有佛

---

① 丁实存. 清代驻藏大臣考. 边政公论，1942，1（11/12）：91.
② 边事研究，1935，1（2）：139.
③ 凌纯声. 中国边政改革刍议. 边政公论，1947，6（1）：6.
④ 华崇俊. 康藏政治宗教教育合一之研究. 新亚细亚，1934，7（5）：8.
⑤ 许公武. 调整边政机构之拟议. 边政公论，1947，6（1）：13-30.
⑥ 李有义. 西藏问题之分析. 边政公论，1948，7（3）：3.

俸口粮，定年班经班之例，政教领袖群集中央，使观光上国"；而"威"则是派驻大臣对蒙藏进行监督和管理，"于蒙之库伦、藏之拉萨，蒙藏政教之中心，则派办事大臣，坐镇其间，名为赞助，时同监国"①。冷亮将驻藏大臣与达赖之间权力的起伏分为几个阶段：驻藏大臣设立之初，对西藏政务仅起到监督作用；乾隆十五年（1750年），乾隆帝把全藏权力授予达赖，使得达赖的权力进一步提高，虽然驻藏大臣对其进行监督，但是达赖形成了对政权和教权的双重管理；乾隆晚年，驻藏大臣权力逐渐扩大，驻藏大臣代表中央管辖西藏，对于西藏地区的官员具有任命权②。

毫无疑问，清代治藏政策在很大程度上造成了西藏僧侣权力尾大不掉的局面。"宗教在边疆不但常与政治、经济密切联系，而且常是惟一的教育。"③ "西藏政教大权之谁属，在达赖圆寂后实为一重大之问题，盖继握西藏政教大权之人，其举足有轻重之得当与否，不但关系于西藏之治乱，而且有系于西藏之存亡。"④ 鉴于宗教对于西藏地区的深刻影响，妥当地实现政教分离就成为当时学者的呼吁。王洁卿指出："惟恢复从前关系之首要步骤，则为今后政教应分立而治，达赖、班禅只管宗教，政治则由中央委任官史治理。"⑤ 周蓉生也提出："喇嘛应该专心教务，不应该干与政务，反正干与也是弄不好的，要想西藏永远归顺中央，必须设法分离喇嘛的政权，否则他们肆行他们那专横霸道的手段，稍不遂意，就会随时脱离统治的。"⑥ 理想的解决方案就是："政治与宗教完全脱离关系，所有康藏政治之发动，完全受之于中央政府。"⑦ 除此，中央政府也要采取积极措施，设置相应机构来管理西藏地区的政务："中央在西藏设置西藏行政委员会，就近处理西藏一切政务。"⑧ 也可以借鉴清代的驻藏大臣，"设置西藏地方自治指导长官公署。清代在

---

① 楚明善. 清代之治边制度与政策. 边政公论，1941，1（2）：2-3.
② 冷亮. 西藏问题之真相及其解决方法. 东方杂志，1934，31（9）：19-20.
③ 李安宅. 宗教与边疆建设. 边政公论，1943，2（9/10）：13.
④ 严格里. 送黄慕松氏西藏之行. 康藏前锋，1934（5）：2.
⑤ 王洁卿. 边疆研究：西藏问题之症结及今后根本解决之方策. 边事研究，1936，3（6）：71.
⑥ 周蓉生. 藏事的认识. 边事研究，1934，1（1）：45.
⑦ 华崇俊. 康藏政治宗教教育合一之研究. 新亚细亚，1934，7（5）：11.
⑧ 蒋振西. 西藏政教制度历来相互之关系. 新亚细亚，1933，6（6）：49.

拉萨设驻藏大臣，职权极大，行之有效，现蒙藏委员会驻藏办事处，即因声权过低，遂不为藏人所重视，今后实行高度自治，中央一本扶助与指导之旨，可设置中央驻藏长官，掌全藏国防及军事等大权，并置西藏自治政府于其指导之下以加速自治事业之进展"①。"中央对西藏应恢复前清驻藏大臣之关系，按清代驻藏大臣之职业，有任用官吏、稽核财政、管理军事、处置诉讼等之最高权。"② 但在当时的国内和国际形势下，中央政府欲恢复驻藏大臣的设置，并非易事。

4. 盟旗制度

这一时期对盟旗制度的研究与对其存废的讨论有着密切的关联，因此考察比较深入。方保汉的《近代边疆政制述略》③、王文萱的《清代蒙古政制研究》④、凌纯声的《中国边政之盟旗制度》⑤ 等都是涉及盟旗制度研究的重要成果。这些研究的内容主要集中在盟旗制度的沿革变化、分布地区、系统组织以及发挥的作用等几个方面。凌纯声在对盟旗制度的由来、发展以及组织形式等内容进行考辨的基础上，提出清廷以盟旗制度统治游牧民族，在政治制度上是"一大变迁"。盟旗制度之设立，主要目的是"使部落化整为零，严定牧地，各不侵犯，不得合零为整"，"部落既分为旗，而旗亦不得坐大"，盟旗确立后，部落名存实亡，已非政治组织，仅代表部落名称。"清代所创的部落而封建之盟旗制度，已不能适合现代政治，当无疑问。"⑥ 但民国初期边政废弛的原因，"固由于中原多故，政府无暇筹边。然不知满清处理边政之秘密，又无可以倚畀办理边务之熟手，所以即清末之边政规模，亦未能继续维持"⑦。

顾颉刚则更多考虑的是盟旗制度对蒙古发展的负面影响。"我们打开《大清一统志》来，别处府厅州县都划得整整齐齐，可是要找一幅简单的蒙古地图却找不到，满清政府和蒙古的关系十分密切，

---

① 许公武. 治边方案. 中国边疆，1948，3 (12)：47.
② 王洁卿. 边疆研究：西藏问题之症结及今后根本解决之方策. 边事研究，1936，3 (6)：71.
③ 新亚细亚，1934，8 (3)：17-30；1935，9 (2)：53-66.
④ 开发西北，1935，3 (4)：1-9.
⑤ 边政公论，1943，2 (9/10)：1-12.
⑥ 凌纯声. 中国边政之盟旗制度. 边政公论，1943，2 (9/10)：12.
⑦ 同⑥1.

还是如此,其他可想","满清初年征服了蒙古之后,便划分盟旗,把蒙古社会原有的部落政制,更进一步使之固定化、组织化,以便统治,清廷在表面上很是尊亲蒙人,蒙人的贵族动不动就封王公……又把自己的公主、郡主下嫁蒙古人的王公,叫蒙人死心塌的接受统治。又提倡喇嘛教,借以遏止蒙古人口的蕃衍","这种恶果在清朝全盛时代还不觉得,一旦帝国主义者侵入我们的边疆,问题便出来了"①。

5. 西南土司制度

清朝灭亡之后土司制度并未消失,而是在一些地方继续存留下来,"现存土司之制,沿自前清,远承元明,国体虽经变革,然尚多仍封建旧规"②。从地域上来看,"以四川、云南、西康、青海、甘肃五省尚存有名实俱存之土司,湘、黔、桂三省则有土弁及残余之土司地主尚存在"③。除此,"即有名义上的已设流官的地方,因当局设施未善,仍形同虚设,实权仍操于旧有土司的后裔"④。鉴于土司制度作为一项旧的制度继续存在,清代土司制度是民国时期边疆研究关注的又一个重点,代表性的成果主要有凌纯声的《中国边政之土司制度》、佘贻泽的《清代之土司制度》、江应梁的《云南土司制度之利弊与存废》⑤等。黄奋生认为清代土司制度主要是在明代土司制度的基础上发展而来⑥。凌纯声把清代土司的官衔品级分为土司、土官、土弁、土屯四类⑦。佘贻泽对清代康熙、雍正以后的土司进行了全面详细的考察,通过分析土司的籍贯,总结出:"属于本地人或土族者约63人,为全体20.38%。属于番夷蛮子土夷等为109人,占全体之35.27%。属于汉人者136人,占全体44.01%……故土司之中,以籍贯论,汉人与番夷之数差不多。在汉人中以江西省为最多(约29人),陕西次之(18人),山东第三(13人)。彼辈大半为其祖先从军有功而受封者……然至于今日,则已大都

---

① 顾颉刚. 中国边疆问题及其对策(上). 西北通讯, 1947 (3): 2-3.
② 凌纯声. 中国边政之土司制度(上). 边政公论, 1943, 2 (11/12): 2.
③ 张汉光. 中国边政的出路. 东方杂志, 1947, 43 (14): 22.
④ 丁裕长. 关于西南少数民族的立法问题. 申报, 1939-06-19.
⑤ 边政公论, 1947, 6 (1): 23-30.
⑥ 黄奋生. 边疆政教之研究. 上海: 商务印书馆, 1947: 99.
⑦ 同②.

与土人同化矣。"①

从当时的现实需要出发,探讨清朝对土司管理之得失成为学者关注的重点。他们认为,有清一代,土司之变乱较明代为少,原因有四:一是众建以分其势。"分土政策为其重要因素,而土司制度,即因此受到彻底的破坏。"② 除了嫡长子承袭土司之位外,其余诸子亦可得到其他职位的承袭,土司的势力逐渐被削弱分化。二是改土为屯。"改屯之地,先设立直隶厅,统辖汉民苗番,惟屯田严禁典卖,以保存土地公有之制,苗汉分屯,苗屯治以苗官,苗汉虽分治,而同辖于直隶厅。"③ 三是降低土司的地位。"任何高级土司,见流官即低一级,故清代之土司,已与受封部落酋长无异。"④ 四是改土归流,彻底废除土司。中央派出官员代替土官,设置州县,形同内地。"改土归流无异夺土司之实力……土司改流之后,失其疆土。"⑤

四、东北问题

19世纪中叶以来,中国边疆危机的日益加重促使国人开始关注边疆问题,西北史地研究成为一时之兴。相比较而言,对东北边疆的研究起步要晚一些,九一八事变的爆发,拉开了中国学术界大规模研究东北问题的序幕。对清代东北问题的研究主要集中在以下几个方面:

第一,针对九一八事变后日本所扬言的"中国不成立其 nationhood,所以中国不是一个近代有组织的国家"⑥,故"满洲"并非中国领土这一论调,强调东北与内地在民族和文化上的关联。胡伯玄认为:"依民族源流言,则东北境内今日之人民,百之八十,均为汉族,余自最少数之回回外,胥满洲与蒙古;而征之往籍,则满、蒙二旗,其始即为黄帝之子孙,复经四千年来汉族之同化,不特语言风尚弃旧相从,即血缘所出,亦如淄渑之合,非易牙莫能辨其异矣。是则东北之土地,为中国之土地;东北之人民,为中国之人民。历史非武力所可变更,事实

---

① 佘贻泽. 清代之土司制度. 禹贡,1936,5(5):14-15.
② 黄奋生. 边疆政教之研究. 上海:商务印书馆,1947:101-102.
③ 同②.
④ 凌纯声. 中国边政改革刍议. 边政公论,1947,6(1):5.
⑤ 顾颉刚,史念海. 中国疆域沿革史. 上海:商务印书馆,1938:210.
⑥ 顾颉刚. 续论"民族"的意义和中国边疆问题. 益世报:边疆周刊,1939(23).

非空言所能抹煞,日人纵极横暴,对此其何说之辞?"①

第二,清代各族对东北的开发。如《禹贡》半月刊发表了龚维航的《清代汉人拓殖东北述略》和刘选民《东三省京旗屯垦始末》两篇文章,以总结清代满汉人民于东北的开发活动为主旨。

第三,重视对东北的正名问题,反对将东北称为"满洲""满鲜"等,主张称为"东北",以此驳斥日本提出的"中国本部"及"满洲"的概念。傅斯年是最早提出正名的学者,他在自己的著作(亦为东北通史开山之作)——《东北史纲初稿》中指出:"日本及西洋人之图籍中,称东三省曰'满洲'。此一错误,至为浅显,而致此错误之用心则至深。'满洲'一词,本非地名,《满洲源流考》辨之已详。又非政治区域名,从来未有以满洲名政治区域者。此一地段,清初为奉天、宁古塔两将军辖境,而奉天府尹辖州县民政,与山海关内之府厅州县制无别。康熙以来曰盛京省,清末曰东三省,分设督抚。有清二百余年中,官书私记未尝以'满洲'名此区域也。此名词之通行,本凭借侵略中国以造'势力范围'之风气而起。其'南满''北满''东蒙'等名词,尤为专图侵略或瓜分中国而造之名词,毫无民族的、地理的、政治的、经济的根据。自清末以来,中国人习而不察,亦有用于汉文者,不特可笑,抑且可恨。本编用'中国东北'一名词以括此三省之区域,简称之'东北',从其实也。"②

傅斯年的研究带动了一批学者开始正视"东北"名称问题。魏晴岚在《日本侵略东三省的经过及其现势》中提出:"我们在现在的外国人或中国人所著的图籍里,常常还看见'满洲'这一个名称,这种错误不但是不明白中国的事实,而且是没有看过中国的地图。中国的版图里,只有吉林、黑龙江、辽宁(就是从前的奉天)三省。这三省因在地理上的关系,有时候也可以简称东三省,至于'满洲'这个名称,就绝对寻不出来……外国人特别是日本人有意的称东三省作满洲,再把满洲分为南北两部……这种称呼正有他们的作用,我们自己如果不设法改正,那就未免糊涂到底了。"③李长傅在《满洲地理研究》中,进一步对"满

---

① 胡伯玄. 东北四省之建置历史与民族源流(续完). 新亚细亚,1932,3(5):45.
② 傅斯年. 东北史纲初稿. 长沙:岳麓书社,2011:3.
③ 新亚细亚,1931,1(1):67.

洲"名称起源进行了考证，认为自皇太极崇德年间，始改其旧部曰满洲，并于顺治以后始盛行。而"满洲"名称之意义，虽有多种说法，但无论如何，正如清人自己所说："今汉字作'满洲'，盖因'洲'字音近地名，假借用之，遂相沿耳，实则部族而非地名，固章章可考也。"①"东三省之名，起于晚近。满清之晚年，于满洲设立盛京、吉林、黑龙江三省，因满洲为清之发祥地，故行政组织，与本部不同，各设将军，以资控驭。因地在山海关外，故曰'关外三省'，一曰'关东三省'，简称'东三省''东省'。清末曾设立东三省总督。民国成立，仍沿东三省之名。最近有称东北三省者，简称'东北'。"②

民国时期对清代边疆问题的重视，主要缘于两个方面：

其一，从现实的角度来看，民国时期所面临的边疆问题几乎都可以追溯到清代。"清代吾国边疆问题实较以往复杂，西方帝国主义者正开始使用分化离间之伎俩，以遂其侵略之毒计，其时虽有专司边政之机构，而由于政治腐败，人才不足，仍未能克尽筹边之责，且复遗留若干今日边疆问题之种子。"③ 同时，"有清一代，于新拓边陲，治理之妙，为历代所不逮。边患自乾隆以后，迄乎亡，终无足以危害社稷之大患者，夷考厥因，得力于行政立法组织之完备与严密者，居其什九。今虽国体变更，政略不同，然边疆实况，依然旧观，虽不能因此而言成规患堪应用，惟现行边疆行政，泰半仍沿清制"④。因此，探流穷源，对清代边疆政策、措施、制度进行研究并总结其得失，以古鉴今，其意义不言而喻，"现在中国是处在一个严重的亡国危机中，这危机是如何地造成的呢？那就只有去检讨中国的近世史，才能获得这个问题的答案。"⑤ 卓然在《满清苏俄之对蒙政策与我国今后应取之方针》中强调："我们要研究出一个适当的对蒙政策，就不得不将过去苏俄和满清之对蒙所施的政策加以分析。把满清治蒙失策之处，作为我们的殷鉴；将苏俄对蒙侵略的成功，用作我们的参考。"⑥ 冷亮在《中藏关系论》中也提出：

---

① 新亚细亚，1931，2（2）：56.
② 同①57.
③ 李寰. 中国边政机构之回顾与前瞻. 边铎，1946，(2/3)：6.
④ 王文萱. 清代边疆行政. 政治季刊，1939，3（2）：46.
⑤ 沈山剑. 怎样研究边疆问题. 图书展望，1936，2（2）：10-11.
⑥ 边事研究，1935，2（2）：49.

"今后西藏问题应如何解决？易言之，即中央与西藏关系应如何确定？此为原则，吾人欲回答此一问题，当先回溯清代统治西藏之历史。"① 在这种思想的推动下，国民政府边疆政教制度研究会编写了《清代边政通考》，比较系统地梳理了清代治边机构和政策，包括理藩院、疆理、封爵、赋税、兵制、边务、会盟、朝觐等，目的就是"以供现代言边政治边事者之参考"②。

其二，从思想和学术层面来看，中国边疆研究的第一次高潮始于清代的西北史地研究，经世致用思潮是推动此次研究高潮的根本动力。"当时士大夫，目击世患，既愤外人之侵侮，又痛政府之无能，于是相率而为西北域外地理之研究，讲求中俄边界交涉之沿革，冀有以挽救时艰。"③ 民国时期，重拾晚清西北史地学所形成的经世致用之风成为学者的共识，"站在一切学术现实化的立场，必求其与现实接近，求其对现实发生更多的效用。这样学术才有根基，有着落。若再站在现时代而论，则局势之迫切，民族情绪之待鼓舞，民族精神之待发扬，实未有过于此时者"④。"研究当代史以谋振兴之途，针对边疆危机而研究边疆史地以谋筹边之道，针对外夷入侵而研究外国史地以谋御侮之策。"⑤

---

① 东方杂志，1941，38 (4)：23.
② 边疆政教制度研究会. 清代边政通考. 南京：蒙藏委员会，1934：序 1.
③ 唐景升. 清儒西北地理学述略. 东方杂志，1931，28 (21)：70.
④ 徐文珊. 再论史学风气之改革：历史教育论之十一. 文化先锋，1944，4 (13)：17.
⑤ 田昌五. 国学举要：史卷. 武汉：湖北教育出版社，2002：299.

第四章　救亡与经世：
　　　　民国时期的蒙古学研究

民国时期的蒙古学研究，呈现出两个明显的特点。其一是研究对象由传统的蒙古史和舆地学中的蒙古舆地两个独立的研究对象走向结合，并扩展到关注现实状况和现实问题；其二是研究方法由传统的考据转向综合与比较研究，呈多学科多元化趋势。这些当然是内外学术及政治环境变化所致。总体而言，现代意义上的蒙古学正处在萌芽和初创时期。

第一节　中西学术的融合与民国时期的蒙古史研究

我国的蒙古学最先发端于蒙古史研究。20世纪上半叶，受西方学术潮流的影响，中国史学界发生剧烈变革，有关蒙古史的研究方法也不再局限于传统的考证式研究，实证主义史学逐渐成为研究主流。在此背景下，一批具有专业素养的蒙古史研究学者应运而生，为新中国蒙古学学科的最终确立打下了坚实基础。

一、史界革命与近代实证主义史学

19世纪末20世纪初，中国史学界发生剧烈变革，一些学者用"科学"眼光与西方的史学观念来衡量中国传统史学，得出"中国无史"的结论。一时间，"中国无史"的论调充斥于20世纪初期的中国史学界，也让国人深切感受到中国传统史学的陈旧与落后。这无疑会引起人们深思：以历史悠久、史学发达著称的中国，为何在 20 世纪初竟至"无史"？这自然与西方思想的传入密不可分。随着西方殖民主义的入侵，西方科技文明成果洋枪、洋炮等一起涌入中国，让中国人愈加认识到西方科技的威力。于是，学习西方、引进西方科技文明成果成为中国"自强""求富"的唯一出路。从"师夷长技以制夷"到洋务运动的"中体西用"论，皆是国人试图用西学来补中学之不足的具体表现。然而伴随着西学的进一步传入，国人渐渐感受到中国的落后不仅仅体现在科技上的落后，更表现为学术上的落后，"中体西用"论逐渐升级为"中学无用"论。在此历史背景下，中国传统史学"无用"、"中国无史"论调的出现也就见怪不怪了。

清末民初，以宣扬科学主义为核心的西方实证方法与实证主义传入中国。与此同时，中国学术界在致用的现实要求和压力下，迫切需要对传统史学进行彻底改造以适应时代的发展。传统考据学在无所依靠的情形下，也只能转而投向"科学"的怀抱，史学"科学化"成为近代学人追求的目标。中国史学界革命的过程即是追求史学"科学化"的过程。

1901 年，梁启超发表了《中国史叙论》[1]，次年又发表了《新史学》[2]。他鼓吹"史界革命"，提倡建立"新史学"，并且认为"史界革命不起，则吾国遂不可救，悠悠万事，惟此为大"。这标志着国人开始向传统史学发出公开挑战。邓实在《史学通论》中提出："中国史界革命之风潮不起，则中国永无史矣，无史则无国矣。"[3] 他期待中国新史学的发展，并希望中国史学可以引领东亚史学的发展。马叙伦撰《史学总论》一文，提出："中人而有志于兴国也，诚宜于历史之学，人人辟新而讲求之，盖历史固文明之嚆矢也。"[4] 至此，国内学者皆纷纷提出了史学革新的主张。1922 年，梁启超又发表《中国历史研究法》[5] 及其补编，进一步为新史学奠定了方法论基础。与此同时，以新方法、新观点探讨中国历史的著作不断涌现，中国传统史学的根基发生了彻底动摇，并开始向近代史学转变。

---

[1] 清议报，1901，90：1-5；1901，91：1-4.
[2] 1902 年在《新民丛报》上分期连载。今有商务印书馆 2014 年版。
[3] 邓实. 史学通论. 政艺通报：中篇，1902（12）：1.
[4] 马叙伦. 史学总论. 新世界学报，1902（1）：33.
[5] 上海：商务印书馆，1922.

中国史学的现代转型并不是对西学的全盘接受，而是在坚持中国传统史学的基础上，借鉴吸收西方先进的史学观念和治学方法。民国时期的学者们即充分认识到了这一点。

民国时期，在处理中西学术之间的关系上做得最好的学者当属王国维。王国维的治学方法既立足于传统学术方法，又吸收了西方的实证主义原则。有学者将王国维的学术观概括为三方面：学无中西，学无古今，"欲学术之发达，必视学术为目的，而不视为手段而后可"①。王国维在学术研究的过程中，意识到中西文化的融合是大势所趋，而忽略吸收外来文化是造成彼时国内文化衰落的原因。他在学术上主张破除限制学术发展的古今、中西以及新旧的界限，自觉汲取外来学术思想，以谋求中国学术的发展。王国维强调学术自身的价值，认为学术没有有用与无用之分，由此学人应当不遗余力地追求学术的独立性。

"古代新学问起，大都由于新发见"，史料为近代实证主义史学的兴起奠定了基础。1925 年，王国维为清华学校暑期补习学校做了题为《最近二三十年中中国新发见之学问》，首先强调了对本土史料的重视，在提到近代的大发现时，他全面介绍了殷墟甲骨文字、敦煌塞上及西域各地之简牍、敦煌千佛洞之六朝唐人所书卷轴、内阁大库之书籍档案以及中国境内之古外族遗文等五项新发现的史料。这批新史料的出现，不仅开拓了史学研究的视野，也在客观上刺激了近代史学的繁荣。

20 世纪 20 年代初，随着新文化运动中"科学"旗帜的宣扬，实证论已作为一种科学的方法而受到国内学者的高度重视。以胡适为代表的实验主义学派，以顾颉刚为代表的疑古学派，以傅斯年为代表的科学史学派，其实质皆是实证主义，它们皆主张任何学术都必须用科学实证的方法进行求证。由"大胆假设，小心求证"，到"层累地造成古史"，再到"史学本是史料学"的明确主张，使得在"古今中西学术之间能够保持一种必要而合理的张力，从而使新学术范式建立在坚实的理性精神之上"②。

以新的学术思想为武器，以新的史料为研究对象的新史学——近代实证主义史学，日渐成为中国史学发展的主流。在此背景下，中国的蒙

---

① 鲁西奇. 王国维的学术观. 湖北大学学报（哲学社会科学版），1999，26（5）：75.
② 薛其林. 西学东渐与现代学术范式的确立. 湖南社会科学，2001（5）：17.

古史研究也步入了新的发展阶段。

二、民国时期的蒙古史研究

1. 王国维、陈垣、陈寅恪开创近代范式蒙古史研究

民国初年,整个史学界普遍受到西方资产阶级学术思想的影响,蒙古史研究也从按传统体例修补、编纂《元史》的模式中走了出来,并开始进行一系列的专题研究。其中,王国维、陈垣和陈寅恪的相关著述奠定了近代蒙古史研究的基础。

王国维(1877—1927),初名国桢,字静安,号观堂,浙江海宁人。王国维作为中国近现代相交时期的著名学者,其学术研究大体上可以分为三个阶段:第一阶段是1901—1905年,研究的重点为哲学;第二阶段是1905—1911年,研究重点由哲学转向文学;第三阶段是1911年以后,研究重点由文学转向史学①。王国维在史学方面的研究内容主要有金甲文字、汉晋简牍、汉魏石经、敦煌卷子的整理与考释,以及商周史、蒙古史等。而蒙古史的研究成果则主要集中在1925—1927年。

1925—1927年是王国维蒙古史研究的最重要阶段,他先后完成《鞑靼考》②、《萌古考》③、《南宋人所传蒙古史料考》④、《黑车子室韦考》⑤、《蒙古札记》⑥、《耶律文正公年谱》及《耶律文正公年谱余记》⑦等大量论著⑧。

王国维作为新旧交替时期的学者,在治学方法上既继承了乾嘉学者的考证学风,又注重引用域外史料考证史事,"凡研究史学者,于其民族史,不得不依据他民族之纪载"⑨。1925年秋,王国维在给清华研究院的研究生上"古史新证"这门课时,提出了"二重证据法"。"二重证据法"是以西方科学实证方法为主并融合中国传统考据方法的史学方法

---

① 薛其林. 民国时期学术研究方法论. 长沙:湖南人民出版社,2002:176-178.
② 1925年初稿,1927年改定,见《观堂集林》卷14(北京:中华书局,1959)。
③ 1925年初稿,原名《辽金时代蒙古考》,1927年改定,见《观堂集林》卷15。
④ 1926年,见《观堂集林》卷15。
⑤ 1927年,见《观堂集林》卷14。
⑥ 1927年,见《观堂集林》卷16。
⑦ 1925年,二书在王国维去世后收入《静安先生遗书》与《王忠悫公遗书》。
⑧ 刘晓. 元史研究. 福州:福建人民出版社,2006:22-23.
⑨ 王国维. 观堂集林. 石家庄:河北教育出版社,2001:461.

论。陈寅恪曾把王国维的学术内容与治学方法概括为三点:"一曰取地下之实物与纸上之遗文互相释证。凡属于考古学及上古史之作,如《殷卜辞中所见先公先王考》及《鬼方昆夷猃狁考》等是也。二曰取异族之故书与吾国之旧籍互相补正,凡属辽、金、元史事及边疆地理之作,如《萌古考》及《〈元朝秘史〉之主因亦儿坚考》等是也。三曰取外来之观念与固有之材料互相参证,凡属于文艺批评及小说戏曲之作,如《〈红楼梦〉评论》及《宋元戏曲考》等是也。"① 其中第二点即是王国维所提倡的"二重证据法"在蒙古史研究领域中的具体运用。他的相关蒙古史研究著述,也成为中国近代蒙古史研究的奠基之作,具有开创性意义。

陈垣(1880—1971),字援庵,广东新会人。自幼勤奋好学,曾系统学习过西医,并创办了光华医学院。辛亥革命后,他和康仲荦等创办《震旦日报》,"以诱导舆论、扶植人权、奖进民德、提倡实业为宗旨"。1912年被选为众议院议员。后因政局混乱,潜心于治学和任教。他曾在一段时期内信仰宗教,并因此致力于宗教史研究,先后写成《元也里可温考》②、《火祆教入中国考》③、《摩尼教入中国考》④、《回回教入中国史略》⑤ 等有关宗教研究的论著,不但引起中国史学界的注意,也受到国际学者和宗教史研究专家的重视。

在研究宗教史的同时,陈垣还注意研究蒙古史。陈垣的蒙古史研究尤其注重考证,认为"考证为史学方法之一","考史者遇事当从多方面考究,不可只凭一面之词矣"⑥。他从事《元典章》的校补工作,并采用200种以上的有关资料,写成《元西域人华化考》8卷⑦,在国内外史学界获得高度评价。在研究《元典章》的过程中,他曾用元刻本对校沈(家本)刻本,再与其他版本互校,查出沈刻本中伪误、衍脱、颠倒

---

① 陈寅恪. 陈寅恪文集:第3册. 上海:上海古籍出版社,1980:219.
② 1917,单行本. 后经多次修改,改题《元也里可温教考》。
③ 国学季刊,1923,1(1):27-46.
④ 国学季刊,1923,1(2):203-241.
⑤ 东方杂志,1928,25(1):115-125.
⑥ 陈垣全集:第21册. 合肥:安徽大学出版社,2010:110.
⑦ 前四卷载《国学季刊》,1923年第1卷第4号;后四卷载《燕京学报》,1927年第2期。1934年合为一书,作为"励耘书屋丛刻"第1集第1种出版。

者共 12 000 多条,然后分门别类,加以分析,指出错误的原因,并于 1934 年写成《元典章校补释例》(又名《校勘学释例》)① 一书。《元朝秘史》是一部叙述蒙古先世及成吉思汗、窝阔台汗两朝史事的重要史书,向来为研究者所重视。1933 年,陈垣写成《元秘史译音用字考》② 一书。此书除考察《元朝秘史》的版本源流及汉译年代外,着重对前人所忽略的译音用字进行研究。他发现,《元朝秘史》中汉字转写的蒙古字,不仅单纯标音,而且尽量使用音译相近之字。为此他搜集和编制了数十万字的资料,并在此基础上进行周密统计,找出了《元朝秘史》译音用字谐音与会意兼备的一套规律。这种"用力之勤"及"别人所无的细密方法",颇为学者们所叹服③。

陈寅恪(1890—1969),字鹤寿,江西修水人。陈寅恪的祖父陈宝箴,曾任湖南巡抚。父亲陈三立是清末四公子之一,为著名诗人。陈寅恪自幼即饱读诗书,具备了良好的国学根基。他曾先后留学德国柏林大学、瑞士苏黎世大学、法国巴黎政治学院、美国哈佛大学等世界著名学府。1925 年,受聘为清华学校国学研究院教授。

陈寅恪的治学内容涉及许多领域,对中国史学发展产生了深远影响,其中即包括蒙古史。陈寅恪曾经有志依据波斯文和蒙古、汉文献编写一部综合性的蒙古史著作,但这个愿望并没有实现。他在蒙古史方面的论著,主要是对《蒙古源流》的研究。《蒙古源流》是康熙元年(1662 年)鄂尔多斯贵族萨囊彻辰所撰述的一部蒙古史书,并于乾隆年间被收入《四库全书》。《蒙古源流》一书中记载的神话传说与元代蒙古、汉文史书的记载多有不同,因此人们对它的来源与性质多有疑惑。1930—1931 年,陈寅恪先后发表了四篇论文,对《蒙古源流》做了多方面的研究。在《〈彰所知论〉与〈蒙古源流〉》一文中,依据对汉、藏、蒙古文献的比较研究,指出《蒙古源流》的基本观念和编撰体裁,都来源于元代吐蕃喇嘛八思巴所著的《彰所知论》,是蒙古史料的另一系。另外,通过勘对东西方多种文献,把文献记载中关于蒙古族起源的观念分为四类。此外,还考订出《蒙古源流》的汉文译本是乾隆时据满文本

---

① "励耘书屋丛刻本",1934.
② 北平:中央研究院历史语言研究所,1934.
③ 冯承钧. 书评《元秘史译音用字考》. 大公报(天津),1934 - 07 - 21 (11).

译出的,而满文本又是译自成衮札布进呈的蒙文本,从而使蒙古、满、汉诸本之异同得以疏解,也使辗转翻译中的疏误得以订正①。"除了专题研究方面的贡献外,陈寅恪还是第一位将西方汉学家对音勘同的译名还原方法应用于研究领域的中国学者,由于他兼通多种外国语言与民族文字,具备了前辈学者在这方面所没有的便利条件。"② 关于《蒙古源流》的其他三篇论文《灵州宁夏榆林三城译名考:〈蒙古源流〉研究之一》③、《吐蕃彝泰赞普名号年代考:〈蒙古源流〉研究之二》④、《〈蒙古源流〉作者世系考:〈蒙古源流〉研究之四》⑤ 即运用对音勘同的还原方法勘对了满、蒙古、汉文本译名的异同,并对汉文史籍中的藏王译名和蒙古史籍中的汉地译名做了订正。

陈寅恪先生通过精密的考证,探明了《蒙古源流》一书的本来面貌,对此后的蒙古史研究产生了深远影响。"我国的蒙古史研究,自三十年代以来,由于转入专题研究和对音勘同方法的利用,进入了一个新阶段,陈寅恪先生是这个新阶段最早的开拓者。"⑥

王国维、陈垣、陈寅恪三位学者学贯中西,既继承了乾嘉学派的考证学风,又吸收西方科学主义的合理成分,成为近代实证主义史学的开创者和奠基者。他们将此种治学方法应用到蒙古史研究领域,写出了大量的考论文章与史籍校注,在科学分析第一手材料的基础上,得出令人信服的结论,至今仍具有重要的学术价值。在他们的推动下,民国时期的蒙古史研究完成了由传统史学向近代实证主义史学的转变。

2. 韩儒林、翁独健、邵循正、姚从吾对蒙古史研究的发展

在王国维、陈垣、陈寅恪三位学者的推动下,中国的蒙古史研究取得了重大的突破。但是,他们三人治学领域皆很宽泛,蒙古史只是其中的一个治学方向,且皆未经过专门系统的训练,在域外资料的使用上也多少存在着不足。20世纪30年代,韩儒林、翁独健、邵循正、姚从吾

---

① 陈寅恪.《彰所知论》与《蒙古源流》:《蒙古源流》研究之三. 中央研究院历史语言研究所集刊,1931,2(3):302-309.
② 刘晓. 元史研究. 福州:福建人民出版社,2006:30.
③ 中央研究院历史语言研究所集刊,1930,1(2):125-129.
④ 中央研究院历史语言研究所集刊,1930,2(1):1-5.
⑤ 中央研究院历史语言研究所集刊,1931,2(3):310-311.
⑥ 蔡美彪. 陈寅恪对蒙古学的贡献及其治学方法. 历史研究,1988(6):59.

等学者留学归来，蒙古史研究正式进入专题性研究。

韩儒林（1903—1983），字鸿庵，河南舞阳人。1923年入北京大学哲学系兼修史学。在陈垣、陈寅恪先生的指引下，开始研读外国东方学家的著作。1933年赴欧留学，先后就读于比利时鲁汶大学、法国巴黎大学与德国柏林大学，师从伯希和（Paul Pelliot）、海涅什（Erich Haenisch）等学蒙古史、中亚史，掌握了研究蒙古史所必需的多种语言文字。

1940年，韩儒林开始发表蒙古史研究的论文，其中以名物制度考证类居多。《成吉思汗十三翼考》① 一文，采用汉文史料《圣武亲征录》与波斯文史料《史集》互校的办法，对成吉思汗为了对抗泰赤乌、札答兰部贵族军队而组织的本部十三翼军——进行考证，纠正了前人研究的不少错误。《蒙古氏族札记二则》② 采用同样的互校方法，订正了贝勒津本《史集》、多桑（C. Dohsson）的《蒙古史》、《蒙兀儿史记》、《新元史》中一些部落与氏族名称的错误。《蒙古答剌罕考增补》③ 一文，进一步充实了中外史料有关答剌罕的记载。《元代阔端赤考》④ 则探讨了元代怯薛执事之一阔端赤。

韩儒林《蒙古的名称》⑤ 一文，将唐代以来"蒙古"的二十多种译名分成五组，分析了不同译写形成的背景及语言来源，指出"蒙古"一名是根据女真语译写出来的。《爱薛之再检讨》⑥ 则检出前人没有注意到的《牧庵集》中有关爱薛家族的四篇封赠制文，对制文中被四库馆臣篡改的名字进行复原，并据此对爱薛家族的世系加以重新探讨，讨论了许多前人没有论及的内容。

1943年，韩儒林发表了《青海佑宁寺及其名僧》⑦，首次转入清代蒙藏佛教史领域，揭示了以章嘉国师为首的三大活佛系统的特殊地位。

翁独健（1906—1986），原名翁贤华，福建福清人。1928年进入燕京大学历史系，在洪业、陈垣先生的影响下开始从事元史研究。翁独健

---

① 华西协合大学中国文化研究所集刊，1940，1(1)：29-52.
② 华西协合大学中国文化研究所集刊，1940，1(2)：11-18.
③ 华西协合大学中国文化研究所集刊，1941，1(4)：493-497.
④ 华西协合大学中国文化研究所集刊，1941，1(2)：13-23.
⑤ 国立中央大学文史哲季刊，1943，1(1)：183-192.
⑥ 华西协合大学中国文化研究所集刊，1941，1(4)：385-403.
⑦ 边政公论，1944，3(1)：45-48；1944，3(4)：10-16；1944，3(5)：12-17.

先后以论文《元代田制研究》和《元代政府统治各教僧侣官司和法律考》在燕京大学完成本科和研究生学业。1938 年获得哈佛大学博士学位,其十万字的英文博士论文"Ai-Hsieh: A Study of His Life"(《爱薛传研究》),广泛征引中外史料,对爱薛的家世、生平及其地位与影响等进行了系统阐述。哈佛大学毕业后,翁独健在法国巴黎大学师从伯希和,系统学习了从事蒙古史研究所必需的各种语言文字。1939 年回国后相继发表的主要论文有:《〈新元史〉〈蒙兀儿史记〉爱薛传订误》①,在其博士论文的基础上,通过梳理各种史料并加以考证,纠正了柯劭忞《新元史》、屠寄《蒙兀儿史记》两书中爱薛传的 10 多处错误。《斡脱杂考》② 一文,对元代史料中经常出现的"斡脱"一词进行研究,列出其各种含义与依据,纠正了之前学者认为斡脱是犹太人的说法。《〈元典章〉译语集释》③ 一文列举《元典章》中出现的译名 33 个,并对其中的达鲁花赤、札鲁花赤、怯薛等译名进行了解释。

邵循正(1909—1973),字心恒,福建福州人。1926 年考入福州协和大学,同年考入清华大学政治系。1930 年入清华大学研究院,改学中国近代史,在陈寅恪的影响下,开始研究蒙古史。1934 年初由清华大学保送欧洲留学,师从伯希和等人学习蒙古史和波斯文。1936 年回国后先后任教于北平清华大学、长沙临时大学、昆明西南联合大学等,讲授蒙古史、波斯文和中国近代史等课程。

邵循正在蒙古史研究领域最大的贡献是对拉施特《史集》的翻译与注释,他是中国第一位直接把《史集》从波斯文翻译成中文的学者。他先后发表了《〈元史〉、剌失德丁〈集史·蒙古帝室世系〉所记世祖后妃考》④、《剌失德丁〈集史·忽必烈汗纪〉译释》(上)⑤ 等文章,用《元史》《史集》《贵显世系》相互比较勘对,校正了《史集》的错谬之处,使其与《元史》相互印证。"由于他兼具东西方学术素养,又谙熟波斯、蒙古等民族语言文字,具备许多前人所未有的条件,故能准确地识别与阐释各种《史集》波斯文抄本中音点脱落、传抄讹脱的人名、地名以及

---

① 史学年报,1940,3(2):145-150.
② 燕京学报,1941,29:201-218,262-263.
③ 燕京学报,1946,30:279-288,362.
④ 清华学报,1936,11(4):969-975.
⑤ 清华学报,1947,14(1):71-118.

其他专门性词语，在这方面取得了令人瞩目的成就。"① 除《史集》研究方面的贡献外，邵循正还撰有《明朝诸帝有蒙古血统这一奇异理论的历史意义》（英文）、《有明初叶与帖木儿帝国之关系》、《元代的文学与社会》、《蒙古的名称和渊源》、《语言与历史：附论〈马可·波罗行记〉的史料价值》、《释 narigai、nacigai》等②。他的这些文章，将语言学知识与历史研究相结合，为以后的蒙古史研究开拓了新的方向。

姚从吾（1894—1970），原名士鳌，字占卿，号从吾，河南襄城人。1917 年入北京大学文科史学门。1920 年考入北京大学国学门研究所。1922 年由北京大学选送德国柏林大学研究深造，师从弗兰克（Hermann Francke）、海涅什等教授，受德国兰克"科学之史学"的观点影响甚大。在留学德国期间，姚从吾翻译了柯劳斯（F. E. A. Krause）的《蒙古史发凡》③。1934 年回国后任北京大学史学系教授，主讲匈奴史及蒙古史。虽然姚从吾的蒙古史研究成果多在 1949 年之后，但是民国时期他吸收西方史学思想和方法，积极促进传统史学向现代史学的转变，为以后的蒙古史研究奠定了基础。

上述四位学者的共同点是皆在国内高等学府接受过专门的史学训练，并且都是在陈垣、陈寅恪等前辈的引导下转向蒙古史研究的。另外，他们都曾经到欧洲留学，师从当时世界上公认的汉学大师伯希和等教授，并借鉴国外学者的最新研究成果，受到很好的语言学教育（尤其是波斯文），精通多种语言文字。论及治学方法，韩儒林先生曾将自己的学问戏称为"不中不西"之学，翁独健则风趣地说自己是"中西药都吃的人"。由此可以看出，他们继续中西结合的治学方法，将近代实证主义的治学方法更充分地用于蒙古史的具体研究。在研究过程中，他们将中国的考据学传统与西方近代科学方法结合起来，通过对音勘同的译名还原方法，将汉文文献与外文文献进行比对，做了不少的考释工作，订正了许多前人研究的错误。正是在他们的努力下，蒙古史正式进入专题研究，为新中国蒙古学学科的最终建立打下了基础。

---

① 刘晓. 元史研究. 福州：福建人民出版社，2006：35.

② 第 1 篇载 The Chinese Social and Political Science Review，1937，20（4）；后 5 篇见《邵循正历史论文集》（北京：北京大学出版社，1985）。

③ 柯劳斯. 蒙古史发凡. 姚从吾，译注. 辅仁学志，1929，1（2）：1-110.

3. 张星烺、冯承钧等人对国外资料的整理与翻译

除上述学者外，张星烺、冯承钧等一批学者通过对国外资料的整理、翻译，也极大地促进了民国时期蒙古史研究的发展。

张星烺（1889—1951），字亮尘，江苏泗阳人，是著名地理学家张相文之子。其父于民国初年先后发表《成吉思汗陵寝辨证书》[①]、《耶律楚材〈西游录〉今释》[②] 等文章。张星烺于 1906 年赴美国哈佛大学化学系学习，是中国最早攻读生物化学的研究生之一。后因患肺结核而致力于史地研究，并发表了不少有关蒙古史研究的文章。

对马可·波罗的介绍与研究，是张星烺的一大重要贡献。在 1938 年穆勒（A. C. Moule）、伯希和的译注本没有问世之前，亨利·玉尔（Henry Yule）的译注本《马可·波罗行记》被国际学术界公认为是最好的版本。张星烺即选此本进行翻译。1929 年，燕京大学图书馆出版了译本的第 1 册，包括序言 18 章、第 1 卷 30 章。张星烺除将玉尔的注释和各家的考证全部译出外，还以"张星烺补注"的形式加入了自己的大量考证成果。此书问世后，在学术界引起了巨大反响，受到了广泛好评。

冯承钧（1887—1946），字子衡，湖北夏口（今汉口）人。早年留学比利时、法国，师从著名汉学家伯希和。由于在欧洲留学多年，冯承钧通晓英、法、意、比、梵、蒙古、拉丁等多种文字，学识渊博，对域外史料进行了大量的翻译与研究。冯承钧尤精于蒙古史研究，著有《元代白话碑》[③]、《成吉思汗传》[④] 等书，译有法人格鲁赛（R. Grousset）的《蒙古史略》[⑤]、布哇（L. Bouvat）的《帖木儿帝国》[⑥]、伯希和的《蒙古与教廷》[⑦] 等，从语言学的角度对蒙古的历史、人民、宗教、民族等进行了梳理和考证，解释了许多历史悬疑问题。其中冯承钧将多桑的《蒙古史》全部译成汉文，为研究蒙古史提供了重要资料，得到时人好

[①] 铅印本. 1929.
[②] 铅印本. 1929.
[③] 上海：商务印书馆，1931.
[④] 上海：商务印书馆，1934.
[⑤] 上海：商务印书馆，1934.
[⑥] 上海：商务印书馆，1935.
[⑦] 北京：中华书局，1986.

评。"冯译多桑《蒙古史》的出版，意义重大，它彻底改变了此前国人利用域外史料严重不足的状况，开创了系统翻译与研究域外蒙元史料的新局面。"① 冯承钧采用法人沙海昂（Anroine Charignon）的注本，对所译《马可·波罗行纪》，他尽量搜集其他版本对原文进行校勘，广泛参考中外文史籍与最新研究成果，订正了不少原文的错误，成为此书当时最完备的译本。"此后，《马可·波罗行纪》虽然又出现了不少译本，但到目前为止，还没有一个译本能超过冯承钧的译本。"②

除张星烺、冯承钧对西方蒙古史研究的相关著述的翻译之外，还有不少学者翻译介绍了日本学者在蒙古史研究方面的成果。

19世纪末20世纪初，日本蒙古史研究迅速崛起，远远领先于中国的研究水平，引起国内不少学者的关注。民国时期这方面比较有代表性的译著主要有：陈捷、陈清泉翻译的箭内亘论文集《蒙古史研究》③，余元盦译小林高四郎的《蒙古秘史研究》《蒙古秘史解题》《成吉思汗传记蒙古文史料之研究》《成吉思汗称呼考》④ 等。另外，瑞永将俄国学者符拉基米尔佐夫的《蒙古社会制度史》⑤ 从日译本转译为汉译本，在民国蒙古学界产生了重要影响。

由于近代中国的蒙古史研究起步较晚，民国时期的国内蒙古史研究水平远远落后于西方国家和日本，取长补短，努力发展中国的蒙古史研究便成为蒙古史研究者的使命，对有关著述的翻译、整理、研究便成为意义深远的工作。以张星烺、冯承钧等为代表的史学家通过翻译、整理外文史料著作，"开创了系统翻译和研究域外史料的先河，改变了洪钧、屠寄以来只能靠'舌人'点滴摘译的局面"⑥，为国内学者的进一步研究提供了丰富的域外史料。另外，学习国外治蒙古史的方法，极大地促进了国内蒙古史研究的发展。

4. 民国时期学人对蒙古族族源问题的研究

族源问题是蒙古史面临的首要问题。民国时期学人在论及蒙古现状

---

① 刘晓. 元史研究. 福州：福建人民出版社，2006：40.
② 同①41.
③ 上海：商务印书馆，1932.
④ 以上4篇分见：西北民族文化研究丛刊，1949（1）：69-78，99-105，93-98，91-92。
⑤ 蒙古文化馆，1939.
⑥ 许荣胜. 冯承钧对蒙元史研究的贡献. 历史教学问题，1998（2）：43-44.

问题时,往往会将对蒙古历史的介绍作为其背景知识,其中不可避免地会面临对蒙古族族源问题的叙述。民国时期学人在前人研究的基础上,对蒙古族族源问题给予了足够的关注及充分的讨论。"可以说,关于蒙古族源流的主要史料发掘和学说创建,在20世纪上半期已经取得了辉煌成果。据统计,该时期共有20多种观点被提出。"① 民国时期就有学者对蒙古族族源问题的说法进行过分类总结:何健民所译白鸟库吉《匈奴民族考》一书的序中,对民国时期盛行的有关蒙古族族源问题的说法做了概括总结:"目前计有十一说:一为神话说,二为汉族说,三为室韦说,四为狼鹿相配说,五为西藏说,六为蒙难说,七为非纯粹之突厥说,八为鞑靼说,九为混种说,十为突厥说,十一即本书之匈奴说是也。"② 褚作民《蒙古民族由来考》③ 一文则对前十种说法一一做了述评。据此,除去神话说、狼鹿相配说、蒙难说、非纯粹之突厥说可归为混合说,鞑靼说与室韦说可归为东胡说一类,民国时期学人有关蒙古族族源问题的说法实际上大致有六种主要的观点:

(1) 东胡说

"蒙古族源于东胡"这一说法的最主要论据即"洪皓的《松漠纪闻》说的盲骨子,《唐书》说的蒙兀,《契丹事迹》说的朦古国,都是说蒙古是属于东胡部落"④。近代以来,屠寄、沈增植都认为蒙古族源于东胡。屠寄的《蒙兀儿史记》一文表明,"蒙兀儿者,室韦之别种也,其先出于东胡"⑤。王国维《萌古考》⑥ 一文根据两《唐书》的记载,认为汉籍中的梅古悉、谟葛夫、萌古子、蒙国斯,以及蒙兀、朦古、萌古、蒙古里等,都是"蒙古"的同名异译,从而揭示了蒙古与蒙兀室韦的族源关系。方壮猷在《鞑靼起源考》中认为:"鞑靼民族为柔然之苗裔。此民族本身自号柔然,而突厥人则称之曰大檀,音讹而为鞑靼。柔然为突厥

---

① 晓克. 蒙古族源问题述论//中蒙历史学研究文集. 呼和浩特:内蒙古大学出版社,2015:24.
② 白鸟库吉. 匈奴民族考. 何健民,译. 上海:中华书局,1939:译者序1.
③ 边事研究,1936,3(1):43-57.
④ 张振之. 蒙古种族是那里来的. 新亚细亚,1931,2(4):41-50.
⑤ 屠寄. 蒙兀儿史记:世纪第一//元史二种:第2册. 上海:上海古籍出版社,2012:16.
⑥ 国学论丛,1928,1(3):23-33.

所灭，遗民东附室韦……至女真衰而成吉思汗乃统一漠北，子孙继之，遂南并中国，西侵欧洲，以造成一大帝国。"①

（2）突厥说

柯劭忞赞同突厥说，《新元史》中"蒙古之先出于突厥，本为忙豁仑，译音之变为蒙兀儿，又为蒙古"②即表明其观点。褚作民在其《蒙古民族由来考》中说："蒙古先世之居地，与突厥先世之居地相同；蒙古先世迁徙之时代，与突厥之兴衰时代吻合；蒙古先世与突厥先世之为他族所灭，同为魏太武帝灭沮渠氏之事实。"由此断定蒙古必出于突厥，在乞颜时当与突厥同家，"至孛儿帖赤那始与突厥分家，由阿尔格乃衮附近，渡腾吉思水，经西伯利亚贝加尔湖、必塔等地，至斡难河源不儿罕山下居之"。另外，岑仲勉《伊兰之胡与匈奴之胡》③、冯家昇《匈奴民族及其文化》④也都主张突厥说。

（3）匈奴说

俄国东方学家俾丘林根据匈奴和蒙古住地相同，较早提出匈奴、东胡均为蒙古族的前身⑤。日本学者白鸟库吉则从比较语言学的角度进行考察，从语言词汇的相同来论证蒙古族与匈奴的关系⑥。蒙古源于匈奴说，一时成为学术界的主流观点。近代中国持匈奴说者，根据宋人彭大雅所撰《黑鞑事略》中记述"黑鞑之国号大蒙古"，徐霆疏证曰"即北单于国"，单于国是匈奴所建，这与成吉思汗敕书自称"我单于国"的说法一致⑦。方壮猷在《匈奴语言考》⑧中考释出26个匈奴语词汇，认为匈奴语和蒙古语相似，为匈奴说提供力证。黄文弼则通过比较匈奴人像和蒙古人像，综合其语言和形体、外貌，得出了源于匈奴的结论，但是他认为蒙古的血统中也保留有东胡和汉人的因素⑨。熊十力在《中国

---

① 方壮猷. 鞑靼起源考. 国学季刊，1932，3（2）：200.
② 柯劭忞. 新元史：叙纪//元史二种：第1册. 上海：上海古籍出版社，2012：15.
③ 真理杂志，1944，1（3）：309-314.
④ 禹贡，1937，7（5）：21-34.
⑤ 楚伦巴根. 与蒙古族族源有关的匈奴语若干词汇新释. 内蒙古社会科学（文史哲版），1988，(2)：87-94.
⑥ 白鸟库吉. 匈奴民族考. 何健民，译. 上海：中华书局，1939.
⑦ 刘文远. 蒙古族源流研究概述. 西部蒙古论坛，2009（4）：61-67，127-128.
⑧ 国学季刊，1930，2（4）：693-740.
⑨ 黄文弼. 古代匈奴民族之研究. 边政公论，1943，2（3/4/5）：35-39.

历史讲话》中说:"今之内蒙、外蒙诸同胞,统称蒙古族,亦省称蒙族,世居本国北塞,亦间有散居东北、西北各塞者。古代之玁狁、猃狁及秦汉魏晋时之匈奴,皆今蒙古之先辈也。"①

(4) 吐蕃说

"较系统提出吐蕃说的是明清出现的一系列蒙古史著作,如《蒙古源流》《蒙古黄金史纲》《蒙古青史》《蒙古逸史》等。"② 萨囊彻辰在《蒙古源流》中记载,蒙古者,土伯特国(即西藏)之分支,土伯特国又中印度之分支也,认为吐番色尔特赞博汗为奸臣隆纳木所弒,其子布尔特齐诺逃至恭博地方,娶郭斡玛喇为妻,渡腾吉思海,东行至蒙古地方不儿罕合勒敦,称孛儿特国。

(5) 混合说

民国时期较早提出混合说的是轻根,他认为"蒙古盖室韦、突厥、吐蕃三种人相混合之种族也"③。张振之认为"蒙古民族是'朔方民族'的混血民族……成分是包括东胡、突厥、土番种族的血统。除了这三种主要的血统以外,当然也许还有其他朔方种族的血统"④。邵循正在《蒙古的名称和渊源》⑤ 一文中认为蒙古是室韦和突厥的混合部落,采用母系的氏为部名,采用父系相亲的特点为氏,至少乞颜部长宗族有突厥血统。另外,持混合说的还有:吕思勉认为蒙古族是"鞑靼、室韦之混种",宋文炳认为"蒙古是东胡、突厥二族的混合种",林惠祥认为蒙古族是"匈奴、东胡、突厥等先住民族之混合产物",等等⑥。

(6) 蒙汉同源说

蒙汉同源说的提出与民国时期蒙古的局势密切相关。20 世纪初,日本在日俄战争中取得胜利,将沙俄在"南满"的权益占为己有。不久,日本便在旅大成立"南满洲铁道株式会社"("满铁")和"关东都督府",并以此为基地,将侵略的魔爪伸向我国东北及内蒙古地区。"正

---

① 熊十力. 中国历史讲话. 长沙:岳麓书社,2011:10.
② 刘文远. 蒙古族源流研究概述. 西部蒙古论坛,2009 (4):61-67,127-128.
③ 轻根. 蒙古种族. 大中华杂志,1915,1 (11):8.
④ 张振之. 蒙古种族是那里来的. 新亚细亚,1931,2 (4):49.
⑤ 邵循正先生蒙元史论著四篇:蒙古的名称和渊源//元史研究会. 元史论丛:第1辑. 北京:中华书局,1982:218-221.
⑥ 雪心. 蒙古宗族的来源及其世系. 中国边疆,1944,3 (5/6):5.

是从这个时候起，在日本开始出现'满蒙'这个政治地理名词，在其统治集团中开始形成所谓的'满蒙政策'。"① 为加强对内蒙古地区的了解，更好地推行具有侵略性质的"满蒙政策"，日本政府派出大批以各种身份为掩护的人员，对内蒙古地区进行经济、地理、矿产、资源、文物古迹等各方面的调查。日本一些学者为配合日本侵略中国的需要，制造了所谓的"满蒙非中国"论以及蒙古族和汉族历来就是以长城为界而南北"对抗"论等。他们企图通过突出蒙古族和汉族之间的差异，否认蒙古族为中华民族的一员。

另外，蒙汉同源说的提出与国民政府提倡的"中华民族的整体性"的观点密切相关。蒋介石《中国之命运》中"即如蒙古是匈奴的后裔，而《史记》《汉书》考其远祖实出于夏后氏"②的观点，一定程度上对蒙汉同源说起到"鼓励"作用。戴季陶《东方民族与东方文化》一文指出"汉族之与蒙古民族系出一宗族"，但由于"中国建国之基本为汉民族之文化"，因此"蒙古民族应努力接受汉民族之文化以复于上古同族同宗之本源，而造成真正统一之中华民国"③。

在这种背景下，国内一部分学者为强调蒙古族与内地各族特别是汉族之间存在血肉联系，认为："民国以来，我们号称五族共和，一般的历史家，未曾把各族的根原考明白，硬把汉、满、藏、回各民族界线划出来，仿佛根本就不一家，这是当然的错误。而蒙、藏的本身也不明白自己的历史，近又发生'自治''独立'等运动，有野心的邻邦更百般的离间挑拨，我们对于这两个民族的根原，有切实认识自古代史上详细考证的必要。"④ 国内一部分学者进而提出了蒙汉同源说。褚作民在《蒙古民族由来考》⑤ 一文中提及，《中国人种考原》一书的署名作者抱咫斋持蒙汉同源说。抱咫斋认为蒙古是匈奴遗种，主要的依据即为《史记·匈奴列传》中的记载："匈奴，其先祖夏后世之苗裔也，曰淳维。" 胡石青通过考证蒙古族、藏族在历史上的迁徙过程，最后得出结论：

---

① 金海. 日本在内蒙古殖民统治政策研究. 北京：社会科学文献出版社，2009：4.
② 蒋中正. 中国之命运. 重庆：正中书局，1943：5.
③ 戴季陶. 东方民族与东方文化. 新亚细亚，1931，2 (1)：题辞.
④ 胡石青. 蒙藏民族是否炎黄子孙（河大纪念周讲演）. 经世，1937，1 (8)：8.
⑤ 边事研究，1935，3 (1)：43 - 57.

"藏人是炎帝的子孙,蒙人是黄帝的子孙,而所谓汉族是炎、黄混合的子孙。"① 不过他强调民族间的融合,从历史上各方面考察证明蒙古、藏、汉本是同文化、同血统的一大民族。徐松石在《蒙古族与汉族》一文中指出自己研究远东民族史将近二十年,他认为:"世上所有蒙古利亚种的部族,都完全发祥于中国黄河下游,而且都隶属于广义汉族之内,与今日的汉族同一血统。蒙古族当然不能例外。"②

但是,由于蒙汉同源说的观点缺乏直接、充分的证据,民国时期持此种说法的学者不多。再加上戴季陶等认为"中国建国之基本为汉民族之文化,故今后汉民族应努力以其文化化蒙古民族"③,反映了其"大汉族主义"的文化倾向。但不可否认的是,蒙汉同源说是民国学者针对外国学者分裂中国的行径做出的激烈回应,一定程度上驳斥了如日本提出的"满蒙非中国"论等企图分裂中国的论调,也促进了民国学界对蒙古历史的上溯研究。

就上述六种主要观点来看,吐蕃说由于"混蒙古为吐蕃,非特夸耀华胄,且以夸蒙古先世无不奉佛"④ 而受到批判,民国学者持此种观点的很少。随着东胡说证据的日益充分,持突厥说、匈奴说、混合说的学者也日益减少。蒙汉同源说的观点随着抗战胜利也不攻自破。虽然有关蒙古族族源问题的争论至今没有停止,但学界大多认为蒙古族属于东胡系,是由室韦部落的一支发展而来的。民国时期有关蒙古族族源问题的探讨虽未达成共识,却为其后特别是当今学界的继续深入研究奠定了基础。

5. 民国时期蒙古史研究的特点

民国时期的蒙古史研究不论是从研究内容的广度和深度,还是从研究方法、研究队伍的构成方面来看,都达到空前的发展。

从研究内容上来看,广度和深度都有了很大拓展。民国时期的蒙古史研究突破了以蒙元史研究为中心的格局,将研究的范围延伸至明清蒙古史的研究。其中关于明代蒙古史最具代表性的即是有关《蒙古源流》

---

① 胡石青. 蒙藏民族是否炎黄子孙(河大纪念周讲演). 经世,1937,1(8):7.
② 新中华(复刊),1947,5(19):29.
③ 戴季陶. 东方民族与东方文化. 新亚细亚,1931,2(1):题辞.
④ 雪心. 蒙古宗族的来源及其世系. 中国边疆,1944,3(5/6):6.

的研究。《蒙古源流》是鄂尔多斯人萨囊彻辰于康熙元年（1662年）写成的蒙古文史书。20世纪30年代，沈曾植引用大量汉文文献对《蒙古源流》进行笺证，之后由张尔田整理、笺证，并综合王国维对该书所做的眉批，在1932年出版了《蒙古源流笺证》八卷①。由于沈曾植不懂蒙古文，故笺证存在很多问题，但"这书主要涉及明代蒙古史事，前人研究很少涉及这一领域，故笺证实有开创明代蒙古史研究的功劳"②。当然，对《蒙古源流》研究做出巨大贡献的还有陈寅恪，前面已有涉及，此处不再赘述。有关清代蒙古史的研究多是对清代治蒙政策的论述，并且与当时深重的边疆危机紧密相连，在后面的章节还会专门提到。另外，从研究深度上看，也有了很大的进步。蒙古族族源问题是蒙古史研究首先要面对的问题，也是蒙古史研究的重要内容。民国时期的学者们在前人研究的基础上，对蒙古族族源问题给予了足够的关注并进行了充分的讨论。"可以说，关于蒙古族源流的主要史料发掘和学说创建，在20世纪上半期已经取得了辉煌成果。据统计，该时期共有20多种观点被提出。"③ 这些说法虽未达成共识，却为其后特别是当今学界有关蒙古族族源问题的研究奠定了基础。

从研究方法上来看，最显著的进步即是用近代实证主义方法来开展蒙古史研究。民国时期中西学术思想融合，史家们在承继传统考证方法的基础上，吸收西方的科学精神，发展为近代实证主义史学，极大地促进了蒙古史研究的发展。王国维先生的"二重证据法"、韩儒林等学者的"历史语言比较法"等在蒙古史研究领域的具体应用即是最好的证明。"历史语言比较法"在蒙古史研究领域的具体应用，客观上对蒙古史学者的语言功底提出了更高的要求。蒙元时期由于统治地域辽阔，中外交往频繁，汉文史料、少数民族史料和国外史料都对蒙元时期的史事有丰富记载。但由于种种原因，长期以来中国学者在引用域外史料上遇到种种局限。洪钧《元史译文证补》最早引用域外史料，扩大了蒙古史研究领域。但洪钧、屠寄、柯劭忞等自身并不懂外文，多由别人翻译，

---

① 木刻本. 1933.
② 周清澍. 蒙古史学者沈曾植及其手迹. 内蒙古大学学报（人文社会科学版），1999（4）：4.
③ 刘文远. 蒙古族源流研究概述. 西部蒙古论坛，2009（4）：61.

错谬之处颇多。王国维、陈垣、陈寅恪在外文掌握方面较之洪钧等人有较大进步，但是也未达到精通的地步，错误之处也在所难免。到了韩儒林、翁独健这批学者，他们大多有游学欧洲的经历，并师从国外蒙古史专家伯希和等人学习治蒙古史的语言和方法，为回国后进行蒙古史研究打下坚实的基础。

从研究队伍的构成上来看，逐渐朝体系化方向发展。清末，蒙古史研究的相关学者多为清政府的官员，洪钧、屠寄、柯劭忞皆是如此，并且没有出现专门的研究机构和组织。他们所撰的论著也多是由个人组织刊印。因此，他们进行的蒙古史研究可以看作民族危机大背景下的"自发式"研究。民国初，随着近代教育体系的完善，特别是高等学府课程体系等的完善，王国维、陈垣、陈寅恪作为近代蒙古史研究的开创者，其研究越来越多地依托于大学，并且通过开设相关的课程，来培养专门的蒙古史研究学者。蒙古史研究的"自觉"意识开始形成，并不断得到强化。韩儒林、翁独健、邵循正等人在陈垣、陈寅恪的影响下开始蒙古史研究，并受到专门的史学训练。待西学归来后，他们也多选择在大学执教，开设蒙古史相关课程，蒙古史研究的群体渐朝体系化发展。另外，此时期近代报刊等的进一步发展，为蒙古史研究成果的展现提供了载体，推动了近代蒙古史研究的规模化发展。

由于时代的限制，再加上当时动乱的环境因素的影响，民国时期的蒙古史研究也存在一定的缺陷和不足。比如，对国外蒙古史的研究成果特别是经典著作的翻译和介绍，学习、借鉴西方先进史学理论和方法等方面还做得很不够；在蒙古史研究的某些结论上也存在错误；等等。但这些并不能成为我们苛求前人的依据，我们应该对民国时期蒙古史的研究成果进行全面反思，以不断拓宽蒙古史的研究领域，提升蒙古史的研究水平和研究深度。

综合来看，民国时期的蒙古史研究作为中国蒙古史研究的重要组成部分，是其发展过程中承前启后、充满活力的重要阶段。民国时期蒙古史研究丰硕的成果，为下一个阶段的蒙古史研究的发展做了充分的准备。

第二节　民国时期的边疆考察与蒙古地理研究

19世纪中叶以来，许多外国探险家、旅行家、学者来到包括蒙古在内的中国边疆地区，进行所谓考察活动。一方面，他们借考察名义，对我国边疆地区的地形、地貌等进行记录、测绘，成为其所在国家侵华行径的帮凶；另一方面，由于他们的考察活动大多采用西方现代地理学的新技术和新方法，对中国边疆地区进行相对科学的分析、研究和记述，又促进了中国近代边疆考察活动与地理学研究的兴起和发展。

一、清末及民国时期中外对蒙古地区的探险考察活动

1. 外国人对蒙古地区的探险考察活动

蒙古地区作为中国的北部边疆，幅员辽阔，鸦片战争后，一直是日、俄争夺的目标，成为外国探险家、旅行家、学者进行中国考察的重要地区。笔者即根据今人及民国时期的相关著述，将清末及民国时期外国人在蒙古地区进行的主要探险考察活动（主要是地理考察和考古活动）梳理如下。

近代史上，较早开始对我国蒙古地区进行考察活动的当属俄国人，"一八五七年俄人考察黑龙江时曾到达蒙古东部与北部"[①]。之后，俄国先后组织考察团、学者等进入包括蒙古在内的中国边疆地区进行多次考察活动。"1858年中俄《天津条约》签订之后的近50年中，进入我国西北地区的俄国考察队就有30～40支之多，其中，1876、1887、1890这三个年份每年多有4～5支考察队来我国蒙古、新疆、青海和西藏等地活动。"[②] 这些早期的考察活动中，对蒙古一般情形的考察成果较少。1892年，俄国政府派遣学者波兹德涅耶夫到蒙古地区，对蒙古的行政制度以及现状展开调查。波兹德涅耶夫的此次考察活动共历时15个月，考察范围包括张家口、归化、承德、多伦诺尔、克什克腾、巴林、乌珠

[①] 吴传钧. 近百年来外人考察我国边陲述要. 边政公论，1944，3 (5)：52.
[②] 余太山. 内陆欧亚古代史研究. 福州：福建人民出版社，2005：46.

穆沁等地，后来他将此次考察活动整理为《蒙古及蒙古人》①一书。1899—1901年，柯兹洛夫组织"蒙古—西藏考察队"对蒙古、新疆、青海及西藏等地进行考察，对途经地区的自然地理状况、资源分布以及民族风情等都做了论述，并著有《蒙古和喀木》②等著作。1923—1926年，柯兹洛夫又率队进行了纵贯蒙古的大规模考察，发现了诺颜乌拉匈奴墓葬、元代宣威军城，并对黑水城进行了两次发掘，著有《1923—1926年蒙古旅行日记》③。

日本人在内蒙古地区进行的考察更为频繁。甲午战争，中国战败，为日本学者来华考察提供了便利条件。日本学者鸟居龙藏曾来到我国东北及蒙古一带进行考察活动，并多次深入到赤峰和哲里木盟等地方，著有《蒙古纪行》《满蒙古迹记》等书④。日俄战争结束后，日本接收俄国在中国东北南部的侵略权益，成立"满铁"，利用其对中国的东北地区开展了一系列调查研究，并将其调查范围进一步扩展至内蒙古地区。日本青年探险家橘瑞超于1908—1912年来华考察蒙古的库伦、乌里雅苏台、科布多等地及新疆的迪化、塔城、哈密、塔里木沙漠、昆仑山北麓、罗布泊，并东出敦煌，在沿途各古墟从事发掘活动，窃去大量古物。1908年，桑原骘藏对内蒙古进行了为期一个半月的考察，写成《东蒙古纪行》⑤，记录了所探访的一些重要史迹，包括古建筑、陵墓、碑碣，所经之地的山川景物、风土物产及政治、经济、交通、文化、社会状况等。桑原骘藏在编写《东蒙古纪行》一书的过程中，参照中国史籍和西人著述，与自己的实地考察成果进行相互印证。日本占领内蒙古东都后，组织"满蒙考察团"，对两地进行进一步考察，发掘了赤峰红山遗址及墓葬，刊印了《赤峰红山后》⑥一书，红山文化由此得名。1936年，江上波夫、赤崛英三等人组成的调查队，在内蒙古锡林郭勒、昭乌达、乌兰察布等地进行考察，后出版《蒙古高原横断记》（中译名

---

① 刘汉明，译. 呼和浩特：内蒙古人民出版社，1983.
② 丁淑琴，韩莉，齐哲，译. 兰州：兰州大学出版社，2014.
③ 白寿彝. 中国通史：第8卷　元时期上. 上海：上海人民出版社，2004：185.
④ 余太山. 内陆欧亚古代史研究. 福州：福建人民出版社，2005：46.
⑤ 桑原骘藏. 考史游记. 张明杰，译. 北京：中华书局，2007：190-258.
⑥ 东方考古学丛刊：甲种第6册. 1938. 参见：余太山. 内陆欧亚古代史研究. 福州：福建人民出版社，2005：46。

《蒙古高原行纪》)① 一书。

美国人安德鲁（Roy Chapman Andrews）领导的"美国自然历史博物馆考察团"（又名"中亚考察团"）于1922—1930年来中国考察五次。该考察团装备完善，规模宏大，有七辆汽车与百头骆驼负责运输。其考察范围极广，南起张家口，西迄阿尔泰，遍及蒙古全区。"安氏虽不是著名的科学家，但是团员之中，著名的专家不少，所以到蒙古五次所运去的材料也不少。"②"中亚考察团"全队分工严密，使各科学家皆能充分发挥其研究本能，考察结果极为圆满。"据安氏称所据地图为俄人测绘，错误甚多，此次考察后图上已有者则加以订正，尚未画入者则加精密测画。"③ 当时有学者即认为其对于"古生物学、考古学、地质学、气候学、地形学、古植物学、动物学乃至史学、地理学各种科学贡献之伟大矣"④。

瑞典探险家斯文·赫定（Sven Anders Hedin）自1890年起，在我国新疆、西藏境内进行了多次探险活动。1926年，他希望做一次横贯中国内陆的考察活动，但遭到北京学术界一致反对。经过6个月的谈判后，中瑞双方达成共同组成中瑞中国西北科学考查团的协议。1927年5月，在瑞方团长斯文·赫定、中方团长徐炳昶带领下，自北京启程，一路经内蒙古包头、达茂旗、阿拉善旗、额济纳旗等地进入新疆，形成《内蒙古额济纳河流域考古报告》《蒙新探险日记》等著述。斯文·赫定等人的考察活动一直持续到1935年。之后由斯文·赫定主持编撰出版的《中瑞科学报告》多达55卷，其中斯文·赫定的日记《亚洲腹地探险八年（1927—1935）》⑤ 一书，记载了他在内蒙古、新疆的科学考察活动情况。

综上，日本和俄国作为争夺我国蒙古地区的主要国家，对蒙古地区进行的考察活动不仅开始时间较早，而且次数也最为频繁。不难看出，支撑日、俄进行考察活动的原动力即在于其国家和社会对于蒙古地区地

---

① 赵令志，译. 呼和浩特：内蒙古人民出版社，2007.
② 韦曼. 古代蒙古怪兽. 科学画报，1933，1（2）：4.
③ 吴传钧. 近百年来外人考察我国边陲述要（续完）. 边政公论，1944，3（6）：53.
④ 叔谅. 外蒙古探险纪略：美国自然史博物馆探险队五年来探险之成绩. 东方杂志，1927，24（22）：65.
⑤ 徐十周，等译. 乌鲁木齐：新疆人民出版社，1992.

理信息的迫切需求。故日、俄考察内容涉及地理环境、考古等各个方面，考察范围也涵盖整个蒙古地区。它们的考察成果一方面促进了中国地理学研究的近代化，另一方面也为其国家进行进一步的扩张活动打下了基础。特别是进入民国以后，日本进行的考察活动，为其政治扩张服务的目的更加显露出来。"由于当时日本人的中国之行，总体上与日本的大陆扩张政策相关，因此这就决定了他们所写的游记大多不同于纯粹以访古探胜、欣赏大自然为目的而做的'观光记'，而是以调查和探知中国的政治、经济、文化、军事、地理、风土、人情等为目的的'勘察记'或'踏勘记'。"①

2. 民国时期我国学者对蒙古地区的考察活动

要研究中国的边疆问题，就必须对边疆情形有所了解，而这种了解又必须建立在一定的实地考察基础之上。中国历代学者向来注重实地考察，但直到民国之前，我国的考察活动多是以个人游历的方式进行，并且没有利用现代科学的考察手段。因此，"我国从前对于科学方法不甚讲求，所以对于科学，尤其是对于自然科学的贡献，非常减色"②。

中国真正采用西方现代科学考察的新技术和新方法对蒙古地区进行考察活动始于民国时期。随着新文化运动对科学的宣扬，以及外国人在中国边疆地区巧取豪夺的无耻调查行径，国人渐渐认识到"如果这一类的情形，不能有所挽救，则我国学术前途，要受到无从计算的损失"③。注意到此种危险，国内学者便开始组织相关学术团体，试图自己深入到边疆地区搜集材料，为开展进一步的边疆研究做准备。

较早进入内蒙古地区进行科学考察的是中瑞联合主办的西北科学考查团。1927年4月，斯文·赫定与中国学术团体协会签订协议，共同组团对中国西北进行地质、地磁、天文、气象、考古、民族、民俗等方面的考察。中方团长为徐炳昶，团员有袁复礼、黄文弼、詹蕃勋、丁道衡等10人。这次考察取得了丰硕成果。徐炳昶著有《徐旭生西游日记》一书，其中部分章节记载了内蒙古考察情况④。1927年6月，考古学家

---

① 张明杰. 近代日本人中国游记总序//桑原骘藏. 考史游记. 张明杰，译. 北京：中华书局，2007：9.
② 徐炳昶. 徐旭生西游日记. 中国学术团体协会西北科学考查团理事会，1930：叙言2.
③ 同②.
④ 徐炳昶. 徐旭生西游日记：第1、2卷. 中国学术团体协会西北科学考查团理事会，1930.

黄文弼在内蒙古达茂联合旗找到了元代汪古部首领世代居住的赵王城（即今阿伦斯木古城），在城内发现了刻有《王傅德风堂碑记》的石碑。同年9月，黄文弼到达额济纳旗黑城，在城内及附近一带进行考察，并沿河上溯到甘肃毛目附近，考察了额济纳河两岸的汉代居延边塞、烽燧和城障等遗迹。1932—1933 年，黄文弼随铁道部所组织之新绥公路查勘队往新疆，路经蒙古地区，又一次对蒙古地区进行了考察①。

1930 年，梁思永到内蒙古地区进行调查，在赤峰、林西及阿鲁科尔沁等地采集了一批新石器时代遗物，并著有《热河查不干庙、林西、双井、赤峰等处所采集之新时期时代石器与陶片》② 一文，这是我国学者在内蒙古东部地区进行考古工作的开始。抗战结束后，佟柱臣在赤峰一带进行系列考古调查，发现了新时期时代、青铜器时代以及秦汉时代的若干遗迹，先后发表《赤峰东八家石城址勘查记》《考古学上汉代及汉代以前的东北疆域》等文章进行相关的介绍③。

抗日战争时期，李文信曾在内蒙古巴林左旗等地方进行过考古工作，后发表《林东辽上京临潢府故城内瓷窑址》④ 一文。1946 年，考古学者裴文中曾到内蒙古扎赉诺尔调查中石器时代的扎赉诺尔人及其文化遗物，他在《中国旧石器时代的文化》一书中，力主扎赉诺尔人及其文化属中石器时代，否定其为旧石器时代文化⑤。

民国时期内蒙古地区的文物等曾多次遭到列强探险队的盗掘和掠夺。"中国自己没有能力，要人来代庖，也是咎由自取。中国人不是不努力，只要看近十几年来各种科学进步，就可以知道，不过各学术机关的经费都有限，没有力量去做这样大的调查。政府有鉴于此，前年曾想组织西陲科学调查团，又因国难停顿了。"⑥ 由于技术落后、经费不足、战乱等原因，我国学者到蒙古地区进行过考古调查和发掘的人数、次数

---

① 相关成果参见：黄文弼. 蒙新考古报告. 地学杂志，1930（3）：439-448；黄文弼. 蒙新旅行之经过及发现. 国立北京大学国学季刊，1930，2（3）：623-629；黄文弼. 第二次蒙新考察记. 禹贡，1935，4（5）：51-58；黄文弼. 蒙古旅行考古记. 西北问题季刊，1935，1（4）：105-108。
② 梁思永考古论文集. 北京：科学出版社，1959：45-52.
③ 余太山. 内陆欧亚古代史研究. 福州：福建人民出版社，2005：50.
④ 考古学报，1958（2）：97-107，153-162.
⑤ 同③.
⑥ 韦曼. 古代蒙古怪兽. 科学画报，1933，1（2）：4.

都比较少。但不管怎样，国内学者对内蒙古地区进行的这一系列的考察活动，为新中国内蒙古地区的考古、地理发掘活动打下了一定的基础。

二、清末及民国时期蒙古地区的地志编撰与调查报告

蒙古地区作为中国的北部屏障，历来对内地具有重要的影响。清末，随着西北舆地学的兴起，蒙古史地学研究渐成显学。其中，最具代表性的著述即祁韵士《皇朝藩部要略》、张穆《蒙古游牧记》、何秋涛《朔方备乘》。他们秉承经世致用的理念，通过研究蒙古的历史、盟旗制度等，希望达到防外患的目的。但是，他们的研究大多依赖于史料的考证，"基本属于传统学者的治学范畴，尚不具有现代学术研究的含义"①。随着边患形势愈加严峻，以及外国探险家、学者等对包括蒙古在内的中国边疆地区的考察活动的开展，政府及一部分学者开始在实地调查的基础上，编撰简要志书、调查报告等，向国人介绍蒙古地区的状况。

1. 清末蒙古地区的考察报告

1906年，清政府派肃亲王善耆携带扈从人员陈祖增、冯诚求、吴禄贞、姚锡光等30多人由北京出发，经由承德抵达内蒙古境内，先后巡视了卓索图盟、昭乌达盟、锡林郭勒盟和哲里木盟四盟。在此期间，陈祖增撰写了行纪《东蒙古纪程》，冯诚求撰写了行纪《内蒙古东部调查日记》（又名《东蒙游记》）和调查报告《条陈内外蒙古上理藩部书》，吴禄贞撰写了调查报告《东四盟蒙古实纪》和《经营蒙古条议》，姚锡光撰写了调查报告《筹蒙刍议》。调查结束后，善耆本人又向清廷呈递了自己的调查报告《肃亲王善耆为考察蒙古并陈管见事奏折》②。这些行纪与调查报告，通过记述所经历的内蒙古东四盟地区的地形、地貌、气候、植被等自然地理环境和人口、农牧业发展模式、民风民俗等社会人文状况，提出了相对全面的筹蒙之策，对清末治蒙政策的转变起到了重要的作用。

1908年，清政府组织东三省蒙务局人员对哲里木盟进行了考察，调查成果整理成《哲里木盟十旗调查报告书》③。该调查报告书是为调

---

① 杨天宏."边政"何以成"学"：读汪洪亮著《民国时期的边政与边政学》.社会科学研究，2014（4）：205.
② 忒莫勒，乌云格日勒.中国边疆研究文库初编：北部边疆：卷五.哈尔滨：黑龙江教育出版社，2014.
③ 呼和浩特：远方出版社，2007.

查蒙旗现状、筹拟变通办法而调查撰写的,内容可谓相当广泛。程厚、郭文田所撰《科尔沁右翼前札萨克郡王旗调查书》《科尔沁右翼中图什业图王旗调查书》《科尔沁右翼后镇国公旗调查书》有垦务、木植、牧畜、渔业、盐务、学务、巡警、矿产、外交、出产、商务 11 项,比较简略,多者有 4 000 余字,少者不足 3 000 字。叶大匡、春德所撰《调查科尔沁左翼后旗报告书》《调查扎赉特旗报告书》《调查郭尔罗斯前旗报告书》《调查郭尔罗斯后旗报告书》《调查杜尔伯特旗报告书》有世系、爵俸、赏恤、官制表、幅员(附木植、五谷、禽兽、铁路)、户口(附喇嘛及庙宇、学堂、巡警)、财政(附出入款项表)、垦务(附牲畜数目表)、商务(附渔业、碱锅)、钱法等项,记载较详,多者近 1 万字,少者也近 7 000 字。

上述由政府组织的对蒙古地区进行的一系列考察活动,其形成的调查报告书的大部分内容来自实地调查,无论内容详略、篇幅长短,皆是研究蒙古地区的一手资料。"自鸦片战争以后,西人之旅行吾中华者,年有增加,归辄录其所见闻者以成书,虽精审者少,然经政府以及学术团体之奖掖与提倡,其中亦不乏高明之作,而尤以 1906 年前后为最发达,盖其时吾国国势凌替,列强正谋蚕食我边疆之会也。"① 这些建立在实地调查基础上的调查报告是清政府在内忧外患的形势下做出的回应,一方面促进了清政府对蒙政策的转变,另一方面也为民国时期政府和学者们开展对蒙古地区的调查、研究活动提供了借鉴。

另外,赵允元的《赤峰州调查记》② 是清末为数不多的在个人实地调查基础上形成的对蒙古地区的考察报告,为民国时期私人编撰志书、调查报告开了先河。

2. 民国时期蒙古地区的地志与调查报告

民国建立后,北京政府在蒙古地区继续推行清末的放垦政策,并逐步将内蒙古各厅改为县。1914 年,北京政府将内蒙古地区一分为三,由东向西分别设立了热河、察哈尔、绥远三个特别行政区。之后,在内蒙古东部相继设置了经棚、鲁北、林东、宁城、通辽等县局,在西部设置沃野、固阳、包头、临河、安北、集宁、商都、宝昌等县局。此外,

---

① 徐益棠. 十年来中国边疆民族研究之回顾与前瞻. 边政公论,1942,1 (5/6):51.
② 地学杂志,1910 (2):10 - 13;1910 (4):3 - 7.

北京政府提倡全国范围内兴修志书,一批旨在向国人及政府介绍蒙古地区状况,以"调查报告"或"概况"等为名的简要志书相继问世①,如内蒙古东部地区的《多伦诺尔厅调查记》(1912年)、《呼伦贝尔志略》(1923年),内蒙古西部地区的《河套图志》(1917年)、《河套新编》(1921年)、《绥乘》(1921年)、《鄂托克富源调查记》(1923年)、《集宁县志》(1924年)、《绥远河套治要》(1924年)、《绥远》(1926年)等。

民国时期,时局动荡,战事纷扰,地志的编修工作时断时续。由于各地学者的努力和政府的倡导,民国时期曾编纂出1 500余种方志,"民国时期志书的编修比清代更为普及,全国所有的省区都编修了志书,边远省区编修的志书,比清代还要多。"② 民国年间蒙古地区志书的修纂更是呈现高潮,有60余种③。(参见表4-1)

表4-1　　　　　　民国时期蒙古地区志书一览表

志名	编撰者	成书时间	版本	官/私修
多伦诺尔厅调查记	刘锺棻	1912年	铅印,刊载于1914年《东方杂志》	私
突泉县乡土志	佚名	约1914—1915年	抄本	不详
内蒙古纪要	花楞	1915年	1916年铅印本	私
呼伦贝尔纪略	赵春芳	民国初年	1916年石印本,见《边务采辑报告书》	私
河套图志	张鹏一	1917年	1922年铅印本	私
最新蒙古鉴	卓宏谋	1919年	1919年铅印本,1921、1923、1934年分别再版	私

---

① 所谓"调查报告"或"概况",名称并不统一,尚有冠以"调查""调查记""考察纪略""概要""概观""概略""要览""事情"者,有时亦以"志略"为名。(忒莫勒.建国前内蒙古方志考述.呼和浩特:内蒙古大学出版社,1998:16)
② 许卫平.略论民国时期方志学之成就.扬州师院学报(社会科学版),1995(1):51.
③ 忒莫勒.建国前内蒙古方志考述.呼和浩特:内蒙古大学出版社,1998:277-289.另有学者分别统计为39种[许卫平.略论民国时期方志学之成就.扬州师院学报(社会科学版),1995,(1);51]、21种[葛向勇.试论民国时期的地方志.中国地方志,1994(4):70]。

续表

志名	编撰者	成书时间	版本	官/私修
绥乘	张鼎彝	1920年	1921年铅印本	私
河套新编	金天翮、冯际隆	1921年	抄本	官
呼伦贝尔志略	张家璠	约1922年	1923年铅印本，1939年铅印本	官
鄂托克富源调查记	周晋熙	1923年	1923年铅印本	私
集宁县志	杨葆初	1924年	抄本	官
绥远河套治要	周晋熙	1924年	铅印本	私
绥远	傅焕光	1926年	1926年铅印本	官
热河省经棚县志	康清源	1929年	稿本，铅印本，誊印本	官
呼伦贝尔概要	邹尚友、朱枕薪	1930年	1930年铅印本	私
呼伦县志略	不详	1930年	抄本，1974年台湾影印本	官
临河县志	王文墀	1930年	1931年铅印本	官
蒙藏状况	马福祥	1930年	1931年铅印本	私
全蒙盟旗沿革志	包维翰	不详	铅印，1931年刊载于《蒙藏周报》，1934年刊载于《新蒙古月刊》	私
林西县志	徐致轩	1931年	铅印本	官
布特哈志略	孟定恭	1931年	《辽海丛书》铅印本	私
临河风土志	佚名	1932年	铅印，1932年刊载于《包头日报》	私
绥远考察纪略	郭颂铭	1932年	铅印，1933年发表于《建设月刊》	私

续表

志名	编撰者	成书时间	版本	官/私修
蒙古通览	佚名	1932年	油印本	私
沃野调查记	韩泽敷	约1932年	铅印,1934年刊载于《包头日报》	私
清水河县概略	乔纪延	约1933年	铅印,1933年刊载于《绥远民国日报》	私
赤峰县志略	孙廷弼	1933年	1933年石印本	官
绥远概况	绥远省政府秘书处	1933年	1933年铅印本	官
和林格尔县志草	刘汉鼎	1934年	1934年抄本	官
绥远省分县调查概要	绥远省民众教育馆	1934年	1934年铅印本	官
绥远省河套调查记	韩梅圃	1934年	1934年铅印本	私
蒙古鉴(四版增订)	卓宏谋	1934年	1935年铅印本	私
归绥县志	郑裕孚	1934年	铅印,1934年刊载于《国立中央图书馆馆刊》	官
热河省宁城县志	宁城县政府	1935年	油印本,1983年《宁城史料》第一辑铅印本	官
绥远集宁县志略	许辑五	约1935年	铅印,连载于1936年2—5月《西北刍议》	私
蒙藏新志	黄奋生	1936年	1938年铅印本	私
蒙旗概观	孔祥哲	1936年	1937年铅印本	私

续表

志名	编撰者	成书时间	版本	官/私修
赤峰县事情	赤峰县政府	1936年	油印本	官
扎鲁特旗概况	兴安西省扎鲁特旗	约1936年	1938年誊印本	官
伊盟左翼三旗调查报告书	蒙藏委员会驻归绥调查组	1936年	1941年铅印本	官
伊盟右翼四旗调查报告书	蒙藏委员会驻归绥调查组	1936年	1939年铅印本	官
绥远通志稿	绥远省通志馆	1936年	残稿本，1937年抄本，残抄本，1970年修订本，铅印（1~8卷）	官
乌兰察布盟调查概况	蒙藏委员会驻归绥调查组	1936年	残稿本	官
内蒙古地理	许崇灏	1936年	刊载于1936年《新亚细亚》	私
绥远志略	廖兆骏	1937年	1937年铅印本	私
国防前线的绥远	叶秋	1937年	1937年铅印本	私
赤峰县地方事情	赤峰县政府	1937年	1937年铅印本	官
乌盟乌拉特中公旗调查报告	邹焕宇	1937年	残稿本	官
兴安南省地方情形	兴安南省公署	1939年	1939年本	官

第四章 救亡与经世：民国时期的蒙古学研究　151

续表

志名	编撰者	成书时间	版本	官/私修
西蒙额济纳旗概况	吴继高	1939年	刊载于1939年《新西北》	私
额济纳旧土尔扈特旗调查报告	王德淦、杨昌炎	1939年	稿本	官
伊克昭盟志	边疆通信社	1939年	1965年台湾蒙藏委员会铅印本，1985年《鄂尔多斯史志研究文稿》第六辑铅印本	官
公主府志	文睿华	1939年	残抄本	私
武川县志略	文炳勋	1940年	1940年铅印本	官
西科后旗志	卢伯航	1941年	1941年铅印本	官
萨拉齐县志	张树培	1941年	1943年铅印本	官
阿拉善旗小志	王建章	约1942年	铅印，1942年刊载于《西北论衡》	私
伊克昭盟概况	曾庆锡	1942年	1946年铅印本	官
包头市志	孙斌	1943年	稿本（有1949年改动处）	官
鹿野纪闻	孙斌	1943年	稿本（有1949年改动处）	私
内蒙伊盟七旗社会调查	陈国钧	1943年	稿本	私
西蒙阿拉善旗社会调查	陈国钧	1943年	稿本，抄本，1987年《阿拉善盟旗志史料》铅印本，1987年《阿拉善盟史志资料选编》第二辑铅印本	私

续表

志名	编撰者	成书时间	版本	官/私修
察哈尔蒙旗及各县概况	蒙藏委员会察哈尔蒙旗特派员公署	1943年	油印本	官
阿拉善蒙古考察记	冀绍儒	约1943年	铅印，1943—1944年连载于《新西北》	私
居延海（额济纳旗）	董正钧	1945年	1952年铅印本，1987年《阿拉善盟旗志史料》铅印本，1987年《阿拉善盟史志资料选编》第二辑铅印本	私
土默特特别旗调查报告书	蒙藏委员会驻西蒙调查组	约1947年	稿本	官
阿拉善旗概况	西北论坛社资料室	1947年	铅印，1947年刊载于《西北论坛》	不详
乌盟四子部落旗调查报告	蒙藏委员会驻西蒙调查组	约1948年	稿本	官
乌盟茂明安旗调查报告	蒙藏委员会驻西蒙调查组	约1948年	稿本	官
乌盟喀尔喀右翼旗调查报告	蒙藏委员会驻西蒙调查组	约1948年	稿本	官

资料来源：忒莫勒.建国前内蒙古方志考述.呼和浩特：内蒙古大学出版社，1998：277-289.

据表4-1可以统计出，1912—1926年蒙古地区共修志13种，平均每年修志书不到1种，其中大多数为私人修撰，他们多通过实地调查的形式，对内蒙古地区的气候、地理、人口、面积、物产、宗教、风俗等方面予以介绍，内容相对简略，但是已经突破传统志书注重保存历史和文献的历史功用，开始向注重致用、结合实际的功用转变。随着时代的进步以及五四新思想的传播，民国时期学人编撰的志书无论是数量还是质量都明显超越旧志。此时期内唯一一部以整个蒙古地区为对象进行编撰的志书为卓宏谋的《最新蒙古鉴》①。该书全面概述了民国时期蒙古地区的政治、经济、文化、宗教、地理、民俗、风土人情等，并以各盟为单位对其风俗习惯、铁道商埠计划、垦殖畜牧场所、山川经由等都提供了详尽的图表加以说明。此外，该书通过大量的图表、历史照片等，比较全面、详尽地展示了当时整个蒙古地区的发展状况。

  南京政府成立后，开始对内蒙古地区进行有组织的调查，具体情况由蒙藏委员会负责。蒙藏委员会官员马福祥所编《蒙藏状况》②和黄奋生所编《蒙藏新志》③，虽都冠以"蒙藏"，但是均以较大篇幅对蒙古地区的历史地理沿革、宗教、社会生活、政治组织、经济状况、教育、交通等做了详细描述。此外，二书都注重对政府的边疆政策、边疆机构进行介绍，加强了国人对蒙古问题以及边疆问题的了解。蒙藏委员会下设的调查室及其派出机构，如驻宁夏调查组、驻归绥调查组、驻额济纳旗调查员、驻察哈尔蒙旗特派员公署，以及抗战胜利后的西蒙调查组（组之下还设旗联络站），都曾经派员到蒙旗进行调查，并先后编写出乌兰察布盟、伊克昭盟及所属各旗、额济纳旗、察哈尔蒙旗及各县、土默特旗等地区的调查报告和概况。此外，中央的建设委员会、教育部、农林部曾派出人员编著调查报告。中央党部下属的边疆通讯社，军事委员会（抗战胜利后改由国防部）派驻额济纳、阿拉善旗的军事专员办事处，因工作上的便利，也就地调查、编纂了当地的简要志书或调查报告。此时期内的私人著述主要有表4-1所列郭颂铭的《绥远考察纪略》、韩泽敷的《沃野调查记》以及韩梅圃的《绥远省河套调查记》等。绥远省政府秘书处、绥远省民众教育馆则分别编纂了《绥远概况》和《绥远省分县调查概要》等。

---

① 北京：西城丰盛胡同四号卓宅，1919.
② 南京：中华印刷公司，1931.
③ 上海：中华书局，1938.

民国以还，外蒙古地区时归时叛，基本没有专门针对该地区的志书编撰。因此，民国时期有关蒙古地区的简要志书大多指的是内蒙古地区。据表4-1，以整个内蒙古（或蒙古）地区为对象的著述共有8种，以蒙古某一区域为对象的方志有9种，以呼和浩特市、包头市、乌兰察布盟、鄂尔多斯市、巴彦淖尔市及阿拉善旗等中西部地区为对象的地方志书共计36种，以呼伦贝尔盟、哲里木盟、兴安盟以及锡林浩特市等内蒙古东部地区为对象的地方志书共有17种。如果按照编撰的官私性质来看，官修的35种，私修33种，不确定性质的2种。因此，民国时期蒙古地区的方志编纂呈现出总志少、分志多，内蒙古西部地区志书较多、东部志书较少，而官、私修志则呈现较为平衡的状态。

随着时局的需要和人们认识的不断变化，关于蒙古地区"调查报告"或"概况"的简要志书，不论是数量还是质量都得到了极大的提升。从数量上看，1927—1949年，蒙古地区所修志书共57种，平均每年编修2.5种。其体例不断完善，内容不断充实，"它们针对性强，成书迅速，基本只反映现状，一般没有人物、艺文、文征、金石、古迹、职官、大事记之类的内容"①。大的类目基本上包括地理概况、政治现状、社会生活、实业交通、对外关系等几大类，每个大的类目下又分别包括若干小类目，这样就使著述更加具有条理性，涵盖的内容也更加全面，字数大都在数万字，多者可达数十万字。

除了可以称得上志书的调查报告之外，民国时期还涌现出一批有关蒙古地区的地理调查报告、论述，如先后发表在《蒙旗旬刊》上的调查报告类文章《哲盟扎萨克图王旗调查记》②、《昭乌达盟敖汉东旗调查记》③、《克什克腾旗调查记》④、《东翁牛特旗之调查记》⑤、《敖汉南旗调查记》⑥等。它们主要记述了以西辽河流域为中心的东北地区蒙旗的疆界、山川、土地、物产、教育、政治、实业、交通等状况。与《大清一统志》和各地方志等地理志书类文献相比，这些调查报告虽然篇幅较

---

① 忒莫勒.建国前内蒙古方志考述.呼和浩特：内蒙古大学出版社，1998：16.
② 蒙旗旬刊，1931，3（1）：25-27.
③ 蒙旗旬刊，1930，2（8）：29-31.
④ 蒙旗旬刊，1931，3（3）：15-18.
⑤ 蒙旗旬刊，1930，2（10）：25-27.
⑥ 蒙旗旬刊，1931，3（10）：13-16.

短，但是其并非简单对已有文献史料里的建置沿革、民俗风情等内容进行摘录，而是作者进行实地调查的成果，因此也更加具有科学性。

一般而言，"至盛之世，亦即地方志最多之时"①，而民国时期的蒙古地区则呈现出"乱世修志"的高潮。这与民国时期蒙古地区经济、社会的发展以及政府的重视密不可分。另外，随着民国时期蒙古地区的危机形势不但没有减轻，反而日益加剧，外蒙古"独立"、内蒙古"高度自治"等都对中国知识分子中的有识之士形成强烈的冲击，使他们逐渐意识到蒙古地区的重要性，开始研究蒙古地区史地及现状。在此种背景下，蒙古地区志书的编撰不再是出于修志传统和学术研究，而更多地出于防止蒙古边患的考虑。

三、民国时期蒙古地区的地名、舆图研究

清末民初，出于对中国的侵略和掠夺的目的，外国列强先后派出专家学者等勘察包括蒙古在内的边疆地区。其中不少学者从各种角度对蒙古地区的地名进行研究，并绘制出相关地图。对此，已有学者对国内外从古至今的研究状况进行了较为详细的归纳总结②。民国时期国内学者关于蒙古地区地名、舆图研究起步较晚，而且成果不多，下面依据民国时期学人的相关著述梳理如下。

1. 民国时期蒙古地名研究

（1）"蒙古"名称的研究

"蒙古"这一称谓，最早见于唐代，即《旧唐书》中的"蒙兀"与《新唐书》中的"蒙瓦部"。此后所见的异文译称则有三十种之多，比如：南宋洪皓所著《松漠纪闻》中的"盲谷子""朦古"，《契丹国志》中的"蒙骨""蒙古里"，《辽史》中的"萌古"，《蒙鞑备录》中的"蒙古斯"，《大金国志》中的"蒙骨子""朦古""蒙兀""萌骨"，《元朝秘史》中的"忙豁勒"，《蒙古源流》中的"蒙郭勒"，等等③。关于译称所指代的具体含义，中外史料记载和各家说法并不统一。洪钧、柯劭忞、王国维等学者都曾对"蒙古"的译名所代表的含义做过论述。雪心

---

① 傅振伦. 中国方志学通论. 北京：北京燕山出版社，1988：83.

② 李俊义，李树新. 简述内蒙古地名的研究现状. 赤峰学院学报（汉文哲学社会科学版），2011（1）：19-23.

③ 叶幼泉，王慎荣. 蒙古名称及其族源的若干问题//中国蒙古史学会. 中国蒙古史学会论文选集：1983. 呼和浩特：内蒙古人民出版社，1987：97-115.

在《蒙古宗族的来源及其世系》一文中列举了两种比较重要的说法：一是"鞑语称银为蒙古，所以名其国为银（蒙古），这是由'金国''银国'对称而来，也是蒙古以银名国来抗女真以金名国的表示"；另一种是"纪念先人而起的。据《路史》所载，黄帝的次妃嫫姆生苍林、禺阳。苍林生始均，住在漠北。始均以其祖母之名名其地名，称叫'姆豁仑'，'豁仑'是车城的意思，'姆豁仑'是'祖母之车城'，后来同音异译为'忙豁勒''蒙部勒''蒙兀''盟古''萌古''朦古''蒙古里'，直至丘处机之西游记出，始确定为今日沿用之'蒙古'二字"①。韩儒林《蒙古的名称》②一文是总结"蒙古"名称的最具代表性的文章，他列举了"蒙古"的二十多种译名，将其分成五组，然后分别讨论每组译名形成的根据，对各组译名的译音差别详加勘同，纠正了前人研究的不少错误。此外，他还点评了屠寄、王国维等学者对"蒙古"的解释，认为皆不可取。邵循正《蒙古的名称和渊源》③一文指出，"蒙古"就是《蒙古秘史》中的"忙豁勒"，是对包括蒙古在内的诸部总称，不彻底追究它们的渊源，仅以语言上近似求解答，大抵是徒劳无功的。

对于"蒙古"名称的研究，进一步推动了对蒙古族族源问题的研究。特别是韩儒林、邵循正等学者精通多种语言，从语言学的角度出发，利用审音勘同法，分析"蒙古"名称的含义及演变，具有重要的意义。

（2）蒙古地名的专题研究

前面介绍到的有关蒙古地志的著述中，一般开篇即会对其地名称呼的来源做一简单介绍。除此之外，也有不少学者对蒙古地区的地名进行了专题研究。

韩儒林《绥北的几个地名》④一文，从语言学的角度分别就绥远北部的六个地名蜈蚣坝、武川、四子王（部落）旗、和屯庙、达尔罕旗，考证其名称的最初来源，认为皆与蒙古语存在着密不可分的关系。苑轩《外蒙古四部所属各旗新旧名称解释》⑤一文指出清代外蒙古各旗以

---

① 中国边疆，1944，3（5/6）：5.
② 国立中央大学文史哲季刊，1943，1（1）：183-192.
③ 元史研究会. 元史论丛：第1辑. 北京：中华书局，1982：218-221.
④ 禹贡，1937，7（8/9）：81-88.
⑤ 开发西北，1935，3（6）：37-38.

"左右前后中次末等字分名其旗"实为繁杂,且"不过为公文图书之通称,而实际在蒙古语言文字上,并无左右二字,概以东西二字代之,故蒙古人对于旗名,往往另有其他通俗之简称",并将外蒙古四部所属各旗新旧名称一一列举于后。许同莘《官文书不应称海拉尔河为阿尔公河说》①一文认为"俄人改海拉尔河之名为阿尔公河",而中国官文书竟然采用俄文的说法,实不知"海拉尔河自昔官书或称开拉哩河,或称哈拉尔河,或称凯喇尔河,皆一音之转,无与额尔河相混者",以此警醒国人不可因地名之不明确而丧失应有的权利。此外,还有李秀洁的《释阴山》②、许锡五《集宁设治与改县之确实时期》③等文章,也对民国时期蒙古地名有所涉及。

2. 民国时期蒙古舆图研究

蒙古地区处于我国的北部边陲,"至于边陲各地,国人向来漠视"④,再加上缺乏绘制地图所需的精密仪器,因此民国时期蒙古地区地图的绘制甚少。"据说在九一八事变的时候,中国军官需要较详细的满洲地图,要向日本书店去买。日本军部所出版之中国地图,沿江一带的情形,比我国邮局出版之明细地图,还更要详细,不仅满洲的情形如此,关于蒙古的情形,也是一样。"⑤下面笔者仅就比较有代表性的国人绘制的有关蒙古地区的地图做简单介绍。

宣统三年(1911年),库伦办事大臣三多鉴于中国和俄国交涉边境问题时,常因蒙古地名无标准汉译而致国土丧失,便派人实地调查、勘测,绘制成《宣统三年调查之俄蒙界线图》。这幅地图对中俄的蒙古边境记载、标识详密度远远超过之前的各种典籍,对中国北部边境的勘定具有重要的参考价值。1936年,孟森看到此图,专门撰写《宣统三年调查之俄蒙界线图考证》⑥一文,对该图制作的来龙去脉进行考证,并指出其中几个失误之处,希望借此引起国人的注意。

1934年1月,由樊库编绘的《绥远省分县图》由绥远省民众教育

---

① 东北丛刊,1931,14:1-2.
② 禹贡,1937,7(8/9):35-40.
③ 禹贡,1937,7(8/9):101-104.
④ 吴志顺.评绥远省分县图.禹贡,1934,1(10):34.
⑤ 言心哲.边疆社会调查与边疆社会改造.边政公论,1942,1(5/6):77.
⑥ 图书季刊,1936,3(3):117-128.

馆出版。该图在实地调查的基础上,形成绥远全图一幅,以及归绥县、临河县、五原县、包头县、丰镇县、集宁县、陶林县、托克托县、和林格尔县、固阳县、沃野设治局、萨拉齐县、东胜县、安北设治局、兴和县、清水河县、武川县、乌兰察布盟、凉城县、伊克昭盟分图二十幅。此外,樊库在图后分别附以说明,做出简单而清楚的表解。虽然该图并没有标注经纬度,也未"经过三角和地形的测量,又没有经过专门人才按着制图规则去绘制",但是"现在这部地图,经作者多年的调查而后编绘,不但省界分得很清楚,就是县界和区界也很清楚"①,对于时人了解绥远地区具有重要的参考作用。

民国时期学人对于蒙古地名和地图开展的专题研究虽然不多,但是在蒙古危难的局势下对国人了解蒙古地区的地形、地貌等地理特征无疑具有重要意义。

四、民国时期的蒙古地理研究的特点

民国时期的蒙古地理研究是指民国时期记录和反映蒙古自然地理环境和人文地理环境变迁及其规律的著述,既包括反映蒙古地理特征的志书和包含舆图等在内的图籍类文献,也包括游记、调查报告等反映蒙古地区状况的论著。由于近代科学的影响和学者们对蒙古地区的进一步了解,民国时期蒙古地理研究有了新的改变,呈现出与之前的研究极不相同的面貌。

第一,民国时期的蒙古地理研究是建立在实地科学调查基础之上的。梁启超在《中国近三百年学术史》中认为晚清"地理学之趋向一变,其重心盖由古而趋今,由内而趋外",并提及"域外地理学之兴,自晚明西士东来,始知'九州之外复有九州'"② 这种历史意识开放的现象,但他没有指出晚清时期地理研究与实测的科学之间的接轨。民国时期的蒙古地理研究,不论是地志的编撰、调查报告的编写,还是地图的绘制、地名的研究,皆打破之前完全依赖史料的局面,将科学的实地调查引入其中,并作为深入研究的前提,使民国时期的蒙古地理研究具有了近代性。许公武的《内蒙古地理》③ 即根据科学实测,具体介绍了

---

① 吴志顺. 评《绥远省分县图》. 禹贡,1934,1 (10):34-35.
② 梁启超. 中国近三百年学术史. 新校本. 北京:商务印书馆,2011:380.
③ 南京:新亚细亚学会,1937.

内蒙古各地区的经纬度、气象、地势等,是民国时期学人引入西方科学实测方法介绍蒙古地理的代表性著述。

第二,民国时期的蒙古地理研究与政治之间的关系更加密切。民国初年,以蒙藏问题为主的边疆危机日趋严重。为缓解此种状况,北京政府先后设立蒙藏工作处、蒙藏事务局、蒙藏院来处理蒙藏事务,并主张通过兴修地方志等来加强对边疆地区的了解。南京政府成立后,将蒙藏院改为蒙藏委员会,并在蒙古地区分设调查室及调查机构,组织编撰蒙古志书,这对促进民国时期蒙古地理研究的发展具有重要的作用。此外,国人对蒙古地区进行的实地调查与考察,大致分为官方组织、学术团体组织和个人活动三类。不论是哪一类别,要想有所新发现或者取得新进展,不仅需要精密的仪器设备,而且需要组织专门的人才队伍,而这些单靠个人或者学术团体是无法达成的,都必须得到政府的大力支持。政府的几次大规模的对蒙古地区的考察活动皆是由官方组织的,而且从民国时期蒙古地区的志书性质来看,其中也有一半是由官方修撰的。

第三,民国时期的蒙古地理研究与现代学术团体、学术机构以及学术刊物之间的关系密不可分。五四运动之后,在中国主要形成两个研究历史地理的学派:一个是以创刊于1921年的《地理学报》为中心形成的"地理学派",该刊物由竺可桢、丁文江等学者在南京东南大学创办;另一个是以创刊于1934年的《禹贡》为中心的"禹贡学派",该刊物由顾颉刚、谭其骧在北平创办。《地理学报》和《禹贡》成为民国时期历史学与地理学结合的阵地,刊登了大量有关历史地理的论文,蒙古地理学研究的不少成果也发表其上,对推动蒙古地理学的研究和加强国人对蒙古地区的了解发挥了不可忽视的作用。此外,《地学杂志》《东方杂志》《蒙旗旬刊》也刊登了一部分蒙古地理学的研究成果。更有学者指出:"《地学杂志》的出版,逐渐促使史学从地学中剥离出来,建立了新型的地学学科——地理学。"[①]

第四,民国时期的蒙古地理研究展现出民国时期蒙古地理研究者的科学研究能力,以及研究者吃苦耐劳的优良品质和团结合作精神。民国

---

① 张银玲.中国最早的地学期刊——《地学杂志》//新世纪青年科学家论坛:中国科协第四届青年学术年会陕西卫星会议文集.西安:西北大学出版社,2002:220-223.

时期学人注重引进西方的科学研究方法，并积极地将其引入实际研究过程之中，在历次的考察活动中取得了丰硕的研究成果，"足以证明中国科学家对于工作的强固意志及丰富能力"①。我国学者在中瑞西北科学考查团的组织和考察的过程中，在维护主权的条件下与瑞方学者平等地开展大规模的边疆考察活动，"从侧面反映了中国知识界的团结与日趋成熟"②。

"在中国传统学术向现代学术转变的过程中，史学方面有两种很能反映新变的学问，一是边疆民族史地，一是甲骨文字学。"③ 除了前面谈到的边疆民族史地学在打破以中国史料为中心的旧史学体系、引入域外史料方面所做出的突破外，另一种即是民国时期地理学研究的新突破——将实地考察引入史地研究中，为历史、地理的研究与近代科学的接轨做了准备。民国时期蒙古地理学的研究是在边疆危机的大背景下开展的，除具备民国时期地理学研究的共性外，又具有一定的特殊性。它作为民国时期蒙古学研究的重要组成部分，在推动蒙古学的近代转型上也具有重要作用。

第三节　边疆危机与蒙古问题研究

自19世纪中叶鸦片战争以来，清朝受列强的侵略日趋严重，首当其冲的便是边疆地区。辛亥革命爆发，清王朝覆灭。直接承继清王朝疆域和版图的中华民国的边疆危机非但没有解决，反而伴随着日、俄等帝国主义国家的侵略日益加深。面对外敌入侵、国土残缺不保的局面，怀有爱国主义的学者开始对中国边疆问题进行深入研究，而蒙古问题作为边疆问题的重中之重，对其研究也呈现出空前繁荣的局面。

一、外蒙古"独立"与民国时期学人对外蒙古的关注

清朝政府根据其对蒙古地区统治政策的需要，将蒙古地区分为内属

---

① 徐炳昶. 徐旭生西游日记. 中国学术团体协会西北科学考查团理事会，1930：叙言13.
② 马大正，刘逖. 二十世纪的中国边疆研究：一门发展中的边缘学科的演进历程. 哈尔滨：黑龙江教育出版社，1997：92-93.
③ 鲁西奇. 王国维的学术观. 湖北大学学报（哲学社会科学版），1999（5）：78.

蒙古与外藩蒙古。内属蒙古，是指不设世袭札萨克，直接任命官员治理的蒙古各旗；外藩蒙古，是指以世袭札萨克为旗长的蒙古各旗，有较大的自主权。但生活在内蒙古和外蒙古地区的是同一民族蒙古族，因此民国时期学人把内蒙古与外蒙古作为一个整体来叙述它们的历史，只有到了近代才因为外蒙古"独立"而与内蒙古有所区分。

1. 关于外蒙古"独立"

外蒙古"独立"问题肇始于清末。清朝末年，清廷对蒙古实行新政，严重损害了蒙古贵族的利益，遭到他们的强烈反对，其离心倾向渐趋明显。1911年10月10日，辛亥革命爆发，全国各省纷纷宣布脱离清王朝而独立。外蒙古在沙俄的煽动下也趁机宣布"独立"。12月28日，外蒙古八世哲布尊丹巴在库伦附近的宗呼勒庙举行汗位登基仪式，自称"大蒙古国日光皇帝"，成立"大蒙古国"。这个所谓的"独立"政权，实际为沙俄的傀儡。

1912年11月3日，沙皇俄国政府与外蒙古地方当局签订《俄蒙商务专约》和《俄蒙协定》，"举外蒙一切权利，移而属诸俄国范围之下"①，沙俄"不啻成了外蒙的保护国了"②。1913年，沙俄政府利用袁世凯政府的内外交困，与袁世凯订立《中俄声明文件》。1915年双方又签订《中俄蒙协约》，确认中国是外蒙古的宗主国，改"独立"为"自治"，但该条约"不过争得名义上之宗主权而已"③，外蒙古的实际控制权仍掌握在沙俄手中。

1917年，俄国十月革命爆发，外蒙古失去沙俄政府的支持。北京政府派徐树铮为西北筹边使，由其负责收复外蒙古。1919年，北京政府与外蒙古僧俗上层达成《改善蒙古未来地位六十四条》，取消外蒙古"自治"，并废除1915年前的条约，在库伦设置行政公署。"自治"状态下的外蒙古重新回到中国，"一时蒙古又算是中华民国的完全领土了"④。

但十月革命之后，苏俄却依旧选择支持外蒙古的分裂行径。1921

---

① 高劳. 独立后之库伦及俄蒙协约. 东方杂志，1913，9（8）：34.
② 马鹤天. 外蒙国民党与三民主义. 新亚细亚，1930，1（4）：46.
③ 同②.
④ 同②46-47.

年3月，在苏俄的支持下，外蒙古在库伦成立"蒙古人民革命政府"。此外，外蒙古同意苏俄派驻军队并协助围剿敌对力量。"是年十月，又在莫斯科订立俄蒙新约，承认外蒙独立，否认中国有宗主权，是又完全脱离中国了。"① 1923年，双方再次签约，规定苏联在外蒙古享有的种种特权，"外蒙古已无异成为赤俄之藩属，外蒙独立是向中国独立罢了"②。1924年，外蒙古在苏联的支持下成立了"蒙古人民共和国"，"我中央政府在外蒙机关荡然无存"③。外蒙古地区的非法独立，遭到北京政府及国人一致抗议，政府发表了措辞严厉的声明，不承认外蒙古"独立"。但由于国力虚弱，并没有可以应对的有效措施，"此后外蒙已入于实际独立状态"④，"自此外蒙与中国二百年来藩属之关系全告终结，而中国政府亦无力过问"⑤。

1928年，南京政府形式上统一中国。苏联要求中国政府承认外蒙古的"独立"，遭到拒绝。但此后，蒋介石忙于内战，再加上抗日战争全面爆发，使其无力于外蒙古事务。其间，外蒙古甚至与伪满洲国签订"边界"协定，在分裂国家的道路上愈行愈远。1945年，日本战败，但苏联在雅尔塔会议上提出的"外蒙维持分裂现状"的提议却得到认可。为确保雅尔塔协定的落实，苏联多次派军侵入我国新疆、蒙古地区，在中苏边界屡造摩擦，并邀请南京政府去莫斯科和谈。为换取苏联在军事上不支持中国共产党，蒋介石政府同意外蒙古"独立"要"全民公决"，最终投票通过"独立"。1946年1月5日，南京政府正式公告了外蒙古"独立"。

2. 民国时期学人对外蒙古现状的介绍

辛亥革命期间，作为中国边疆重要部分的外蒙古在俄国的策动下率先宣布"独立"，"实民国成立后最重大之问题也"⑥，直接刺激了学术界对于外蒙古的关注。有关外蒙古现状的研究，主要集中于对"独立"过程以及"独立"后情况的介绍。

---

① 马鹤天. 外蒙国民党与三民主义. 新亚细亚，1930, 1 (4): 47.
② 韩闻痫. 外蒙古独立运动的剖析. 新亚细亚，1931, 1 (6): 33.
③ 谢再善. 请看今日之外蒙. 边政公论，1947, 6 (4): 4.
④ 同③5.
⑤ 丁慕陶. 苏俄与外蒙. 新亚细亚，1932, 4 (6): 76.
⑥ 高劳. 独立后之库伦及俄蒙协约. 东方杂志，1913, 9 (8): 34.

(1) 关于外蒙古"独立"过程的介绍及原因分析

外蒙古"独立"的消息一经传出，举国哗然。为向国人揭示外蒙古"独立"的过程，学界相继出版了不少关于外蒙古"独立"事件的著述。外蒙古"独立"事件的亲历者唐在礼、唐在章撰写了《蒙古风云录》①，此书是唐氏兄弟根据当时在库伦的同僚诸友和留居库伦的内地商人提供的材料编撰而成的。该书共分十章，分别记述了库伦之"独立"、"独立"后之活佛和女活佛、"独立"后之兵备、"独立"后之外交、"独立"后内蒙古各旗之态，以及"独立"后之华商，等等。毕桂芳、陈箓合著的《外蒙交涉始末记》② 一书记述了1911年至1927年中、关于外蒙古问题的谈判及达成的外交条文，为后人了解外蒙古"独立"的过程提供了重要的史料。白眉初等人编著的《外蒙始末纪要》③ 一书回顾了外蒙古曾归附于中国的历史、哲布尊丹巴呼图克图的略历、蒙俄"国界"的划定以及外蒙古两次"独立"的经过。恩华则撰写了《唐努乌梁海图说略》④，对唐努乌梁海地理形势、物产资源、各旗分布、生活习俗，以及中国政府对唐努乌梁海的管辖、俄国对唐努乌梁海的侵略，都做了简要的叙说。陈崇祖《外蒙古近世史》⑤ 一书对外蒙古"独立"的情形也做了相关介绍。此外，《东方杂志》上曾先后发表数篇文章持续关注外蒙古"独立"，向国人介绍外蒙古"独立"的全过程及"独立"以来之最新动向⑥。这些著述无一例外地向国人展示了俄国唆使外蒙古脱离中国的真相。

---

① 石印本. 1912.
② 上海：商务印书馆，1922.
③ 北平：建设图书馆，1930.
④ 北平：建设图书馆，1929.
⑤ 上海：商务印书馆，1922.
⑥ 相关的文章主要有：高劳. 外蒙古之宣布独立. 东方杂志，1912，9（2）：62-67. 高劳. 独立后之库伦及俄蒙协约. 东方杂志，1913，9（8）：34-42. 蒙古之现状. 东方杂志，1913，10（4）：32-34. 高劳. 中俄关于蒙事协商之成立. 东方杂志，1913，10（6）：21-24. 许家庆. 俄蒙交涉之内容（附图）. 东方杂志，1914，11（2）：15-18. 章锡琛. 中俄对蒙之成败. 东方杂志，1913，10（7）：6-13；1913，10（8）：6-11. 钱智修. 俄人在蒙古之势力. 东方杂志，1914，10（3）：23-27. 高劳. 恰克图会议之经过. 东方杂志，1915，12（5）：38-40. 外蒙服叛之历史. 东方杂志，1915，12（7）：13-14. 外蒙形势变迁略史. 东方杂志，1920，17（1）：149-150.

在对"独立"过程叙述的同时,不少学者对"独立"原因进行了考察分析。《蒙古政治考》①一文详细叙述了清朝对蒙古的统治状态,目的是追述现阶段蒙古"自治"的源头,始于清朝对蒙古一直采取较为"宽松"的统治政策。韩闻疴《外蒙古独立运动的剖析》②一文对"独立"的内因和外因皆有涉及。他首先从外蒙古的地形入手,指出"外蒙南部有一带大沙漠,把它和中国本部隔断,北方与西伯利亚接境,交通颇为便利",为沙俄侵入外蒙古提供了条件。再加上沙俄的引诱,"专门鼓动有新思想的蒙古青年来做独立运动",使外蒙古"独立"倾向越来越明显。接下来分析了外蒙古脱离中国的最重要原因,即清朝末年"由于饱受帝国主义的压迫,变法自强的呼声轰动全国,外蒙也不例外,关于新政策实行的照会如雪片飞降,库伦各机关每日必有新颁法令揭示,然而,政府只知命令之颁发,犹如闭门造车,不审民情,引起蒙民的极大反感"。王隆泰《我对于外蒙问题之认识》一文也从内外因两方面着手进行分析:"自道光以后用人失宜,驻蒙官吏多贪墨害民,以致蒙民信心日涣,生叛离之心。此为外蒙问题发生之内在原因。外蒙与俄之西伯利亚犬牙相错,接壤数千里,外蒙若改行省,利交通,驻扎大军,无疑是俄国一大威胁;一旦有事,则中国军队可随时出击西伯利亚,使赤塔以东首尾不能相续,故俄国为西伯利亚安全计,不能不谋外蒙之独立,此为外蒙问题发生之外在原因。"③陈崇祖的《外蒙古近世史》④一书,已经算得上是完全意义上清代外蒙古史研究著作。在该书的第一章"独立时期之外蒙古"中,作者就详细分析了外蒙古"独立"的原因:一是外蒙古"地处遐荒",导致"中央既无从稽考,而历任大臣贪墨昏庸",这说明清廷用人之失宜;二是西藏十三世达赖被清廷革去名号使哲布尊丹巴产生恐惧之心,"于是急谋所以反抗之方";三是驻库伦办事大臣延祉为镇压陶什托琥抢劫一案,逼迫哲布尊丹巴借给枪支,为"激励独立之动机";四是三多惩办德义涌抢案不当,致使"蒙人以为三多仇视黄教,咸切

---

① 东方杂志,1913,10(2):1-13.
② 新亚细亚,1931,1(6):33-44.
③ 新评论,1944,10(3/4):15-16.
④ 上海:商务印书馆,1922.

齿痛心焉";五是三多惩办"陶什托琥抢劫华商庆昌玉六家"案件时没有维护受损商家的利益,使"各旗蒙官咸抱不平,对于办事大臣之感情亦日趋于恶矣";六是创办新政使外蒙古离心倾向加剧,这是"激励库伦独立之最大原因也";七是"杭达亲王等赴俄求援"加剧"独立"的进程。此外,林长民的《蒙事说略》①、泽明的《外蒙情势述略》②、吕思勉的《论外蒙古问题》③ 等文章也对外蒙古"独立"的原因做了说明。

(2) 民国时期学人对外蒙古现状的介绍

20世纪30年代,日、苏对我国北部边疆的侵略更加肆无忌惮,东北、蒙古等地区陷入空前危机之中。外蒙古此时已经完全处于苏联的控制之下,"外蒙自从苏俄操纵独立后,除了些头脑简单、糊涂不清之买卖人外,谁也不能进去,故外蒙差不多成了谜样的地方"④。但民国时期的学者认为外蒙古为中国固有领土,因此并没有放弃对外蒙古的研究,因而积极地向国人介绍有关外蒙古的现状,加深国人对外蒙古的了解。

谢彬通过观察当时外蒙古的形势,写成《最近之蒙古问题》一文,全面介绍了苏联与外蒙古之间的关系、外蒙古的最高权力机关和党派,以及外蒙古的内政、军政、教育、宗教、交通、实业、生计、财政和金融,"以为留心蒙事者之参考"。后来,谢彬在这篇文章的基础上,增加了清朝与俄国的对蒙政策等内容,写成《蒙古问题》⑤ 一书。马鹤天经过自己的实地考察,先后在《新亚细亚》月刊上发表了《外蒙古教育考察日记》⑥、《外蒙国民党与三民主义》⑦、《外蒙一瞥》⑧ 等文章。《外蒙古教育考察日记》一文通过对外蒙古学校的具体考察,来反映外蒙古"独立"后的教育状况,指出"外蒙自民国十七年七月国民政府以来,

---

① 史地学报,1922,2 (1):111-117.
② 中华月报,1936,4 (3):9-12.
③ 平论半月刊,1945 (7):9-11;1945 (8):12-13.
④ 畏之. 外蒙的见闻. 东方杂志,1931,28 (6):31.
⑤ 上海:商务印书馆,1930.
⑥ 新亚细亚,1930,1 (3):17-25.
⑦ 新亚细亚,1930,1 (4):45-55.
⑧ 新亚细亚,1931,2 (1):19-24.

积极振兴教育，每年国家收入八百万，教育费即占百分之三十"，然而由于与苏联教育体制接近，致使"赤色太浓"。《外蒙国民党与三民主义》一文在介绍"独立"的过程之后，分析了外蒙古国民党与中国国民党之间的区别。《外蒙一瞥》一文指出外蒙古"独立"后，"积极整理财政，一方增加收入，一方节省支出"，使得外蒙古"财政基础日渐稳固"，然而外蒙古的经济制度基本被苏联控制，并在税收方面极力压迫汉商。之后，马鹤天将自己历时9个月的考察记整理成《内外蒙古考察日记》① 一书，其中详细介绍了外蒙古的政治现状，以及经济、社会、宗教、民族、交通、生活习惯等情况，成为时人了解外蒙古情况的重要资料。李作藩的《苏俄支配下之外蒙经济状况》② 一文从农产与矿业、畜牧业、金融与财政、商业等方面介绍外蒙古的经济状况，指出"中东事件发生以后，赤俄更进而封锁外蒙，使其与中国隔绝，以满足其侵略支配之野心，驱逐华商，操纵金融，时至今日，俄蒙间之交通发达，贸易进步，其关系之密切远在中蒙之上"，如果中国政府不采取相应措施，那么"五族共和名成而实亡，外蒙非我所有矣"。刘虎如的《外蒙古一瞥》③、畏之的《外蒙的见闻》④、张觉人的《外蒙古的最近情形》⑤、丘怀瑾的《叛我独立之新外蒙共和国实况》⑥ 等文章对外蒙古的经济、政治、军事、教育、人口等各方面发展状况做了介绍。

民国时期学人的著述涉及外蒙古现状的方方面面，为国人了解外蒙古局势提供了重要的参考资料。但是由于路途遥远，再加上外蒙古"独立"之后国人很难去外蒙古进行实际考察研究，因此一些学者在介绍外蒙古的现状时往往引用苏俄（苏联）调查数据来充实自己的研究，希望借此加深国人对外蒙古现状的了解。

3. 关于解决外蒙古问题的建议

通过对"独立"原因的考察分析以及对外蒙古现状的介绍，民国时期学人认识到外蒙古虽名为"独立"，却早已沦为苏俄（苏联）的傀儡。

---

① 南京：新亚细亚学会，1932.
② 新亚细亚，1932，4（2）：27-43.
③ 上海：商务印书馆，1927.
④ 东方杂志，1931，28（6）：31-47.
⑤ 边事研究，1936，3（2）：31-38.
⑥ 边事研究，1936，3（4）：83-89.

为摆脱这样的状况，让外蒙古早日回到中国，学者们积极为政府献言献策。

许崇灏《中国边疆问题处理方案》①一文针对外蒙古现状，提出首先应当积极与苏联谈判，"根据中苏间所订条约，请苏联尊重我国对外蒙之主权，并撤销其对外蒙独立之承认，嗣后外蒙自治问题，由中央径与外蒙协商"，之后中央需要尊重外蒙古之风俗及利益，"对外蒙实施高度自治办法"。有的学人将外蒙古"独立"归结于中国军事上的软弱，认为应当加强军备，"我国当道宜先经营辽、黑、热、察、绥、宁夏、新疆等省，树之巩固基础。合数省之兵力，将来定可将外蒙收复。若以地势而论，察省尤为重要……收复之准备工作，第一步应在张家口、北平、宁夏、迪化等处，设立大规模兵工厂，制造军实，驻扎重兵。同时注重交通……应再敷设国防上极重要之铁道"②。马鹤天《外蒙国民党与三民主义》一文指出最初外蒙古国民党的宗旨与中国国民党的基本相同，但由于苏共的干预，使得该党中民主主义派势力日减，因此要加强宣传，以中国国民党的政纲宣言向蒙人积极宣传，使外蒙古国民党一变而为中国国民党，外蒙古问题则不难解决。

民国以来，外蒙古在俄国的煽惑操纵下，先"独立"，继"自治"，复成立蒙古共和国，《中俄协定》中苏联虽然承认外蒙古为中华民国之领土，但时人认为"事实上外蒙之俄化更甚，不啻为苏联之一部"③。虽然如此，民国时期学人依然坚信"蒙古为我国领土，历代皆班班可考。外蒙为内蒙之唯一屏藩，地位更是重要"④。民国时期学人在外蒙古"独立"之后，便积极地向国人介绍"独立"的过程，分析"独立"之原因，激发国人的爱国热情和对外蒙古局势的关注。同时，民国时期学人利用有限的资料将外蒙古的政治、经济等情况介绍给了国人，为时人乃至当今学者提供了重要的参考资料。

二、内蒙古局势与民国时期学人对内蒙古历史、现状的介绍

1. 内蒙古局势

外蒙古的"独立"，使内蒙古地区直接暴露于日、俄（苏）的势力

---

① 国防月刊，1948，7（1/2）：18-22.
② 陆为震. 近年来蒙藏改革之设施与计划. 新亚细亚，1931，2（3）：24.
③ 塞风. 内蒙古自治问题. 社会新闻，1933，5（7）：104.
④ 王隆泰. 我对于外蒙问题之认识. 新评论，1944，10（3/4）：15.

范围之下。外蒙古"独立"政权的存在,对内蒙古的一部分蒙古王公贵族产生了巨大的影响,他们也想效法外蒙古,取得"高度自治"乃至"独立"。

为强化对内蒙古地区的统治,北京政府在热、察、绥设立三个特别区,这在一定程度上削弱了内蒙古王公的权力。1928年,南京政府在形式上统一中国。面对内忧外患的局势,南京政府制定了一系列边疆、民族政策,具体表现在内蒙古地区即为:1928年9月,南京政府将热河、察哈尔、绥远三特别区改设为省,并于1928年10月在宁夏设省,将阿拉善旗、额济纳旗划入该省管辖。南京政府还在此基础上,重新整合各省旗县的归属,比如将卓索图盟、昭乌达盟划归热河省,将察哈尔部划入察哈尔省,将乌兰察布盟、伊克昭盟及土默特旗划归绥远省。上述省建立以后,政府在各省、盟旗内增设县治,加紧向其境内移民放垦,但这极大地损害了内蒙古王公的权益,使得盟旗与省县之间的矛盾日益突出,"自建省移民以来,盟旗权利,蒙民生计,均为剥削殆尽"①。

1928年9月,以吴鹤龄等人为首的内蒙古代表团赴京请愿,反对内蒙古盟旗改设县治,但没有被政府许可。1930年5月,国民政府召开蒙古会议,一部分内蒙古王公提议"高度自治",遭到国民政府的否决。九一八事变后,东三省以及内蒙古东部的呼伦贝尔、哲里木盟沦陷。1932年,伪满洲国建立,卓索图、昭乌达两盟相继被纳入日本的殖民统治范围之内,内蒙古西部也面临随时被日本吞并的危险境地。然而国民党当局坚持"攘外必先安内",并不采取积极的措施去抵抗日本帝国主义的侵略,这使得内蒙古各阶层感到极其失望。以德王为代表的一部分蒙古王公,"自九一八事变发生,溥仪傀儡登场,德王即首献殷勤,派人接洽,大连、长春之屡次会议,均曾派员列席"②,与日本相互勾结。1933年7月,在日本的策动下,德王联合锡林郭勒盟、乌兰察布盟、伊克昭盟等各盟王公在绥远百灵庙召开"自治筹备会议",发起了内蒙古"高度自治"运动。

日本帝国主义对发动这次"高度自治"运动的各盟王公、代表采取积极拉拢的政策,并制定所谓的"内蒙工作"计划,不断向内蒙古西部

---

① 贺扬灵. 察绥蒙民经济的解剖. 上海:商务印书馆,1935:240.
② 塞风. 内蒙古自治问题. 社会新闻,1933,5(7):105.

地区进行渗透、侵略活动。至 1937 年七七事变爆发，日军已相继占领察哈尔省、山西省北部及绥远省大部，并分别以归绥、大同、张家口三地为中心，成立"蒙古自治政府""晋北自治政府""察南自治政府"傀儡政权。1937 年 11 月，在张家口成立管辖上述三个政权的"蒙疆联合委员会"。1939 年 9 月，"蒙疆联合委员会"改组为"蒙古联合自治政府"。由此，日本继占领内蒙古东部地区之后，在内蒙古西部的锡林郭勒盟、察哈尔盟、乌兰察布盟、土默特旗及伊克昭盟的部分地区也建立起其殖民统治机构。

2. 民国时期学人对内蒙古现状的关注

内蒙古"高度自治"运动的发生，对近代内蒙古的政治局势产生了重要的影响，民国时期学人因此对内蒙古"高度自治"运动给予了充分的关注。

（1）对内蒙古"高度自治"运动过程及原因进行分析

对内蒙古"高度自治"运动的过程，民国时期学人对其介绍得非常详细。方范九曾服务于蒙藏行政机关六年之久，内蒙古"高度自治"问题发生之后，他根据自己的见闻与素日的研究积累，写成《蒙古概况与内蒙古自治运动》① 一书，该书上编是对蒙古历史概况的介绍，下编则详细介绍了内蒙古"高度自治"运动的过程，内容真实具体。谭惕吾的《内蒙之今昔》② 一书，是 1934 年作者跟随内政部长黄绍竑巡视内蒙古时所做的报告，书中对于内蒙古"高度自治"运动的发起、经过、结果及内蒙古与中央对该事件的态度都介绍得非常详细。黄奋生的《内蒙古盟旗自治运动纪实》③ 一书，对内蒙古"高度自治"运动的过程也做了客观、详细介绍。上述著作都是民国时期亲身经历过内蒙古"高度自治"运动的政府官员或学人所作，对内蒙古"高度自治"运动的经过及主要人物的态度、政府的解决办法等介绍得都很详细，具有重要的史料价值。此外，还有不少学人直接采用内蒙古"高度自治"会议召开期间对外公布的决议，中央政府为解决内蒙古问题拟定的计划书、决议案、各方意见书等材料，详细介绍了内蒙古"高度自治"会议的酝酿、召

---

① 上海：商务印书馆，1934.
② 上海：商务印书馆，1935.
③ 上海：中华书局，1935.

开、参加代表、会议精神、会议结果、中央采取的政策、变更蒙藏委员会与特派巡视员、行政院告蒙民书及百灵庙解决之过程等。

内蒙古"高度自治"运动前后进行三次,发起"高度自治"运动之内蒙古各王公论及理由,宣称:"以外蒙被赤俄占去,东蒙被日本强夺,一时未能规复,加之蒙地辽阔,各自为政,组织散漫,危机实多。因此本孙中山先生五族平等、民族自决自治的原则,推行地方自治,建立内蒙自治政府,以便巩固乌、伊、锡之盟及阿拉善等旗。共御外侮。"①民国时期学人并未被此种说辞所迷惑,他们认为:"表面看来,一若言之成理,持之有故。但细加分析,其所持自治理由,实欠充分,在事实上既有矛盾,在理论上亦无根据。"② 孙中山先生所提倡的地方自治的真正实现,"必在全国国民革命胜利之后",而不是在边疆危机迭起之时。因此,关于此次内蒙古"高度自治"运动的性质,学者们普遍认为"这一次内蒙古'自治'运动,在根本上就不是代表整个内蒙民族的利益;恰恰相反,而是代表与这整个民族利益相矛盾的少数有产阶级的王公的利益"③。

至于"高度自治"运动发生的原因,民国时期学人也给出了自己的观点。楼桐茂《论内蒙古高度自治》一文指出"高度自治"运动是在日本的策动下完成的,与日本扩张势力于内蒙古地区的企图密不可分。余贻泽《内蒙古自治运动之经过》④ 一文则认为最根本的原因在于省县与盟旗同时并存、一地二主所造成的冲突与蒙民之双重负担承担(对蒙旗和省县政府的双重赋税)。马季廉《内蒙古自治问题的检讨》一文认为除了日本的策动以及移民开垦政策对蒙古族造成的伤害以外,内蒙古"高度自治"运动还具备三个特殊的条件:第一,"在内蒙古现在正生存着几百万蒙民,他们在道义上说,是有权利要求单独树立一个政权的"。第二,"近二三十年中国官府的压迫已激起蒙民全体的反感",导致蒙民存在"普遍的排汉情绪"。第三,在内蒙古存在两种并行的政权,"汉人方面有省府、县府、设治局的系统,蒙民方面有盟、部、旗的系统",

---

① 班禅章嘉两活佛行动:两代表发表谈话. 蒙藏旬刊, 1933, 66: 10.
② 楼桐茂. 论内蒙古高度自治. 时代公论, 1934, 2 (50): 24.
③ 马季廉. 内蒙古自治问题的检讨. 世界文化讲座, 1933 (1): 33.
④ 新亚细亚, 1934, 7 (1): 30-48.

虽然有些地方两个系统完全分离开来，在不同的地域行使着，但是在内蒙古的许多地方存在着制度重合的现象。方范九指出内蒙古"高度自治"运动的开展有五个方面的原因：蒙古王公接受了中国国民党民族自决的宣传，"赤白帝国主义"的夹攻，开垦移民影响牧畜事业，官吏不肖激起蒙民反感，王公青年同谋政治出路①。

对于内蒙古"高度自治"运动的态度，大多数学者认为内蒙古"高度自治"要求一旦实现，势必会造成边疆其他民族的离心倾向。因此，"这次内蒙高度自治的要求，既属德王等少数人的意向，自治的动机和目的，又甚属可疑，中央政府自不应轻易予以核许"②。

民国时期学人对于内蒙古"高度自治"运动过程的介绍以及原因分析，体现出了民国时期学人维护边疆安全、民族团结的信念，也为我们更好地理解民国时期学人边疆观、民族观的变化提供了参照。

（2）民国时期学人对内蒙古局势与现状的介绍

外蒙古宣告"独立"之前，国人一般认为"外蒙是中国的外府，内蒙是中国的内府，假如北方发生外患，最少敌人还要透过两重的防御，才能到达中国的心脏"。但是，外蒙古宣告"独立"以后，"所谓'外府'现在是没有了，唇亡齿寒，内蒙地位更形紧要"③。笔者在前面已经提到，为了加强对内蒙古地区的了解，民国政府和学人对内蒙古地区进行了一些考察活动，并积极组织学人编修内蒙古地方志，向国人介绍内蒙古的地理沿革、风土人情、社会发展等各方面的状况。

20世纪二三十年代，为加强国人对蒙古地区的了解，谢彬、王勤堉、张印堂等人分别以《蒙古问题》④为书名进行著述，对内蒙古、外蒙古的情况都做了介绍，语言通俗易懂，成为时人了解蒙古地区历史及现状的通俗读物。杨伟昌《日俄战争准备与蒙古问题》⑤一文指出现在的蒙古，依政治的分布，约划分为三，"外蒙是属于苏俄统治的，在内蒙是已为日人所强占一部，只有察哈尔和绥远及其附近之各盟旗，在这

---

① 方范九. 蒙古概况与内蒙古自治运动. 上海：商务印书馆，1934.
② 楼桐茂. 论内蒙古高度自治. 时代公论，1934，2（50）：32.
③ 咨云. 内蒙古自治问题. 历史政治学报，1947（1）：18.
④ 谢彬. 蒙古问题. 上海：商务印书馆，1926. 王勤堉. 蒙古问题. 上海：商务印书馆，1931. 张印堂. 蒙古问题. 上海：商务印书馆，1937.
⑤ 边事研究，1934，创刊号：117－119.

种情况之下，无论在任何方面，蒙古问题便显然成为远东问题的重要因子了"。由于日、苏在政治、经济上皆存在冲突，双方加紧军事装备，战争一触即发，"已使蒙古问题，显得十分紧迫"。周文翰《日俄战争与蒙古民族之厄运》① 指出第二次"日俄战争"蓄势待发，蒙古族有面临灭绝之危险，对此，国人应当加强对日、苏以及蒙古地区的认识，提早做好准备。王成祖、郎德沛、江铎、李芝葵等人也对内蒙古处在日、苏冲突之最前线的局势做了介绍②。蒙古学学人通过对内蒙古危急局势的分析、探讨告诉国人，内蒙古地区已成为日、苏相争的目标，应当引起政府与国人的高度重视。

1928年9月，南京政府将内蒙古划分为不同省份，因此民国时期的蒙古学学人在对内蒙古现状进行介绍时多是分地区进行介绍。张宅朴《内蒙现状》③ 一文指出，"内蒙政治组织，国人知其详者甚少。一因军政职权混淆，虽蒙人亦觉隔膜；二因盟旗名称，满蒙名词并用，佶屈聱牙，殊难记忆"。在文章中，他对部、盟、旗、牧场、箭等代表蒙古政治组织的名词做了解释说明，并将现行的内蒙古具体行政区划以树状结构图的形式展现出来。接下来对内蒙古畜牧、农植、矿产、工商等经济发展状况以及社会文化状况也做了介绍，文中还另附张家口进口出口货物统计表供留心蒙古经济者参考。发表在《开发西北》月刊的三篇文章——袁勃的《察绥之农业》④、洪瑞涛的《察绥交通之进展》⑤、张福延的《察绥之森林》⑥ 分别对察、绥地区的农业、交通、森林状况通过列表统计的形式做了详细介绍、分析，记录了察、绥地区的地形地势、降雨量、温度、风速等的状况，并指出虽然其气候状况对察、绥地区耕地面积、森林面积以及畜牧业的发展会产生不利的影响，但是不应该成为限制西北发展的因素。政府应当制定计划，培养人才，积极开发包括

---

① 边事研究，1935，1 (3)：16-22.
② 王成祖. 日本进窥蒙古. 东方杂志，1936，33 (5)：88-90. 郎德沛. 日俄睥睨下之蒙古问题. 边事研究，1936，3 (4)：8-16. 江铎. 日本的大陆政策、苏俄的东方政策与蒙古. 边事研究，1936，3 (4)：109-123. 江铎. 日俄格斗最前线之呼伦贝尔. 边事研究，1936，3 (6)：27-31. 李芝葵. 日本侵略外交政策下的内蒙危机. 边事研究，1936，4 (5)：50-54.
③ 女师学院期刊，1933，2 (2)：1-21.
④ 开发西北，1935，3 (1/2)：21-56.
⑤ 开发西北，1935，3 (1/2)：139-149.
⑥ 开发西北，1935，3 (1/2)：57-82.

察、绥在内的西北地区。余流柱的《察哈尔之农牧近况》[①]、刘必达的《察哈尔万全县农田水利纪实》[②] 是对察哈尔农牧业具体状况的介绍。他们指出，察哈尔地区近来旱灾频仍，兵匪遍地，农牧呈现日益衰落的趋势。他们还通过大量数据、图表介绍了察哈尔低落的土地价格、低微的农产价格、不良的畜牧之产销状况以及不佳的农田水利状况等特点。最后，他们呼吁开发西北边地，复兴察省的农牧水利事业。关震华的《蒙古锡林果勒盟鸟瞰》[③]、钟吕恩的《伊盟郡王旗之现状》[④]、张中微的《阿拉善旗之概观》[⑤] 则分别介绍了锡林郭勒盟、伊克昭盟、阿拉善旗的地理位置、政治组织、世系、社会状况、交通、物产等状况。

蒋赞的《绥远政治经济概况与绥远开发问题》[⑥]、丁逢白的《绥远经济概论》[⑦] 等文章是对绥远经济状况的介绍。蒋文开篇即指出绥远的重要性："北控外蒙，南襟晋、陕，西接宁、甘、青、新，东由平绥路直达平、津，碾山带河，形势之险要，岂特为西北重地，抑是中原屏藩。"因此，开发绥远对于维护中国边疆地区的稳定具有重要的作用。另外，绥远虽然地处西北，但是具备开发的三要素，即资本、劳力、土地，因此，开发绥远的计划是可以实施的。胡鸣龙的《绥远的农业与水利》[⑧]、霍世昌的《绥远省羊毛市场状况调查》[⑨] 是对绥远的农业水利状况及畜牧业发展状况的介绍。马成浩的《宁夏阿拉善旗各盐池概况》[⑩]、《宁夏阿拉善旗之商业》[⑪]、《宁夏阿拉善旗矿产概况》[⑫] 三篇文章用表格和文字叙述相结合的方式，分别对宁夏阿拉善旗的盐池、商业以及矿产状况做了详细介绍。

---

① 新亚细亚，1934，7 (5)：31-41.
② 开发西北，1935，3 (1/2)：165-166.
③ 新亚细亚，1934，7 (3)：26-36.
④ 边政公论，1941，1 (3/4)：166-170.
⑤ 边政公论，1941，1 (3/4)：77-87.
⑥ 新亚细亚，1935，9 (1)：41-52.
⑦ 边事研究，1936，4 (6)：42-50.
⑧ 新亚细亚，1934，8 (5)：49-58.
⑨ 开发西北，1944，1 (5)：65-66.
⑩ 边疆通讯，1943，1 (9)：8-13.
⑪ 边疆通讯，1945，3 (3)：1-8.
⑫ 边政公论，1945，4 (7/8)：48-51.

日本对内蒙古实施殖民政策之前，内蒙古西部地区特别是绥远省的教育已经初具规模，各旗县基本上都有小学，包头、集宁等地还有中学。《绥远教育季刊》《蒙藏周报》《开发西北》等曾刊载数篇文章，对抗战前绥远地区的学校概况、教育经费等进行介绍、分类统计，并呼吁政府及国人应当重视发展内蒙古地区的教育，积极培养人才，为开发、建设内蒙古服务。抗战爆发后，日本在伪满洲国和"蒙疆政权"大力推行奴化、殖民化教育，对内蒙古原有的教育体系造成极大的破坏，"数十年来苦心经营之十数中等学校，除中央政校包头分校全体师生撤至青海外，其他各校均先后被迫解散，千万青年，一时饱尝失学之苦"①。抗战胜利后，国民党政府积极推进内蒙古地区的教育复兴，各县民教机构先后恢复。费雪的《绥远教育概况》、潘秀仁的《绥远蒙旗教育之过去与将来》②等文章即是对抗战前后绥远教育情况的对比，他们认为抗战后教育发展虽不尽如人意，但是也取得了一定程度上的进展，只要政府继续推行积极的教育政策，则绥远教育复兴指日可待。

我们可以看出，民国时期学人对内蒙古现状的介绍涉及政治、经济、教育等各个方面，运用表格、数据等充实自己的观点，论述也比较具体。但由于日本对内蒙古东部的占领，学人无法对该地区进行经济、教育等方面的调查研究，所以民国时期对内蒙古现状介绍的著述多集中在内蒙古西部察哈尔、绥远地区。

(3) 改变内蒙古现状的建议

通过对内蒙古地区危难局势及现状的了解，民国时期蒙古学学人意识到"蒙事之危至今日而极矣，苏俄窥视于北，日本谋逞于东，强敌侵凌，利权日丧，而起视吾蒙内部之状况，则执政者之因循敷衍不知振作，社会之颠倒迷惑不易觉醒，以视数年前殆犹有甚焉"③。针对这种局面，民国时期学人提出了改变内蒙古现状的意见。

杨伟昌认识到内蒙古地区成为日、苏角逐的目标，故不论最后胜利属于何方，蒙古都会重蹈东三省的覆辙，想要阻止这种情况的发生，必须改变对蒙政策："第一要有积极的军事准备；其次觉醒喇嘛教徒的自

---

① 费雪. 绥远教育概况. 西北通讯，1948，2 (3)：14.
② 新绥蒙，1945，1：16.
③ 萧韩兴. 蒙事刍议. 蒙藏周报，1929，1 (2)：7.

决，提高蒙古的文化教育，使有中心思想；第三要以科学方法指导蒙古的牧畜；第四卫生设备；第五科学教育的设施。五者备，蒙古问题自有办法了。"① 萧韩兴的《蒙事刍议》一文指出应从政治、教育、军事、生计四个方面着手：改革封建制度；兴建学校，培养人才；加强军事训练，增强兵力；加强农业、工业、商业等的发展。苏鸿宾的《内蒙自治与治蒙》② 一文提出的措施则更加具体：一是改善行政，使"中央与盟旗联成一气，同时盟旗与省县合作，王公与平民合作，在中央政府领导之下，改革蒙事"；二是鉴于宗教对蒙古地区的重要作用，不能"遽形打破"，而要"一方面借宗教之势力，以维系人心，一方面普及教育，令其开化"；三是改善汉蒙民族感情，"使汉人除去心理上之歧视，严禁汉人愚弄蒙民，以平等之待遇相扶提携，共济危难"；四是应当通过"提倡畜牧，开发矿山，便利交通"等措施，改善蒙民生活。

上述意见是民国时期学人针对内蒙古内忧外患的局势所提出的相应对策。从这些对策中，我们不难看出民国时期学人对内蒙古问题已经有了比较清醒、客观的认识，即要改变内蒙古的现状就必须对症下药，从政治、教育、国防、生计等各个方面进行全方位的改革。同时，不少学者意识到解决蒙古问题绝对不能抱着"舍蒙人而收蒙疆之幻想"，应当积极扶助蒙古族。"第一步，谋近边蒙人的汉化，怀柔外蒙的逃亡。第二步，划分西北的国防，编制蒙古骑兵于汉将统制之下。第三步，以蒙土养蒙人，以蒙人守蒙土，以教化为正著，以战守为旁著。"③ 这体现出民国时期学人已经意识到民族问题是解决边疆危机的重中之重，也意味着民国时期学人边疆观、民族观的转变。

三、边政学视域下的蒙古问题研究

边政学是在"抗战爆发以后，国府西迁，随着国际局势的发展，西北和西南边疆的地位，遂益形重要"④ 的背景下发展起来的，因此研究的重点也多集中于西北和西南地区，相较而言，此时期对蒙古地区开展

---

① 杨伟昌. 日俄战争准备与蒙古问题. 边事研究，1934，创刊号：119.
② 大学，1933，1（5）：81-89.
③ 吴小言. 蒙古人之特质. 新亚细亚，1935，9（4）：51-52.
④ 杜肇敏. 中央大学的边政学系. 西北通讯，1948，3（3）：17.

的研究较少。然而，民国时期的学者们并没有放弃对蒙古地区的研究，他们将关注的焦点集中于对蒙古制度的分析上，希望对盟旗制度的研究能为中央政府制定对蒙政策提供思路。另外，还有学者在艰难的条件下仍然对蒙古局部地区进行了调查研究，取得了不少研究成果，极大地丰富了民国时期蒙古学的研究内容。

1. 民族学、人类学范式下的蒙古调查研究

民国时期学人认为，要想建设边疆，首先应对边疆情况有个大致的了解，而这种了解是建立在实地调查基础之上的。正如言心哲所说："没有科学的研究与客观的考察，就不能深切的认识问题；没有全盘的实地调查，就不易明白社会的全貌。"① 杨成志也认为调查是研究边疆和从事边疆开发者"应该履行的惟一的先决步骤"②。1931年之前，在外国科学调查团的影响下，中国政府及学术界就先后组织调查团对中国边疆地区进行实地调查研究，"惟当时学术考察团所注意者，大都为纯粹之自然科学，边疆上之实际问题，尝被视为属于外交或内政之问题，科学家不甚加以注意……盖其时边疆学术之综合的研究，尚无人注意，而民族学在我国之幼稚，在当时亦毋庸讳言也"③。

徐益棠的《十年来中国边疆民族研究之回顾与前瞻》一文对民族学传入我国的过程做了详细介绍。他指出，民族学在英、美被称为"文化人类学"或"社会人类学"，在法、德则以人类学专称"体质人类学"，而以民族学称"文化的或社会的人类学"。民族学最初在我国被译作"民种学"④ 或"人种学"⑤，直到孙学悟的《人类学之概略》⑥ 问世，才被确切地称作"人类学"。等到陈映璜的《人类学》⑦、李济的《中国人种之构成》⑧ 的出版，国人才开始了解此类科学。而"民族学"一词最早是由蔡元培《说民族学》⑨ 一文介绍而来，但"时军事倥偬，政局

---

① 言心哲. 边疆社会调查与边疆社会改造. 边政公论，1942，1 (5/6)：78.
② 杨成志. 西南边疆文化建设之三个建议. 青年中国季刊，1939，创刊号：279.
③ 徐益棠. 十年来中国边疆民族研究之回顾与前瞻. 边政公论，1942，1 (5/6)：52.
④ 林纾，魏易. 民种学. 北京：京师大学堂官书局，1904.
⑤ 蒋智由. 中国人种考. 上海：华通书局，1929.
⑥ 科学，1916，2 (4)：429-443.
⑦ 上海：商务印书馆，1918.
⑧ 科学，1925，9 (11)：1305-1372.
⑨ 一般杂志，1926，1 (4)：478-485.

动荡，尚未为人所注意"。直到蔡元培第二篇论文《社会学与民族学》①发表后，"乃引起一般学术界之注意，于是'民族学'一名词，遂引用至今，讫未少衰"②。随着西方民族学、人类学的传入，边疆学者深刻认识到对边疆地区进行细致、深入调查的必要性，"边疆的社会和文化改造，须有健全的理论与完备的方法，社会调查为改造边疆社会之一种初步工作"③。正如李绍明先生指出："民族学和人类学的兴起本身并不一定要与边疆危机相关。只是在抗战那个特殊时期，像王建民说的，在当时这样一个日本大敌当前的边疆危机形势下，民族学、人类学家也要在其中贡献自己的力量，从国家大义这个角度去选择，民族学、人类学家都要从自身的学科立场做出相应的表率。而边疆问题是一个综合性研究领域，吴文藻先生给了边政学一个广义的内涵，这样，纳入到边政学中的就不只是一个单独的社会学科，而是更为综合庞杂的。如此一来，民族学和人类学都可以在其中做出贡献。"④

前面已经提及，边政学强调多学科的共同参与，但是各种学科在边政学的具体研究中并非没有主次之分。柯象峰认为，对于边疆之初步研究，"人文当重于自然，而人文学科中民族社会之研究当先于其他各方面，而处于一种先锋的地位，即同时进行，亦应有主客之分"，"民族学者、社会学者之主要任务，即在研究边民文化之内容（物质的精神的均在内）、社会组织之实质以及民俗信仰各项制度生活实况等等问题，以求深切之了解，进而求解决之方案，一旦有成，其他各方面之研究均可继之，循序而进矣"⑤。

与之前的调查研究不同，边疆研究者更注重对边疆调查研究方法的概括与总结。柯象峰认为应该分三步进行边疆研究：一是整理已有之资料，二是搜集新资料（即实地调查），三是实地调查技术。我国边疆研究工作者应该注重对以往资料的分类整理，尤其应注意"外人对于我国边区各民族文化之研究及对于边区情形之认识颇有不少极有价值之记

---

① 社会学刊，1930，1(4)：1-5.
② 徐益棠. 十年来中国边疆民族研究之回顾与前瞻. 边政公论，1942，1(5/6)：52.
③ 言心哲. 边疆社会调查与边疆社会改造. 边政公论，1942，1(5/6)：77.
④ 王利平，等.20世纪上半叶的中国边疆和边政研究：李绍明先生访谈录. 西南民族大学学报（人文社科版），2009(12)：39.
⑤ 柯象峰. 中国边疆研究计划与方法之商榷. 边政公论，1941，1(1)：48-49.

载"。至于新资料的搜求，往往需要"深入蛮荒，实地访问"，因此边疆研究工作者除具备专门的学识外，还应该富有"田野工作之训练"、"常识与机警"以及吃苦耐劳的精神与"同情心"。谈到具体的研究方法，柯象峰指出主要有"入手法""观察法""访问法""系谱学方法""传记法""记录法""考证法"等①。李景汉将中国分为四个不同的区域，即"游学区（包括沦陷区）、前方（如战区）、后方与边疆"。他指出，在各区域内的调查研究，应各有其不同的侧重点。关于调查的内容，他提出几项"特别注意的问题"需要调查：一是"本地人所希望于政府者为何，对于政府已作过的事有何反应"；二是"对于消除民族间偏见、促进全民族休戚相关的精神、统一民族意识、增强民族抗战力量等工作在本地推动的方式及成效"；三是"本地教育的缺点及如何改善与促进，俾能应付抗战需要"；四是"本地有何资源可以开发，使能改善人民生活，增加国富"；五是"本地民族及本地与政府间所存在之各种障碍，由于政治者为何（如汉官之贪污），由于经济者为何（如汉商之欺骗土人），由于文化者为何（如知识的缺乏），及由于其他各种现象者为何，与可能排除的办法"；六是"本地在政治、文化、经济、军事、卫生等方面急需何种适当的工作人员，及促其实现的方法及步骤为何"；七是"针对抗建的立场，目前本地迫切的需要及急应考虑的问题，根据本地现状，调查研究者可提供甚么治标治本的及先后缓急的实施方案"②。从李景汉的论述我们可以看出，他强调的边疆调查内容应该与当时抗战建国的时代背景密切相关，希望通过自己的边疆调查推动政府的边政建设。此外，言心哲、张少微等学者对于边疆社会调查方法也做了总结与论述③。

"自东四省失守以来，内蒙古问题突形重要。"如前文所述，国内学术界对于内蒙古问题给予了充分的关注，但"各种刊物的内容，几乎十之八九，偏于政治方面，关心到蒙古人民的实在生活状况的，却占极少数"。论其原因，吴文藻指出："内地旅行蒙古的人，向来很少，没有身

---

① 柯象峰. 中国边疆研究计划与方法之商榷. 边政公论，1941，1（1）：49-57.
② 李景汉. 边疆社会调查研究应行注意之点. 边政公论，1941，1（1）：68.
③ 言心哲. 边疆社会调查与边疆社会改造. 边政公论，1942，1（5/6）：77-79. 张少微. 研究边疆社会之内容方法及步骤. 边政公论，1941，1（3/4）：32-47.

历其境,自然很难描写他们的日常生活。"①

1934年7月7日至8月25日,由吴文藻、谢冰心、文国鼐、雷洁琼、顾颉刚、郑振铎、陈其田、赵澄八人组成的平绥旅行团,历时六周,对绥远、包头、百灵庙等地进行了旅行考察。在考察过程中,"举凡政治、经济、宗教、文化、风俗习惯等,莫不分项考察,逐类研究"②。

在这次考察中,最为我们熟知的莫过于吴文藻对于蒙古包的研究文章《蒙古包》。他指出:"了解蒙古人民的现实生活,首当认识蒙古包,因为这是蒙古物质文化中最显著的特征。我们也可以说,明白了蒙古包的一切,便是明白了一般蒙古人的现实生活。"接下来,吴文藻对蒙古包的含义做了说明:"蒙古包本系汉人所用的名称,有广狭二义:广义的包系指社会组织的单位而言,狭义的包系指居住的式样而言。"吴文中所指的即狭义的蒙古包,他详述了蒙古包的外形与材料、构造与功用、内部与外围的布置,文中还配有雷洁琼女士和赵澄先生拍摄的蒙古包迁置以及蒙古包内部布置的照片。蒙古包虽然只是蒙古人衣食住行中的住居一项,"但已是蒙古物质文化中最显著的特征"。这种住居方式与蒙古人所处的物质环境、文化程度相当。吴文藻认为,若以现代生活的眼光看去,这种生产和住居方式,若不先谋改良,则会阻碍蒙古社会文化的发展,"第一,关于住居方面,这种毡房的住法,不合于卫生","第二,因生业而形成的一般蒙人住居的情形,使他们根本不能有聚居的生活"。吴文藻关于蒙古包的研究,为内蒙自治政务委员会的政务设施提供了依据,也对时人详细了解蒙古包和蒙古人民的游牧生活具有重要的意义。

雷洁琼的《平绥旅行之天主教会》③ 也是此次考察的重要成果之一。她指出,在文化落后、科学不进步的社会,宗教对于人民思想及日常生活影响很大,"宗教往往是人民一切行为活动的标准和社会组织的中心"。因此,想要了解人民的生活状况,"必要对于他们所信仰的宗教有相当的了解"。她利用表格对各国来中国传教的情况、人数进行了统

---

① 吴文藻. 蒙古包. 社会研究,1935,74:181.
② 冰心. 百灵庙之行. 晨报,1936-02-06.
③ 北平:平绥铁路管理局,1935.

计，对此次旅行所参观的天主教机关，即大同天主教修道院、归绥天主教堂、归绥公医院、萨县小巴拉盖村等做了介绍，指出天主教在西北地区的重要意义，"天主教圣母圣心会在西北操有社会、经济、政治之权，教堂多拥有房屋、土地、牲畜等"，"还有三种服务社会的工作，即医病、慈幼与教育"。此外，天纯的《内蒙黄教调查记》① 对藏传佛教在内蒙古历史上的重要作用以及历代章嘉呼图克图世系做了论述，并描述了藏传佛教在内蒙古的发展现状。

除上述有规模、有组织的考察团外，民国时期的不少学者以个人考察的方式对内蒙古宗教、生活习俗等各方面进行了考察研究。谭惕吾《内蒙之今昔》一书中即提到藏传佛教在蒙古人生活中的重大影响："蒙人所信仰之宗教，至为单一，即喇嘛教是也。……因已有数百年之历史，故其势力之大，以及蒙人迷信之深，实足惊人，兹略举其事实，蒙人以当喇嘛为其莫大荣幸，凡有优秀子弟，其父兄概令为喇嘛，如有兄弟二人，至少以一人为喇嘛，故喇嘛之数目，几占蒙人男子之半数。"② 萧晋安《蒙古之宗教信仰》③ 一文指出这种因信宗教过甚所导致的结果，"蒙古固有强健之风，渐沦为懦弱"，"因强迫充当喇嘛之故，人口逐渐减少"，还会造成性病等疾病的流传，从而阻碍蒙古地区的经济发展。该文还对藏传佛教的意义、由来、分派、称别、活佛的定法、佛像、经典、法器等做了系统论述。孔宪珂认为，由于时代的前进，藏传佛教已不能适应时代的潮流，时人提出的排斥宗教的声音反而"可以使盲目信仰喇嘛教的牧民渐渐的觉悟，即此后无人打倒，他自己也要毁灭，喇嘛的堕落便是自己毁灭的象征"④。另外，有学者对蒙古地区藏传佛教之外的信仰如天主教等给予了关注。一寰通过在绥宁边区的实地调查，写成《绥宁边区教堂问题》⑤ 一文。该文对绥宁边区教堂的建立历史、教区的地理位置、教区的管理状况和教民的生活礼俗等做了详细介绍。作者指出，教会之所以能在绥宁边区不断侵入并独享优渥权利，一方面由于政府鞭长莫及，另一方面也因外籍教士教民失其传教之客观

---

① 南京：大功坊德昌印书馆，1930.
② 谭惕吾. 内蒙之今昔. 上海：商务印书馆，1934：113.
③ 边政公论，1942，1 (7/8)：85-88.
④ 孔宪珂. 喇嘛教与蒙古. 边疆通讯，1945，3 (10)：6.
⑤ 边疆通讯，1943，1 (6)：1-6.

地位以及自由博爱之伟大精神。毅刚通过参观教堂学校、旁听"弥撒"等活动，写成《鄂托克旗城川天主教区巡礼》① 一文，向时人介绍了鄂托克旗城川教区的现况。他认为，城川在尽信藏传佛教的蒙古地区却"改信天主教"，这说明"转变蒙人固有之信仰（对喇嘛教之信仰），非无可能"，并进而指出可参照外人以"教育""治病"二者为手段并取得成功的传教经验，"苟能先以教育启其智，复以制度导其行，则势必更远"。从上述有关蒙古宗教信仰的研究成果不难看出，民国时期学人普遍认为，随着时代的进步，藏传佛教已经对蒙古人民的社会进步及经济发展产生阻碍作用，对蒙古地区进行宗教改革势在必行。

民国时期学人对蒙古的生活习惯、风俗制度等也进行了论述研究。王华隆自幼生长在边疆，经常游历蒙古，他写成《内蒙古人民之生活状况》② 一文，认为当时内蒙古形势危急，只有"先熟悉其生活状况、民情风俗，彼此各异，知其不同之点"，然后"于交涉上、实业上始能导其利，防其害，以占优胜之地位"。该文详细介绍了内蒙古的人种、语言文字、人民之阶级、衣服、饮食、住居、嫁娶、丧葬、祭祀、礼仪、岁时、交易、奴婢、娱乐、宴会、卫生、生计、教育、狩猎、牧畜、宗教、家常事、杂俗等状况，对了解内蒙古人民的生活状况具有重要的作用。

丁薇茵的《蒙古的风俗习惯与制度》③ 和赵立明的《满蒙拾零》④，是根据自己亲往蒙古的经历，分别写的具有杂记性质的文章，对蒙古的阶级制度、宿命观、食物、衣服、婚姻、丧葬礼仪、娱乐活动等做了介绍，内容浅显易懂，一时成为国人了解蒙古人生活的通俗读物。曾庆锡《伊克昭盟人民之生活》⑤ 一文对伊克昭盟人民的职业情况、经济问题、宗教情况、风俗概况等做了简要介绍。杨春轩《蒙俗赛马研究》⑥ 一文则是针对蒙古人民的重要习俗——赛马的历史渊源以及赛马在蒙古人民生活中的重要作用做的介绍。鉴于边疆研究的热潮，冷亮注意到"国内

---

① 边政公论，1941，1（2）：75-84.
② 东方杂志，1922，19（10）：93-102；1922，19（11）：83-94.
③ 新亚细亚，1932，4（4）：105-113.
④ 新亚细亚，1932，4（4）：113-116.
⑤ 边疆通讯，1944，2（4）：1-3.
⑥ 边疆通讯，1943，1（3）：4-6.

出版界辞书之缺乏",时人在阅读介绍蒙古地区的著述时,"对于蒙古有关若干习见之名词无从求解",因此他写作《关于蒙藏三十个习见名词之解释》① 一文,对"司伦""噶厦""噶伦""伊仓"等三十个名词进行详细介绍,成为时人阅读蒙古相关著述的工具书,开时人编纂蒙藏辞书之先河。

民国时期,体质人类学在蒙古学领域的具体应用表现在学人对蒙古人的分析与研究。王华隆《内蒙古人民之生活状况》一文即提及蒙古人属于黄色人种,"细分之,则乌拉尔阿尔泰系统(即北方系统),蒙古族中之喀尔喀族也"。论及蒙古人的具体样貌,"男女幼龄亦婉美;及年长,姿容顿变,甚至丑陋,不能如昔,亦气候使然耳",从而指出了气候与人的面貌之间的具体关系。吴小言的《蒙古人之特质》② 指出聪明、勇敢、能歌善舞、质朴、善于学习是蒙古人的特点。吴小言注意到时人在介绍蒙古族时,经常会带有不同程度的偏见,针对此种情况,他运用西方人类学的研究方法来加以反驳。他指出,是地理环境、生活方式的不同造成汉人与蒙古人的区别,但"人种的优势,不能以生活种类为绝对的断定,农工阶级不见得皆优,而畜牧民族又岂个个皆劣"。还指出蒙古人独特之处,即"蒙古人属胆液质民族,虽大敌当前,仍嬉笑不改常态,这是值得我们学习的地方"。吴小言根据外国学者有关人种学的理论,指出蒙古族与汉族在才能上基本没有区别,知识文化、习俗上有所不同,"然其风习、文化一经改造,不数十年即呈突变"。这种运用西方人类学的科学理论对蒙古族特性进行的分析,虽然在某些方面不是很恰当(如文中提及"白种与红种人比,差异很大,而白、黄两色,优劣已不能判"的论述),但对当时存在的民族歧视和民族偏见的言论却给予有力的冲击,是民国时期学人科学、进步精神的充分体现。

民国时期学人在内蒙古形势危急、交通不便的情形下,仍然坚持对蒙古地区进行实地调查研究,展现了民国时期学人吃苦耐劳的精神以及坚持不懈的学术追求。同时,他们通过对蒙古地区(主要是内蒙古地区)社会生活状况的介绍,沟通了民族之间的联系,对联合蒙古族人民

---

① 东方杂志,1935,32(14):69-75.
② 新亚细亚,1935,9(4):47-52.

共同抵抗帝国主义侵略具有重要的作用。

2. 清代盟旗制度的研究

民国时期,"中原多故,政府无暇筹边。然不知满清处理边政之秘密,又无可以倚畀办理边务之熟手",一度形成"盟旗各自为政,土司几成独立"的"边政废弛"状态。九一八事变之后,"全国上下重视边疆,中枢主持边政当局,尤能深知今后欲整饬边务,改革边政,必先从事研究边疆之政教,竭力提倡实地考察,搜集材料,集会研究,出版刊物,以冀对于目前边政,有一番彻底总检讨,借作改革边政之借鉴"①。随着日本侵华的日益加剧,包括蒙古在内的中国北部地区沦陷,加之外蒙古"独立"、内蒙古"高度自治"运动等民族分裂事件的发生,昭示着对蒙政策的失败。内忧外患的局势,使得政府和学人开始反思民国以来对蒙政策的得与失。

关震华的《蒙古盟旗制度述略》(上)② 一文是根据《大清会典》、《理藩部则例》、蒙藏院王公札萨克衔名表等资料编辑而成,介绍了清代蒙古盟旗制度确立的详细过程,为后人了解、研究蒙古政治制度提供了详细的参考资料。凌纯声的《中国边政之盟旗制度》一文对盟旗制度的由来、发展以及各种盟旗组织形式等做了论述,认为盟旗制度设立的主要目的是"使部落化整为零,严定牧地,各不侵犯,不得合零为整","部落既分为旗,而旗亦不得坐大"。因此,盟旗制度的确立让蒙古原有的部落名存实亡,是清代政治制度上的"一大变迁"。孔宪珂的《蒙旗的政治组织》③ 一文叙述盟旗制之由来,以及盟的组织、旗的组织、旗以下的组织情形。黄奋生在《边疆政教之研究》④ 第一章"边疆政治制度"中对蒙古盟旗制度发展以及内外蒙古的政治组织做了比较详细的论述后,即以"蒙古问题之研究"为题,对蒙古的"高度自治"问题、政治问题等提出自己的意见。此外,征夫的《清代蒙古之兵制》⑤、包维

---

① 凌纯声. 中国边政之盟旗制度. 边政公论,1943,2(9/10):1.
② 新亚细亚,1933,5(6):53-59.
③ 边疆通讯,1943,2(1):2-5.
④ 上海:商务印书馆,1947.
⑤ 新蒙古,1934,2(5/6):27-33.

翰的《全蒙盟旗沿革志》①、王文萱的《清代蒙古政制研究》② 和《清代蒙古地方政府之研究》③、关震华的《清代蒙古之军制》④ 等文章对清代蒙古盟旗制度也做了介绍。

鉴于"旧有制度日就凌替，新的制度迄未建立"，"近来谈边事者，多推崇清代，非推崇其羁縻政策之合理，实羡慕其边疆三万里，经时二百年之相安也"⑤，不少学者试图通过对历代对蒙政策的考察和分析来寻求治蒙经验，为国民政府的对蒙政策转变提供新思路。邢事国《蒙政末议》一文提出："历代对蒙政策，每因时代之推移而异其趋向，其目的在求苟安，其手段止于羁縻，以至一误再误，而使同一民族几如秦越之不相关，不能谓非昧于我国民族历史上之系统者矣。又历来所采之政策，往往助波推澜，使汉蒙间之猜忌愈积愈深。"⑥ 因此蒙汉之间形成隔阂的唯一原因即为"种族系统根本之误解"，并由此导致治蒙政策不当，办理蒙事的机关系统过于复杂，蒙藏委员会对蒙政令的执行极为有限，盟旗与各省县在管辖权上易产生纠纷，蒙事机关服务人员只尚空谈、没有真才实学等问题。楚明善的《清代之治边制度与政策》、云瑞臣的《清廷对蒙政策之检讨》⑦ 详细分析了清代治蒙政策的得与失。清政府采用"恩威相济"的治边办法，使得边民"畏威怀德"，清代咸同之前"终无蒙藏之边患，且太平军兴，尚可借蒙兵以自救"。然而由于"蒙藏文化落后，人力物力，均感拮据，不克藩篱国家，兼不能自卫生存"，这也是清代政策造成的恶果。刘熙的《蒙古之政治》⑧ 一文详细分析了中国历代对蒙政策的演变，以及民国时期对蒙政策、日本侵略蒙古东部的策略等。作者认为，要解决内外蒙古的严重问题，"非由政治上入手，实无从求一彻底方法"。

---

① 新蒙古，1934，1（2）：55-58；1934，1（3）：42-44；1934，1（4）：76-80；1934，1（5）：41-44；1934，1（6）：60-64.
② 开发西北，1935，3（4）：1-10；1935，3（5）：1-4；1935，3（6）：11-26.
③ 边声，1938，1（1）：1-9.
④ 蒙藏日报，1935，4（1）：19-27.
⑤ 楚明善. 清代之治边制度与政策. 边政公论，1941，1（2）：1.
⑥ 新亚细亚，1935，10（3）：17.
⑦ 新蒙古，1936，4（6）：13-20.
⑧ 新亚细亚，1934，7（4）：25-38.

盟旗制度作为清代的一大创举，其初创之时对于巩固清代对蒙古的统治具有重要的作用。但随着时代的发展，特别是经历了民国以来的边疆危机之后，民国时期学人普遍意识到，"盟旗政治在三民主义边政政策之下，应如何改革，在战时战后，也是正待研究而要解决的当今急务"[①]，成为困扰时人的一大难题。

四、边疆危机刺激下蒙古问题研究的特点

民国以还，日、俄加紧侵略我国北部边疆，东北、蒙古等地陷入前所未有的危机之中。尤其是九一八事变之后，日本分裂"满蒙"的行径更加嚣张，国人救亡思潮空前高涨，边疆研究"和其它学科的研究恰然相反，呈现一种空前的热烈与紧张"[②]。在这种背景下，学者们对蒙古问题进行的研究也呈现快速发展之势。民国时期有关蒙古现状问题以及在边政学范式下开展的有关蒙古问题的研究，大致呈现出如下特点：

第一，民国时期的蒙古问题研究丰富了蒙古学的研究内容，扩展了蒙古学的研究范围。格桑泽仁曾在文章中指出，不仅边民对内地发生的事情一无所知，而且"内地的同胞或舆论界，对于蒙藏问题加以十分注意研究者，亦不多见，一般报纸，偶尔登载一些蒙藏的特殊风俗习惯，常多加以滑稽之批评论调，不过供读者们茶余酒后之消遣资料。他如蒙藏地方之政治、经济、社会等状况，更无确实之具体叙述"[③]。为改变这种现状，民国时期许多蒙古学学人对蒙古地区的经济、政治、教育等现状进行介绍、分析，极大地促进了内地国人对蒙古地区的了解。同时，他们在著述中打破以往的只叙述历史的方式，将对蒙古问题的论述拉近至自己生活的年代，扩展了蒙古学的研究范围，拉长了蒙古学的研究时限。

第二，民国时期的蒙古现状研究采用新的研究范式和更加多元的研究方法。从研究范式上看，"近代以来，随着中国边疆形势及其地位变化，国人对多元文化背景下的国族整合问题日益重视，边疆研究的范式

---

① 凌纯声. 中国边政之盟旗制度. 边政公论，1943，2（9/10）：12.
② 马长寿. 十年来边疆研究的回顾与展望. 边疆通讯，1947，4（4）：1.
③ 格桑泽仁. 亚洲民族问题与中国边疆问题. 新亚细亚，1931，创刊号：42.

逐渐发生变化"①。20世纪30年代，边政学兴起，它强调多学科的共同参与，"抗战之顷，各科人士皆谈边疆，无论社会学家、历史学家、语言学家，其所学学科与边疆有密切之关系，其谈也固无不宜"②。民国时期的蒙古学学人即在边政学的范式下展开了对盟旗制度以及蒙古地区的调查研究，取得了丰硕的研究成果。从具体的研究方法上来看，民国时期不少学者意识到"专注史料的历史研究方法，与当时民族危机的局势，似乎也相隔太远。当时人所迫切需要的，是如何从历史中寻求中华民族生存的力量与精神，而不是斤斤计较于中国历史的长短或某些史书的真伪"③。民国时期学人改变以往只注重历史考证的研究方法，对西方科学研究方法的运用更加广泛。比如民国时期的学者在论述蒙古现状问题时，往往采用比较研究法、数学统计法、图表法等研究方法来展示蒙古地区的人口、耕地面积、木植、畜产、进出口贸易等的发展状况，改变了以往边疆史地研究数据不充实的缺点。

第三，民国时期有关蒙古现状、问题的研究，规模庞大，影响深远。从涉及蒙古问题研究的期刊来看，《新亚细亚》《禹贡》《边事研究》《边政公论》等主流刊物皆刊载过有关蒙古问题的文章；另外，还有不少专门以蒙藏问题或蒙古问题为研究对象的刊物，比如《蒙藏周报》《蒙藏月刊》《新蒙古》等。从研究机构及高校课程设置情况来看，当时全国的各个高校，比如清华大学、华西大学、金陵大学、南开大学等都设有专门的边疆研究所、系或研究室等机构，不少学者对蒙古问题给予密切关注并发表了大量著述。1944年，教育部命令中央大学和西北大学专门创设边政系，其开设的"蒙古语文""蒙古历史"等课程对于培养蒙古学人才起到了重要的作用。从研究者来看，民国时期产生了一批有关蒙古问题的研究专家，比如华企云、谢彬、黄奋生、凌纯声、马鹤天等，而这些学者中不乏政要；另外，还产生了蒙古族学者，比如郭道

---

① 汪洪亮. 中国边疆研究的近代转型：20世纪30—40年代边政学的兴起. 四川师范大学学报（社会科学版），2010（5）：141.

② 马长寿. 十年来边疆研究的回顾与展望. 边疆通讯，1947，4（4）：1.

③ 王晴佳. 论二十世纪中国史学的方向性转折//中华文史论丛：第62辑. 上海：上海古籍出版社，2000：62.

甫，他编著的《蒙古问题》①和《呼伦贝尔问题》②是除了蒙古人民革命党的文件外，蒙古社会对蒙古民族问题首次公开发出的自己的声音，在学术界产生了重要的影响。正是上述期刊、研究机构的兴办以及民国时期学人的努力，才使得有关蒙古现状、问题的研究取得了丰硕成果，成为民国时期蒙古学研究中最为显著的特征。

民国时期的蒙古学研究由蒙古史研究、蒙古地理研究以及蒙古现状研究三部分构成，但这并不代表它们之间是彼此分离的。它们都是在民国动荡局势的大背景下开展的研究，不论是研究内容研究方法还是研究学者都存在相互交叉的地方。民国时期的蒙古学研究具有鲜明的时代特征。

第一，蒙古学研究的"政治性"不断增强。学人对蒙古学的研究主要采用两种路径：一是以王国维、陈寅恪、韩儒林、翁独健等人为代表，在近代实证主义范式下，对蒙古历史进行的考证性研究；一是以谢彬、华企云、黄奋生、凌纯声、吴文藻等为代表，在边政学范式下进行的对蒙古现状问题进行的调查研究。民国初年，以近代实证主义史学为代表的研究范式，曾一度成为史学界的潮流，但是资产阶级新史学有一个通病，那就是远离社会，对现实疏于关心，所以，这些学说虽然流行一时，但很快受到现实社会的冷落。随着蒙古问题的日益复杂，特别是九一八事变后，日本加紧对我国蒙古地区的侵略，学人对蒙古现状越来越关心。他们关注蒙古局势的最新动态，并为解决蒙古危机提出意见或方案。即便韩儒林、翁独健等人仍在继续从事考证性的蒙古史研究，但也多蕴含对蒙古现实的关怀。民国时期日趋严重的边疆危机，一方面激发了国人的边患意识，另一方面政府也开始注重对包括蒙古在内的边疆地区进行调查，以为解决边疆问题做好准备。国民政府西迁之后，内地大批学校、科研机构等也随之西迁，大批学术机构和学者聚集于西南地区，彼此之间以及学界与政府之间的联系进一步增强。徐益棠即指出："学术与政治，如鸟之双翼、车之双轮，二者不能联系与调整，其他尚复何望？"③ 伴随着政府西迁的是边政学研究的兴盛，它使学术研究为

---

① ［出版地、出版单位不详］，1925.
② 上海：大东书局，1931.
③ 徐益棠. 十年来中国边疆民族研究之回顾与前瞻. 边政公论，1942，1（5/6）：62.

政治服务的趋向更加明显。民国时期学人通过研究盟旗制度、分析历代对蒙政策的得与失，积极为政府制定对蒙政策建言献策。民国时期学人愈来愈注重于蒙古现实状况的研究，正是蒙古学研究与现实政治紧密结合的充分体现。

第二，彰显了民国时期学人的经世致用理念与爱国主义情怀。鸦片战争前后出现的蒙古史地著述，是学人在"经世致用、匡世救国"精神下开展的，唤起了国人对中国北部边疆的关注，在中国学术史上写下了光辉的一页，为后人留下了宝贵的精神财富。民国时期，随着边疆、民族危机的加深，不少学人转变治学旨趣和研究方向，愈来愈关注实用性的现实研究，以傅斯年、顾颉刚等为代表的实证派史学家逐渐改变其治学志趣和研究方向，倡导以爱国主义为指导的经世致用之学，《禹贡》半月刊的创办便是其表现。正如顾颉刚所言："当承平之世，学术不急于求用，无妨采取'为学问而学问'之态度，其效果如何可以弗问；此犹富者家居，狗马玩好唯所嗜，固不必为衣食计也。及至国势凌夷，局天蹐地之日，所学必求致用，非但以供当前之因应而已，又当责以弘大之后效；譬如蓬门筚户之家，凡劳力所入先图温饱，其衣食之余则积储为他日创业之资，不敢有一文之浪费也。以我国今日所处地位之危险，学术上实不容更有浪费，故定其价值之高下必以需用与否为衡量之标准。"① 蒙古学研究领域，亦是同样的状况。蒙古学学人在继承前人"经世致用"精神的基础上，更加注重对蒙古现实问题的分析，积极回应日本学者制造的"满蒙非中国"论、"南北对抗"论等论调，呼吁国人及政府加快蒙古问题的解决等，这些都充分体现出民国时期的蒙古学学人"学术济世""经世致用"理念和爱国主义情怀。

总之，民国时期的蒙古史研究虽然在具体的研究内容、侧重点以及研究方法上存在差异，但在抵御外侮、团结蒙古人民、开发建设蒙古的主方向上是一致的，体现出蒙古学学人的经世致用理念与爱国主义情怀，共同推动了蒙古学的发展，并为新中国蒙古学学科的建立和完善打下了基础。

---

① 顾颉刚.《禹贡》学会研究边疆计划书. 史学史研究，1981 (1)：66.

第四节　民国时期蒙古学研究的评估

民国时期，列强侵扰，内乱频仍，中国边疆、民族危机达到近代以来的顶峰。在此背景下，民国时期学人"救亡图存""经世致用"理念和爱国主义情怀高涨。随着西学的传入，中国史学界进入急剧变革的时代。科举制度的废除，新学堂、新学制的创建，报刊的创办，各种学校教育的兴起，等等，使得民国时期各种学术思潮日益纷呈，现代学科体系逐渐形成。蒙古地区作为中国边疆地区的重中之重，自近代以来便饱受日本等帝国主义国家的欺凌，再加上外蒙古"独立"、内蒙古"高度自治"运动等民族分裂行为迭起，民国时期学人对蒙古问题尤为关注，对蒙古学的研究也经历了不断成熟的发展过程，为新中国蒙古学学科的最终确立打下了坚实的基础。此外，民国时期蒙古学学人的相关著述，也从侧面反映出民国时期学人边疆观、民族观的变化。

一、影响民国时期蒙古学发展的因素

1. 内忧外患的危难局势

"我们的边疆是我国土地的一部分，我们的边疆民众是我国人民的一部分，一切统一，本来无所谓边疆问题。不幸帝国主义者压迫我国是先从边疆下手的，在这一二百年之内，他们使尽了威胁利诱的手段，以求达到土崩瓦解的目的，实已形成极度严重的趋势。"[①] 19世纪中叶鸦片战争爆发以来，列强通过与清政府签订一系列不平等条约，使得清王朝门户洞开，边疆危机日趋严重，边疆问题日渐成为学人关注的焦点。

蒙古地区作为中国的北部边疆，以日、俄等为代表的列强对其开展了一系列分裂于中国领土的活动。民国初年，沙俄先是在外蒙古地方导演"独立""高度自治"事件，又于1914年出兵强占唐努乌梁海地区，对我国北部边疆的安全造成极大威胁。日本对内蒙古的觊觎更是由来已久。1931年，日本发动九一八事变，以"民族自决"相号召，1932年建立伪满洲国，并相继占领东三省和热河、察哈尔地区，"蒙古是不用

---

① 顾颉刚. 中国边疆学会丛书总序. 中国边疆，1943，2 (1/2/3)：2.

说了，自从九一八事变以来，已经被日本人视为禁脔了"①。在日本的策动下，内蒙古王公发起"高度自治"运动，企图脱离中国政府的统治。1937年七七事变爆发，日军相继扶持成立"蒙古自治政府""晋北自治政府""察南自治政府"等傀儡政权。1937年11月，在张家口成立管辖上述三个政权的"蒙疆联合委员会"。1939年9月，"蒙疆联合委员会"改组为"蒙古联合自治政府"。内蒙古东部与西部分别隶属于伪满洲国和"蒙古联合自治政府"，都处于日本的殖民统治之下。至此，中国北部边疆完全暴露于外国帝国主义的铁蹄之下，中国陷入前所未有的危机之中。

1911年，辛亥革命爆发，国民政府成立。但中国并未走上民主共和的道路，而是陷入"军阀各树旗帜、争雄称霸、混战割据的局面"②，其中1916—1928年北京政府时期尤其明显。南京政府在形式上统一中国后，开始重视对边疆地区的治理与控制。国民政府在处理蒙古问题时仍旧沿用清代以来的羁縻怀柔政策，拉拢上层蒙古王公贵族，这在一定程度上为稳定蒙古地区的政局起到了积极作用。但政府派去的官员不能体察民情，并以各种借口掠夺百姓，使大部分政策的实施失去了原有的效果，激化了民族矛盾。另外，在蒙古地区实行的划省改县、移民实边等措施，也由于在实施的过程中未充分考虑蒙古族的利益而遭到蒙古人民的反对，使其离心倾向渐趋明显。

民国时期内忧外患的局势，"使爱国学者和人士深受触动，时局危艰的社会现实唤起了一些士人的经世观念和忧患意识"③，促使了以"研究边疆史地，以谋筹边；研究域外史地，以谋御侮；研究当代史，以谋振兴"④ 为使命的中国边疆研究高潮的兴起。九一八事变爆发，日本分裂"满蒙"的行径日益嚣张，国人救亡思潮空前高涨，边疆研究进入了一个高潮期。在这种背景下，学者们的蒙古学研究也呈现快速发展之势。

---

① 魏新. 一九三四年的中国边疆. 进展，1934，3（7/8）：31.
② 翁有为. 北洋时期的军阀纷争与时代主题论略. 吉林大学社会科学学报，2010（2）：73.
③ 章永俊. 鸦片战争前后中国边疆史地学思潮研究. 合肥：黄山书社，2009：99.
④ 萧韩兴. 蒙事刍议. 蒙藏周报，1929，1（2）：106.

2. 政府的支持与推动

蒙古问题作为中国边疆问题的重中之重，虽然初期政府的对边政策相对消极，但是政府曾设立专门管理蒙藏地区的机构，并出台相关政策鼓励学人对蒙古地区进行考察、编修蒙古方志等，丰富了民国时期蒙古学的研究内容。

辛亥革命后，中华民国政府废除清代理藩院，改设蒙藏工作处，隶属于内务部，负责掌管蒙古、西藏等地少数民族事务。后改名蒙藏事务局，直隶于国务总理。1914年，蒙藏事务局改为直隶于大总统府的蒙藏院。南京国民政府成立后，于1929年正式成立蒙藏委员会，先是直隶于国民政府，后改隶于行政院，成为中央主管蒙藏事务的最高机关。蒙藏委员会下设蒙事处、藏事处、蒙藏教育委员会、调查室、编译室等，其直属机关有驻北平办事处、蒙藏训练班、蒙藏学校、驻印通讯处、蒙藏招待所、蒙藏旬报社、张家口台站管理局、杀虎口台站管理局、喜峰口台站管理局。蒙藏委员会及其下属机关的设立，是政府施行治蒙、治藏政策的前沿机构，也是政府全面了解蒙藏地区信息的门户，尤其是蒙藏委员会下设的调查室及其派出机构，对蒙古地方志书的编纂更是起到了不可替代的作用。

除此之外，政府还通过会议决定、出台政策等鼓励广大学界人士对包括蒙古在内的边疆地区进行调查研究。1929年6月国民党三届二中全会通过的《关于蒙藏之决议案》规定，"蒙藏委员会应根据施政纲领及实施程序，积极筹划，在第一期内应特别注重调查蒙藏情况，革新行政制度，兴办教育，及筹划自治诸项"①。1930年，国民政府在南京召开蒙古会议，通过《奖励内地人才赴蒙疆服务案》，计划奖励内地专门人才赴内蒙古地区服务②。1944年，国民政府教育部下令在中央大学和西北大学等创设边政学系。边政学系开设的课程内容包括蒙古文、维吾尔文等民族语言，蒙古族历史、藏族历史等民族历史，以及西方民族学、人类学，等等。边政学系的设置以及边政学课程的开设，显示了政府对边疆人才培养的重视以及开发、建设包括蒙古在内的边疆地区的决心。

---

① 中华民国史档案资料汇编：第五辑第一编：政治（二）.南京：江苏古籍出版社，1994：137.

② 熊耀文.总理对于蒙藏之遗训及中央对于蒙藏之法令.南京：蒙藏委员会，1934：183-184.

虽然民国时期不断的中央政府政争、党争在很大程度上影响了边疆地区的稳定，但中央政府为了解蒙古情况、稳定蒙古局势做出的上述努力，对于民国时期学人考察蒙古、建设蒙古的支持与鼓励举措，激发了民国时期学人开展蒙古学研究的热情，推动了民国时期蒙古学研究的进一步发展。

3. 蒙古学学科本身的发展需求

19世纪中叶，西方殖民主义者凭借坚船利炮打开中国大门，"天朝上国"的美梦彻底破灭。一批地主阶级的先进知识分子开始冲破传统考据学的狭窄圈子，转而研究经世致用之学，以西北舆地学研究为中心的中国近代第一次边疆史地研究高潮兴起。张穆、何秋涛、李文田等人将西北舆地学的治学方法与蒙古史研究相结合，运用札记、考订等方式为蒙古史地学的发展做出了贡献。其后，洪钧、屠寄、柯劭忞等人主动将域外史料和西方研究成果引入蒙古史著述当中，使蒙古史研究取得了新的突破与进展。

民国初年，随着"西学东渐"进程的加快，蒙古学研究也发生了巨大的变革。王国维、陈垣、陈寅恪等人在传统考据学的基础上，主动接受西方近代科学方法，积极促进蒙古史学由传统向现代的转型。但是随着蒙古危机的加深，学者们意识到单纯的考证式研究并不能解决蒙古的现实问题，一部分学者开始对蒙古现状问题进行描述。

20世纪三四十年代，随着大批留学人员的归国，"西学东渐"进程的加快，一些现代学科体系初步形成，以启迪民智、普及科学、促进学术交流为宗旨的报刊相继创办。民国时期学人结合自己的学术背景和专业所长，因时就势地对蒙古问题进行研究。韩儒林、翁独健、邵循正等学者吸收西方治学方法，利用多种语言对蒙古历史进行专题研究，取得了丰硕成果。华企云、谢彬、凌纯声、马鹤天等学者则采用民族学、人类学、政治学的研究方法对蒙古地区的政治、经济、文化、制度等进行全面介绍，极大地丰富了蒙古学的研究内容。

二、民国时期蒙古学研究的成就与不足

1. 成就与贡献

（1）现代蒙古学学科的初步形成

尽管目前学术界对于蒙古学学科的概念、分类、研究范围及对象、研究历史分期等许多问题仍未形成定论，但现代性蒙古学"是一门研究蒙古地区和蒙古人的历史、语言、政治、经济、文化、地理、风俗、宗教、哲学等的综合性学科"① 这一定义基本上得到了学界的认可。民国时期的蒙古学研究虽然无法涵盖上述所有领域，但也已经初步具备了蒙古学学科形成的条件。

从研究机构与团体来看，民国时期已经具备一批与蒙古学研究相关的现代学术机构与团体，并在高校开设了相关课程。民国时期，中央政府先后通过蒙藏工作处、蒙藏事务局、蒙藏院、蒙藏委员会对蒙藏地区进行统治与管理，并组织学人对蒙古地区进行调查研究，形成了一批具有学术价值的调查报告，成为时人研究蒙古地区的第一手资料。中央政治学校蒙藏班以及各地蒙藏分校的先后成立，西北大学、中央大学、中央政治大学边政系"蒙古语文""蒙古历史"等相关课程的开设，禹贡学会、新亚细亚学会、中国边政学会等一大批学会团体对蒙古问题的关注，《蒙藏月报》《蒙藏旬刊》《蒙藏周报》《蒙藏学校校刊》《新蒙古》等一大批现代性蒙古学研究期刊的相继兴起，有力地促进了民国时期蒙古学研究领域的兴盛。

从研究著述来看，民国时期涌现出了一批具有现代意义的划时代著作。王国维、陈寅恪、韩儒林、翁独健等人在元史和蒙古史方面的大量考证性文章，实现了蒙古史领域的现代性转型。此外，比如陈崇祖《外蒙古近世史》、华企云《蒙古问题》、黄奋生《边疆政教之研究》、凌纯声《中国边政之盟旗制度》等著述，其研究的范围、内容已经大大突破了传统蒙古学（研究历代蒙古有关记事的著作）的研究范畴，内容涉及列强侵略、中外关系、国防战术、经济开发、文化教育、社会宗教等方面。他们采用比较研究法、数学统计法、图表法等科学方法，按照外交、政治、经济、文化等顺序对蒙古现状进行介绍，已经算是具有现代意义的学术著述。

从蒙古学研究群体来看，民国时期涌现出了韩儒林、翁独健、谢彬、华企云、黄奋生、凌纯声等一大批受过现代教育理念的蒙古学学人。他们运用西方学术研究理论方法，结合自身的研究领域，对蒙古史地及蒙古现状进行全方位的科学研究。另外，他们多以边疆研究机构或

---

① 张光忠.社会科学学科辞典.北京：中国青年出版社，1990：1054.

者各大高校为中心进行蒙古学的相关研究,注重对蒙古学研究人才的培养,为新中国蒙古学学科的最终确立奠定了人才基础。

总之,民国时期蒙古学学人以蒙古历史、地理、现状为研究对象,内容涉及政治、经济、文化、宗教、风俗习惯等各个领域,涉及蒙古学专题研究的成果大量涌现,这些都是现代蒙古学学科初步形成与发展的重要表现,也是民国时期边疆问题研究取得的重大成果。

(2) 丰富了与边疆问题相关的其他现代学科的研究内容

民国时期,随着大批留学人员的归国,"西学东渐"的进程进一步加快,现代学术体系的建构得到初步发展,不少新兴的学科相继成立。民国时期的蒙古学研究涉及领域宽泛,在一定程度上丰富了与边疆问题相关的边疆史地学、民族学、人类学、边政学的研究内容。

民国时期蒙古史地研究推动了传统边疆史地研究的继续发展。鸦片战争前后,边疆危机初显,一批学人以谈西北边务为能事。因而,包括蒙古史地研究在内的西北边疆史地研究呈现高潮。民国时期,随着现代大学体制的建立,一大批与史地学研究相关的学术机构、刊物相继进入大学的学术建置。另外,与现代史地研究相关的学术团体也相继兴起。这些与边疆史地研究相关的学术机构、刊物的兴起,是民国时期边疆史地研究兴盛的重要推动因素,也是边疆史地研究在传统基础上继续推进的重要表现。民国时期的蒙古史地学者即以现代学术机构、团体、报刊为阵地,主动借鉴西方科学的研究方法,在蒙古史地研究方面取得了巨大进展。比如,许公武在实地勘测、严密考证的基础上写成《内蒙古地理》① 和《内蒙古各旗志略》②,对内蒙古地区各旗的地形、地势、分界等都做了详细介绍,并用确切的经纬度区分内外蒙古的界线,对我国边疆与俄国接壤的疆域更是做了详细的界定。他用事实证明近代以来以俄国为代表的帝国主义对我国北部边疆领土的蚕食,也是传统边疆史地学经世致用精神的延续。

对蒙古社会的调查研究深化了民国时期民族学、人类学的研究内容。民国初年,民族学、人类学就伴随着"西学东渐"的潮流传入中国,但直到20世纪20年代末才随着学术机构的建设与田野调查的展开

---

① 南京:新亚细亚学会,1937.

② 新亚细亚,1937,13 (2):21-30;1937,13 (3):1-13;1937,13 (4):11-21.

而得到初步发展。此时民族学、人类学的调查研究在边疆危机特别是蒙古危机问题研究方面成效并不明显。20世纪30年代，内蒙古地区日渐陷入日本的殖民统治，民国时期学人意识到对蒙古地区进行细致、深入的调查的重要性。在蒙古局势危急的情形下，蒙古学学人克服困难，积极利用民族学、人类学的调查方法，对蒙古人的生活习惯、风俗制度等各方面展开调查。他们在调查中形成的调查报告和相关著述，为政府与国人全面了解蒙古地区的资源环境、社会状况等发挥了重要作用，弥补了当时学者多将眼光集中在西南地区的遗憾。

此外，20世纪30年代，伴随着边政研究团体的出现、边政研究期刊的创办以及边政学人才的培养，边政学学科体系逐步走向完善。边政学强调多学科的共同参与，"人类学、社会学、政治学、经济学、法学、教育学、史学、地理学及其他有关国防的科学，都是边政学所需仰赖的"①。这样一来，"边政学其实也就成为一个涉及边疆地区无所不包的学科，也可以说各个学科都可从各自的方面来研究边疆问题"②。民国时期的蒙古学学人通过对盟旗制度的研究以及历代治蒙政策的探讨，丰富了边政学的研究内容，也为政府制定对蒙政策提供了新思路。

（3）学术济世的现实意义

民国时期的蒙古学研究是在内忧外患的背景下展开的，承载着学人学术济世的理想，并且对民国时期蒙古地区的开发、建设产生了重要的现实意义。

首先，民国时期学人以历史事实为依据开展的蒙古史地方面的研究，揭露了近代以来日、俄等列强在蒙古地区肆意侵略的可恶行径，对团结蒙古人民共同抵抗外侮具有重要作用。比如民国时期学人开展的对蒙古历史、族源问题的研究，否定了日本的"满蒙非中国"论；对蒙古地区开展的地理考察，增强了国人的边疆观念，更好地维护了国家主权。

其次，民国时期学人对蒙古局势及现状的介绍，增强了国人对蒙古地区的了解，特别是在列强侵逼、国防战略、边界纠纷、宗教等一系列

---

① 汪洪亮.民国时期的边政与边政学（1931—1948）.北京：人民出版社，2014：185.
② 王利平，等.20世纪上半叶的中国边疆和边政研究：李绍明先生访谈录.西南民族大学学报（人文社科版），2009（12）：37-38.

问题上为了应对困境、化危为机而提出的诸多对策，对于政府对蒙政策的调整、团结蒙古族起到了重要的作用。比如有关外蒙古"独立"、内蒙古"高度自治"运动过程的描述，揭露了日、俄等在民族分裂运动中所扮演的真正角色，帮助国人认清列强的真面目。

最后，民国时期学人对蒙古地区提出不少开发与建设意见，为抗战结束之后蒙古地区的经济、社会发展提供了大致方向。其中有关蒙古地区宗教、教育、制度方面的措施对我们今天解决边疆问题、民族问题也具有借鉴意义。

2. 局限与不足

民国时期学人有关蒙古学的相关著述，涉及蒙古地区的政治、经济、社会风俗等方面，并且对蒙古地区的开发、建设等问题发表了不少深刻的见解。但由于所处时代的局限以及个体能力方面存在差异，民国时期学人在蒙古学的具体研究中也存在诸多不足之处。

(1) 由于缺乏实际调查或考证出现的事实性错误

正如徐益棠所言："近年来学者渐众，其本非研究此科，而因兴趣所在转移其志愿于边疆问题及民族问题之研究者日见其多，此诚可重视之好现象也。惟亦有一部分学者，于英美文献，未加以通盘之研究；于边境民族，未加以实地之考察；徒震于一二新鲜之学说，断章取义，诩为至宝，入主出奴，自非吾国初期民族学史上应有之阶段也。"① 民国时期有些学人在进行学术研究时，没有经过调查或者考证便进行论述，有时论述的内容会出现和事实不符的现象。如华企云《满蒙问题》一书征引了大量史料，但多为报刊资料或转自他人著述。华企云在该书的自序中提及边疆史料时也承认"在日本固属汗牛充栋，在中国则实寥若晨星。是以不揣简陋，采而辑之，以成斯篇"②。

(2) 实际调查研究中存在不足

蒙古学研究人员众多而复杂，个人水平存在较大差异，因此研究成果也会出现良莠不齐的现象。另外，随着日本对内蒙古地区侵略的日益加深，九一八事变尤其是全面抗战爆发之后，对蒙古地区进行考察活动多有不便，很多正在进行的相关研究不得不停止。国民政府西迁之后，

---

① 徐益棠. 十年来中国边疆民族研究之回顾与前瞻. 边政公论，1942，1 (5/6)：61.
② 华企云. 满蒙问题. 上海：大东书局，1929：自序1.

国内边疆研究者将其研究重点放在西南地区，对蒙古地区进行的关注相应减少，其实际调查研究成果大不如前，留下诸多遗憾。

（3）时代的局限导致的错误

由于蒙古学研究著述大多撰写于20世纪20—40年代，其字里行间不可避免地存有对中国共产党及其革命的攻击、污蔑之处，还存在对蒙古族的歧视性语句，这是那个时代的部分学人所共有的错误。

综上，虽然民国时期学人对蒙古学的研究存在这样或那样的问题，但与之取得的丰硕成果相比，是微不足道的。

第五章　边疆调查与民族识别

中国历史上形成的疆域和民族格局，是汉族多聚居在内地，其他民族多分布在边疆地区。受这一分布格局的影响，学者在有关边疆问题的研究中，"所遭遇到的不仅是地理考察的问题，尚有民族文化的探源寻根问题，所以在研究的过程中，常将历史地理学、民族学与文化人类学的问题混为一谈。这类研究在当时可能是不自觉的，因为在传统的学术分类中，历史地理学、民族学和文化人类学之间，并未有明确的学门定义，而以笼统的史学加以涵盖，因此在进行史地考察时，这些问题是同时受到照应的"[①]。中国的边疆研究和民族研究是互为表里、紧密相连的。

民族识别工作早在"民族""国家"等概念传入中国以后就开始在自觉或不自觉地进行了。作为一个舶来的概念，至20世纪上半期，"民族"在中国的传播大致经历了三个阶段。

19、20世纪之交，在救亡图存的背景下，清廷开始加强对所辖地区民众和土地的政治整合、边防巩固，自觉开始中华民族的构建。国家主义、民族主义、国民主义思潮伴随着"自强保种"的观念交相辉映，在天下与国家、部民与国民、民族与种族、华夏与蛮夷等概念的讨论中，知识界获取了对"民族"的最初认识。梁启超最早对西方的民族观念进行传播，他接受了西方关于民族主义的说法，提出中国民族主义要分为两个：大民族主义是中华民族，小民族主义是各个民族。反映出当时知识分子希望通过构建民族国家来增强民族凝聚力的一片苦心，自此，开始出现"中华民族"的概念。

---

① 彭明辉.历史地理学与现代中国史学.台北：东大图书股份有限公司，1995：240.

20世纪初,辛亥革命以革命的方式推翻了清王朝统治,摧毁了在中国运行了两千多年的封建帝制。虽然自19世纪中后期以来,近代意义上的"国家"和"民族"观念开始在中国传播,但远未达到深入人心的程度。因此,如何争取各民族对新的国家的认同,防止四分五裂局面的出现,成为摆在中华民国政府面前最为紧迫的任务之一。清朝曾以皇权的力量和颇具特色的民族政策、治边措施,在相当长的时间内维持了政权的稳定性,而新政权能否顺利接手清朝的疆域遗产,则在很大程度上取决于它的民族政策和疆域观念。于是,时代变革和现实需要引发了对"民族"概念的新一轮阐释,"中华民族"一词渐成为整合各民族和建构国家的思想武器。

1931年的九一八事变及日本人抛出的"满蒙非中国领土"的观点,进一步推动当时的知识分子进行反思:我们的民族到底是什么?怎样论证中国历史上的领土、民族和现实国家的关系?如何将边民塑造成能够共同担负起国家责任的国民?强化民族认同感的氛围笼罩了当时学术界。这一时期对"中华民族"观念的讨论,更多和外敌入侵、民族团结、保卫疆土等话语结合起来。

中国独特的历史传统、发展道路以及复杂的民族状况,使得这些概念在相当长一段时间内还将继续处于讨论中。但是,无论知识界如何发起对这些概念的解构、反思和再研究,都不能抹杀它们在现代国家和世界格局的形成过程中所发挥的巨大作用,尤其对于20世纪初刚刚从封建帝制束缚走出来的中国来说,它们提供的是一种符合世界潮流的政体建构的理论依据。

第一节　抗战时期边疆调查与民族研究

一、边疆调查

开展实地调查,是民国时期边疆研究的一大亮点。顾颉刚曾提出:"中国的穷是最普遍的现象,我们要做这样做那样,实在也无从说起。国立的研究机关固然有,但在穷的现象下,能做的事有多少?反过来看，该做而无力做的事又有多少？……我们研究地理，合该对于我们版图内的山河、景物、人民，以及我们已往的光荣，都亲眼领略一过，旅行团的组织自有其必要。"① 1936年1月，顾颉刚作《〈禹贡〉学会研究边疆计划书》，在提到学会未来任务时，其中一项就是训练调查人才。中国之边地，因交通不便，气候不宜，行旅少至，内地与边疆隔绝日久，研究边疆问题者若不实地调查则不免流于空疏。故训练担任调查之青年，养成科学考察之风尚，实为当时要务。童书业在1936年5月的《禹贡》半月刊中也指出："自从东北四省失陷以来，我们的国家受外侮的凌逼可算到了极点，所以有血气的人们，大家都暂时放弃了纯学术的研究而去从事于实际工作。至于留在学术界的人物，也渐渐转换了研究的方向，即如本刊的由研究地理沿革而转趋到边疆调查，就是这种潮流的明显的表现。"②

禹贡学会成立后，提出对边疆史地的研究途径，"一赖实地调查，一在考究典籍"③，并把边疆实地调查与民族研究联系起来。1942年顾颉刚在回顾自己民族研究的缘起时说："当时我办一个《禹贡》杂志，本为研究中国地理史，想把中国疆域沿革整理出一个头绪来的，因为我注意到边疆问题，就在里边常常发表关于边疆的文章，并且约请研究这些问题的学者大家写文章，出专号，几年之后，在国内渐渐造成了注意边疆问题的风气。不过那时候我对边疆问题的注意点，偏重在外患方面，抗战发生的那一年，我到甘肃、青海一带走了一趟，目击当地汉人、蒙人、回回、番子（藏）相处的情形，方才觉得我们的边疆问题，不但是受外国人侵略的问题，而且是一个自己内部的问题。"④ 阐明了他的关注重点由沿革地理到边疆史地，再及民族（尤其是边疆民族）问题。编辑《中国民族志》是禹贡学会成立后的首要任务。

七七事变后，随着国民政府迁都重庆，西南由边疆变为抗战的大后方和建国的根据地，政治地位骤然提升。为了争取抗战胜利，建设和开发西南被列为国民政府的重要战略决策之一。西南是一个多民族聚居

---

① 郑良树. 顾颉刚学术年谱简编. 北京：中国友谊出版公司，1987：174.
② 童书业. "古代地理专号"序言. 禹贡，1937，7 (6/7)：1.
③ 本会三年来工作略述. 禹贡，1937，7 (1/2/3)：5-6.
④ 顾颉刚. 中国边疆问题及其对策（上）. 西北通讯，1947 (3)：1.

区，社会习俗、语言文化多有不同，准确把握当地的民族状况及稳定民心成为国民政府开发前期急需解决的问题。同时，内地教育、科研、文化机构大批西迁，使西南地区学者云集，学术氛围和研究力量空前增强，这批人中包括相当数量的从事人类学、民族学和社会学的学者，掌握了中国本土所不曾接触过的人类学、民族学等新兴学科的理论和研究方法，急于将其运用到中国实际研究中去，而西南众多的少数民族族群恰好为他们的专业研究提供了丰富的素材，吸引他们不辞辛苦地深入村寨进行细致的调查和研究。正是基于上述原因，抗战时期掀起了对西南少数民族调查的热潮。

这一时期由国民政府组织的大规模官方调查活动有两次。1938年5月，内政部密咨中央："查西南各省边区，汉夷杂处，自古多事。明清以来苗变层见叠出，考厥原因，实由于当时政府忽略宣导，边官措施失当，坐令民族间之情感隔膜有以致之。值此全面抗战期间，所有地方秩序之稳定，民力之团结，在在俱关重要。对于苗夷等族亟应因势利导，予以组织训练，使其效忠党国，借以增强抗战力量。本部现拟编订宣抚苗夷方案，惟恐不明情形，将来实施困难，特制定西南边区民族调查表式，先事调查，俾资参考。"[①] 此案得到批准后，内政部立即下发西南边区民族调查表，饬令西南各省迅速对所属各民族按民族种类、居住地域、男女人口数、壮丁数、生活习惯等项逐一填写。至1941年8月，云南下属的113个县、15个设治局及2个对汛督办署都按要求上报了调查表，四川、西康、贵州等省亦陆续完成调查任务。1940年，为配合改土归流工作的推进，国民政府下令对川、康、滇、黔四省现存土司状况进行调查，内容包括土司名称、设置时间、时任土司、民族、辖境面积、管辖人口、财赋、学校数、土司以下行政组织概况等11项内容[②]。除了这两次调查外，抗战时期国民政府还组织了各种专项民族调查活动。例如，1940年3月开始的对西南各民族的社会、历史、文化、民族心理等方面的调查，同年5月针对傣族人口数目、分布区域等展开的调查，等等。1940年夏天，四川省政府组织了边区

---

① 马玉华. 20世纪上半叶民国政府对西南边疆少数民族的调查. 中国边疆史地研究，2005（1）：108.

② 同①109.

施教团，由柯象峰和徐益棠分任正、副团长，率20余人赴雷波、马边、屏山、峨边等县进行社会调查。此次调查成果编成《雷马屏峨纪略》一书，1941年由四川省政府教育厅出版。考察结束后，徐益棠又考察了雷波小凉山地区，收集了数百件民族学文物①。通过多次实地考察，他完成了多篇关于凉山彝族地区的著作，如《雷波小凉山之倮民》②、《到松潘去》③ 等。

这些以人类学方法和理论为指导的民族调查，尽管由于时间、技术条件和环境所限并未完全达到最初设想，但对于政府和国人深入了解边疆少数民族的生产、生活、社会习俗及教育文化发展水平，进而制订更为合理完善的开发计划，毋庸讳言具有积极意义，在一定程度上实现了团结国内各民族抗战和防止帝国主义拉拢、利用之政治目的。然而，与此同时，他们的调研亦凸显了各民族自身的特殊性。那么，如何看待民族之间，尤其是汉族与其他少数民族之间的差异性，就成为后来民族研究的一个关注点。

二、全面抗战时期边疆调查与民族研究的焦点

继九一八事变东北沦陷，1937年全面抗战爆发后，华北、华中、华南等大片国土又相继陷于日军之手，国民政府被迫迁都重庆，中国民族危机达到顶峰。开发西北和西南边疆、增强各族团结、强化民族国家建构、激发国人抗战斗志成为时代的迫切需要与严峻使命。如时人所言："夫边疆诸省，开发虽迟，而蕴藏甚富。方或殊而同隶版图，俗或异而同为华胄。今日为长期抗战，固当益固各族之团结，而为建国大计，尤须策万世之远谋。……所望有志之士，或潜心究边省之文物，或投笔奋四方之壮志，筚路蓝缕，以启山林，凝各族为一家，纳边疆于同轨，进而收复已失之河山，完成抗建之大业。异日万里户庭，同跻郅治，不复有边疆、内地之别。"④ 这一时期，学术界对边疆和民族问题的研究并未因国民政府西迁而削弱，不但延续了20世纪30年代的发展势头，并且再次掀起了一个高潮。具体而言，这种时代特征体现在民族

---

① 徐畅.中国民族学研究的先行者——回忆先父徐益棠的治学之路.中国民族报，2010-11-12.
② 成都：私立金陵大学中国文化研究所，1944.
③ 青年中国季刊，1940，2（1）：207-214.
④ 高长柱.边疆问题论文集.重庆：正中书局，1941：张群序1.

研究上，就是有两大问题受到格外关注：

第一，国族整合和中华民族观念的发展演变。在团结抗战、救亡图存的话语体系下，国族整合和淡化民族观念成为全面抗战时期国民政府民族治理政策的出发点。同时，亡国灭种的现实危机也刺激、推动学术界对如何加强国家建构和民族凝聚力问题再做思考。在此背景下，对中华民族观念的传播和阐释进入了一个新的阶段，国民政府、中国共产党及各领域学者对中华民族概念都做了新的表述，"中华民族"一词成为舆论宣传团结抗日的代表性词汇。1939 年初，顾颉刚在《益世报》上先后发表《"中国本部"一名亟应废弃》①和《中华民族是一个》②两篇文章，提出要慎用"中国本部"和"民族"这两个概念，认为前者是日本人缔造出来分化中国的，后者则是中国人自己作茧自缚。中华民族既不组织在血统上，也不建立在同文化上，汉族文化早因各种各族的混合而逐渐取长舍短融合成为一种混合的文化，这种文化只能称为"中华民族的文化"。因此，在中华民族之内绝不该再析出什么民族，也绝不该在中华民族之外再有别的称谓。"中华民族是一个"是信念，也是事实。"中华民族是一个"的提出，对全面抗战时期边疆和民族问题的研究产生了极大的影响。

第二，对西南边疆民族的调查和研究。国民政府西迁后，西南地区因其政治地位的跃升而受到格外关注。西南各省民族众多，文化各异，社会结构和社会组织形态多样，由于交通闭塞、经济文化落后等原因，许多民族地区与内地隔膜很深。为了发挥西南地区民族复兴根据地的作用，国民政府采取了一系列政策和措施，力图从各个方面促进其开发和建设。各种资源空前集中的情形也给西南地区各项事业的发展带来了前所未有的机遇和动力。在 20 世纪 30 年代较受冷遇的西南边疆和民族问题开始得到重视。"自国民政府有边疆政策以来，勿庸讳言的，其注视的重心，是在西北而不在西南，换言之，即只认蒙、藏、新疆为边疆而视西南各苗夷区域为内域"，然"自抗战以后政府西迁，西南边疆及西南边民的实况，始渐为执政诸公所明了，才深觉得这广大区域与复杂的宗族，实在不能不有特殊的治理方策和开

---

① 益世报：星期评论，1939 - 01 - 01.
② 益世报：边疆周刊，1939（9）.

发方案，实在应当和蒙、藏、新疆作等量齐观，于是政府治边的范围乃始扩大，把西南的苗夷区域算作了边疆，把西南的苗夷人民认作了边民"①。"西南成为今后抗战建国的重心，'开发西南''发展西南'，不期然就成为全国人士一致的呼声了！"② 有人甚至直接提出"建国必自建设西南始"，"抗战建国，固人人能言之，然言之非艰，行之维艰，国都移渝后，西南数省，遂为民族复兴地，是则建国必先建设西南明矣"③，并认为"此民族觉悟之一大转机"④。而深入了解和把握当地的民族状况，树立和加强各族对国家的认同感，就成为建设和开发西南的重要前提。同时，辗转云集于西南地区的学者中包括相当数量从事人类学、民族学和社会学研究的人，西南众多的少数民族恰好为他们提供了丰富的研究对象和素材。这些不仅使西南边疆的开发和建设得到大力推动，而且从客观上为民族问题的研究提供了舞台，使其有了发展的机遇。由此，掀起了对西南边疆民族调查和研究的一个小高潮。

从当前学术界对全面抗战时期民族问题的研究来看，有学者从宏观上对民国时期民族研究的焦点问题做了梳理和总结，大体包括中华民族观念的传播和认同、中华民族复兴、民族国家和国族建构、民族地区的国家意识、中央政府对民族地区的治理、国界勘定等⑤。这些问题可以说贯穿了整个20世纪上半叶，但在全面抗战这一特殊时期，受现实状况、地理环境、民族分布等因素的影响，则突出表现为上文所提的两个问题。就这两个问题的学术史研究而言，怎样看待和评价"中华民族是一个"理论，这在当时及以后都是中国民族研究不可回避的重大问题，历史学、民族学、人类学、社会学、政治学等各个领域的学者从不同视角和路径出发，对此问题进行阐述和解读，研究不断细化、深化、出

---

① 江应梁. 请确定西南边疆政策. 边政公论，1948，7（1）：1.
② 王兴瑞. 西康文物展览会. 西南边疆，1939（5）：76.
③ 邓汉祥. 建国必自建设西南始. 西南实业通讯，1940，1（6）：1.
④ 高长柱. 边疆问题论文集. 重庆：正中书局，1941：张群序1.
⑤ 朱映占. 民国时期民族研究中的焦点问题. 云南民族大学学报（哲学社会科学版），2011，（2）：121-126.

新，到目前为止，已经取得了丰硕的成果①。关于全面抗战时期西南边疆民族地区的政治制度建设、经济开发、文化教育、少数民族的国家意识和中华民族观念认同等问题也已积累了不少研究成果②。概括而言，这些研究成果对全面抗战时期中华民族观念的发展和演变，学术界对中华民族的辩论，"中华民族是一个"提出的历史和现实背景、内涵及社会反响等均各有侧重地做了探讨。研究者基本承认，中华民族观念在全面抗战时期得到更为广泛的传播，"中国最大的收获，也许不是废除不平等条约，而是战争使得不分党派、不分宗教、不分地域、不分种族，在一定程度上形成一个利害与共、休戚相关的'中华民族'"③。而国民政府对西南边疆的开发与中华民族一体化理论的推行，客观上增进了民族之间的相互了解及西南少数民族对中华民族和国家的认同。

从学理上而言，这两个问题是互为表里、互为论证的关系，即通过对西南少数民族的调查研究，加强和完善中华民族一体化理论体系的构建；同时，以这一理论的传播来增强各民族对中华民族的认同。然而，如一些研究成果所表明的，这两个问题在当时还达不到上述的理想关系，中华民

---

① 刘大年. 抗日战争与中华民族的统一. 抗日战争研究，1992（2）：1-16. 高翠莲. 清末民国时期中华民族自觉进程研究. 北京：中央民族大学出版社，2007. 黄兴涛. 民族自觉与符号认同："中华民族"观念萌生与确立的历史考察. 中国社会科学评论，2002，(1). 黄兴涛. 重塑中华：近代中国"中华民族"观念研究. 北京：北京师范大学出版社，2017. 周文玖. 从"一个"到"多元一体"：关于中国民族理论发展的史学史考察. 北京大学学报（哲学社会科学版），2007（4）：102-109. 周文玖，张锦鹏. 关于"中华民族是一个"学术论辩的考察. 民族研究，2007（3）：20-30，107-108. 郑大华，邹小站. 中国近代史上的民族主义. 北京：社会科学文献出版社，2007. 孙喆，王江. 国家、边疆、民族：《禹贡》半月刊与20世纪30—40年代的中国边疆研究. 北京：中国人民大学出版社，2013. 黄克武. 民族主义的再发现：抗战时期中国朝野对"中华民族"的讨论. 中国近代史研究，2016（4）：4-26，160.

② 仅以民族史志研究为例，有：王水乔. 论民国时期国内学者对云南少数民族的研究. 云南社会科学，1994（5）：72-77. 马玉华. 国民政府对西南少数民族调查之研究（1928—1948）. 昆明：云南人民出版社，2006. 马玉华. 20世纪上半叶民国政府对西南边疆少数民族的调查. 中国边疆史地研究，2005（1）：105-113. 王文光，朱映占. 承认与认同：民国西南少数民族的身份建构. 广西民族大学学报（哲学社会科学版），2012（1）：84-92. 朱映占. 抗战时期西南边疆的国族建构研究. 思想战线，2014（6）：35-43. 何一民，黄沛骊. 抗战时期国家与中华民族认同之构建及影响：以西南少数民族为例. 四川大学学报（哲学社会科学版），2016（3）：14-22。

③ 陈仪深. 二十世纪上半叶中国民族主义的发展//认同与国家：近代中西历史的比较. 台北："中研院"近现代史研究所，1994：54.

族观念在增强凝聚力的同时，也引发了"内部之分歧、权力的斗争"①。对学术研究来说，主要体现在对"中华民族"和"民族"概念的理解上尚不一致，如较早时期顾颉刚和费孝通之间的辩论，费孝通从自己所掌握的理论及其在广西的民族调查实践出发，并不认同顾颉刚提出的"民族"和"种族"定义，提出："若是我们的目的在建设一个现代民主国家，文化、语言、体质上没有混一的必要。若是我们的国家真能做到'五族共和'，组成国家的分子都能享受平等，大家都能因为有一个统一的政治团体得到切身的利益，这个国家一定会受各分子的爱护"，标语式的新名词于时势并无裨益，"惟有从事实上认识边疆，我们才能保有我们的边疆！"② 虽然顾、费之争很快就结束了③，但这一学术上的分歧是否就此消弭了？转移到西南地区的民族学者是如何围绕着这两个焦点问题开展工作的？"中华民族是一个"理论对他们的研究工作产生了何种影响？为了解决这些问题，这里特意选择了一个以往受关注较少的专业从事民族研究的学术团体——中国民族学会作为考察对象，希望通过对其研究内容、发展轨迹的考察，对全面抗战时期民族问题研究的状况和特点做进一步探寻、梳理和总结④。

三、全面抗战时期中国民族学会的学术活动

在20世纪三四十年代的边疆民族研究中，涌现出众多的学者、报

---

① 黄克武.民族主义的再发现：抗战时期中国朝野对"中华民族"的讨论.中国近代史研究，2016（4）：4.

② 费孝通.关于民族问题的讨论.益世报：边疆周刊，1939（19）.

③ 费孝通后来提到没有继续辩论的原因时说："后来我明白了顾先生是激于爱国热情，针对当时日本帝国主义在东北成立'满洲国'，又在内蒙古煽动分裂，所以义愤填膺，极力反对利用'民族'来分裂我国的侵略行为。他的政治立场我是完全拥护。虽则我还是不同意他承认满、蒙是民族是作茧自缚或是授人以柄，成了引起帝国主义分裂我国的原因。而且认为只要不承认有这些'民族'就可以不致引狼入室。借口不是原因，卸下把柄不会使人不能动刀。但是这种牵涉到政治的辩论对当时的形势并不有利，所以我没有再写文章辩论下去。"（费孝通文集：第13卷.北京：群言出版社，1999：26-27）

④ 涉及中国民族学会的研究成果不多，主要有王建民《中国民族学史》（上卷.昆明：云南教育出版社，1997）、李列《彝族研究现代学术的建立（1928—1949年）》（北京师范大学博士论文，2005）、聂蒲生《民族学和社会学中国化的探索：抗战时期专家对西南地区的调查研究》（北京：中国社会科学出版社，2011）、孟航《中国民族学人类学社会学史（1900—1949）》（北京：人民出版社，2011）、朱映占《民国时期的西南边疆》（云南大学博士论文，2012）、李会敏《中国民族学会研究（1934—1949）》（四川师范大学硕士论文，2015）等，这些论著主要叙述其机构的发展或其民族调查活动。这里拟在以往研究基础上，加大对其学术史的考察。

刊和研究机构，正像有学者所形容的，"当时活跃于这领域的学人、有影响的学术团体、受人注意的刊物，犹如群星灿烂"①。中国民族学会就是其中一个颇具代表性的团体。它成立于1934年12月，起因是蔡元培、凌纯声、徐益棠、刘咸等为代表的一批学者有感于"我国民族文化之复杂，殊有分工合作积极研究之必要"②，而国内大学设民族学课程者仅寥寥数校，且授课者大多为外国学者，于是发起成立此会。1934年12月16日，中国民族学会在南京中央大学召开成立大会，选举徐益棠为理事会主席，孙本文等7人为理事，蔡元培等3人为监事，章程共计15条，并决定会务为下列4项：一是研究，二是调查及搜集，三是讲演及讨论，四是编行刊物③。1937年全面抗战爆发后，学会工作被迫停顿，一些会员撤至西南大后方。与团结各族、共同抗日的时代要求相呼应，他们很快就以重庆、昆明、成都为基地，分头深入民族地区展开调查和研究工作，将学术研究和现实关怀紧密结合起来。除自行前往民族地区考察外，他们还参加了1938年以来国民政府组织的各种民族调查活动，如1940年3月开始的对西南各民族的社会、历史、文化、民族心理等方面的调查；同年5月针对傣族人口数量、分布区域等的调查；等等。1941年秋，各种条件成熟后，学会的复会工作开始提上日程。1942年10月，徐益棠代表中国民族学会向国民政府社会部呈递了《中国民族学会章程》、《会务活动报告书》及团体概况表等各项材料，正式开展活动。

中国民族学会在成立之始，就明确提出以研究中国民族及其文化为宗旨，这一宗旨与全面抗战时期迫切需要解决的问题不谋而合，加之西南特殊的多民族分布格局，学会的发展获得了更为广阔的空间。在对西南少数民族地区进行实地考察的基础上，学会成员对当时的民族问题进行了较为广泛的讨论和研究。下面以发表其观点的主要平台——《西南边疆》为考察分析对象，将其关注的内容总结概括为以下三个方面：

第一，少数民族族源问题。在当时学者看来，中国因历史悠久和土

---

① 边众. 论当前开展中国边疆史地研究的几个问题. 中国边疆史地研究，1991（1）：14.
② 徐益棠. 七年来之中国民族学会. 西南边疆，1942，15：55.
③ 同②.

地辽阔，以及地形和民族的复杂，自然形成了许多文化区域，有着许多不同的文化单位。"只是后来因为汉族文化的占了绝对优势，这些小民族、小区域的文化，都渐渐地被同化，被征服，或者也是被淹灭，或被忘却了"①，而这些"小民族"，"即少数的民族，但在国家民族和文化的构成分上，却是一样的重要"②。研究其族源问题的意义就在于，"对于他们的极客观的研究和极正确的理解，不单是可以纠正了过去载籍上的许多的伪误，扫清种族间的许多的成见和误解，同时也当可以追溯出一部分中国文化的渊源和血缘"③。

第二，少数民族风俗习惯、历史渊源、社会制度、经济组织和形态等问题。其目的，一方面，"就学术研究上言，我们希望文化界人士，能多从这富有历史意味的社会制度及经济机构中，寻取到更广大的研究资料；就民族的大统一言，我们却又希望政府能早日对此种不适存在于现时代的社会经济组织，加以改进"④。另一方面，从现实的需要出发，尝试从西南少数民族文化特殊性中找寻中国文化的共性。如江应梁通过对"僰夷"的家族组织与婚姻制度的研究发现，"僰夷"的宗法承嗣异于西南地区的很多其他民族，如嫡长子继承制度等全部仿效汉人，甚至更为严格，不论土司或民间，均可看出这种情形。土司及贵族的两性结合仪节，也与汉人社会无大的差别，但在下层中，则保留着一些较为原始的婚俗习惯，说明内地文化与西南边疆文化并非完全阻隔不通，而是存在着某些共通的地方，尤其是其社会上层，在很多方面与汉文化有所交融⑤。岑家梧则在对花苗地区进行实地考察后颇为乐观地指出："花苗历来处于恶劣环境之下，几经锻炼，使花苗有强健之体质、刻苦耐劳之习惯，既无特殊嗜好，又具精诚团结之精神，凡此种种，实为中华民族最健全、最优良之国民。际此抗战建国期间，吾人苟深切了解花苗之生活情况，进而改造花苗之经济生活，提高花苗教育水平，然后从而组织之，训练之，必能增加千万抗战到底之力量。"⑥ 试图从花苗质朴的

---

① 楚图南. 中国西南民族神话的研究. 西南边疆，1938，1：32.
② 同①35.
③ 同①33.
④ 江应梁. 云南西部僰夷民族之经济社会. 西南边疆，1938，1：81.
⑤ 江应梁. 僰夷民族之家族组织与婚姻制度. 西南边疆，1938，2：22-44.
⑥ 岑家梧. 云南嵩明县之花苗. 西南边疆，1940，8：22.

遗俗中寻求中华民族精神的根本,激励和鼓舞抗战斗志。

第三,少数民族教育和语言沟通问题。当时的学者普遍认为,"边疆为我版图之边疆,边民亦即我国民之一部。开化边民,使与近代中原文化溶为一体,以应付现局,实为刻不容缓之事","开化边民,提高边民文化,其最重要的途径,无疑的是教育"①;而传达意志、推行政教的最有效工具,就是语言,因此,"非先实施语文教育不为功"②。对于在数年努力之后大多数少数民族与汉族之间仍存在很深的文化隔阂这种状况,一些学者认为,其主要原因在于教材的编写和使用上。吴宗济提出:"这些民族的语言生活都各不相同,要使他们削足适履的都读商务的复兴教科书,或中华的新课程标准适用教科书(云南省立小学所用),究竟还有很多的隔阂。"③ 陶云逵亦认为:"我们只把我们自己的教育制度搬到边地,而未能因地制宜,致遭边民漠视。我们需要一种实验的边疆教育,就地取材,在当地社会日常生活中随时教授,参以新见解、新的生活方式,于不知觉中,逐渐推进,将原来的淘汰,用现代的代替。"④ 芮逸夫提出语文教育的途径应该是"汉语的普及于夷族,夷语的国音字母化","惟有各夷族能懂得汉语,说得汉语,则党政当局所提倡的民族教育才容易实施,容易见效。惟有各夷族都受了现代中国的教育——三民主义的教育,他们才算是真正的汉化,才能算是中华民族真正的组成份子。也惟有各夷族真正汉化之后,我们才容易激发民族抗战意识,推进民族自卫组织"⑤。

总之,以上关于民族起源、民族社会形态、民族发展等问题的讨论在很大程度上反映了全面抗战时期民族学领域学者们的关注重点,即如何以西南边疆民族和族群为样本,对民族概念、民族关系、民族矛盾、民族发展趋势等理论进行探讨和实践。从这些文章的字里行间也可以看出,中国民族学会的研究大体上还是从学术立场出发,在认同和大力传播中华民族观念的同时,对中华民族与民族关系问题持审慎、多元的态度。

---

① 陶云逵. 开化边民问题. 西南边疆,1940,10:16.
② 芮逸夫. 西南民族语文教育刍议. 西南边疆,1938,2:47.
③ 吴宗济. 调查西南民族语言管见. 西南边疆,1938,1:55-56.
④ 同①.
⑤ 同②.

四、民族研究遭遇的困境及原因

在全面抗战这一特殊时局下，以民族研究为宗旨的中国民族学会本应恰逢其时，蓬勃发展，但从实际情形来看，处境却颇多尴尬，从以下两个方面可略见一斑。

第一，学会会员数量不多，经费窘迫。学会于1934年成立时有会员33人，次年增至51人。1942年复会时会员降为33人，直至1946年战后才增至91人，如徐益棠在1942年总结学会成立七周年工作时所言："中国民族学会成立于民国二十三年（一九三四年）十二月，屈指计算，仅有九个年头，实足年龄，且只及七年零四个月。以言学术史上之地位，瞠乎后矣。此七龄之幼童，诞生于国难严重之际。自哺乳以至提携抱负，却已煞费苦心，而社会迄未加注意。""同人呼号奔走，惨淡经营，至今日始稍获精神上之慰藉。"① 学会的经费主要来自会员的捐款，始终处于拮据状态。因此，学会能够在艰难的时局下坚持到战后并有所发展，固然得益于特殊时期社会对边疆和民族问题的强烈关注，与组织者的坚持精神和苦心经营也是分不开的。

第二，创刊工作推进不顺。中国民族学会成立伊始就致力于出版民族学研究成果，将编行刊物定为四项会务之一。初期由于经费困难，无力发行自己的刊物，只能借中山文化教育馆民族组创办的《民族学研究集刊》发表会员的成果。1935年学会召开第一届年会时，确定将筹办《民族学报》作为年度重要任务；次年，在第二届年会上，拟定1937年6月为学报第1号出版期，预计每季刊行一期，内容分论著、学术消息、调查报告、书报介绍等，每期字数10万，其中论著6万，其他各项4万，甚至连文章字号、页码数量及印刷费用等都做了设计和预算，但由于7月卢沟桥事变爆发，出刊一事终不了了之。1942年，学会恢复活动后，继续提出："《民族学报》始终为本会主要工作之唯一目标，当力求实现之，以期奠定学术界之基础焉。"② 然由于种种原因，这一目标仍难以实现。1942年，徐益棠在上报国民政府社会部的团体概况表中，被迫将学报发行一事定为战后研究计划，编行刊物工作只能借助凌纯声、方国瑜、徐益棠等以私人名义创办的《西南边疆》。

---

① 徐益棠.七年来之中国民族学会.西南边疆，1942，15：55.
② 同①57.

与同一时期备受政府重视、各界瞩目的以边疆问题为研究宗旨的中国边政学会、中国边疆学会等学术团体的发展相比，中国民族学会仅能以勉力维持、困难重重来形容。以由黄奋生主持成立的重庆边疆学会为例，在36名发起人中，边疆少数民族上层人士占了一半以上；从其公布的会长和理事、监事名单来看，如果加上名誉会长、名誉理事及候补理事和监事的话，多达60余人。其中，名誉会长戴季陶、于右任、孔祥熙、冯玉祥、吴忠信、许崇灏、贺耀祖、陈立夫和朱绍良等，皆为当时党政军上层人物。名誉理事则多为驻边疆地区军政长官或少数民族上层人士，包括傅作义、邓宝珊、谷正伦、马步芳、马鸿逵、刘文辉、沙克都尔扎布、喜饶嘉措、章嘉策觉林、森吉堪布、龙云、吴鼎昌和黄旭初等。赵守钰、顾颉刚、刘家驹、黄奋生、黄次书、石明珠、闵贤邮、马鹤天、王则鼎、吴云鹏等10位知名人士担任常务理事，会长为赵守钰①。吸纳了当时党政军界、学术界及边疆上层各方面人士，颇具规模和影响力。重庆、成都、陕西三个边疆学会合并后，声势更为浩大，至1942年，总会会员发展到200余人，成都分会有200余人，陕西分会有100余人，共计500余人，"汉、回、蒙、藏，集于一堂，分工合作，幸有小成"②。又如，同样成立于全面抗战前、经历过解散的新亚细亚学会于1942年6月恢复活动后，截至1943年9月，发展新会员172人，连同旧会员已达六七百人③。其机关刊物——《新亚细亚》月刊也得以复刊。

作为抗战时期研究民族问题的代表性学术团体，中国民族学会在发展中所遭遇的困境基本上折射出这一时期民族问题研究的整体状况。至于为什么没有形成良好的发展态势，若想比较清楚地回答这一问题，恐怕还要回到当时社会各界对民族焦点问题的讨论及中国民族学会的学术立场来进行分析。

顾颉刚所提出的"中国之内绝没有五大民族和许多小民族，中国人也没有分成若干种族的必要"④，在当时不乏质疑之声，从现在来看，

---

① 中华民国史档案资料汇编：第五辑第二编：文化（二）.南京：凤凰出版社，2010：433-435.
② 同①438.
③ 新亚细亚学会会务概况.新亚细亚，1944，14（1）：67.
④ 顾颉刚.中华民族是一个.益世报：边疆周刊，1939（9）.

其理论上也带有一定的片面性和牵强性。但它至少表明在全民族抗战这一特殊历史背景下，无论是在政府层面还是在学术界，已经有相当多的人开始对西方民族理论及其影响下的中国民族划分持慎重警惕态度，转而尝试以地域之别、文化之别取代民族之别，强调同源同流及民族融合，来消除少数民族与汉族之间的特殊性和差异性，防止分裂，一致对外。而诸如顾、费的公开争论在之后学术界并未再发生，也从一个方面也说明出于抗战形势的发展和需要，"中华民族是一个"已成为当时社会的重要舆论导向。

1943年3月，蒋介石在"中华民族是一个"和"民族同源论"的基础上又提出中华民族形成之"宗族论"①，冀图通过以"宗族"替代"民族"概念的方式，消除民族之间的隔阂及学术界关于民族概念的争论，强化国族构建。"宗族论"一经发表，即招致了一些批评之声。但是，国民政府行政院很快将这一思想通过法令推行下去。1943年10月，国民党军事委员会委员长侍从室向各机关团体转发了蒋介石关于民族与边疆问题的命令，主要内容就是强调中国人民只有宗族之分支而无民族之区别；中国有史以来各宗族间或发生战争，而此宗族皆为同一种族，其疆域亦都在帕米尔高原以东中华民族版图之内，今人述史固不能将以往史事摒弃不提，但应阐明彼一时此一时之义；以后禁止滥用苗、夷、蛮、瑶、胡虏、满奴、满洲、华北、华南等名称或名词；对足以动摇国人对民族同源祖先信仰之说如黄帝升仙、尧舜乌有等，皆应矫正②。

在"中华民族是一个"理论被越来越多的人所认同并逐渐成为主流观念的背景下，中国民族学会内部在有关"民族"是否应该存在这一问题上观点并不完全一致，有的学者赞同以"国族"取代"民族"，如杨

---

① 蒋介石提出："就民族成长的历史来说，我们中华民族是多数宗族融和而成的。融和于中华民族的宗族，历代都有增加，但融和的动力是文化而不是武力，融和的方法是同化而不是征服。""中国五千年的历史，即为各宗族共同的命运的记录。此共同之记录，构成了各宗族融和为中华民族，更由中华民族，为共御外侮以保障其生存而造成中国国家悠久的历史。"（中国之命运//蒋孝仪."先总统"蒋公思想言论总集：卷4. 台北：中国国民党中央委员会党史委员会印，1984：6）

② 此电文在多省档案中皆有保存，此处摘自《奉发委员长蒋关于民族及边疆问题指示》（《广东省政府公告》，1943，987）。

成志提出，以整个国家政治与国民义务而言，"同生长于本国领土内之人民，均是中华民国国民，在理论上，实不必有民族之区分"①。但多数学者是在承认"中华民族"具有"民族"、"国家"和"国族"三重含义的前提下，即"这四亿五千万中国人，可以说完全是一个民族"，认为中华民族的形成有一个渐进的过程，"它是经过几千年，融和古今来各种不同的种类及其思想、感情和意志，混凝同化而归于一的"②。因此，"由国家的意义说，它现在拥有一千一百余万方公里的领土，四万万五千万的人民。由民族的意义说，它现在包含华夏、通古斯、蒙古、突厥、土伯特、倮儸……"③。那么，"我们不能专在历史书本上理出一个汉苗同源的纲领，用表面上看去是平等和一致的字样，掩盖了不平等和不一致的事实。我们承认汉苗之分这个事实，不是故意'巧立名目'，人工制造一大堆民族的词语和歧异，用来分化民族团结，倒要确确实实根据存在着的民族歧异和分化事实，来提高他们的文化水准，促进同化的过程，增加民族的团结力量的"④。苗族人鲁格夫尔提出，"值此全面抗战之时，宣传固应以认清国家、提高民族意识为主"，但"要想团结各民族一致抗日，对变相的大汉族主义之宣传须绝对禁止，以免引起民族间之摩擦，予敌人以分化之口实"，"今日要团结苗夷共赴国难，并无须学究们来大唱特唱同源论"，"苗夷自己决不承认是与汉族同源的"⑤。

他们对西南少数民族族源、发展等问题进行研究的初衷除了学术上的动力外，当然还有现实的关怀，希望以此推动当局及社会各界对边疆少数民族生存、发展的关怀和重视，发展边疆地区的经济和文化，增进各民族对国家的政治认同。但是，他们在提倡民族一家的同时，主张首先应该注重西南各少数民族在生活习性、社会风俗、语言、宗教信仰等方面的差异性，因地制宜、因人而异地制定各种针对性政策，改善它们的物质生活，提高它们的精神文化水平。同时，在承认不同民族文化特殊性的基础上，寻找路径，将其纳入中华民族文化体系的框架之内，从而

---

① 杨成志. 西南边疆文化建设之三个建议. 青年中国季刊, 1939, 创刊号: 279.
② 芮逸夫. 再论中华国族的支派及其分布: 订正在中国民族学会十周年纪念论文集发表之交. 民族学研究集刊, 1946, 5: 32.
③ 芮逸夫. 中华国族解. 人文科学学报, 1942, 1 (2): 134.
④ 余嘉华. 范义田文集: 上册. 昆明: 云南民族出版社, 2006: 606-607.
⑤ 顾颉刚. 答鲁格夫尔君. 益世报: 边疆周刊, 1939 (21).

实现文化多元、政治一体的学术和政治目标。"从政治上、主权上说，中华民国是一个。凡属中华版图之人民，均是中华国民。这是毫无疑义。正因为这个原因，才有所谓开化边民问题，以及筹划开化方策。盖政府对于边民，因为他们是我国版图内的人民，有统治权，有教育责任，有保护义务。"①

总体而言，他们的工作是"试图建立一个知识体系，来说明中华民族中究竟有多少民族，他们又如何构成一整体的中华民族"②，进而探讨如何将它们从传统王朝时代的"边民"转化为"国族"之一分子。这一研究理路在学术讨论上固然没有问题，但是，在"民族同源论""中华民族是一个""宗族论"等广为传布的情势下，未免多少有点显得敏感和不合时宜，其渐进式地实现民族融合的观点也引发了一些反对之声。如在给朱家骅的信中，傅斯年针对这些学者在云南开展的民族调查和研究工作说："此地正在同化中，来了此辈'学者'，不特以此等议论对同化加以打击，而且专刺激国族分化之意识"，"夫学问不应多受政治之支配，固然矣。若以一种无聊之学问，其恶影响及于政治，自当在取缔之列"③。2008年民族学家李绍明在接受访谈时提到，民族问题在抗战时期是很敏感的，但凡涉及民族问题的都得想点办法用边疆问题来替代，如中国民族学会因得不到政府的支持，后来发行的刊物只能定名为《西南边疆》，加上"边疆"字样。这段回忆在一定程度上体现了中国民族学会在当时的尴尬处境及其研究所遭遇的瓶颈和背后原因。因此，在全面抗战时期，中国民族学会及民族问题研究不能得到更好发展，固然与时局艰窘有关，但与当时朝野对"中华民族"的讨论和舆论导向应该说有着更为直接的关系。

五、全面抗战时期民族研究的特点

中国民族学会是一个具有鲜明时代特色和研究特点的专业学术团体。首先，从学术领域看，中国民族学会是一个成员研究方向和兴趣比较一致的学术组织，其会员基本为从事人类学、民族学等领域研究的学

---

① 陶云逵. 开化边民问题. 西南边疆，1941，10：7.
② 王明珂. 简介芮逸夫先生 // 芮逸夫. 川南苗族调查日志（1942—1943）. 王明珂，编校. 台北："中研院"历史语言研究所，2010.
③ 欧阳哲生. 傅斯年全集：第7卷. 长沙：湖南教育出版社，2000：206.

者，且大多具有西方留学经历或培训背景，在学术渊源上与西方知识体系有着密切的关联。例如在学会第一届年会上当选为理事、监事和出版委员会委员的学者中，除蔡元培外，黄文山、徐益棠、商承祖、胡鉴民、吴定良、孙本文、何联奎、杨堃、刘国钧、吴文藻、杨成志、刘咸、凌纯声等均在海外获得硕士或博士学位，而蔡元培早年也曾数度游学海外。其次，其成立的目的具有很强的"致用性"，它成立于九一八事变之后，与构建民族国家的现实需要紧密相连；在全面抗战特殊时局下，他们不仅力图将自己所学运用到对中国民族问题的研究上，而且自觉将研究工作与时代需求结合起来，在对西南各民族的考察和研究中，始终贯穿着传播中华民族观念，寻找边疆民族与内地汉族之间的历史渊源，提高各民族教育文化水平以增进民族团结、激励抗战斗志的主旨。至于学会在"民族"是否存在问题上与主流声音存在差异，只能说明在特殊局势下，"致知"与"致用"如何并行不悖、学术研究如何与国家政治目标相协调是当时学者们不能回避且需要不断求索和调试的一个大问题，并不妨碍其成为民族研究领域的代表性学术团体。因此，从中国民族学会的主要活动及其境遇，我们也可以总结出学会及民族研究在这一时期发展的几个特点。

第一，以中国民族学会为代表的民族研究团体虽然没有获得如其所期望的发展空间，但民族研究在总体上还是获得了很大进展。中国历史上形成的疆域和民族格局特点，是汉族主要聚居于内地，其他民族大多分布在边疆地区。受这一分布格局的影响，中国的边疆研究和民族研究始终互为表里，紧密相关。学者们"所遭遇到的不仅是地理考察的问题，尚有民族文化的探源寻根问题，所以在研究的过程中，常将历史地理、民族学与文化人类学的问题混为一谈。这类研究在当时可能是不自觉的，因为在传统的学术分类中，历史地理学、民族学和文化人类学之间，并未有明确的学门定义，而以笼统的史学加以涵盖，因此在进行史地考察时，这些问题是同时受到照应的"[①]。随着国民政府迁入，西南地区不仅在文化、经济等方面获得了长足发展，本身即为多民族聚居区的特殊人文地理环境也带动了边疆和民族问题研究的开展和深入。尽管朝野对民族概念、民族问题研究的方向等还有诸多分歧和争议，但研究

① 彭明辉.历史地理学与现代中国史.台北：东大图书股份有限公司，1995：240.

受到关注并较以前有了很大程度发展亦是不争之事实。

第二，现实危机促使学者们开始结合中国历史传统和发展道路思考民族概念、民族问题的解决。随着民族危机的加深，一些学者开始反思西方民族概念、民族理论在中国的适用性问题。如顾颉刚认为各族之间隔膜情形的造成，"还是'民族'二字的作祟。本来没有这个名词时，每次内乱只是局部的事件，这事件一解决就终止了。现在大家嘴里用惯了这个名词，每逢起来什么争执和变动，大家不肯先求批评哪一方面的是非曲直，只管说是某民族与某民族之争，于是身列于某民族的即使明知自己方面起衅的人是怎样的轻举妄动，也必为他的'民族主义'而努力，替这个起衅者回护或报仇，而私人的事就一转而成了团体的事，一星之火随时可以扩而充之至天崩地裂"①。从中国的历史来看，"这个名词是中国向来所没有的。满清政府统治二百余年，在他们的隔离政策之下，使得国内很清楚的分出'满、汉、蒙、回、藏'五个部分来，恰好清末传进了'民族'的名词，于是辛亥革命之后就有'五族共和'的口号，好像中华民国之内真有这五个民族似的。全国人受了这个口号的暗示，每以一人一事的不满而赅括全体，渐渐分出彼此的疆界"②。"这恶果的第一声爆裂，就是日本人假借了'民族自决'的名义夺取了我们的东三省而硬造一个伪满洲国。继此以往，他们还想造出伪大元国和伪回回国……甚至想用掸族作号召以搅乱我们的西南。"③ 因此，"若不急急创立一种理论把这谬论挡住，竟让他渐渐深入民间，那么我们的国土和人民便会随处携贰了，数千年来受了多少痛苦而抟合成功的民族便会随时毁灭了！"④ 他所创造的理论就是"中华民族是一个"，其核心是强调共同心理因素即"民族精神"在民族形成中的关键作用。虽然这一理论并未达到严谨完善的程度，与中国民族的现实状况亦有出入，在其成为主流声音后，给当时的民族研究也带来了一些困惑，但不可否认的是，它真实反映出西方"民族"概念在中国的运用尚存在水土不服的情况，它的提出对中华民族观念的发展和成熟产生了极大影响。费孝通后来提

---

① 顾颉刚. 我为什么要写《中华民族是一个》. 益世报：边疆周刊，1939（20）.
② 顾颉刚全集：宝树园文存：卷4. 北京：中华书局，2011：66.
③ 顾颉刚. 中华民族是一个. 益世报：边疆周刊，1939（9）.
④ 同③.

出"中华民族多元一体格局",显然受到这一理论的影响。

第三,无论强调"中华民族是一个",还是认为其内部还可以析出若干民族,"国族即中华民族"的观念基本得到认可。在全面抗战时期,"中华民族"一词不仅"成为各种媒体中出现最为频繁,最能激发国人抗战斗志,最易为国内各种政治势力所接受和乐道的时代词汇"①,并且日渐深入人心,成为今天中国各族人民不可替代的共同身份符号和情感纽带。

全面抗战时期包括中国民族学会会员在内的学者们对西南边疆的实地考察和研究,为新中国的民族识别工作打下了重要的学术基础,对中国民族学、人类学、社会学等学科的创立和发展也发挥了重要的奠基作用,他们在民族问题上的思考对我们今天的民族工作仍不乏启发和借鉴意义。

第二节 新中国民族识别问题的缘起和经过

1938年,毛泽东在中共六届六中全会上做了重要报告,明确提出:"允许蒙、回、藏、苗、瑶、夷、番各民族与汉族有平等的权利。"② 次年,毛泽东在《中国革命和中国共产党》中再次提出:"中国是一个由多数民族结合而成的拥有广大人口的国家","在这四亿五千万人口中,十分之九以上为汉人。此外,还有蒙人、回人、藏人、维吾尔人、苗人、彝人、壮人、仲家人、朝鲜人等,共有数十种少数民族"③。虽然,当时的共产党人对民族具体情况并不十分了解,但已经承认中国是一个多民族的国家。

1949年9月,《中国人民政治协商会议共同纲领》规定:"各少数民族聚居的地区,应实行民族的区域自治,按照民族聚居的人口多少和

---

① 黄兴涛.重塑中华:近代中国"中华民族"观念研究.北京:北京师范大学出版社,2017:186.
② 民族问题文献汇编.北京:中共中央党校出版社,1991:595.
③ 毛泽东选集:第2卷.2版.北京:人民出版社,1991:622.

区域大小,分别建立各种民族自治机关。凡各民族杂居的地方及民族自治区内,各民族在当地政权机关中均应有相当名额的代表。"1950 年 9 月 15 日,湖南永顺女教师田心桃得到了一张参加中南军政委员会第二次会议的民族代表证。针对代表证上标识的苗族,她提出反对意见,认为自己不是"苗",而是"土家"。随后,田心桃借随代表团赴京参加国宴的时机,再次向周恩来、林伯渠等提出自己的意见:"我不是苗族,我是比兹卡。"并展示了土家人语言。湘西黔东地区的民族一直被统称为"武陵蛮",直到民国时期,这片区域以外的人也未能明晰当地的民族情况。当地土家人称己族为"比兹卡",苗族为"伯卡",汉族为"帕卡",因此田心桃并不认可自己是苗族。田心桃的意见得到了中央的高度重视,人类学专家杨成志随即对田心桃进行了专访。中国科学院语言研究所罗常培教授又为田心桃录了土家语的系列语音,初步确定了"土家语属于藏缅语族"。最后,经过民族调查,潘光旦于 1953 年 9 月撰写了《湘西北的"土家"与古代的巴人》① 一文,证明"土家不是瑶、苗、汉,而是历史悠久的单一民族"。

事实上,新中国成立初期,像土家族这样不能明晰身份的民族很多,1950 年,参加国庆观礼的少数民族代表来自 60 多个民族。1953 年,第一次全国人口普查时,竟然涌现出 400 多个民族名字,仅云南省就有 260 多个族体上报族称,"族称"很混乱,有的用自称,有的用他称,有的用民族内部分支名称。一些人自报地方籍贯名称,一些人竟自报特殊职业的名称②。费孝通在回忆中也说道:"解放以来,我们的党和政府十分重视民族识别工作。因为,要认真落实党的民族政策,有必要搞清楚我国有哪些民族。比如,在各级权力机关里要体现民族平等,就得决定在各级人民代表大会里,哪些民族应出多少代表;在实行民族区域自治建立民族自治地方时,就得搞清楚这些地方是哪些民族的聚居区。"③ 由此,民族识别成为一项迫切需要进行的工作。

从当时的国际形势来看,二战后,世界形成以美苏为代表的两大阵营。在马克思主义民族观的指导下,社会主义阵营中的大多数国家基本

---

① 潘光旦民族研究文集. 北京:民族出版社,1995:160 - 330.
② 林耀华. 中国西南地区的民族识别. 云南社会学科,1984(2):1.
③ 费孝通. 关于我国民族识别的问题. 中国社会科学,1980(1):147 - 148.

上都没有完成民族国家的建构，而选择成为各种各样的多民族国家（朝鲜和德意志民主共和国例外），如苏联有100多个民族，越南有54个民族，罗马尼亚有25个民族。中国作为社会主义国家阵营中的重要成员，自然也走上了多民族国家的道路。一场规模浩大的民族识别工作开始在中国展开。

按照一些论著的观点，民族识别工作可被分为四个阶段：

第一阶段是从1950年到1954年，经过识别，确认了38个少数民族。其间，除蒙古、回、藏、维吾尔、苗、彝、朝鲜、满、瑶、黎、高山等民族早已被确认外，其他被确认的少数民族有壮、布依、侗、白、哈萨克、哈尼、傣、傈僳、佤、东乡、纳西、拉祜、水、景颇、柯尔克孜、土、塔吉克、乌孜别克、塔塔尔、鄂温克、保安、羌、撒拉、俄罗斯、锡伯、裕固、鄂伦春等27个。

第二个阶段是从1955年到1964年。1964年，对全国进行第二次人口普查登记，经过识别，确认了土家、畲、达斡尔、仫佬、布朗、仡佬、阿昌、普米、怒、崩龙（后改为德昂）、京、独龙、赫哲、门巴、毛难（后改为毛南）等15个少数民族。

第三阶段是从1965年到1981年。1965年确认了珞巴族为单一少数民族。之后，由于"文化大革命"，民族识别工作告一段落。1979年6月6日新华社报道："国务院正式承认聚居于云南的基诺人为我国的一个单一的少数民族。"至此，"56个民族"的特殊称谓诞生。

第四阶段是从1982年至今。1982年，全国第三次人口普查完成，确认布依族、水族，1987年恢复苦聪人的拉祜族族称。

民族识别是新中国成立以后，党和政府领导的一次前所未有的民族工作，"其规模之大，历时之久，识别民族之众多，调查地区之广泛，都是当今世界上独一无二的"[①]。在民族识别前三个阶段的工作里，费孝通、黄现璠、夏康农、秋浦、翁独健、李有义、李安宅、吴泽霖、方国瑜、杨成志、杨堃、吴文藻、江应梁、刘咸、林耀华等在20世纪前半叶已活跃于人类学界和民族学界的学者都积极参与进来并发挥了重要作用。

---

① 施联朱. 中国民族识别研究工作的特色. 中央民族学院学报，1989（5）：17.

第三节　新中国民族识别研究总体概况

新中国成立后，由国家发起的这场民族识别工作可谓一项前所未有的系统工程，几乎所有的民族工作者和研究者都直接或者间接参与其中，许多学者从各个领域和角度对这项工作进行了学术上的述论和探讨，积累了一批比较丰厚的成果。总体而言，研究成就主要体现在以下几个方面。

一、专著

迄今为止，研究民族识别方面的专著数量寥寥。1995年，由民族出版社出版，黄光学、施联朱主编的《中国的民族识别》成为第一部论述民族识别的专著。美国学者墨磊宁（Thomas S. Mullaney）对这本书给予了高度评价，认为它是"中国第一份（而且是目前为止唯一一份）民族分类的分析专著"[1]。其他有王文光的《中国古代的民族识别》[2]、黄光学与施联朱主编再版的《中国的民族识别：56个民族的来历》[3]、施联朱的《民族识别与民族研究文集》[4]、尤伟琼的《云南民族识别研究》[5]、祁进玉的《历史记忆与认同重构：土族民族识别的历史人类学研究》[6]和《中国的民族识别及其反思：主位视角与客位评述》[7]等几部专著。至于其中内容涉及民族识别研究的著作，则有：《费孝通民族研究文集》[8]收录了费孝通的《关于我国的民族识别》一文；黄光学的《新时期民族问题探索》[9]一书包含《我国的民族识别》一文；中央统

---

[1] MULLANEY, THOMAS S. Coming to Terms with the Nation：Ethnic Classification in Modern China. Berkeley：University of California Press，2011.

[2] 昆明：云南大学出版社，1997.

[3] 北京：民族出版社，2005.

[4] 北京：中央民族大学出版社，2009.

[5] 北京：民族出版社，2013.

[6] 北京：学苑出版社，2015.

[7] 北京：社科文献出版社，2016.

[8] 北京：民族出版社，1988.

[9] 北京：中央民族学院出版社，1989.

战部民族宗教工作局编的《中国民族工作五十年理论与实践》[①] 收录了陈克进的《中国民族识别的理论与实践》一文。此外，林耀华的《民族学通论》[②] 第七章、张有隽和徐杰舜主编的《中国民族政策通论》[③] 下篇第四章、杨堃的《民族学调查方法》[④] 第三章、黄光学主编的《当代中国的民族工作》[⑤] 第八章、龚永辉的《民族意识调控说：民族识别与民族理论的文化自觉》[⑥] 第一至四章、王建民等的《中国民族学史：下（1950—1997）》[⑦] 第四章、宋蜀华和陈克进主编的《中国民族概论》[⑧] 第四章第二节、王希恩主编的《当代中国民族问题解析》[⑨] 第六章第三节、图道多吉主编的《中国民族理论与实践》[⑩] 第四章第三节、宋蜀华和满都尔图主编的《中国民族学五十年（1949—1999）》[⑪] 第二章等都对民族识别问题进行了探讨或回顾。

二、资料集

新中国成立以后，为推动民族识别工作的开展，国家组织力量对少数民族地区进行了规模浩大的历史调查活动，这场调查活动从1956年持续到1964年，获得了一批丰富的资料。1979年1月，国家民委重新规划，在这些调查基础上发展成"中国少数民族"、"中国少数民族简史丛书"、"中国少数民族语言简志丛书"、"中国少数民族自治地方概况丛书"和"中国少数民族社会历史调查资料丛刊"五种丛书。其中，"中国少数民族社会历史调查资料丛刊"最具分量和代表性，20世纪80年代，丛刊陆续出版，共计140余册，分为青海、新疆、云南、四川、西藏、贵州、内蒙古、广西等几个编辑组，涉及民族包括土家族、回族、撒拉族、哈萨克族、藏族、蒙古族、柯尔克孜族、

---

① 北京：中央民族大学出版社，1999.
② 北京：中央民族学院出版社，1990.
③ 南宁：广西教育出版社，1992.
④ 北京：中国社会科学出版社，1992.
⑤ 北京：当代中国出版社，1993.
⑥ 南宁：广西民族出版社，1996.
⑦ 昆明：云南教育出版社，1998.
⑧ 北京：中央民族大学出版社，2001.
⑨ 北京：民族出版社，2002.
⑩ 太原：山西教育出版社，2004.
⑪ 北京：人民出版社，2004.

塔吉克族、裕固族、东乡族、保安族、维吾尔族、彝族、苗族、傈僳族、傣族、白族、纳西族、布依族、布朗族、佤族、拉祜族、羌族、门巴族、阿昌族、侗族、哈尼族、怒族、珞巴族、崩龙族、景颇族、德宏族、独龙族、鄂伦春族、鄂温克族、满族、朝鲜族、赫哲族、瑶族、畲族、仡佬族、壮族、京族、水族、仫佬族、毛南族等,几乎囊括所有被识别确认的民族,形成大量宝贵的第一手各民族社会历史调查资料。

自 20 世纪 50 年代至今,又陆续出现一批个人或集体编纂的总结性资料汇编。如云南省民族识别研究组撰写的《云南省民族识别研究第一、二阶段初步总结》①、云南民族事务委员会研究室编的《云南民族识别参考资料》②、中央民委政法司编的《民族识别工作经验总结》③、杜玉亭的《和而不同的中国民族学探索——杜玉亭基诺族研究文论》④、贵州民委民族识别办公室等编的《贵州民族识别资料集》⑤、云南民族识别综合调查组编的《云南民族识别综合调查报告(1960 年)》⑥、四川省民族研究所编的《白马藏人族属问题讨论集》⑦、广西壮族自治区民族事务委员会编的《广西壮族自治区民族识别文件资料汇编》⑧、《云南民族工作四十年》⑨、国家民委《民族问题五种丛书》编委会等编的《中国民族问题资料·档案集成》⑩、广东省民族研究所编撰的《广东民族识别调查资料汇编——怀集县"标话"集团调查资料与龙门蓝天瑶族调查》⑪。这些资料显示了新中国民族识别工程规模之宏大,涉及地区和民族之广泛,并为后人的研究奠定了扎实的基础,留下了丰富的资料。

---

① 昆明:云南民族事务委员会,1954.
② 内部资料.1955.
③ 北京:1957.
④ 昆明:云南大学出版社,2009.
⑤ 内部资料.1978—1986. 共 13 集。
⑥ 昆明:云南民族学院民族研究所,1979.
⑦ 成都:四川省民族研究所,1980.
⑧ 内部资料.1983.
⑨ 昆明:云南民族出版社,1994.
⑩ 北京:中央民族大学出版社,2005. 共 6 辑 125 册。
⑪ 北京:民族出版社,2007.

三、论文

通过对中国知网等数字资料库的检索，截至 2017 年 3 月，在内容上直接或者间接涉及新中国民族识别问题的，期刊论文大约 217 篇（包括学术研究综述和学位论文），报纸文章 25 篇左右。从文章的时间分布上来看，"文化大革命"以前仅有 5 篇，即杨堃的《关于民族和民族共同体的几个问题》[①]、傅乐焕的《关于达呼尔的民族成分识别问题》[②]、费孝通和林耀华的《关于少数民族族别问题的研究》[③]、南川的《也谈族别问题》[④] 和思明的《识别民族成份应该依据的主要原则》[⑤]。

20 世纪 70 年代，因为大部分时间处于"文化大革命"期间，所以就此问题的研究基本停滞，仅在"文化大革命"结束后出现两篇，一篇是杨堃的《回忆周总理关于民族学的一次谈话》[⑥]，一篇是张正东的《关于开展贵州民族识别工作的建议》[⑦]。80 年代以来，有关研究陆续增多，1980 年到 1989 年约 51 篇，1990 年至 1999 年约 28 篇，2000 年至 2009 年大概 61 篇，2010 年至 2017 年约 95 篇。从上述统计数字上可以看出，对民族识别问题的关注在 2000 年后，尤其是最近五六年达到了一个高峰，这与当前全球化进一步加深与加速，在政治、经济、文化上对中国产生着日益深刻的影响，以及中国处于快速发展和转型阶段，各类矛盾不断出现和激化的社会现实有关。

第四节　民族识别研究的主要内容

从以往论著成果来看，民族识别研究的内容主要围绕民族识别的动因、过程和意义，民族识别的理论依据、实践标准，民族识别与族群认

---

① 民族与民族学. 成都：四川民族出版社，1953.
② 中国民族问题研究集刊：第 1 辑. 北京：中央民族学院研究部，1955：1 - 32.
③ 人民日报，1956 - 08 - 10.
④ 光明日报，1956 - 08 - 24.
⑤ 光明日报，1957 - 02 - 15.
⑥ 社会科学战线，1978 (4)：224 - 227.
⑦ 贵州民族研究，1979 (1)：101 - 103.

同等问题来进行。讨论比较集中和热烈的问题主要如下。

一、民族识别的理论依据

民族识别是中国共产党民族工作的一个重要组成部分，民族识别的首要前提就是承认"'民族'是一个不以人们的主观意志为转移的客观存在。每一个民族都有自己的历史，都有不同于其他民族的，表现在语言、社会经济生活、文化艺术、风俗习惯、宗教信仰以及民族的心理感情等方面的特征"①。斯大林提出："民族是人们在历史上形成的一个有共同语言、共同地域、共同经济生活以及表现于共同文化上的共同心理素质的稳定的共同体。"② 但"这是对资本主义时期形成的西方民族的科学总结，应当作为我们进行民族识别的研究工作的指导思想"③。而中国的实际情况则是，1949 年以前，"国内各民族除少数几个民族已初步具有资本主义因素之外，绝大多数还处于前资本主义阶段，没有能够发展成为现代的民族，也就不可能具备现代民族的四个要素。因之，我们在进行民族识别时，就不能采取教条主义的方法，拘泥于斯大林讲的字句，用构成现代民族的四个特征去衡量被识别的少数民族"④。因此，费孝通、黄光学、王红曼、周光大等人均赞同这样的观点，即民族识别的理论依据，既不能照搬资本主义时期所形成的民族特征作为识别标准，又不应该不把这些特征作为研究的入门指导⑤。在实际识别工作中，应运用马克思主义基本原理，结合中国的实际情况来解决少数民族的族别问题。具体而言，"只要是历史上形成的在语言、经济、文化、民族意识等方面，具有明显特点的稳定的人们共同体，经过识别确认为单一民族，广泛征询本民族意愿加以认定；在许多族称合并为一个民族时，选用哪一个族称作为全民族认同的族称，则依据'名从主人'的原则，通过本民族各层面代表人物的协商来确定，不论其人数多寡，社会发展如何，统统称为民族，享有同等的政治权利"⑥。

---

① 周锡银. 关于当前民族识别问题的浅见. 西南民族学院学报（哲学社会科学版），1980（1）：67.
② 斯大林全集：第 2 卷. 北京：人民出版社，1953：294.
③ 费孝通. 关于我国的民族识别问题. 中国社会科学，1980（1）：154.
④ 同①68－69.
⑤ 同③.
⑥ 陈连开. 历时 40 年的民族大识别. 瞭望新闻周刊，1999（26）：33.

1. 语言与民族识别工作

林耀华提出:"语言是民族最主要的特征之一,没有语言知识,识别工作就搞不好。"① 语言是人们最主要的交际工具,是思想的直接体现,所以一般来说,识别民族应该从语言调查研究入手,"语言学可以说是我们从事民族学实地调查、纪录材料、阅读史籍、探索历史的基础知识。有了它,民族学的研究工作就能更加深入、扎实可靠"②。徐志森的《民族识别中的语言调查》③、张济民等的《贵州瑶族的语言》④ 等均认为语言是民族的最显著标志。

但是,我们不能把语言作为孤立的识别标准,民族是个历史范畴,离开了社会政治条件,语言学也会黯然失色,费孝通提出:"语言是变动的,说两种不同语言的人可以融合成一个民族,在融合过程中这一个民族可以存在着正在变动中的两种语言。"⑤ 这一观点得到施联朱、周锡银、吴团英、侯哲安等人的赞同。如吴团英认为,共同语言是每个民族形成的必要条件,也是每个民族的重要特征,但语言不能作为民族的一般特征,因为共同语言的消失并不妨碍一个民族的继续存在,同时,一种语言并不是为一个民族所专有⑥。侯哲安更是指出:"民族识别工作中语言论者是比较多的,如果看不到民族形成以前及形成以后语言的变化,就很难科学地解决问题,我们必须掌握语言发展的规律,实事求是地看待语言在民族中的地位。"⑦

2. 共同心理素质在民族识别中的地位

共同心理素质,或称民族性格,是一个民族所处的特定的物质生活条件和历史条件的反映,体现出这个民族共同的志趣、意识和性格。共同心理素质建立在共同文化上。20 世纪 80 年代以来,共同心理素质是确定民族的最关键因素这一看法为众多学者所认同。杨堃在《回忆周总

---

① 林耀华. 新中国的民族学研究与展望. 民族研究,1981(2):49.
② 盖兴之. 民族学研究中的语言学方法. 云南社会科学,1982(6):89.
③ 贵州民族研究,1983(3):178-189.
④ 贵州民族研究,1983(3):189-207.
⑤ 费孝通. 关于我国的民族识别问题. 中国社会科学,1980(1):154.
⑥ 吴团英. 民族心理素质是民族最具有普遍性的特征. 求是学刊,1982(2):39-40.
⑦ 侯哲安. 关于民族识别的几点看法. 贵州民族学院学报(社会科学版),1983(10):54.

理关于民族学的一次谈话》中说,1955年周恩来总理在接见他时,曾询问关于民族的四个特征有无轻重之分,他的回答是:"'表现于共同文化上的共同心理素质',应居于首要地位。由于长期的共同生活,才形成共同的文化。由于长期生活在共同文化中,才形成共同的心理素质。所谓民族精神、民族气节、民族团结的力量等等,便全是这种共同心理素质的表现。而共同地域和共同经济生活,则是民族团结和民族统一的物质基础。至于共同语言,也属于共同文化的一个方面,因为,语言是社会现象。语言和种族,没有必然的联系。"① 施联朱也认为这一要素在民族识别工作中是十分重要的:"一个民族为了求得自己的生存和发展,巩固其共同心理,往往要强调一些有别于其他民族的生活习俗、宗教信仰和民族风格的特点,赋予以强烈的感情,把它升化为一个民族的独特标志,使同一个民族中的成员感到大家都是属于同一个人们共同体的自己人的这种亲切心理。"②

　　吴团英从三个方面论证了民族心理素质是可以作为民族的一般特征的原因,一是民族心理素质的形成标志着民族的形成,民族心理素质的消失标志着民族的消失;二是民族心理素质是民族诸多形成条件的综合反映;三是民族心理素质具有普遍性意义。无论每个民族保持民族特征的程度相差多大,也不管是什么类型的民族,它们彼此之间都有一个共同性,即它们都具有民族心理素质这一特征③。顾学津在《民族心理素质在民族识别中的作用》④ 中认为民族的共同心理素质,常通过各少数民族的风俗习惯表现出来,即从长期历史发展中形成的各民族在衣食住行、婚丧、节日、礼仪等方面的喜爱和禁忌的习俗来看,各民族往往保留着本民族固有的传统和共同心理素质,而成为各自的民族特点。这种民族的共同心理素质,还表现为各民族成员自觉的民族"属性意识"。因此,在民族识别工作中,就不能不注意民族的共同心理素质这一稳定的、最后才消失的民族特征。

　　黄淑娉则认为,从中国民族识别的实际情况来看,构成民族的四个

---

① 杨堃.回忆周总理关于民族学的一次谈话.社会科学战线,1978 (4):227.
② 施联朱.怎样识别一个民族.中国民族,1982 (11):37.
③ 吴团英.民族心理素质是民族最具有普遍性的特征.求是学刊,1982 (2):40-41.
④ 中南民族学院学报(哲学社会科学版),1984 (1):102-104.

特征并非缺一不可,"一个民族有别于另一民族的最本质的特征是文化",以此作为识别民族的标准,将"一些并不同时具备四个特征的族体被确认为民族",正是对民族识别预设理论的重大突破①。她所提出的"共同文化",核心还是"表现于共同文化上的共同心理素质",广义而言,语言也包括在文化中。

同时,也有对共同心理素质作为民族识别理论主要依据的观点提出异议。例如,韩忠太认为,斯大林关于"共同心理素质"的论述在理论上极为模糊,在实践中缺乏操作性,中国民族理论界和民族心理学界通过各种方法对共同心理素质问题进行深入研究后,至今仍得不出切实可行的标准,说明其不能作为一个民族区别于另一个民族的标志。他强调,中国的民族识别工作必须根据民族实际,由中国的民族学家在研究中确定新的识别标准②。

二、民族识别的实践标准

在以往的研究和探讨中,针对民族识别在实践中采用的标准问题,主要包括以下几个方面。

1. 民族特征及其他

以斯大林关于现代民族的定义作为民族识别的理论指导,是中国民族识别工作的基本共识,因此,研究者均认同,抓住民族基本特征是坚持民族识别标准的前提。只是有些学者在将民族特征作为标准的同时,又提出其他要素。黄光学、图道多吉等将识别标准确定为"民族特征"和"民族意愿"③。杨嗣昌提出民族识别有两个标准:一是民族的基本特征,二是基本特征的总和。民族的四个基本特征是相互关联的,但不是各个突出、齐头并进的。要对民族特征的具体情况进行具体分析,既不能用这四个基本特征作为固定的框框去硬套,更不能凭"沾点边"去推测,而是要进行全面综合的考察,从"总和"和"综合"上给予恰如其分的结论④。

李绍明认为,民族识别除了民族特征之外,还必须考虑两个因素:

---

① 黄淑娉. 民族识别及其理论意义. 中国社会科学, 1989 (1): 111.
② 韩忠太. "共同心理素质"不能作为民族识别的标准. 民族研究, 1996 (6): 1-9.
③ 黄光学, 施联朱. 中国的民族识别. 北京: 民族出版社, 2005. 图道多吉. 中国民族理论与实践. 太原: 山西教育出版社, 2005.
④ 杨嗣昌. 浅论民族识别. 民族论坛, 1985 (1): 17-21.

一是各民族的名称与历史渊源；二是注重各民族的意愿，因为民族意愿是民族意识与民族认同感的具体体现。在民族识别中必须加以尊重①。祁进玉指出，民族识别工作的具体做法有三：一是重视语言、地域、经济生活和心理素质等民族特征的调查研究，二是"名从主人"，三是将斯大林的民族理论中国化②。王红曼则提出四个标准说，即民族特征、民族意愿、历史依据和就近认同。关于历史依据，就是中华民族在漫长的发展过程中，由于王朝的分合更替、各民族的交往迁移、民族间的文化融合等社会历史因素，使得一些民族在经济生活、语言习俗、神话传说等方面都有相似甚至相同之处。因此，在民族识别中，在对该族体的现实生活进行实地调查的同时，还要充分利用历史文献资料并参考考古学、语言学、民族学、民俗学等学科的有关成果和资料，对其历史发展、来源等进行综合的科学分析。关于就近认同，是指在民族识别中，应本着有利于民族团结和民族自身发展，对于相互近似的民族集团，即语言基本相同、民族特点相近、地域相连，而且形成密切经济联系，且有民族认同意识的，尽可能相互合为一体，认定为同一民族③。

2. 民族意愿

在民族识别工作的实践中，大多数研究者都强调民族意愿的重要性，并将其视为极富中国特色的民族识别标准。侯哲安提出："民族意愿也可以叫作民族意志，是一个民族从认识客观世界之后，要求按照自己的目的来实现变革现实的要求，这里包括自然、社会、政治、经济以及心理等意志行为。"民族意愿或民族意志以及由此而产生的民族情感在民族心理素质中占有十分重要的地位，但"民族意愿不单纯是心理素质发展的结果，不单来源于民族文化，而且来源于民族语言，特别是词在第二信号系统中的作用，又来源于民族共同的地域，更重要的是来源于民族的共同经济生活，关键在于引导民族意愿纳入科学的轨道，使民

---

① 李绍明. 我国民族识别的回顾与前瞻. 思想战线，1998（1）：3-5.
② 祁进玉. 中国的民族识别及其理论构建. 中央民族大学学报（哲学社会科学版），2010（2）：5-12.
③ 王红曼. 我国民族识别工作的理论依据和实践标准. 西藏民族学院学报（哲学社会科学版），2000（3）：6-10.

族意愿与客观的必然规律统一起来，走向自由王国的道路"①。

名从主人原则是尊重民族意愿的重要体现，"确定一个民族的成分和民族名称是本民族自己的事，不能由别人包办代替。有了科学的客观依据，还要征求本民族人民群众和爱国的上层人物的意见，经过充分协商，实事求是地确定民族成分和族称"②。周锡银也提出："民族的意愿是建立在历史上形成的民族共同体的基础上的，是民族共同体自觉意识的具体表现。不同民族的自我意识又总是相应的反映民族特征上某些差异。更何况，一个民族的成分的最后决定权还应该是取决于本民族的人民，不能由他人包办代替，更不能有任何的强迫和勉强。"③ 美国学者墨磊宁则认为，从名从主人这一原则的运用来看，中国的民族识别和苏联的是不同的，做民族识别的过程和苏联的也没有任何关系④。

林耀华、覃华儒等就民族意愿与科学依据之间的辩证关系进行了论述。林耀华认为，在保持族称的科学性与本民族意愿发生矛盾时，应本着耐心说服的精神，使之真正懂得本民族特点与历史真面目，以便民族成员对自己的族别问题做出正确判断与决定⑤。覃华儒指出，一个民族成分的特点（包括历史和现状），是在历史发展过程中逐步形成的，是不以人们的意志为转移的客观存在，是它的本来面目，这是辨别民族成分的科学依据。民族成员对其民族成分的看法、愿望和要求，这就是民族意愿问题。前者是客观事实，属于第一性方面；后者是主观愿望，属于第二性方面。在民族识别的实践中，二者可能是一致的，也可能是矛盾的，或者不完全是一致的。当民族意愿与科学依据不相符合的时候，应该如何对待呢？原则上前者应当服从后者。但是，具体问题要做具体分析，妥善处理，不能简单化。而且，民族意愿不是不可以改变的，要做好耐心细致的宣传教育工作，当民族成员自觉地认识到他们的意愿不

---

① 侯哲安. 关于民族识别的几点看法. 贵州民族学院学报（社会科学版），1983（10）：58-59.
② 施联朱. 怎样识别一个民族. 中国民族，1982（1）：37.
③ 周锡银. 关于当前民族识别问题的意见//四川省民族研究所. 民族研究论文选：第1辑. 成都：四川省民族研究所，1983：99.
④ 刘琪，等. "民族识别"的分类学术与公共知识建构：斯坦福大学墨磊宁博士专访. 西南民族大学学报（人文社科版），2008（6）：26.
⑤ 林耀华. 中国西南地区的民族识别. 云南社会科学，1984（2）：1-5.

符合客观实际的时候，他们最终是要服从科学依据的。总之，决定一个民族成分的时候，必须经得起科学的检验，在学术上不致闹出笑话，在政治上做到有利于民族团结和从长远来考虑有利于民族的发展与繁荣①。

第五节　民族识别与族群认同，兼及对民族识别工作的反思

随着 20 世纪 70 年代以来发展而成的族群理论中的"族群"概念在人类学、民族学、历史学等学科的广泛使用及 20 世纪 90 年代以来后现代主义思潮在学术界的弥漫，中国的民族识别工作遭到一些学者尤其是西方学者的质疑和解构，如白荷婷（Katherine Palmer Kaup）的《创造壮族：中国的族群政治》②、郝瑞（Stevan Harrell）的《田野中的族群关系与民族认同：中国西南彝族社区考察研究》③、路易莎（Louisa Schein）的《少数的法则：中国文化政治中的苗族与女性》④、李瑞福（Ralph Litzinger）的《他者中国：瑶族与民族归属政治》⑤、墨磊宁的《立国之道：现代中国的民族识别》⑥ 等，除墨磊宁主张从史料出发，尽可能真实地还原民族识别这一知识生产的全过程外，其他学者大多从边缘概念出发来研究中国，关注的焦点是各民族之间的差异性，试图以解构主义理论为指导，重新检视这项规模浩大的国家工程对中国民族认定所起到的作用。而他们的结论也无外乎是，在中国的民族识别中，政治

---

① 覃华儒. 有关民族识别若干问题的探讨. 贵州民族研究，1984（1）：22-28.
② Creating the Zhuang: Ethnic Politics in China. Boulder & London: Lynne Rienner Publishers, Inc., 2000.
③ 巴莫阿依，等译. 南宁：广西人民出版社，2000.
④ Minority Rules: The Miao and Feminine in China's Cultural Politics. Durham: Duke University Press, 2000.
⑤ Other Chinas: The Yao and the Politics of National Belonging. Durham: Duke University Press, 2000.
⑥ Coming to Terms with the Nation: Ethnic Classification in Modern China. Berkeley: University of California Press, 2011.

因素发挥了主导作用，中国的少数民族是中国政府通过民族识别发明创造的。

在对民族识别工作的评价上，国内众多学者都认为，新中国所进行的民族识别工作，基本是在马克思主义民族理论的指导下，结合中国社会的实际来进行的，"不是教条主义形而上学的生搬硬套，而是把斯大林关于资本主义上升时期形成的现代民族特征，灵活运用于我国处于前资本主义发展阶段的民族共同体的识别"①。从现实意义而言，民族识别工作，"乃是在中国共产党执掌全国政权以后的民族政策体系和一系列的民族工作中最具基础性地位的政策之一。对于中国共产党民族识别政策的研究，有助于我们深入理解中华人民共和国成立以后一系列民族政策得以展开的基础，也有助于我们进一步明确民族识别在民族关系结构中的作用"②。民族识别工作促进、深化了中国民族理论和实践的发展，为推动中国特色民族学科的发展做出了重要贡献。

但同时，正如费孝通所言，中国民族具有历史长、渊源久、变化多、源流复杂、民族众多、相互不断交流掺杂、各民族社会经济发展不平衡等特点，因此，民族识别工作极为艰巨繁难，不可能一蹴而就，在具体工作中也产生了一些疑义和偏差。施联朱指出问题主要表现在："理论联系实际不够。如：不从我国少数民族的实际情况出发，简单搬套斯大林关于现代民族的四个特征；由于对'共同心理素质'这个特征的理解不够全面和深刻，因而曾出现过片面追求各族在风俗习惯、社会生活方式、宗教仪式的所谓'特点'，甚至人为地制造'特点'，恢复那些早已消失的固有的民族特点；企图以语言要素、语言系属作为识别民族的唯一依据；有的强调姓氏、族源为族别的依据；等等。此外，社会上不正之风的影响，在一些地区的少数汉族人为了经济上实惠和在提干、招工、升学、计划生育等方面享受国家对少数民族的优惠待遇而弄虚作假，更改为少数民族。"③ 胡鸿保等也提出，新时期民族识别工作中观念已然发生转变，原先奉为圭臬的客观标准有所松动，主观意愿的

---

① 曹新富.新中国民族识别工作的重要意义.今日民族，2007（6）：55.
② 蒋立松.中国共产党的民族识别政策及其在民族关系结构中的意义.黑龙江民族丛刊，2008（2）：25.
③ 施联朱.中国民族识别研究工作的特色.中央民族学院学报，1989（5）：22.

权重则明显加大①。

在学界针对民族识别的研究中，民族与族群、民族识别与族群认同的关系问题成为2000年以后的讨论热点。在论述"民族识别"与"族群认同"这两个概念时，学者们基本认同它们之间的主要区别在于分属不同的属性。王兰永认为："民族识别是为了政治原则的实施，它是在国家层面上进行的事务分配与管理。而族群认同则是底层社会的视角，是底层社会分配资源、整合力量的心理机制。这两者之间的互动关系，即国家力量是如何改变地方的族群认同以及地方族群认同又是如何把国家力量的识别纳入自己的行为逻辑和文化机制之中的，就是关于认同的解构与建构的过程。"②

明跃玲在《也论族群认同的现代含义——瓦乡人的民族识别与族群认同的变迁兼与罗树杰同志商榷》③ 和《民族识别与族群认同——以湘西红土溪村的民族识别过程为个案》④ 两篇文章中均提出，族群认同与民族识别分别具有文化属性与政治属性而属于两个不同的范畴，而在中国，族群成员的族群认同是建立在民族识别的基础上，并与所伴随的民族优惠政策紧密相连，民族优惠政策强化或固化了族群认同。这使得部分族群成员头脑中的族群认同由原来的语言、服饰、宗教等文化特征的族群含义演变为具有一定含金量的享受优惠政策时可以得到实际利益的象征物。王兰永提出："民族识别是强势的、占支配的、意识形态层面的；而族群认同是日常的、民间的、非正式层面上的。两者有时重合，有时相悖，但认同上的相悖并未影响民族成份的划定，而相反这种民族成份的划定却有着影响族群认同变迁的能力。"⑤

持这种观点的学者基本认为，在现代化的中国，民族识别对族群认同和族群之间的关系起着重要的影响作用。如周大鸣指出："一方面，国家介入民族识别，通过法令将官方认定的民族成为永久性的范畴；另一方面，

---

① 胡鸿保，张丽梅. 民族识别原则的变化与民族人口. 西南民族大学学报（人文社科版），2009（4）：12.
② 王兰永."民族识别"的两个问题刍议. 江苏社会科学，2007（S1）：56.
③ 湖北民族学院学报（哲学社会科学版），2006（6）：57-61.
④ 云南社会科学，2008（2）：42-45.
⑤ 王兰永."民族识别"的两个问题刍议. 江苏社会科学，2007（S1）：57.

工具论的利益只要符合国家的政策，也会在某一民族范畴中持续下去。"①林宏杰也认为，利益与民族成分的挂钩，使不同族群因为民族成分的差别而在利益分配中获得不同的份额，由此引发不同族群间新的矛盾和争议。这种族群关系变化，在不同民族间或同一民族内部不同利益群体间均有表现②。

同时，也有学者对"族群""族群认同"等概念在中国的使用持不赞同的态度。王希恩提出不能刻意割断历史，不能对经历史演进而形成的概念轻易抛弃。比如"族群"这个概念，的确应该与"民族"区别开来，但把它应用于中国的实际，试图用"少数族群"来取代"少数民族"，用"族群政策"来取代"民族政策"，用"族群理论"来取代"民族理论"，就会面临很大的困难和尴尬。这是因为，在中国，类似"少数民族"、"民族政策"和"民族理论"等的话语已经深入人心，不但渗透在政策语言、社会语言里，而且也在学术语言中被广泛认可了，在能够清楚表达对象的情况下，还不需要用另外的话语来取代③。

李绍明对西方批评则直接进行了回应和反驳。他在对美国学者郝瑞关于中国彝族识别问题的观点进行回应时指出，无论是"民族"还是"族群"，都不是中国固有术语，而是从国外学术词语中引进并翻译过来的，中国的"民族"概念是有其特色的，即除了以斯大林的民族定义为参照外，还把各民族的名称、历史渊源和认同意愿当作民族识别的原则，"由于历史原因，我国各民族的分布都体现出'大分散、小集中'的特点，且在民主改革前还处于不同的发展阶段，因之，在考虑我国这些民族的特征时，决不能完全依据国外资本主义充分发达的民族特征来进行衡量"④。王明珂针对西南民族识别问题指出："人类学之族群理论可以批评、解构任一种'客观的'民族分类与识别，但由于其强调人们之主观意识与选择，以及强调族群边界之模糊与变异性，它自身却无法提供一个更合理的方案。""明清或更早以来，中国西南各本土人群的主体性中便

---

① 周大鸣. 论族群与族群关系. 广西民族学院学报（哲学社会科学版），2001（2）：17.
② 林宏杰. 民族身份确认与族群认同. 厦门：厦门大学，2007.
③ 王希恩. 也谈在我国民族问题上的"反思"和"实事求是"：与马戎教授的几点商榷. 西南民族大学学报（人文社科版），2009（1）：16.
④ 李绍明. 从中国彝族的认同谈族体理论：与Stevan Harrell教授商榷. 凉山大学学报，2002，4（4）：153.

夹杂着自居多方边缘之性质，以及此性质又卷入人群之阶级、性别区分之中，以及在此普遍存在的'弟兄祖先历史记忆'所隐含的多元族群或民族间的联合、区分与对抗，这些都是欧美人类学族群理论未能深入或根本未触及的一些族群现象。因此，以一种刻板的'族群'概念与理论，或一种刻板的学科知识来理解中国西南地区之各个'族群'，不但谬以千里，也违反人类学自身着重田野民族志（ethnography）的原则。"①

另外，马戎认为，民族识别的主要后遗症就是使得"民族意识"空前强化。他指出，苏联是把民族问题"政治化"的典型，新中国成立后，"在民族理论、民族政策上完全仿效了前苏联的经验"②，新中国通过大规模的民族识别，认定了55个少数民族，"使族群之间的边界明晰化而且使每个人的'民族成分'固定化，'民族'边界清晰化，从而强化和固化了人们的'民族意识'"③，推动一些族群向加强其民族意识的方向发展。"当年的'民族识别'奠定了目前中国民族关系的基本框架，现在发生的许多问题，其根源都可以追溯到当年的'民族识别'。"④ 明跃玲赞同马戎的观点，认为民族识别工作的问题在于"应该把'民族'当作文化群体看待，而不是走向政治化"⑤。

针对马戎关于民族识别的观点，王希恩提出商榷意见。他认为，关于怎样评价中国的民族识别，应该遵循的逻辑是：有无必要——是否科学——后果如何。"民族识别是一种国家行为，有着不可抹煞的政治因素和政治意义，但却不能因此而否定这一识别的科学性。政府参与说到底是对这样一种全国性的工作给予了必要的组织领导和物质保障，给予了复杂的民族存在一种法定裁决。因此，我们不赞成在民族识别、继而在对我们56个民族身份的认识上注入过多的政治成分，也就是说，我国的56个民族和世界上的其他民族一样，本质上都是历史上自然形成

---

① 王明珂. 从族群到民族：中国西南历史经验. 西南民族大学学报（人文社科版），2007（11）：7.
② 马戎. 当前中国民族问题研究的选题和思路. 中央民族大学学报（哲学社会科学版），2007（3）：19.
③ 马戎. 理解民族关系的新思路：少数族群问题的"去政治化". 北京大学学报（哲学社会科学版），2004（6）：129.
④ 马戎. 反思民族研究：理论与实践：上. 中国民族报，2007 - 03 - 02.
⑤ 明跃玲. 民族识别与族群认同：以湘西红土溪村的民族识别过程为个案. 云南社会科学，2008（2）：45.

的人们共同体,我们对他们的识别只是对这种共同体存在的一种确认,而不是在政治上'人为'地制造民族。"① 至于民族意识增强问题,"一方面,民族意识增强的确对民族关系和社会的和谐产生了不利影响;另一方面它又对各民族的自我发展产生了推动作用。现阶段我国民族工作的根本立场是各民族'共同繁荣',而民族意识又是民族繁荣当然的伴生物。所以,当我们在提倡各民族共同繁荣的时候,不可能完全消除民族意识。我们应该做的,也能够做的只能是对民族意识做出'调控',扬善抑恶"②。况且,在当代中国,虽然民族意识在增强,但它并没有打断中国历史一直延续的民族融合过程。

---

① 王希恩. 也谈在我国民族问题上的"反思"和"实事求是":与马戎教授的几点商榷. 西南民族大学学报(人文社科版),2009(1):3.
② 同①4.

第六章　新史观下的清代边疆民族史研究（1949—1999）

学术界公认，新中国成立以来的五十年间，民族史研究大体经历了两个重要的发展阶段，第一阶段为1949年至20世纪60年代中期，第二阶段为20世纪70年代末至90年代末。"文化大革命"期间民族史研究处于停滞状态①。

1949年新中国成立，中国也进入了一个彻底的社会变革时代。学术及知识生产作为上层建筑的一部分，也必然适应其经济基础而重加改造。历史学、民族学等关联学科都以马克思主义的唯物史观为指导开展研究工作，旧的史学观念如"史学即史料学"、单纯的史事考证遭到批判和扬弃，总结历史规律、阐发历史观念、解释历史现象成为史学书写的主题。所谓唯物史观，即历史唯物主义，是马克思主义的历史观，其于20世纪初期传入中国。自其在中国出现伊始，唯物史观就散发着强烈的现实关怀，注重史学的现实意义。翦伯赞即强调："我们研究历史，不是为了宣扬我们的祖先，而是为了启示我们正在被压抑中的活的人类；不是为了说明历史而研究历史，反之，是为了改变历史而研究历史。"②并且，唯物史观还有着明显的经济视角倾向，其最基本的内涵是"认为物质生产方式的变动制约着人们的精神生活、社会生活"，应用于史学领域，"就要求人们从经济角度去解说和诠释人类历史"③。当然，这种经济视角专指马克思主义经济学说而言，而非其他。因而，唯物史

---

① 达力扎布. 中国民族史研究60年. 北京：中央民族大学出版社，2010：前言1.
② 王学典. 翦伯赞学术思想评传. 北京：北京图书馆出版社，2000：192.
③ 翦伯赞. 历史哲学教程. 石家庄：河北教育出版社，2000：38.

观本身也包含了方法论层面的意义。有学者指出:"历史唯物主义是一种世界观,包括一系列的理论、原则和规律。但在研究历史时,我们是把它作为方法。"① 唯物史观这种与生俱来的对中国现实命运的高度关切和历史解释的经济视角倾向,在新中国成立之初,与当时国家的政治、经济形势紧密结合,即在中国史学界催生出了以史学界"五朵金花"(中国古代史分期、中国封建土地所有制、农民战争、资本主义萌芽和汉民族形成)为代表的,以重物质基础、社会性质、阶级关系为基本特征的一系列研究课题。

这一时期,史论结合、论从史出成为主要的书写范式。虽然在技术层面,考证仍被保留,但只限于处理材料和史实的歧异。

边疆民族史作为中国史的一个分支,本身也要遵从这一研究模式。但是,由于研究的具体对象不同,边疆民族史也形成自己的理论特点,有自己的理论。而且这种理论,随着社会、政治形势热点的变化也一再变化。如边疆研究长期受到"帝国主义侵华"理论的影响,重点关注近代的条约问题、租界问题和领土割占问题。而民族史领域,则受到"民族平等""民族问题本质上是阶级问题""多民族统一国家"等马克思主义民族理论的影响,研究选题主要集中在各民族族源、社会形态、经济、阶级斗争、各民族人民反帝反封建斗争、民族关系、民族英雄等方面,强调阶级斗争,历史解释呈现公式化、简单化倾向,而未能深入社会、政治、法律、宗教、文化、风俗等各个方面。加之新中国成立初期帝国主义国家的孤立和封锁,与西方的学术文化交流几乎中断,使得学术研究的水平和质量都受到了很大的影响。

1979年以后,学术界也开始"拨乱反正",逐渐摆脱"左"倾政治的影响和束缚,社会形态和阶级关系之外,历史人物评价和重大事件研究成果增多。受中苏关系恶化影响,北方民族史和历史疆域版图研究成为热点。直到20世纪90年代,随着改革开放的扩大,思想进一步解放,中外学术交流频繁,西方研究理论和研究方法、研究理念得到吸收和借鉴,研究方法走向多元并存,研究范围大大拓宽,不同意见受到尊重,学术回归到"百花齐放"的正常轨道,学术成果的水平与质量也得到了明显提高。

---

① 吴承明. 中国经济史研究的方法论问题. 中国经济史研究,1992 (1): 5-6.

第一节 满族史研究的兴起与繁荣

满族史是当今中国民族史研究的一个重要组成部分,因此有必要对满族史研究的发展历程进行认真总结。新中国成立后至今的满族史研究发展历程,同样分为1949年至20世纪70年代末和20世纪70年代末至20世纪90年代末两个时期。前一时期,研究方法较为保守、单一;后一时期,由于国家政治、经济、对外交往日益开放,史学观念发生较大转变,研究方法也趋向开放、多元。从这一过程之中,也可以看出史学观念对民族史研究所产生的重要影响。

满族是今天中国的56个民族之一,也是对中国历史进程产生过重要影响的一个民族。所以,对满族的历史进行研究,其意义也就不只限于探究一族之史,对于深入理解三百多年以来整个中国历史的发展走向,以及今日中国"中华民族多元一体格局"的形成,亦为不可缺失的一环。正因如此,自中华人民共和国成立以来,满族史即是民族史、明清史等学科学者均较为关注的一个领域。如今,经过几代学者的辛勤耕耘,满族史研究在史料、方法、视角及学科建设等方面均已取得了长足的进步,有必要对其发展脉络进行总结。

一、1949年至20世纪70年代末:唯物史观及民族理论指导下的满族史研究

1949年至20世纪70年代末,是新中国满族史研究的第一个发展阶段。在这一时期,随着中华人民共和国的成立,马克思主义在中国思想文化、意识形态领域占据了主导地位,学习马克思主义、运用唯物史观来解释中国历史成为史学研究的主流。

民族史研究身处大势之中,自然也不能例外。从这一时期的研究成果就可以看出,满族史的研究成果大多都是作为"五朵金花"的延伸而出现。这类研究成果有:50年代张维华的《满族未统治中国前的社会形态》[1]、王锺翰的《满族在努尔哈齐时代的社会经济形态》和《皇太

---

[1] 文史哲,1954(10):38-48.

极时代满族向封建制的过渡》①、莫东寅的《明末建州女真的发展及其建国》和《八旗制度：清初的社会结构》②，60年代左云鹏的《论清代旗地的形成、演变及其性质》③、倪明近的《清代入关前满洲族社会性质问题》④、郑天挺的《清入关前满洲族的社会性质》⑤、杨学琛的《清代旗地的性质及其变化》⑥、杨德泉的《试论清初旗地的形成及其性质》⑦等。从以上论文均可以清晰地看到"五朵金花"的影子，主要关注的是明末清初满族的社会形态及满族封建化过程。

尽管如此，由于各位学者对于史料和理论方法的理解不尽相同，所以对一些具体问题的看法也存在一定的差异，仍可见到学术争鸣的存在。如，张维华在《满族未统治中国前的社会形态》中提出，"进入到满洲历史范围的满洲社会，一般的说，在奴隶使用上，只发展到家长奴役制的阶段，即奴隶使用仅是起着助手的作用"，"努尔哈赤所建立的政权，已经不是一个纯粹的奴隶主政权，而是开始向封建统治转化了"。尔后，王锺翰在其《满族在努尔哈齐时代的社会经济形态》一文中则表达了不同的见解，认为："大约在十六世纪的七十年代到十七世纪的二十年代（一五七七——一六二七）的五十年期间，努尔哈齐时代领导的满族的社会发展阶段，肯定的是属于奴隶占有制而不是属于氏族社会末期的家长奴役制。"⑧ 莫东寅在《明末建州女真的发展及其建国》中阐述了同王氏相同的观点。

1956年至60年代初，全国人大民族委员会组织开展了少数民族社会历史大调查，调查对象也涉及了满族。该调查主要以田野调查的方式进行，以口述史为基本方法，并结合了历史学、民族学、语言学等学科的研究方法。这次调查中所涉及的历史问题，同样是在唯物史观的指导下提出的。

---

① 二文均见：王锺翰. 清史杂考. 北京：人民出版社，1957。
② 二文均见：莫东寅. 满族史论丛. 北京：人民出版社，1958。
③ 历史研究，1961（5）：44-63.
④ 历史研究，1962（4）：173-174.
⑤ 历史研究，1962（6）：87-96.
⑥ 历史研究，1963（3）：175-194.
⑦ 扬州师院学报，1964（10）. 后收入《杨德泉文集》（西安：三秦出版社，1994：286-305）.
⑧ 王锺翰. 清史杂考. 北京：人民出版社，1957：29.

就对满族的调查而言,据当时的调查当事人杨学琛回忆,所调查的问题主要是:"第一,满族的形成,历史的来源,怎么兴起的,肃慎、挹娄。第二,入关前满族的社会性质:奴隶制、农奴制、封建制。第三,满族以多少人进关?为什么能统治全国,这些给他们当农奴的汉人都哪儿去了?汉人变成满人了?亲王大臣庄园的汉人哪儿去了?是否像俄国农奴制生产方式一样?归纳起来的是:满族入关后的阶级结构、生产方式是怎样变化的,究竟变成了什么?"① 从中可见,这些问题仍主要从满族的阶级结构、生产方式及源流和形成方面入手,背后的问题意识可以说与"五朵金花"如出一辙。后分别于 1979 年和 1985 年正式出版的《满族简史》②、《满族社会历史调查》③ 二书,均是此次调查研究的产物,非常明显地体现了这一点。

在 50 年代,虽然马克思主义理论在史学研究中处于主导地位,但是仍有其他类型的满族史研究论文出现。王锺翰的《清初八旗蒙古考》④ 一文接续"旧史学"余脉,不涉理论,而专做考据;莫东寅的《清初满族的萨满教》⑤ 运用了宗教学的视角,亦未涉及马克思主义理论;傅乐焕的长文《关于清代满族的几个问题》⑥,虽然从中可以看到唯物史观的些许影响,但主要运用的是"自上往下看"的社会史范式。

上述研究成果均产生于 1949 年至 60 年代初的十余年之间。至 60 年代中期,由于受"左"倾政治风潮的影响,历史学成为政治的附庸,受到了严重摧残,陷入了"以阶级斗争为纲"的教条主义禁锢之中。满族史研究在那之后基本处于停滞状态。这种状况一直持续到了 70 年代末。

---

① 定宜庄,胡鸿保.寻找满族:思考"少数民族社会历史大调查"及其影响.清华大学学报(哲学社会科学版),2009(2):43.
② 北京:中华书局,1979.
③ 沈阳:辽宁人民出版社,1985.
④ 王锺翰.清史杂考.北京:人民出版社,1957:117-146.尽管此书于 1957 年出版,但其中所收录的论文完成于新中国成立前和成立后者皆有。而王先生并未在书中明确注明成文时间,唯在后记中指出"用文言文写的几篇考据文章都作于解放以前","几篇关于民族史方面的论文,则作于解放以后"。根据此提示,结合文章写作文风和研究对象,基本可判定本文写作于新中国成立后。
⑤ 莫东寅.满族史论丛.北京:人民出版社,1958:175-205.
⑥ 中国民族问题研究集刊:第6辑.北京:中央民族学院研究部,1957:145-188.

二、20 世纪 70 年代末至 90 年代末：多元开放的满族史研究

自 70 年代末起，在国家"解放思想，实事求是"的思想路线鼓舞下，中国史学界积极进行反思，打破了旧有观念的束缚，开始蓬勃发展，使历史解释由"以阶级斗争为纲"的一元框架走向多元化。由此，史学观念得到了极大解放，成为 20 世纪"具有真正意义上的史学观念的现代化高潮"①。从后来史学的发展状况看，也正如有学者指出的那样："冲破'以阶级斗争为纲'的史学框架，是史学走向繁荣的起点。"② 满族史研究也在这次思想大解放中蒸蒸日上，研究方法、理论、视野均得到不断拓展，进入了一个全新的发展阶段。

就中国史学界整体而言，在这一时期，史料考据得到大力提倡，"史无定法"也被学者们广泛接受。吴承明就特别强调，"史料是史学的根本。绝对尊重史料，言必有征，论从史出，这是我国史学的优良传统"，"治史必须从治史料始，则是道出根本"；同时又指出，"在方法论上不应抱有倾向性，而是根据所论问题的需要和资料等条件的可能，做出选择"③。满族史领域研究理念和方法的动向也体现了这一趋势。

其一，在对具体制度、事件、人物进行研究时，学者多采用考据学方法。由于考据的重要性在整个史学界重新得到强调，加之大量清代各类满汉文政书、志书、档案、家谱和笔记的整理出版或开放，极大地激发了实证考据的活力。这使得考据学方法在满族史研究方法中的地位得到很大提升，甚至占据了首要位置，对满族史研究起到了强有力的推动作用。满族历史上一些基础而又很重要的问题，都是依靠此方法得以逐渐清晰。譬如，定宜庄的《清代八旗驻防制度研究》④ 等较具代表性的研究论著，均是基于这一方法完成的。

其二，满族史研究吸收人类学、民族学、社会学等社会科学理论方法，呈现出较强的开放性。满族史研究对社会科学理论方法的吸收，除了民族史学自身发展的需求外，也受到了 80 年代以来在中国复兴的社会史之"眼睛向下"乃至"自下往上"的研究方法和视角影响。从近三

---

① 邹兆辰. 二十世纪史学观念现代化的三次高潮. 史学月刊，1999（1）：71.
② 王学典. 20 世纪中国史学评论. 济南：山东人民出版社，2002：205.
③ 吴承明. 中国经济史研究的方法论问题. 中国经济史研究，1992（1）：3-4.
④ 天津：天津古籍出版社，1992.

十余年的满族史研究成果中可以看到，普通旗人、满族妇女同政治事件、满族精英人物一样，成为研究者重要的关切对象。于此最为直接的表现，便是此类研究成果的大量涌现。可以看到，80年代就已有郎国兴的《浅谈拉林地区的满族》①、定宜庄和刘小萌的《试述清朝乾隆年间的东北流民及其对旗人生计的影响》②等论文陆续发表。90年代以后，这一趋势更加明显，并且视角多元，内容丰富，在研究方法上更加重视与其他学科的交流。定宜庄可谓是最具代表性的学者之一。她的研究多从满族社会入手，以田野调查、口述史资料对历史文献进行补充、比对，在此基础上运用社会学、人类学的方法对研究对象的民族认同问题进行思考和探讨。她所著的《最后的记忆：十六位旗人妇女的口述历史》③，即大致以此作为研究路径。

其三，从70年代末至90年代初，在满族史研究中，依然可见到一些探讨清代满族社会性质的论文，如李鸿彬的《清入关前满族的社会性质》④、王革生的《清代东北八旗庄园"庄头"》⑤等文。

以上三点所形成的合力，即是满族史的研究理念及方法在这一时期乃至将来的总体演进方向——多元与开放。考据和跨学科二者的各自发展并不矛盾，这是研究者对不同的问题、基于不同的问题意识和研究目的所做的不同选择。

三、五十年来满族史研究关切与热点问题

首先是满族社会历史的综合研究。专门研究满族通史的著作，除少数民族五种丛书之一的《满族简史》外，还有李燕光、关捷主编的《满族通史》⑥。前者集体编纂、提纲挈领，后者资料翔实、阐述系统，两书是较为系统的满族通史著作。除此之外，许多学者出版了满族史专著，如刘小萌的《满族的部落与国家》⑦和《满族的社会与生活》⑧、滕

---

① 黑龙江民族丛刊，1986（4）：28-29．
② 黑龙江民族丛刊，1988（1）：50-57，63．
③ 北京：中国广播电视出版社，1999．
④ 社会科学辑刊，1979（2）：120-127．
⑤ 清史研究，1992（3）：74-81．
⑥ 沈阳：辽宁民族出版社，1991．
⑦ 长春：吉林文史出版社，1995．
⑧ 北京：北京图书馆出版社，1998．

绍箴的《满族发展史初编》①、姚念慈的《满族八旗制国家初探》②、定宜庄的《满族的妇女生活与婚姻制度研究》③、张晋藩和郭成康的《清入关前国家法律制度史》④、周远廉的《清朝兴起史》⑤、张佳生主编的《满族文化史》⑥等，这些成果从不同视角对满族的形成发展历史进行了系统研究，是我国满族史研究的代表作。

在整体推进的基础上，专题研究更加深入。老问题推陈出新，如满族社会形态、社会性质问题，王锺翰在原来主张奴隶制基础上，进一步对"计丁授田"的本质予以探索，认为努尔哈赤分给八旗兵丁者为"份地"，给八旗贵族的地亩多设置庄园，地制是土地公有制或土地国有制，基本由奴隶耕种，而贵族庄园与在赫图阿拉时的农庄一样，是奴隶制庄园，从而修正并细化了过去的结论，进一步丰富了入关前满族社会处于奴隶制阶段的观点⑦。李鸿彬进一步提出，满族奴隶制的特点是"家内种族奴隶制"，真正封建化到康熙时期才完成⑧。与此相反，郑天挺则仍然坚持努尔哈赤时代封建说的观点⑨。与此相关，旗地经营、田庄问题、旗人身份差别都受到学者的关注。八旗制度研究是满族史研究的核心问题，其内容较孟森时代已有极大开拓，涉及八旗起源、衍变、兵额、职官、衙署、驻防、俸饷、满城、营建诸多方面，学者从不同角度、不同层面对清代满族最为重要的核心制度进行较为深入的研究。周远廉、杜家骥、姚念慈、赵令志、定宜庄、刘小萌、滕绍箴等人在清代八旗的政治制度、旗地制度、驻防制度、社会生活等方面均有专著问世。

---

① 天津：天津古籍出版社，1990.
② 北京：北京燕山出版社，1996.
③ 北京：北京大学出版社，1999.
④ 沈阳：辽宁人民出版社，1988.
⑤ 长春：吉林文史出版社，1986.
⑥ 沈阳：辽宁民族出版社，1999.
⑦ 王锺翰.《满文老档》中计丁授田商榷//民族史论丛：第1辑. 北京：中华书局，1987：39-51.
⑧ 李鸿彬. 清入关前满族的社会性质. 社会科学辑刊，1979（2）：120-127.
⑨ 郑天挺. 清入关前满洲族的社会性质. 历史研究，1962（6）：87-96. 该文认为满族的奴隶制甚早，至努尔哈赤时期已进入封建社会. 郑天挺. 清入关前满族的社会性质续探. 南开学报（哲学社会科学版），1979（4）：46-54. 此文接续上文，补充材料，仍申旧说。

满族的历史人物研究，过去只集中在入关前和清前期的著名皇帝和后妃方面。新时期的研究，则在帝后之外，包括了重要王公、大臣、军事将领、文苑领袖各色人物，丰富了满族史研究。一些新的专题则得到开拓，如满族的族源与成分演变问题。经过反复讨论，学界对满族与八旗的关系、清代旗人的"满洲化"、满族共同体内的民族成分等问题，结论趋于一致，即认为满族是从八旗社会演变而来的，是一个以满洲人为主体，融合部分汉、蒙古、朝鲜、维吾尔、藏等民族成员而形成的民族共同体。再如，宫廷史研究也受到研究者重视，成果涉及清代帝后起居、内廷结构、宫闱典章、清宫掌故、宫殿园囿等方面，包括皇室家族历史、宫廷内部斗争、宫廷典章制度、物质文化生活、民族风俗习惯等问题。万依和王树卿等的《清代宫廷生活》[①]、祁美琴的《清代内务府》[②] 等都是该领域的代表作。满族史料特别是满文史料的整理，既是研究工作的基础，也推进着研究的深入。新时期不仅常用的官书如实录、起居注、各类志书纷纷整理出版，满文档案的开发、整理、利用更是日新月异。以档案馆编研人员、大学研究人员为主，清宫及地方庋藏的各类满文档案以影印、翻译形式出版者多达百余种，上百万件。满族谱牒的收集、整理、研究也从无到有，出现了专门性的谱牒博物馆。这些成就，加上满文教育、翻译人员的培训工作蓬勃展开，使中国的满学研究后来居上，成为世界满学中心。

综上所述，自新中国成立到 20 世纪 90 年代末，整个史学界的史学观念以 20 世纪 70 年代末期为界线，经过两次重大的变化。满族史的学科发展深受此一变化的影响，在民族史学界较具代表性。在第一阶段中，研究方法比较单一。自 60 年代中期以后，史学界在对唯物史观的理解上存在严重教条主义倾向。在第二阶段中，随着国家政治、经济、对外交往的逐步开放，满族史研究随整个中国史学界冲破了"以阶级斗争为纲"的思想观念桎梏，日益开放、多元。在研究方法上，考据学方法的重要性得到重视，同时跨学科方法也越发受到认可，两种研究取向并行不悖，使满族史研究在深度和宽度上都得到极大扩展。从上述这一脉络之中，也可以看出史学观念对民族史研究所产生的重要影响。王锺

---

① 香港：商务印书馆，1985.
② 北京：中国人民大学出版社，1998.

翰曾讲道:"直到建国时为止,史学界对于满族史的研究,除孟森《八旗制度考实》等有分量的几篇论文之外,几乎是一片空白。"① 可以说,满学、满族史研究在新中国成立之后才真正开始发展。其从兴起到繁荣,也恰是新中国史学观念从保守、单一到开放、多元的这一进程的结果与外在表现。

第二节 蒙古史研究的曲折历程

众所周知,历史学是一门以人类过去的活动为研究对象的学科,并且历史学家往往以还原历史本来面目为己任。然而,历史本身是绝对客观、无法改变的,但历史研究却受许多现实主观因素的支配和制约,史学观念即为其中最为重要因素之一。新中国成立以来,受史学观念的影响,我国的蒙古史研究同样经历了两个大的发展阶段。

一、1949年至20世纪70年代末:唯物史观指导下的蒙古史研究

中国共产党极为重视蒙古史的研究。早在抗日战争时期,即1940年左右,就在延安成立了民族问题研究会、蒙古文化促进会、蒙古文化陈列馆、成吉思汗纪念堂等,有组织地研究蒙古问题。延安民族学院还开设蒙古语文课。在延安的马克思主义史学工作者研究蒙古的历史和社会问题,以民族问题研究会的名义编著了《蒙古民族问题》②,该书探索了蒙古族社会历史发展的规律及民族关系,揭露和批判了日本帝国主义对蒙古民族的侵略压迫及国民党反动派的大汉族主义。该书是中国蒙古史学者用马克思主义观点撰写的第一部蒙古史专著。

新中国成立后,在中国共产党的民族政策的指导下,从50年代开始全面开展蒙古语言、文学、历史的研究工作。在中国科学院设立民族研究所,有研究蒙古语文、历史的专业人员。在内蒙古自治区成立了蒙古语文研究所、历史研究所,在内蒙古大学设有蒙古语文研究室、蒙古史研究室,配备专业人员专门从事蒙古语文、历史研究。南京大学有以

---

① 王钟翰学述. 杭州:浙江人民出版社,1999:140.
② 张家口:内蒙古出版社,1946.

韩儒林教授为首，中央民族学院有以翁独健教授为首，西北民族大学有以谢再善为首研究蒙古史、蒙古语文的专职队伍。

在这一时期，随着中华人民共和国的成立，马克思主义在中国思想文化、意识形态领域占据了主导地位，学习马克思主义、运用唯物史观来解释中国历史成为史学研究者的主流。

所谓唯物史观，即历史唯物主义，是马克思主义的历史观。新中国成立后党和国家处理民族问题时即以历史唯物主义为基本原则，其中所蕴含的浓厚的民族平等思想也成为巩固这一新生多民族国家的行动方针。这对我国史学工作者影响甚巨。可以说，"平等地对待我国历史上的民族，是马克思主义史学的一条重要原则。正确对待我国多民族的历史，揭示其在统一多民族国家中发展的过程与规律，研究他们无论是在民族统一还是分裂时与整个中国不可分割的关系，是史学研究的基本出发点和历史所赋予的任务"① 这一观念是新中国成立以来学界共识。唯物史观有着明显的经济视角倾向，其最基本的内涵是"物质生产方式的变动制约着人们的精神生活、社会生活"，应用于史学领域，"就要求人们从经济角度去解说和诠释人类历史"②。当然，这种经济视角专指马克思主义经济学说而言，而非其他。因而，唯物史观本身也包含了方法论层面的意义。

正是基于上述原因，这一时期蒙古史研究所关切的问题，与20世纪上半叶学者们多聚焦于蒙古源流、名号、文献考释的情形相比，发生了很大变化，主要体现在以下两点：

其一，注重研究课题的现实意义，肯定蒙古族对中国形成统一多民族国家格局的历史功绩，强调蒙汉相互团结、相互依存的历史事实。如，成吉思汗、忽必烈两位在蒙古族历史上具有极为重要影响的人物成为这一时期的一个研究热点，1962年在内蒙古举办了"纪念成吉思汗诞辰800周年学术讨论会"，韩儒林、杨志玖、周清澍、周良霄、亦邻真等学者都撰文参与讨论。其中杨志玖在其《关于成吉思汗的历史地位》③一文中将成吉思汗起到的积极作用分为"统一蒙古诸部，建成蒙

---

① 张博泉，等. 金史论稿：第1卷. 长春：吉林文史出版社，1986：15.
② 王学典. 20世纪中国史学评论. 济南：山东人民出版社，2002：68.
③ 历史教学，1962（12）：6-11.

古帝国""推动了蒙古民族的形成""提高了蒙古社会的生产力""提高了蒙古的文化"四点,认为"成吉思汗对蒙古历史的作用应该充分肯定,对中国历史的作用应该基本肯定,只有对中亚诸地的作用才应该基本否定,而且其中情况复杂,还有若干积极的东西在内",并强调"他的贡献还是主要的,他在整个人类历史上的地位是应该肯定的"。亦邻真发表《成吉思汗与蒙古民族共同体的形成》①,高度评价成吉思汗对缔造蒙古民族的巨大贡献。此外,这一时期还出现了黄时鉴的《日本帝国主义的"满蒙政策"和内蒙古反动封建上层的"自治""独立"运动》② 和《论清末清政府对内蒙古的"移民实边"政策》③、敖腾比力格的《伊克昭盟"独贵龙"运动(中国旧民主主义革命时期)》④、蒙图素德的《中国旧民主主义革命时期内蒙古人民的革命斗争》⑤ 等几篇反映近现代蒙古人民群众反帝反封建斗争的论文,以及周清澍的《试论清代内蒙古农业的发展》⑥、金启孮的《清朝前期卫拉特蒙古和中原的互市》⑦ 等数篇反映蒙汉关系的文章。可以说,上述研究成果的发表在当时对于促进民族平等,消除学术界、文化界乃至部分国人中存有的民族偏见,提高蒙古族的社会地位均甚有裨益。

其二,引入马克思主义社会形态学说及阶级分析法,从经济视角探讨各个时期蒙古的社会性质和经济状况。事实上,这一点是新中国之初十余年间,整个中国史学界的研究倾向在蒙古史研究领域的具体表现。1960年前后,有数篇以此作为研究主题的文章相继发表。高文德主张"处在原始社会末期的氏族公社阶段"⑧。也有主张"已经发展到奴隶占有制社会"的,如杨建新⑨。赵华富在其《论十三世纪初蒙古的社会性质》⑩ 一文中提出,"蒙古的社会发展没有经过奴隶社会这一阶段,这

---

① 内蒙古大学学报(社会科学),1962(1):1-22.
② 内蒙古大学学报(社会科学),1963(1):1-30.
③ 内蒙古大学学报(社会科学),1964(2):65-77.
④ 内蒙古大学学报(社会科学),1963(1):31-52.
⑤ 内蒙古大学学报(社会科学),1964(2):1-34.
⑥ 内蒙古大学学报(社会科学),1964(2):35-63.
⑦ 内蒙古大学学报(社会科学),1964(2):79-97.
⑧ 高文德.十至十二世纪蒙古族的氏族公社.中国民族,1962(9):30-33.
⑨ 杨建新.关于十二世纪蒙古族社会的性质.中国民族,1963(6):46-50.
⑩ 山东大学学报(历史版),1961(S2):25-39.

是蒙古历史发展的一个特征",且13世纪初蒙古进入封建社会。这一观点在当时较具代表性。周清澍、亦邻真也大体赞同这一意见。实际上,这一时期多数学者受苏联蒙古学者符拉基米尔佐夫的"游牧封建制"理论的影响很大,完全否定蒙古地区奴隶制的存在。

这一时期,围绕近代内蒙古地区的经济、民族关系特别是"蒙地放垦""封禁""移民实边"政策的评价产生了争论,一度成为热点问题。何志的《我对清末"移民实边"政策的一些看法》①,对清朝"移民实边"问题做了全面评价,认为内蒙古农业的发展和汉族人民进入内蒙古是历史发展的必然趋势,清朝的"封禁"政策无法阻止。在指出清末实行全面放垦、"移民实边"政策的反动性同时,肯定了其积极作用,认为开发了土地,促进了内蒙古农业的发展。留金锁《略谈清末"移民实边"政策的作用:与何志同志商榷》② 一文认为何文过高估计了"移民实边"的积极作用,而忽略了其反动本质和给蒙古人民带来的灾难。直到80年代,黄时鉴《论清末清政府对蒙古的"移民实边"政策》③ 一文仍认为清末推行的移民实边"实质上是一种肆行经济掠夺和加强政治统治的政策,是满汉封建统治阶级对内蒙古人民进行阶级压迫掠夺和民族压迫掠夺的政策","是一场严重的灾难",也持否定态度。

此外,1956年至60年代初,全国人大民族委员会组织开展了少数民族社会历史大调查,也包括了蒙古族。对蒙古族的调查是在翁独健先生指导下,由萨嘎喇扎布、朱风、贾敬颜等实地调研了阿拉善旗的蒙古族历史及社会状况,其直接的学术成果是80年代出版《蒙古族社会历史调查》④。这次调查中所涉及的历史问题,同样是在唯物史观的指导下进行的。国家民族事务委员会组织领导中国少数民族五套丛书的编写工作,其中包括蒙古族的五套丛书,60年代开始着手编写《蒙古族简史》《蒙古族简志》《蒙古族自治地方概况》《蒙古族语言简志》《蒙古族社会历史调查资料丛刊》。这是中华人民共和国成立后有组织地全面开

---

① 内蒙古日报,1962-01-23.
② 内蒙古日报,1962-11-03.
③ 内蒙古近代史论丛:第1辑.呼和浩特:内蒙古人民出版社,1983:106-127.
④ 呼和浩特:内蒙古人民出版社,1986.

展蒙古史研究的举措。但因"左"倾思想路线严重干扰了这一工作的顺利进行，1966年"文化大革命"开始后编写工作完全停止，而且材料遭到损失。

这一阶段的研究成果几乎均产生于1949年至20世纪60年代初的十余年之间。50年代，先后出版了陶克涛的《内蒙古发展概述（初稿）》[1]和余元盦的《内蒙古历史概要》[2] 两部蒙古史专著，这是中华人民共和国成立后中国史学家用马克思主义观点撰写的第一批蒙古史专著。在蒙古文学研究方面，内蒙古语文研究所深入到中国蒙古族聚居的牧区，收集大量的民间口头文学，并整理编印成册，作为内部参考资料。朱风的《近代阿拉善社会》[3] 一文，就是根据50年代社会历史调查材料对阿拉善蒙古的社会阶级结构和经济状况进行了具体剖析研究。至60年代中期，由于受"左"倾政治风潮的影响，蒙古史研究基本处于停滞状态，这种状况一直持续到了70年代末。

二、20世纪70年代末至90年代末：多元兼容的蒙古史研究

中国的蒙古史学，本来就是西方与东方不同学术传统的综合体。既有来自欧洲汉学、历史语文学的传统，也有中国传统的西北舆地学、考据学的学术基础。多元并存、兼收并蓄，使得这一学科恢复了生机与活力。这一时期的蒙古史研究理论、实践有以下几个特点。

其一，在对制度、事件、人物等具体问题进行研究时，学者多采用考据学方法。"文化大革命"结束后，考据的重要性在整个史学界重新得到强调，加之各类蒙古、满、汉、俄等文种政书、志书、档案、家谱和笔记的大量整理出版或开放，实证考据的活力被极大地激发出来，这使得考据学方法在蒙古史研究中的地位得到很大提升，甚至占据了首要位置，对蒙古史研究起到了强有力的推动作用。蒙古族历史上一些基础而又很重要的问题，都是依靠此法得以逐渐清晰。在此以马汝珩、马大正对土尔扈特蒙古系谱的考述为例进行说明。土尔扈特蒙古是卫拉特蒙古的一支，其在历史上最为著名的活动为1771年初该部首领渥巴锡率领部分人民突破沙俄层层阻挠与追击，自俄罗斯伏尔加河流域启程回到

---

[1] 呼和浩特：内蒙古人民出版社，1957.
[2] 上海：上海人民出版社，1958.
[3] 内蒙古社会科学，1982 (5)：68-72, 44.

中国新疆一事，即著名的"土尔扈特东归"。自其始祖翁罕至民国年间末代汗王满楚克扎布，土尔扈特部共经历了二十四世、二十七传。东归后的土尔扈特部处于清政府的直接统治之下，故我们对其在此之后世系的了解自不待言。但是对于翁罕至渥巴锡之间的系谱，由于年代久远，加之因向西远迁而造成的地理上区隔，所以各种文献间存在着一定的出入，特别是我国历史文献中的记载错漏之处很多，而学者的相关研究虽然取得了一定的进展，但仍存在可探讨之处。针对这种情况，马汝珩、马大正比对中外史料，撰写《土尔扈特蒙古系谱考述》① 一文加以考订，给出了令人较为信服的结论。达力扎布的《明代漠南蒙古历史研究》② 也是采用传统的考据手段，考察察哈尔部、三卫蒙古各部的方位变化，提出察哈尔部在嘉靖时期是向南迁徙，而非历来主张的"东迁"。尽管曹永年对此新说提出了异议③。

其二，蒙古史研究吸收其他学科理论、方法，呈现出较强的开放性。早在 20 世纪初，中国史学接受西方史学理论、方法，在由传统史学开始迈向近现代史学之时，以陈寅恪、韩儒林、邵循正等为代表的学者就在蒙古史研究中使用历史语言学的审音勘同方法，对相关问题进行考订，取得了较为丰硕的成果。可以说，蒙古史是我国史学研究中较早引入其他现代学科研究方法的一个领域。

尽管新中国成立后此类研究在蒙古史研究中一度较为鲜见，但是近四十年以来跨学科研究方法又开始回潮，并有了进一步发展。亦邻真的《中国北方民族与蒙古族族源》④ 一文堪称采用跨学科手段探究蒙古历史问题的典范。在文中，他首先阐述了在民族史研究中借助其他学科方法的必要性，"识辨族源是带有综合性的研究工作，除了分析研究历史文献记载之外，还常常需要借助于语言学、人类学、民族学和考古学手段，在缺少文献根据的时候，这些手段尤其显得重要"。同时，亦邻真对这些方法的适用性也有着清楚认识，指出："应用这些资料也是有条件的，不能把各族间的文化影响、各物质文化的某些雷同点和相似处当

---

① 民族研究，1982 (1)：28 - 35.
② 海拉尔：内蒙古文化出版社，1997.
③ 曹永年. 嘉靖初蒙古察哈尔部的牧地：兼评和田清、达力扎布的相关研究//蒙古史研究：第 6 辑. 呼和浩特：内蒙古大学出版社，2000：156 - 166.
④ 内蒙古大学学报（哲学社会科学版），1979 (Z2)：1 - 23.

作确定族源的主要依据。"该文从历史语言学、人类学、民族学、考古学等多个角度与彼时国内外蒙古史研究成果展开对话，有破有立，对蒙古族族源及其与古代北方诸游牧民族的关系做出了有力的论证。正是由于研究理论的全面性和均衡性，他的研究结论具有强大说服力，自王国维以来就提出的东胡说得以建立在科学探讨的基础上，被广为接受，争论近百年的蒙古族族源问题得到解决。

其三，这一时期对古代蒙古社会性质等问题的探讨逐渐减少。论文主要有那木云的《关于十一——十三世纪蒙古族社会的性质》①、留金锁的《试论成吉思汗建国前的蒙古社会制度》②、高文德的《蒙古奴隶制初探——蒙古诸部统一前的社会性质》③、亦邻真的《关于十一十二世纪的孛斡勒》④。论著方面，高文德延续了60年代的研究，著有《蒙古奴隶制研究》⑤一书，专门就成吉思汗统一诸部以前蒙古各部的社会性质进行了较为全面而翔实的探讨，观点有明显修正。

上述理论发展趋势，构成了蒙古史研究在这一时期乃至将来的总体演进方向——多元、互补与开放。在研究方法上，史事考据和跨学科综合研究二者各自发展又相辅相成。蒙古史研究整体上已不再有某种较为明显地占优势地位的研究倾向，选题愈发广泛、丰富。

三、五十年来清代蒙古史研究的重要进展

2010年出版的达力扎布主编的《中国民族史研究60年》曾将20世纪50年代以来的蒙古史研究概括为史料整理、翻译国外论著资料、综合性研究成果及专题研究四个方面，而其中的专题研究又进而被归纳为11个问题，即蒙古族族源、蒙古社会制度、人物、蒙古部落、俄日对蒙古地区侵略与蒙古王公"独立"、"高度自治"、蒙地放垦、蒙古族人民革命斗争、蒙古族社会经济、蒙古法制史、蒙古宗教史、蒙古与其他民族关系史⑥，可谓既全面又精当。其中大部分专题都含有相当数量的清代蒙古史研究成果，无论是研究的广度还是研究的深度都是以往时

---

① 内蒙古社会科学，1980 (2)：85-94.
② 蒙古史研究：第1辑. 呼和浩特：内蒙古人民出版社，1985：109-128.
③ 民族研究，1979 (2)：22-36.
④ 元史研究会. 元史论丛：第3辑. 北京：中华书局，1986：23-30.
⑤ 呼和浩特：内蒙古人民出版社，1980.
⑥ 达力扎布. 中国民族史研究60年. 北京：中央民族大学出版社，2010：226-265.

期所无法比拟的。其中清朝时段影响较大的学术问题包括盟旗制度研究,出版了赵云田、阎光亮、杨强的三部专著①。论文则涉及盟旗的来源与性质、建立时间、名称含义、人身隶属关系等问题。人物涉及僧格林沁、巴图尔珲台吉、噶尔丹、策妄阿拉(喇)布坦、噶尔丹策零、阿睦尔撒纳、顾实汗、阿玉齐汗、渥巴锡汗,争议较大的是对噶尔丹和阿睦尔撒纳的评价。作为热点问题清代准噶尔部、土尔扈特部历史的一部分,二人受人瞩目的深层原因是中苏论战及沙俄侵华问题语境下的评价角度不同。依据与沙俄的关系性质,噶尔丹和阿睦尔撒纳受到谴责而阿玉齐汗、渥巴锡汗则受到歌颂。部落史方面,察哈尔部、科尔沁部、喀尔喀部,特别是卫拉特四部,都有一定数量文章讨论。蒙古法制史的研究重点主要在明清时代的几部法典,即《阿勒坦汗法典》《卫拉特法典》《喀尔喀律令》,其中关于《卫拉特法典》的成果最多,这其实一定程度上也是准噶尔史热的投射。蒙古宗教史成果中清代部分占比较大,这既是清代寺院史料丰富的反映,也是清代蒙藏民族文化相连的产物。

  蒙古族为今天中国的 56 个民族之一,是对中国历史进程产生过重要影响的一个民族,堪称中国古今北方民族中最具代表性的民族,故对蒙古族历史进行研究,其意义也就不只限于探究一族之史,对于深入理解我国自古以来南北民族关系乃至整个历史的发展走向,以及今日中国"中华民族多元一体格局"的形成,皆为不可缺失的一环。早在 20 世纪初,历史学家已对蒙古族历史问题多有关注,中华人民共和国成立之后蒙古史研究逐渐走向繁荣,诸多大学、科研院所设置了专门的蒙古史研究机构。经过几代学者的辛勤耕耘,蒙古史研究在史料、方法、视角及学科建设等方面均已取得了长足的进步。综前所述,以史学观念为线索,中国的蒙古史研究在新中国成立后可分为两个发展阶段。在第一阶段研究中,强调现实意义,倡导民族平等,但研究方法比较单一。在第二阶段中,随着国家政治、经济、对外交往的逐步开放,蒙古史研究随整个中国史学界冲破了"以阶级斗争为纲"的思想观念桎梏,日益开放、多元。考据学方法的重要性得到重视,同时跨学科方法、视角也越

---

① 赵云田. 清代蒙古政教制度. 北京:中华书局,1989. 阎光亮. 清代内蒙古东三盟史. 北京:中国社会科学出版社,2006. 杨强. 清代蒙古族盟旗制度. 北京:民族出版社,2004.

发受到认可,两种研究取向并行不悖,加之研究选题日渐丰富,蒙古史研究在深度上和宽度上都得到极大扩展。可以说,中国蒙古史研究的发展、繁荣之过程,恰是新中国史学观念从单一到多元的这一进程的结果与外在表现。从这一脉络之中,也可以看出史学观念对民族史研究的重要影响。

第三节 新疆民族史研究的成就

真正意义上的现代新疆民族史研究始于 1949 年以后。新中国成立之后,真正把民族史研究作为一门专门学科进行对待。新疆作为我国少数民族聚集地区,也在 1955 年前后成立了各级民族区域自治机构,区域内的各个民族成为中国民族大家庭中的平等成员,各个民族发展的历史,也成为中华民族发展历史的一个重要组成部分。正是在这种政治环境中,新疆各个民族的历史才得到了党和政府的高度重视,组织人员进行了专门的研究,并出版了一系列具有较高学术水平的论著。也只有在这时,新疆民族史才逐渐成为一个比较专门的历史学科,受到人们的关注和重视,并成为新疆史中的一个重要组成部分。

一、1949 年至 20 世纪 70 年代末的新疆民族史研究

20 世纪 50 年代,全国人大民族委员会和国务院民族事务委员会共同组织我国众多的民族工作者和民族史方面的专家学者,对我国当时的民族状况进行了前所未有的大规模调查。历史上一直是我国重要的多民族地区的新疆自然是这次调查的重点地区之一。调查工作分为两个阶段:第一阶段是从 1956 年 8 月到 1958 年 6 月,调查工作以社会形态为核心;第二阶段从 1958 年 8 月到 1964 年 5 月,调查工作以编写简史简志为核心。参加调查的人员走遍天山南北,深入农村牧区,对新疆各民族的历史和现状进行了大量深入的调查研究,在此基础上写出了一批具有较高水平的调查报告,不仅为当时我国民族政策的制定和民族工作的顺利开展提供了重要的依据,而且为后来新疆史的深入研究积累了丰富的资料,培养了一批具有较高水平的专业人才。后来陆续出版的《新疆

农村社会》①、《新疆牧区社会》②、《南疆农村社会》③、《维吾尔族社会历史调查》④、《哈萨克族社会历史调查》⑤、《柯尔克孜族社会历史调查》⑥、《塔吉克族社会历史调查》⑦ 等，就是这次大规模调查成果的一部分。同时，在这次调查的基础上，我国民族史工作者特别是新疆民族史工作者通力合作，在 60 年代初编写出了维吾尔族、哈萨克族、柯尔克孜族、塔吉克族、锡伯族等新疆各少数民族的简史简志⑧。这是新中国成立后，由国家统一组织编写的第一套新疆各民族的简史。大规模的民族社会历史调查为西北地区地方史、民族史研究积累了丰富的资料，冯家昇、程溯洛和穆广文合编的《维吾尔族史料简编》上册⑨，新疆维吾尔自治区民族研究所集体编写的《新疆简史》⑩ 等的问世，对以后的维吾尔族历史研究起到了促进作用，推动了西北地区民族史的研究。

新中国成立后，马克思主义史学的理论与方法也被运用到民族史的研究中，突出表现在各族人民反帝反封建的革命斗争主线，以及少数民族社会经济形态问题的研究上。前一主线在上述简史简志中得到鲜明体现。而在后一问题上，马克思关于五种社会形态的论述范式被引入到研究中。一些成果虽然发表于 80 年代初，但却是学界长期讨论的结果。例如白振声的《清代维吾尔族封建农奴制经济的演变》⑪ 认为在清代，新疆维吾尔族封建农奴制经济在长期停滞之后终于开始了向封建地主经济的迅速转变。这种经济形态变化的进步趋势，应该说是与多民族国家的政治统一与社会相对安定分不开的。而转变的关键，则是延续了数百年之久的残酷、野蛮、落后的封建伯克制度的被废除。它从 1857 年清

---

① 北京：农村读物出版社，1988.
② 北京：农村读物出版社，1988.
③ 乌鲁木齐：新疆人民出版社，1953.
④ 乌鲁木齐：新疆人民出版社，1965.
⑤ 乌鲁木齐：新疆人民出版社，1986.
⑥ 乌鲁木齐：新疆人民出版社，1987.
⑦ 乌鲁木齐：新疆人民出版社，1985.
⑧ 中国科学院民族研究所新疆少数民族社会历史调查组. 维吾尔族、哈萨克族、柯尔克孜族、塔吉克族、锡伯族简史简志合编（初稿）. 北京：中国科学院民族研究所，1963.
⑨ 北京：民族出版社，1958.
⑩ 乌鲁木齐：新疆人民出版社，1965.
⑪ 中央民族学院学报，1981（1）：29 - 34.

朝平定准噶尔上层蒙古贵族叛乱、开始直接统治新疆至 1884 年新疆正式建省，其间经过了一个由浅入深、由局部到全局、由量变到质变的演变过程。文章从三个阶段，分析了这一演变的进程。

这一时期新疆民族史研究围绕"新疆是中国不可分割的一部分"的主题展开。研究的焦点问题主要是新疆与内地的关系。吕振羽的《新疆和祖国的历史关系》① 奠定了研究的基调，后来发表于 80 年代的成果仍然是这一时期主题的延续，如任一飞、安瓦尔的《新疆地区与祖国内地》② 比较系统地论证了新疆自古以来就是中国领土的组成部分，全面考察了新疆与内地关系的历史；朱振杰的《论新疆与内地兄弟民族之间的历史关系》③ 另辟蹊径，从新疆各民族的内部结构以及与内地民族所具有的相容关系入手，探讨了新疆各民族与内地各兄弟民族之间的历史关系。

20 世纪 60 年代中期以后，由于受到"文化大革命"的冲击，新疆民族史研究受到很大干扰，一些研究项目也被迫中断，但新疆民族史的研究工作并没有完全停止。70 年代初，由于中苏政治关系的变化，关于沙俄侵华史及中俄边界沿革历史的研究迅速展开，其中沙俄侵略中国西北边疆与中俄西北边界的历史研究占有重要的地位，成为这一时期西北边疆史地研究又一次高潮的特点。在这一阶段，新中国培养的第一代研究人员趋于成熟，成为此后新疆研究的中坚力量。在这一时期，由国内学者共同完成了《沙俄侵略中国西北边疆史》④、《沙俄侵华史》（第三卷）⑤ 等，并翻译了许多国外资料，如英人包罗杰的《阿古柏伯克传》⑥、俄人巴布科夫的《我在西西伯利亚服务的回忆（1859—1875年）》⑦、俄人塔格耶夫的《在耸入云霄的地方》⑧、俄人库罗帕特金的《喀什噶尔》⑨ 等，为日后研究打下了坚实基础。

---

① 中国民族，1962（2）：27-38.
② 北京：中国社会科学出版社，1980.
③ 新疆社会科学，1985（2）：9-15.
④ 北京：人民出版社，1979.
⑤ 北京：人民出版社，1981.
⑥ 商务印书馆翻译组，译. 北京：商务印书馆，1976.
⑦ 王之相，译. 北京：商务印书馆，1973.
⑧ 薛蕾，译. 北京：商务印书馆，1975.
⑨ 中国社科院近代史研究所翻译室，译. 北京：商务印书馆，1982.

在民族史领域，表现在准噶尔部历史研究的兴起。在赫鲁晓夫到勃列日涅夫时期，苏联学界投入大量精力进行准噶尔部历史研究，意在将准噶尔汗国从中国历史中分离出来。我国学界出于驳斥"苏修"观点的需要，也组织了大量人力投入这方面的研究中。由北京和新疆两地学者共同撰写的《准噶尔史略》① 一书的书稿，就是在这一时期完成的。这一时期还组织人员翻译了不少国外的著作，其中有关新疆民族史研究方面的内容也不少，如俄国卫拉特蒙古史权威兹拉特金的《准噶尔汗国史（1635—1758）》② 等。国内学者对苏联准噶尔历史研究情况进行了深入系统的介绍，如马大正《苏联史学界利用俄国档案资料研究准噶尔历史情况概述》③。这一时期的研究虽然带有一定的政治色彩，但却为日后对新疆民族关系、卫拉特蒙古历史等领域的研究打下了基础。

新疆地处祖国西北边陲，近代以来，外患频起。从某种意义上讲，近代新疆对外关系史实际上是一部外敌入侵和各族人民共同抵抗侵略的斗争史，近代新疆边界变迁史实际上是一部丧权辱国的割地史，这些向来是近代新疆历史研究的重点，至今已有百余篇著述。下面以沙俄、浩罕对近代新疆的侵略和扩张为线索，分述如下。

希达的《沙俄对我国西部地区的早期侵略》④ 和余绳武等的《〈中俄北京条约〉订立前沙俄对中国西北的侵略》⑤ 两篇是论述俄国对包括新疆在内的中国西北边疆蚕食和侵略的力作。赵春晨的《〈伊塔通商章程〉是中俄关系史上第一个不平等条约》⑥ 则全面探讨了《伊塔通商章程》的背景和签约经过，提出并论证了这个条约是近代中俄关系史上的第一个不平等条约。蔡锦松的《一八五五年新疆塔城各族人民焚烧沙俄贸易圈的斗争》⑦ 一文指出，火烧沙俄贸易圈事件，完全是由沙俄侵略者一手挑起来的，斗争的实质是捍卫我国对雅尔噶图金矿的主权。包尔

---

① 北京：人民出版社，1985.
② 马曼丽，译. 北京：商务印书馆，1980.
③ 中俄关系研究会通讯，1979（2）.
④ 历史研究，1976（3）：120 - 130.
⑤ 近代史研究，1979（2）：114 - 180.
⑥ 中俄关系史论文集. 兰州：甘肃人民出版社，1979：180 - 201.
⑦ 新疆历史论文集. 乌鲁木齐：新疆人民出版社，1977：369 - 382.

汉的《关于新疆历史的若干问题：驳斥苏联社会帝国主义对新疆历史的歪曲》①在考察新疆自古以来就是中国领土之一部分的基础上，集中探讨了19世纪60年代至80年代新疆发生的农民起义、浩罕阿古柏入侵、沙俄强占伊犁、清军收复新疆等重大政治事件，谴责了外国势力对近代新疆的侵略，以及1864年各族人民起义之后封建宗教上层给新疆带来的"严重分裂和混乱的局面"。韩敏的《我国西北边界变迁的历史真相》②是综述研究。李之勤的《卑鄙的手段，卑鄙的目的：揭批新老沙皇的"常设卡伦划界论"》③、薛衔天的《霸权主义的王法——关于〈中俄北京条约〉西部边界条款的几个问题》④及蔡锦松的《沙俄是如何侵吞中国西北领土四十四万多平方公里的》⑤三篇文章以充分的史料，揭露了沙俄通过不平等条约割占中国西部领土的行径。

这一时期学者关注的重点问题如下。

1. 伊犁交涉

有关1871年沙俄强占伊犁和中俄有关伊犁谈判的著述，无论从数量上还是从研究的深度上在近代新疆历史研究中都占有突出地位。这一专题研究盛行近十几年，先后有刘振明的《沙俄侵占伊犁和我国收复伊犁的斗争》⑥、赵启汉的《沙皇俄国1871—1882年侵占中国伊犁的滔天罪行》⑦、邹宇庭等的《沙俄侵占中国伊犁的罪行：读〈邵友濂信札、奏稿〉笔记》⑧、沈传经的《沙俄在1881—1884年间从我国伊犁劫走的居民是十万多人》⑨、龚书铎和李侃的《沙俄侵占伊犁和不平等的〈中俄伊犁条约〉》⑩、纪大椿的《中俄伊犁交涉的真相与普罗霍罗夫的梦

---

① 民族研究，1979 (1)：18-24.
② 新疆历史论文集. 乌鲁木齐：新疆人民出版社，1977：425-450.
③ 中俄关系史论文集. 兰州：甘肃人民出版社，1979：99-122.
④ 同③78-98.
⑤ 同③123-138.
⑥ 同②397-413.
⑦ 新疆大学学报，1976 (2)：69-76.
⑧ 扬州师院学报 (社会科学版)，1979 (2)：13-16.
⑨ 新疆大学学报，1977 (Z1)：68-71.
⑩ 文物，1976 (10)：26-30, 15.

呓》①等，大多集中揭露了沙俄强占新疆伊犁的罪行，讴歌各族人民反抗侵略、维护祖国领土完整的斗争事迹。王绳祖的《十九世纪六十年代到七十年代英俄在新疆的角逐》②揭示了英、俄争夺中亚对伊犁交涉的影响。

2. 帕米尔问题

在20世纪70年代后半兴起的中俄关系研究中，帕米尔问题仍是一个重要的内容，郑史的《俄国武装侵占我国帕米尔的历史真相》③、黄盛璋的《驳无耻的浩罕继承论》④是其中的代表作。

3. 浩罕问题

在20世纪70年代后半，浩罕阿古柏入侵新疆的研究再度引起史学界的重视，人们从只谈阿古柏与英国势力勾结，转而注意到沙俄对阿古柏入侵势力的扶植和利用。先后有施钟进的《论阿古柏反动政权的覆灭》⑤、陶文钊的《沙俄侵略者与阿古柏》⑥、王宗维的《俄英争夺中亚和利用阿古柏侵略中国西部边疆的罪行》⑦、纪大椿的《阿古柏对新疆的入侵及其覆灭》⑧等多篇专论发表。纪大椿在文中指出，新疆人民驱逐阿古柏的斗争是近代史上中国人民反帝爱国斗争的一个重要的组成部分，这场斗争不仅赶走了一小撮浩罕匪徒，而且是一场反对英、俄帝国主义对我国西北边疆疯狂侵略的重大斗争。这一斗争的胜利，粉碎了帝国主义瓜分我国的一次尝试，把新疆从沦为帝国主义殖民地的危险边缘上挽救出来。

对民族史研究的范围也在不断扩大，研究内容不再局限于新疆各个民族的政治、军事方面的重大活动。早在20世纪50年代初的大规模民族调查中，就已经注意到各族群众的社会生活状况和阶级变动状况，特别对各民族地区的土地占有关系和经济关系做了详细

---

① 中俄关系史论文集. 兰州：甘肃人民出版社，1979：139-151.
② 中英关系史论丛. 北京：人民出版社，1981：159-195.
③ 历史研究，1977（6）：113-125.
④ 同①412-437.
⑤ 新疆历史论文集. 乌鲁木齐：新疆人民出版社，1977：383-396.
⑥ 近代史研究，1979（2）：181-192.
⑦ 同①218-232.
⑧ 历史研究，1979（3）：86-96.

调查。60年代初，我国民族史方面的工作者在编写新疆各民族的简史简志时，记述的内容就不仅仅是政治、军事方面的内容，而且包括了经济、文化等各方面的内容，并且把各个民族的文学艺术、生活习俗、宗教信仰等作为专门章节予以记述，大大扩大了新疆民族史研究的范围。60年代以后，特别是70年代以后，随着新疆史研究的蓬勃开展和大批民族史研究成果的问世，新疆民族史研究的领域进一步得到扩展。除了一些研究民族史的专著对每个民族历史上的政治、经济、军事、文化等各方面做了比较全面的记述外，还出版了不少专门研究新疆古代各民族经济活动及社会文化生活等方面的学术著作。

二、20世纪70年代末至80年代的新疆民族史研究

1979年以后，新疆民族史的研究进入了快速发展的历史时期。除了众多有关新疆民族史研究的论文外，由新疆维吾尔自治区民族研究所集体编写的《新疆简史》第一册（1980年）、第二册（1980年）、第三册（1987年）由新疆人民出版社出版，其中许多内容都涉及新疆民族史研究。同时，在这一时期内，不少具有较高学术水平的新疆民族史研究著作也不断问世，其中具有一定代表性的著作，如王明哲和王炳华的《乌孙研究》[①]，集体编写的《卫拉特蒙古简史》（上册）[②]，刘志霄的《维吾尔族历史》[③]，集体编写的《维吾尔族简史》[④]、《哈萨克族简史》[⑤]、《柯尔克孜族简史》[⑥]、《塔吉克族简史》[⑦]、《俄罗斯族简史》[⑧]，苏北海的《哈萨克族文化史》[⑨]，等等。

在这一时期，我国学者还有选择地翻译了一些国外有关新疆民族史的著作，诸如日本学者佐口透的《18—19世纪新疆社会史研究》[⑩]。概

[①] 乌鲁木齐：新疆人民出版社，1983.
[②] 乌鲁木齐：新疆人民出版社，1992.
[③] 北京：民族出版社，1985.
[④] 乌鲁木齐：新疆人民出版社，1989.
[⑤] 乌鲁木齐：新疆人民出版社，1987.
[⑥] 乌鲁木齐：新疆人民出版社，1986.
[⑦] 乌鲁木齐：新疆人民出版社，1982.
[⑧] 乌鲁木齐：新疆人民出版社，1987.
[⑨] 乌鲁木齐：新疆人民出版社，1989.
[⑩] 凌颂纯，译. 乌鲁木齐：新疆人民出版社，1983.

括起来,这一时期的成绩主要表现在以下诸方面。

1. 研究资料的扩展

过去,研究新疆民族史多依赖汉文史料,较少接触、利用少数民族语言文字史料。此时期大量档案材料的出版,改变了这一状况。一批新疆少数民族的历史古籍经过整理后也得到出版,如《福乐智慧》(汉文版)① 等,为新疆民族史的研究提供了珍贵资料。

2. 研究领域的扩大

以往国内对清代新疆民族史的研究,主要集中在各族政治、军事,以及它们与内地王朝的关系等方面,研究面较为狭窄,也不够深入。20世纪80年代,研究领域不断扩大,较为引人瞩目的有苏北海对哈萨克族文化的研究,林永匡、王熹对清代新疆各民族与中亚贸易关系的研究,黄盛璋、殷晴等对南疆诸绿洲的研究,潘志平对中亚浩罕国的研究,马汝珩、马大正、杜荣坤、白翠琴、冯锡时等对卫拉特蒙古史全方位的研究,这些研究成果将于下面分述。

3. 新疆民族族别史研究进一步深入

历史上新疆民族众多,民族之间关系极为复杂,因此,要深入研究新疆民族史,还须做一些基本的、扎实的、细致的工作。其中最重要的是对每一个民族做深入的研究,即对每一个民族的族别史进行一番全面、系统的研究,这一方面可以说是改革开放以后国内新疆民族史研究成绩最为突出者。以下试分别综述之。

(1) 维吾尔族历史研究

政治史研究。这一领域一直是学术界讨论的热点,比较重要的文章有赵春晨的《十八世纪中期清朝政府统一新疆地区的历史意义》②、冯锡时的《清代总统伊犁等处将军的设置及其意义》③、潘志平的《论乾隆嘉庆道光年间清在天山南路推行的民族政策》④ 等。上述文章主要论述了清朝政府平定大小和卓叛乱、统一新疆的历史意义,以及对南北疆地区的统治。苗普生的《关于伯克制度的形成和发展》⑤、《论清初维吾

---

① 北京:民族出版社,1986.
② 新疆历史论文集.乌鲁木齐:新疆人民出版社,1977:321-343.
③ 新疆大学学报,1977 (2):55-63.
④ 民族研究,1986 (6):37-41.
⑤ 西北历史研究 (1987年).西安:三秦出版社,1989:127-149.

尔族地区伯克制度的改革》①、《废除伯克制度与新疆建省》②，论述了维吾尔族地区的官制——伯克制度的形成、发展，直至被废止的原因及过程。

经济史研究。有关清代社会经济的研究成果较多，但大部分是以地域而非以民族为研究对象，但也有不少学者对清代维吾尔族经济进行了较为深入的探讨。屯垦的研究积累较多，但将屯垦与民族经济挂钩起来研究的学者不多，例如蒋其祥的《略论清代伊犁回屯——从"塔兰奇"谈起》③。关于新疆畜牧业的研究，如徐伯夫的《18—19世纪新疆地区的官营畜牧业》④则对清朝政府在新疆地区建立的各类牧场及其管理情况进行了论述，评价了其所起的作用和存在的弊端。对历代新疆与内地的商业贸易一直都有研究，但仍属清代最为深入。王熹、林永匡合作发表了一系列相关论文，如《杭州织造与清代新疆的丝绸贸易》⑤、《清代山西与新疆的丝绸贸易》⑥、《清代江宁织造与新疆的丝绸贸易》⑦、《清乾隆年间新疆的"回布"贸易问题》⑧等，都利用丰富的档案资料，对有关问题进行了详细论述。关于新疆人民利用矿藏资源的研究，如王致中的《清代新疆矿业述略》⑨、戴良佐的《略论清代新疆的黄金生产》⑩等。

人口研究。重要论文有苗普生的《清代维吾尔族人口考述》⑪，论述了清代各个时期维吾尔族人口的变化情况，认为国家统一、社会安定是维吾尔族人口迅速增长的主要原因。张羽新的《清代前期吐鲁番维吾尔族移居瓜州始末记》⑫则利用档案资料，对吐鲁番维吾尔族居民在雍

---

① 清史研究通讯，1988（3）：28-34.
② 新疆社会科学，1987（4）：84-94.
③ 新疆大学学报（哲学社会科学版），1984（3）：82-90.
④ 新疆社会科学，1987（5）：101-112.
⑤ 杭州大学学报（哲学社会科学版），1986（2）：108-115，130.
⑥ 山西大学学报（哲学社会科学版），1987（1）：72-76.
⑦ 中央民族学院学报，1987（3）：76-78.
⑧ 新疆社会科学，1987（5）：113-122.
⑨ 社会科学，1986（6）：119-129.
⑩ 新疆地方志通讯，1984（2）：42-45.
⑪ 新疆社会科学，1988（1）：70-82.
⑫ 新疆大学学报（哲学社会科学版），1984（1）：19-24.

正年间移居瓜州的人口、耕地数目、分布地点及其于乾隆年间返回的情况进行了论述。

伊斯兰教研究。和卓是新疆伊斯兰教的头面人物。马汝珩的《略论新疆和卓家族势力的兴衰》① 论述了和卓家族势力的形成、发展，以及在新疆的活动和影响。刘正寅的《喀什噶尔和卓家族世系》② 对和卓的来历和世系做了分析整理，此后他的《清代统一西域进程中白山派和卓的活动与影响》③ 一文则全面考察了清朝统一西域过程中白山派和卓家族的活动及其造成的影响，他的这些成果后来收入其专著《西域和卓家族研究》④。关于清代维吾尔族中的伊斯兰教派别，陈慧生的《试论清代白山派和黑山派之间的斗争及其影响》⑤ 论述了白山派和黑山派之间的斗争的实质，认为两派之间的斗争影响了新疆社会经济和文化的发展。安瓦尔·巴依图尔的《略论阿帕克和卓》⑥ 依据察合台文献，对阿帕克和卓一生的活动略做评述，进而探讨了17世纪下半叶塔里木盆地政治动乱的某些方面。

(2) 卫拉特蒙古历史研究

蒙古族活动的空间广阔，卫拉特蒙古的历史既是蒙古史的组成部分，也与新疆民族史密不可分。自20世纪70年代起，对卫拉特蒙古史的研究就已成为新疆民族史研究中的一个最为活跃的领域，成果也最为显著。由中国社会科学院民族研究所和新疆社会科学院民族研究所部分科研人员集体编撰的《准噶尔史略》⑦ 系统地论述了准噶尔汗国的兴亡和清朝政府对西北地区的统一，是一部关于准噶尔历史研究的力作。王宏钧、刘如仲的《准噶尔的历史与文物》⑧，运用文献和文物资料，对准噶尔历史中的重大事件进行了比较全面的探讨和简要的叙述。马汝

---

① 宁夏社会科学，1984 (2)：52-59；1984 (3)：55-60.
② 元史及北方民族史研究集刊：第 12-13 期. 南京：南京大学历史系元史研究室，1990：134-144.
③ 西北民族研究，1997 (1)：99-122.
④ 北京：中国社会科学出版社，1998.
⑤ 清代中国伊斯兰教论集. 银川：宁夏人民出版社，1981：252-289.
⑥ 民族研究，1982 (5)：41-47，27.
⑦ 北京：人民出版社，1985.
⑧ 西宁：青海人民出版社，1984.

珲、马大正的《厄鲁特蒙古史论集》①，杜荣坤、白翠琴的《西蒙古史研究》②，都以论文集的形式论述了卫拉特蒙古各部的关键人物和历史事件，并对卫拉特蒙古历史研究和有关资料进行了评述。马大正、蔡家艺的《卫拉特蒙古史入门》③在概括介绍了卫拉特蒙古历史概貌后，重点评述了卫拉特蒙古史的基本史料和研究概况。上述著作，资料翔实，研究领域广泛，是国内卫拉特蒙古历史研究进入一个新阶段的标志。

对于卫拉特蒙古史论文数量的爆炸式增长，马大正在《厄鲁特蒙古史研究综述》中认为这标志着卫拉特蒙古史向独立学科发展："自一九七七年迄今（指一九八四年年初——作者），有关厄鲁特蒙古史的研究文章已达一四〇余篇，超过了本世纪初至一九七六年有关文章总和几近一倍。不仅如此，从论文的内容来看，远远超出了以往研究的范围，日益明显地呈现由长期附属于其他学科的局面向独立学科发展过渡的趋向。"④ 论文在材料挖掘、选题、观点方面皆有创新，兹举数例。

宋嗣喜的《策妄阿喇布坦与沙皇俄国——温科夫斯基出使准噶尔前后》⑤首次利用了研究准噶尔史的重要史料《遣往准噶尔珲台吉策妄阿喇布坦处的炮兵大尉温科夫斯基使团及其1722—1724年的旅行日记》（1887年圣彼得堡版），认为就策妄阿喇布坦同沙皇俄国关系而言，反抗、斗争是主要的，几乎贯穿他一生的始终。策妄阿喇布坦派博罗库尔干出使俄国，谋求俄国援助以达到自己的目的，当然不足称道，但这只是他一生中的一段插曲，何况他能及时勒马，没有掉进沙皇俄国早已为他准备好的深渊，酿成历史悲剧，因此不应苛责。

张羽新的《达瓦齐究竟如何夺取汗位——兼谈准噶尔内部的民族矛盾斗争》⑥依据中国第一历史档案馆藏乾隆十九年（1754年）四月五日陕甘总督永常"奏报察询准噶尔情形及闻知贸易将到折"所载，指出，这件档案是"我们目前所能见到的关于达瓦齐夺取准噶尔汗位的最原始

---

① 西宁：青海人民出版社，1984.
② 乌鲁木齐：新疆人民出版社，1986.
③ 西宁：青海人民出版社，1989.
④ 中国史研究动态，1984（8）：6-11.
⑤ 民族研究，1984（6）：20-27.
⑥ 历史档案，1984（4）：86-89.

的档案材料,为曾亲自参与这一事件的人所口述","这件档案记述达瓦齐杀喇嘛达尔济自立为准噶尔汗是在乾隆十七年腊月二十一日(1753年1月24日),可补史书之不足。更为重要的是,这件档案指证出,由于喇嘛达尔济属下的维吾尔族头目把喇嘛达尔济'拿献'达瓦齐,达瓦齐才得以杀喇嘛达尔济而自立为准噶尔汗"。作者如此立论,佐证似嫌不足,但毕竟为深入研究提供了进一步探索的思路。

马汝珩、马大正的《渥巴锡承德之行与清政府的民族统治政策》①一文根据中国第一历史档案馆藏满、汉文档案文献,对渥巴锡承德之行始末和清政府对土尔扈特的收抚政策做了详尽论述,并以这一历史事件为例,剖析了清政府的民族统治政策。

马大正、郭蕴华的《〈康熙谕阿玉奇汗敕书〉试析》通过对罕见文物的研究考析,对著名的图理琛使团活动做了补叙,并认为:"土尔扈特蒙古留居伏尔加河流域长达一个半世纪,纵观其间他们与祖国多渠道的密切交往,决不是一时的政治上权宜之计,而是基于中华民族所固有的强烈的民族内聚力,正是这种根植于全民族心灵深处,虽无形却具有强大韧力的民族意识,才使远离故土的土尔扈特蒙古最终举族回归成为历史的必然。从这一意义上可以进一步认识到一七七一年渥巴锡举族东返的深刻历史原因。"② 马曼丽的《试论卫拉特与东蒙古的分离》③论述了卫拉特与东蒙古的分离过程、原因和影响。

此外,还有巴赫的《准噶尔地区的黄教及其寺院研究》④、郭蕴华的《厄鲁特蒙古历史变迁中的一些问题》⑤ 等,也分别论述了厄鲁特蒙古社会经济、宗教等各方面的问题。

(3) 哈萨克族历史研究

政治史是学术界讨论的热点。纳比坚·穆哈穆德罕的《清朝时期的哈萨克族》(哈萨克文)⑥ 一书对清朝哈萨克人与清廷的关系、归属清朝的哈萨克人与境外同族人关系协调等问题,进行了专题研究。王希隆

---

① 新疆大学学报(哲学社会科学版),1984(1):36-44.
② 民族研究,1984(2):18-23.
③ 西北民族研究,1990(2):195-200,180.
④ 新疆师范大学学报(社会科学版),1986(2):44-51.
⑤ 新疆社会科学,1984(3):125-130.
⑥ 乌鲁木齐:新疆人民出版社,1997.

的《乾嘉时期清政府对哈萨克族之关系与政策》①探讨了清廷对哈萨克族的政策及双方的政治关系。何星亮的《清代阿尔泰汉、哈、满五件文书译注》②利用实地调查资料，对鸦片战争以后部分哈萨克族部落归属清朝廷的事实进行了介绍。苏北海的《沙俄对哈萨克小帐的侵略》③、《沙俄对中国哈萨克中帐的侵略》④、《沙俄对中国哈萨克大帐的侵略及人民的抗俄斗争》⑤ 三篇论文探讨了清朝与哈萨克族的关系以及沙俄对哈萨克族的侵略活动。

对清代哈萨克族经济状况的研究论著不多，这可能是把它放到了地方经济史中进行研究的结果。林永匡、王熹的论文《乾隆时期内地与新疆哈萨克的贸易》⑥，认为在清代前期新疆与内地商业贸易往来中，乾隆时期与哈萨克族的丝绸、茶叶、布匹、瓷器等贸易占有相当重要的地位，其规模不断扩大，并历久不衰。尽管后来内地与新疆丝绸贸易的范围、意义在逐渐延伸，但由此而产生的影响却是深远的。文章根据中国第一历史档案馆所藏档案材料和有关文献资料，对乾隆时期这一贸易的背景、规模和影响等问题进行了分析与论述。

王致中的《清代西北民族贸易政策简论》⑦ 认为清廷对西北民族间的贸易采取了优礼与禁止的相辅相成的政策。这种贸易政策对包括与哈萨克族贸易在内的西北民族贸易起到了积极作用。日本学者佐口透在《18—19世纪新疆社会史研究》中，用专章研究了清代哈萨克族与清朝的政治关系的转变，以及双方绢马贸易的具体情况和性质，有很高的学术价值。后来他的另一部著作《新疆民族史研究》⑧，对清代哈萨克族政治发展史，包括哈萨克族与准噶尔、清朝的关系的发展变化，以及哈萨克族各部在清朝边境地区的迁移等进行了全面考察。

苏北海的《近现代新疆哈萨克族宗法氏族部落》⑨ 对近代哈萨克族

---

① 新疆大学学报（哲学社会科学版），1984（1）：23-35.
② 中央民族学院学报，1985（3）：12-22.
③ 新疆大学学报（哲学社会科学版），1983（1）：51-63.
④ 新疆大学学报（哲学社会科学版），1983（2）：90-99.
⑤ 新疆大学学报（哲学社会科学版），1983（3）：62-71.
⑥ 历史档案，1985（4）：83-88.
⑦ 甘肃民族研究，1986（4）：13.
⑧ 章莹，译. 乌鲁木齐：新疆人民出版社，1993.
⑨ 新疆大学学报（哲学社会科学版），1989（4）：16-21.

内部保留的宗法氏族制度做了深入讨论。他与倪华德合写的《哈萨克族的印记口号研究》① 一文论述了印记口号种类、区别和含义。杜荣坤的《论哈萨克游牧宗法封建制》② 以历史文献、习惯法以及调查资料为依据，论述了15世纪至新中国成立前我国哈萨克族游牧宗法封建制的基本特点。贾合甫·米尔扎汗的《简论哈萨克族的宗教信仰与风俗习惯》③ 则从不同角度探讨了哈萨克族的文化和习俗。

（4）土尔扈特历史研究

对于土尔扈特历史的研究，主要问题集中于土尔扈特东归。这一研究兴盛的背景亦与中苏关系紧张的政治形势关系密切。"六十年代后，随着中俄关系史研究的开展，土尔扈特历史的研究又开始为国内学术界所重视。"④ 作为卫拉特蒙古四部之一的土尔扈特东返祖国，是对苏联学界将"准噶尔汗国"从中国历史中分离出去这一论调的有力回击。"土尔扈特人民反抗沙俄民族压迫、热爱祖国的英雄壮举，不仅为我国各族人民反抗民族压迫与维护国家统一树立了良好榜样，在我国民族关系史上也作出重要贡献。"⑤ 马汝珩、马大正二人的研究，最具代表性，其成果兹列举如下：马大正的《土尔扈特蒙古东返人户数考析》⑥，马大正的《土尔扈特蒙古东返于何时》⑦，马汝珩、马大正的《土尔扈特蒙古史研究简述》⑧，马汝珩、王思治的《土尔扈特蒙古西迁及其反抗沙俄压迫、重返祖国的斗争》⑨，马汝珩、马大正的《土尔扈特蒙古系谱考述》⑩，马汝珩、马大正的《渥巴锡承德之行与清政府的民族统治政策》，等等。二人合著的《漂落异域的民族：17至18世纪的土尔扈

---

① 民族研究，1982（4）：63-70.
② 中央民族学院学报，1989（1）：3-9.
③ 新疆社会科学，1987（1）：37-42.
④ 马汝珩，马大正. 土尔扈特蒙古史研究简述. 内蒙古师院学报（哲学社会科学版），1982（3）：76.
⑤ 同④73.
⑥ 历史档案，1983（1）：84-87.
⑦ 新疆社会科学，1985（1）：89-91，122.
⑧ 同④73-87.
⑨ 社会科学战线，1978（3）：169-189.
⑩ 民族研究，1982（1）：28-35.

特蒙古》① 系统论述了17—18世纪土尔扈特举族西迁又返回故土的始末，是国内第一部研究这一问题的专著。

这一时期，土尔扈特历史研究在文献资料利用方面取得了突破，学者开始利用第一手的满文档案对土尔扈特东归问题进行深入研究，这方面具有开创性的作品是赵志强的《土尔扈特部东返后的安置与编旗》②。

（5）柯尔克孜族历史研究

关于柯尔克孜族的西迁，是此时期来讨论的一个热门话题。杜荣坤、郭平梁的《柯尔克孜族的故乡及其西迁》③ 认为从两汉至清，柯尔克孜族的主体就一直生活在叶尼塞河上游。它的西迁，主要是沙俄侵略的结果。

马曼丽的《叶尼塞吉尔吉斯的西迁与中亚吉尔吉斯民族的形成》④ 论述了6—7、13—15、17—18世纪吉尔吉斯西迁的情况，并提出只有到了最后一个时期，才进入整个中亚吉尔吉斯民族的最终形成阶段。

胡延新的《十七世纪的叶尼塞吉尔吉斯及其西迁》⑤、《十七世纪俄国对叶尼塞地区的侵略和吉尔吉斯人民的抗俄斗争》⑥ 则论述了17世纪叶尼塞地区吉尔吉斯的内部状况、同周邻国家和民族的关系，以及西迁后的居地。

（6）锡伯族历史研究

对锡伯族历史的研究开始于新中国成立后社会历史调查时期，在此基础上编成了《锡伯族简史简志合编（初稿）》⑦、《锡伯族简史》⑧ 等成果，也为后来的研究奠定了基础。十一届三中全会以后，锡伯族历史研究进展迅速，代表性论文包括：赵志强、吴元丰的《锡伯族西迁概

---

① 北京：中国社会科学出版社，1991.
② 西北民族研究，1988（2）：83-98.
③ 新疆社会科学，1982（2）：49-57.
④ 西北史地，1984（4）：28-32.
⑤ 甘肃民族研究，1986（4）：45.
⑥ 兰州大学学报（社会科学版），1987（4）：68-75.
⑦ 北京：中国科学院民族研究所，1963.
⑧ 北京：民族出版社，1986.

述》①，佟克力的《伊犁锡伯营概述》②、《新疆锡伯族古今人口概述》③，等等。

少数民族语言文字资料整理方面的进展显著，成果有中国第一历史档案馆编的《清代锡伯族档案史料选编》④。该书收录了中国第一历史档案馆所藏清代满文档案中有关锡伯族史料三百八十九件，内容涉及东北、西北锡伯族在清代的经济、政治、文化、驻防出征、迁徙屯垦等方面的活动情况，均系第一手资料。此外还有新疆维吾尔自治区古籍办公室编的《锡伯族历史资料拾零》（锡伯文）⑤。

4. 新疆近现代民族史研究有所加强

新疆近现代民族史研究，过去一直是薄弱环节，也受到诸多限制，涉猎者甚少。此段时期内，情况则有所变化，新疆民族的近现代史开始为人们所重视。

有关少数民族地区重大政治事件的专题论述，在近代新疆政治研究中占相当大的比例。主要有以下几项内容：1864年新疆起义、清军收复新疆与新疆建省等。

1864年新疆各族人民起义是近代地方重大政治事件之一，对于其性质，民国时期有"民变""回变""变乱"等说法，新中国成立以后又有"反清起义""民族起义""反清起事"等多种意见。纪大椿的《试论一八六四年新疆农民起义》⑥ 在深入研究起义背景、作用及历史意义的基础上，提出该起义应定义为"农民起义"，认为"它是在全国人民反清革命斗争的总的形势下爆发的，属于近代中国第一次革命高潮的一个组成部分"。陈理的《略论1864年新疆各族人民反清斗争的性质》⑦ 则认为，这场斗争的大背景是各族人民反抗封建统治，既非民族起义，也不是农民战争，而应定义为反清斗争。蔡锦松的《论一八五七年新疆库

---

① 民族研究，1981（2）：22-29.
② 新疆大学学报（哲学社会科学版），1985（4）：55-65.
③ 新疆历史研究，1985（4）：131.
④ 乌鲁木齐：新疆人民出版社，1987.
⑤ 乌鲁木齐：新疆人民出版社，1987.
⑥ 民族研究，1979（2）：37-45.
⑦ 中央民族学院学报，1988（2）：34-37.

车农民起义》① 指出，1857 年库车起义的规模最大，反农奴制斗争的性质最为鲜明，是 1864 年新疆各族人民起义的先声。沈传经的《评新疆一八六四年起义性质的演变》② 论述了这次起义被少数封建宗教上层人物篡夺领导权及向封建割据转化的过程。阿合买提江·艾海提的《伊斯兰教和一八六四年新疆反清起义》③ 探讨了伊斯兰教在 1864 年起义中的作用。

新中国初期，郭应德的《维吾尔史略》④ 认为阿古柏在新疆的活动是一次"革命运动"和"民族解放运动"，清军西征收复新疆战争是"不义战争"。但是这一观点不为学术界所接受。洪源的《阿古柏政权的本质和清兵西征的意义》⑤ 认为，清军收复新疆"是具有重大的社会支持力的，这些胜利并不是完全由满清政府统治阶级的主观愿望和左宗棠个人的才能所能获得的，而是中国人不容许帝国主义及卖国贼分子对祖国进行分裂活动的有力反击的结果。因此，我们对这次战争所起的积极因素是应当肯定的"。

20 世纪 70 年代末以来，结合对左宗棠的研究，有关清军西征的专论不断问世，比较重要的论文有马正林的《论左宗棠进兵新疆》⑥、杜经国的《有关左宗棠收复新疆评价中的几个问题》⑦、张耀中的《左宗棠规复新疆胜利的原因》⑧、赵春晨的《清季关于新疆问题的争论》⑨、杨东梁的《近代新疆史上各族人民为收复新疆共同战斗》⑩、刘泱泱的《浅论新疆各族人民对左宗棠西征军的支援》⑪ 等，都从不同角度肯定了新疆各族人民奋起反抗侵略、坚韧不拔、前赴后继而做出的积极贡献。

---

① 新疆大学学报（社会科学版），1980（3）：21-28.
② 新疆大学学报（哲学社会科学版），1982（4）：54-61.
③ 新疆师范大学学报（社会科学版），1986（1）：56-61.
④ 济南：东方书社，1952.
⑤ 光明日报，1954-12-23.
⑥ 陕西师大学报（哲学社会科学版），1979（1）：62-67.
⑦ 中俄关系史论文集. 兰州：甘肃人民出版社，1979：248-266.
⑧ 湖南师大学报（哲学社会科学版），1985（1）：111-112.
⑨ 西北史地，1983（4）：37-46.
⑩ 光明日报，1983-05-11.
⑪ 求索，1982（4）：91-96.

新疆建省的专题研究始于20世纪30年代而盛于70年代末至80年代。夏益赞的《新疆建省的总检视》① 一文对新疆建省做了概述。纪大椿的《龚自珍和他的〈西域置行省议〉》② 对龚自珍率先提出新疆建省之举给予了充分肯定。沈传经的《论新疆建省》③、齐清顺的《新疆建省及其历史意义》④ 两文分别对新疆建省的全过程及其历史意义做了较为深入的探讨。纪大椿的《论清季新疆建省》⑤ 则进一步论证了新疆建省的意义，同时指出："新疆省的建立只是清政府在新疆统治机构的改变，它没有也不可能改变这个政权的反人民、反民主性质，没有也不能改变这个社会的半殖民地半封建性质。"齐清顺的《新疆建省前后满汉官员权力变化浅析》⑥、钟兴麒的《新疆建省时的兵制与抚军之间的矛盾》⑦ 两文对新疆建省后地方政权和军政体制的变化及其影响做了探讨。

早在20世纪30年代边疆史地研究的热潮中，即有关于新疆辛亥革命的回忆或记述，如林竞的《伊犁革命始末记》⑧。新中国初期，有钟广生的《辛亥新疆定变纪略》⑨、邓宝珊《伊犁革命回忆录》⑩ 等。在1981年辛亥革命70周年之际，先后有多篇专题论文发表，如吕一燃的《辛亥革命在新疆》⑪、袁澍的《辛亥新疆起义与杨增新政权的建立》⑫，以及同刊于《新疆历史论文续集》⑬ 的三篇论文：陈慧生的《资产阶级领导的迪化起义》、魏长洪的《伊犁辛亥革命论述》、吴廷祯和何玉畴的《辛亥革命在新疆》。三篇论文用丰富的史料对迪化、伊犁辛亥革命爆发的背景、起义经过和结局做了较为系统的概述，同时综述了新疆辛亥革

---

① 边铎，1934，2（1）：15-23.
② 新疆历史论文集．乌鲁木齐：新疆人民出版社，1977：354-368.
③ 新疆历史论文续集．乌鲁木齐：新疆人民出版社，1982：393-413.
④ 西域史论丛：第1辑．乌鲁木齐：新疆人民出版社，1985：224-242.
⑤ 新疆社会科学，1984（4）：5-15.
⑥ 清代新疆研究文集．乌鲁木齐：新疆人民出版社，2008：319-331.
⑦ 新疆大学学报（哲学社会科学版），1990（1）：34-40.
⑧ 新亚细亚，1933，6（5）：19-23.
⑨ 辛亥革命：第7册．上海：上海人民出版社，1957：441-444.
⑩ 辛亥革命回忆录：第5集．北京：文史资料出版社，1963：451-455.
⑪ 近代史研究，1980（4）：214-234.
⑫ 新疆师范大学学报（社会科学版），1981（2）：43-54，34.
⑬ 乌鲁木齐：新疆人民出版社，1982.

命的历史意义,指出:新疆辛亥革命是中国人民推翻清王朝、埋葬君主专制政体的伟大斗争的组成部分,是新疆各族人民在近代中国民族民主革命中的一次大演习。纪大椿的《团结战斗迎共和——纪念辛亥革命运动中的迪化起义和伊犁起义》① 则探讨了迪化和伊犁起义在少数民族居多的新疆能够获得胜利的原因。

对近代新疆不同时期民族政策的研究是 20 世纪 80 年代比较热门的课题。杜经国和张克非的《左宗棠在陕甘与新疆民族政策的比较研究》②、王和平的《谈左宗棠督办新疆的民族政策》③ 两文对左宗棠在陕甘与新疆地区的民族政策做了比较研究。苗普生的《新伊大都督府的民族政策初探:兼论辛亥革命时期新疆的各民族关系》④ 探讨了新伊大都督府的民族政策。

近代新疆宗教研究大多集中于伊斯兰教和基督教。马苏坤的《19 世纪中叶阿古柏入侵后的新疆伊斯兰教》⑤ 概述了阿古柏利用伊斯兰教奴役新疆各族人民的史实。黄心川的《沙俄侵略新疆与伊斯兰教》⑥ 指出,沙俄阴谋策划在新疆成立伊斯兰教傀儡国,对中国人民犯下了不可饶恕的罪行。苏北海的《伊斯兰教在哈萨克族中的发展》⑦、《伊斯兰教在维吾尔族中发展的特点》⑧ 二文对伊斯兰教在近代新疆不同民族中的发展特点进行了论证。西方基督教是随着列强势力的扩张于 19 世纪末进入新疆的。唐世民的《基督教在新疆的传播》⑨、魏长洪的《近代西方传教士在新疆》⑩ 从不同的侧面对基督教各派在近代新疆传播和发展的历史做了探讨。

---

① 西域史论丛:第 1 辑.乌鲁木齐:新疆人民出版社,1985:243 - 249.
② 兰州大学学报(社会科学版),1986(2):1 - 7.
③ 新疆大学学报(哲学社会科学版),1986(3):56 - 62.
④ 新疆大学学报(哲学社会科学版),1985(4):66 - 73.
⑤ 新疆宗教研究资料,1984(8):43 - 53.
⑥ 新疆社会科学研究动态,1979(6):1 - 24.
⑦ 世界宗教研究,1986(1):116 - 125.
⑧ 世界宗教研究,1987(3):44 - 57.
⑨ 新疆社会科学,1984(4):140 - 143.
⑩ 新疆大学学报(哲学社会科学版),1989(3):25 - 31.

三、20世纪90年代的新疆民族史研究新进展

1. 研究资料的扩展

第一，一些少数民族语言（如满文、蒙古文和维吾尔文）的历史文献日益受到重视，开始得到较为广泛的利用。新疆是多民族聚居之地，各个民族都留有相当丰富的文献记载。作为一个由满族统治者建立的王朝，清朝在对包括西北边疆在内的边疆地区进行统治时，其军政事务大量使用满文来记载，留下大批与西北边疆相关的满文档案。这些文献和档案对于充分、客观地研究西北边疆的历史具有非常重要的意义，是研究西北边疆史地的重要材料。20世纪90年代，国内对于这些民族语言文献档案的译介和利用日益兴盛。

满文方面的译介作品主要有中国第一历史档案馆等编的《清代边疆满文档案目录》①等。另外，在中国西北文献丛书续编编撰委员会组织编写的《中国西北文献丛书·西北少数民族文字文献》②中也收录有很多察哈台文和蒙古文的文献，如《安宁史》、《塔兰奇史》、《伊米德史》和《咱雅班第达传》等。

第二，对外文文献的翻译和直接利用得到了极大的发展。这些外文文献主要分为两种：一种是19世纪以后西方国家（尤其是英、俄两国）对中国西北边疆的考察、考古成果，另一种是国外学者有关新疆的研究成果。此时期国内有关这些文献档案的译介活动极为兴盛，为国内学者对这些外文文献档案的利用提供了极大的便利。而且，随着中西学术交流的日益频繁和国外档案的不断开放，学者们对国外文献档案的直接利用也得到了很大程度的发展。

此外，改革开放以来，有关西北边疆史地的传统汉文文献档案（主要是清代和民国档案）的编辑整理也得到了非常迅速的发展，如《中国西北文献丛书》③、《中国西北文献丛书续编》④和《清代新疆稀见奏牍汇编》⑤等。除了这些大部头、多卷本的整理成果外，还有许多对某些具体著作进行整理的单卷本成果。

---

① 桂林：广西师范大学出版社，1999.
② 兰州：兰州古籍书店，1990.
③ 兰州：兰州古籍书店，1990.
④ 兰州：甘肃文化出版社，1999.
⑤ 乌鲁木齐：新疆人民出版社，1996.

上述新材料的发掘、译介、整理、利用极大地方便和促进了西北边疆史地研究的发展。

2. 研究领域的扩展

除政治史外，还包括民族史、经济史、社会生活史、宗教史、文化史、历史地理、对外关系史等各个方面。

（1）对清代维吾尔族历史的研究得到进一步加强

对于一般政治问题的研究取得突破。刘正寅的《噶尔丹统治时期的天山南路（1680—1697）》[①] 和《策妄阿拉布坦对天山南路的征服与统治》[②] 就准噶尔对天山南路的征服与统治进行了比较深入的探讨，认为在策妄阿拉布坦完成了对天山南路的再征服后，通过一系列政治、经济措施，逐步加强了对天山南路的控制与管辖。谢志宁的《1815年新疆孜牙墩事件真相及其影响》[③] 认为，此次当地人的军事反抗行动打破了南疆持续了50年的安定局面，成为日后张格尔的入侵和叛乱的导火线，南疆从此变得动荡不安。刘志霄的《1864年库车维吾尔农民起义及其与阿古柏匪帮的斗争》[④] 则分析了在短时间内席卷天山南北的库车维吾尔农民起义的历史背景和起义失败的原因。

这一时期的研究已由对清代维吾尔族一般政治问题的研究拓展到了对官制、法律等方面的专题研究。

苗普生的《伯克制度》[⑤] 是探讨清代维吾尔族伯克制度的一部专著，对伯克制度的形成和发展、伯克职掌、清朝对伯克制度的改革、伯克制度的废除等问题进行了比较全面的论述。王希隆的《新疆哈密维吾尔族中的札萨克旗制》[⑥] 一文叙述了哈密札萨克制置废的历史过程，并分析了其利弊得失。其《哈密、吐鲁番和库车的达尔汉伯克》[⑦] 则考述了漠北达尔汉官号的沿革，认为它反映了蒙古统治对维吾尔族官制的影

---

① 民族研究，1994（5）：73-79.
② 中国边疆史地研究，1994（2）：38-45.
③ 中国边疆史地研究，1996（2）：27-31.
④ 西域研究，1996（3）：10-21.
⑤ 乌鲁木齐：新疆人民出版社，1995.
⑥ 西域研究，1997（1）：33-38.
⑦ 中央民族大学学报（社会科学版），1997（4）：76-81.

响。管守新的《清代新疆军府制度研究》① 对维吾尔族地区各级政权机构的构成、职掌、职数及其运行机制等进行了论述。

对清代维吾尔族地区的司法的研究是一个新的领域，廖杨的《论清代西北地区的民族立法》②、王东平的《清代回疆的司法制度》③ 都涉及这一问题。

(2) 民族经济研究

王希隆的《清代伊犁回屯研究中的几个问题》④、吴元丰的《清代伊犁回屯》⑤ 和周红的《论清代乾嘉年间伊犁的回屯》⑥，对清代伊犁维吾尔族移民的屯田进行了专题讨论。

在商业贸易以及度量衡、货币方面有几篇重要文章值得一读。尹伟先的《清代维吾尔族与藏族之间的商业贸易关系》⑦ 从贸易形式、贸易税率、贸易物品及贸易通道等方面阐述了清代维吾尔族、藏族之间的商业贸易关系。潘志平的《清季新疆商业贸易》⑧ 则依据乡土志资料，从商业城镇的发展和私商的崛起、商贸活动特点及市场结构几个方面，探讨了清季新疆的商业贸易。纪大椿的《维吾尔族度量衡旧制考索》⑨ 和殷晴的《新疆古代度量衡的发展》⑩ 都探讨了清代维吾尔族的度量衡制度。穆渊、张新革的《准噶尔普尔钱浅探》⑪ 就普尔钱的流通情况有深入论述。吴元丰的《清乾隆年间新疆新普尔钱的铸造流通及其作用》⑫ 对清朝铸造的新普尔钱即红钱的铸造、流通、价值及作用进行了较为全面的论述。穆渊的专著《清代新疆货币史》⑬ 是他有关新疆钱币和货币经济研究成果的集合，对维吾尔族社会货币使用情况有详细论述。

---

① 乌鲁木齐：新疆大学出版社，2002.
② 西北史地，1997 (2)：69-75.
③ 中国边疆史地研究，1997 (4)：49-66.
④ 中国边疆史地研究，1992 (2)：32-37.
⑤ 中国边疆史地研究，1993 (3)：75-88.
⑥ 伊犁师范学院学报（社会科学版），1997 (3)：77-82.
⑦ 中国藏学，1997 (2)：65-83.
⑧ 西域研究，1995 (3)：73-83.
⑨ 西域研究，1991 (1)：59-66.
⑩ 新疆文物，1991 (4)：87.
⑪ 西域研究，1994 (1)：85-93.
⑫ 西域研究，1997 (1)：39-49.
⑬ 乌鲁木齐：新疆大学出版社，1994.

纪大椿的《近世新疆人口问题的历史考察》① 涉及近世维吾尔族人口。黄建华《额敏和卓家族统治吐鲁番盆地时的维吾尔族部落及人口》② 探讨了当时吐鲁番盆地维吾尔族部落的分布和人口变迁情况。

(3) 民族人物与事件研究

纪大椿的《喀什"香妃墓"辨误》③ 通过详加考证，澄清了长期以来有关香妃的一些讹传，指出香妃是随父进宫的，死后葬在河北遵化县清东陵，喀什没有香妃墓，把喀什和卓坟叫作香妃墓完全是出于误会。他的《"回回国王阿卜都里什特"世系考》④ 阐述了叶尔羌汗国王室后裔阿卜都里什特及其侄孙莽苏儿和哈什木在康熙、雍正、乾隆三朝用兵准噶尔时期支持清廷的活动，还指出，得到原叶尔羌汗国王室家族成员的支持，是清朝能最终取得对准噶尔用兵的胜利，并迅速平定大小和卓之乱的根本原因。陈超的《鄂对等人在清统一新疆时的贡献》⑤ 论述了鄂对一家在清朝统一新疆时的贡献。

(4) 哈萨克族历史研究

学界聚焦于清朝对哈萨克人的管理。齐清顺的《论近代中俄哈萨克跨境民族的形成》⑥ 论述了中国哈萨克族由外藩变成内属的过程。集体编写的《新疆哈萨克族迁徙史》⑦ 论述了清中期以后到清末民国初，哈萨克族向我国西北地区迁徙的具体情况。贾合甫·米尔扎汗的《新疆哈萨克族传统社会经济和社会生产》⑧ 则全面地介绍了哈萨克族的畜牧业、狩猎业、农业、商业和手工业的生产情况。

(5) 制度研究

齐清顺在《清代新疆行政体制变革的重大胜利——纪念新疆建省110周年》⑨ 一文指出，新疆在旧的军府制统治下，维吾尔人中伯克制、

---

① 殷晴. 新疆经济开发史研究：上册. 乌鲁木齐：新疆人民出版社，1992：374-389.
② 西北史地，1992 (1)：25-32.
③ 新疆历史论文续集. 乌鲁木齐：新疆人民出版社，1982：445-459.
④ 西域研究，1997 (4)：53-58.
⑤ 新疆社会科学，1987 (4)：111-115.
⑥ 西域研究，1999 (1)：81-89.
⑦ 乌鲁木齐：新疆大学出版社，1993.
⑧ 新疆社会经济，1999 (2)：65-73.
⑨ 西域研究，1994 (2)：10-17.

札萨克制的长期存在,严重地阻碍着生产力的发展。1884年清政府建立新疆省,结束了新疆在行政管理体制上长期与内地不统一的历史。

(6)历史事件研究

潘志平《1759年—1911年新疆的变乱》[①]指出,自1759年到1911年清王朝覆亡,在新疆喀什噶尔地区发生了多起规模大小不同的变乱。综其性质,这一时期的变乱所反映的既不是民族问题,也不是宗教问题,而是新疆社会经济的矛盾运动与来自境外英、俄列强侵入的因素共同作用的结果。这两方面因素合力决定了新疆政局演变的基本轨迹。

20世纪90年代研究的一个新变化是研究理论与范式的深化,进一步突破了既往以各族人民反帝反封建斗争为主线的单一框架的限制,丰富了研究的角度,尤其是将社会变迁和政治变迁视角引入民族史研究之中。政治变迁在清代的表现之一是"一体化"和"内地化",代表性的成果如后来出版的张永江的《清代藩部研究:以政治变迁为中心》[②],尽管该书并不专论西北问题。

边疆治乱与国家治理的关系继续受到重视。以西北边疆的开发、经略史研究为例,改革开放以后,相关研究更为兴盛,主要集中于对历代西北边疆的农业开发史、经济贸易史、边疆统治政策等方面的研究。通过这些研究,可以清楚地了解到历代经营西北边疆的成败得失,如西北边疆发展与全国发展的关系、西北边疆发展与国家稳定的关系、西北边疆发展中屯垦戍边的问题、西北边疆发展中各民族之间的关系以及发展与环境保护的关系等。

第四节 边疆民族史视野下的藏学研究

当代中国是一个统一多民族国家,由于特殊的地理环境、民族构成和现实原因,藏学研究在我国民族史学领域历来备受关注。在维护祖国统一、加强民族团结的思想指引下,西藏是中国不可分割之一部分的论

[①] 中国边疆史地研究,1994(3):42-55.
[②] 哈尔滨:黑龙江教育出版社,2001.

断,凝聚了几代学人对西藏历史孜孜以求的考索成果,并在变换的时代条件下经受了学术与实践的双重考验。

近代以来的民族和边疆危机,促使不少学术前贤怀着救国图存的宏伟志愿投身于民族史研究。1949年新中国成立之前的藏学研究,大体可以以1937年抗日战争全面爆发为限分为前后两个时期。时局的多变对研究事业有促进也有牵绊,除某些应时之需的学术性不强的评论文字或一般著述之外,此一时期也出现了不少颇有代表性的学术精品。新中国成立后,由于马克思主义研究方法的引入,我国藏学研究呈现出范式转型,在20世纪50年代形成以边疆民族社会历史调查为主的研究格局。1959年达赖集团叛逃、1962年中印边界自卫反击战的爆发又为藏学研究增添新的内容。接踵而来的"文化大革命"使藏学研究陷入停顿。改革开放之后,新资料和新视野的应用使藏学研究迎来新的历史时期,优秀论著不断涌现。新中国成立以来,藏学研究成为一门关照西藏社会、历史、文化等方面的现代综合学科,其中尤以边疆史视野下的藏学研究为中国边疆研究的核心内容。1949—1999年的藏学研究,伴随着政治形势、学术风尚走过了一段不断充实与发展的道路。

一、科研队伍、研究机构建设与史料整理

以西藏和平解放和民主改革为标志,藏学研究得到了长足发展。在中国科学院的领导下,高等院校和科研机构展开学术活动,李有义、林耀华等大批学者带领学生奔赴青藏高原进行社会历史调查、文化遗产发掘等研究工作。其间,对文物古迹的普查、文献档案的收集和社会民俗的调研,均得以有序开展并取得了相当大的成绩。这种规模不等的社会历史调查,从20世纪50年代一直延续到70年代以后,集体性的学术协作为学术研究积累了丰富的一手资料,而且在实践过程中培养了一批人才。以此为基础,学界陆续编写出体现前一阶段研究成果的民族简史简志以及民族自治地方概况丛书。此一时期,不少学者以文本和田野相结合的研究,推动了藏学研究的进展。即便是学术低迷的"文化大革命"期间,社会秩序和学术活动混乱失衡,某些集体或个人的研究活动仍得以排除阻力,变换方式而缓慢进行。除一些出版的研究成果之外,以"内部资料"名义印行的译稿、论著也为数不少。与此同时,台湾的相关研究虽然存在与大陆隔绝、受政治影响等问题,但在欧阳无畏、李符桐、芮逸夫等先生的倡导和推动下，学科建设、人才培养、学术研究均获得持续开展，其传承和影响一直持续至今①。

20世纪80年代以后，随着国内政治氛围的宽松和对西藏工作的重视，研究工作迎来了前所未有的发展机遇。此前在封闭状态下完成的部分成果，经整理修订得以陆续出版。1981年，西藏社会科学院主办的《西藏研究》在拉萨创刊，这是当时全国唯一的以西藏哲学社会科学及藏学研究为特色的综合性学术刊物；1986年，中国藏学研究中心在北京成立，真正组建起国家级的专门研究机构。以上述两大事件为标志，我国的藏学研究迎来了发展繁荣的新时期②。除了中央民族学院（今中央民族大学）历史系、民族学系、藏族研究所（后改称藏学系、藏学院），西藏民族学院（今西藏民族大学）民族研究所、历史系，西北民族学院（今西北民族大学）历史系，西南民族学院（今西南民族大学）藏学院，青海民族学院（今青海民族大学）藏学院等专门研究机构外，南京大学历史系、西北大学历史研究室、四川大学历史系、中山大学人类学系、陕西师范大学中国西部边疆研究院、中国人民大学国学院等研究机构均有或早或晚的专业设置，研究力量和学科建设得到不断完善。台湾的"中央研究院"、故宫博物院、政治大学、中国文化大学等科研机构，也日益成为不容小视的学术劲旅。而中国民族史学会、中国西南民族研究学会、中国敦煌吐鲁番学会等学术团体则对学术研究和交流起了重要的推动作用。与此同时，国内还有一批专业的藏学出版机构和学术刊物。中国藏学出版社、西藏人民出版社、西藏藏文古籍出版社、各级民族出版社，以及社会科学文献出版社、上海古籍出版社等出版了大量的藏学著作。《中国藏学》《民族研究》《中央民族大学学报》《中国边疆史地研究》《西域历史语言研究集刊》《西藏研究》《西藏大学学报》《西藏民族大学学报》《青海民族研究》《西北民族研究》《安多研究》《甘南民族研究》《西南民族大学学报》《藏学学刊》《康巴研究》《云南民族大学学报》《云南藏学研究》《西域研究》《国外藏学研究集刊》等学术期刊发表了数量众多的藏学研究成果，为我国藏学工作者搭建了施

---

① 达力扎布.中国民族史研究60年.北京：中央民族大学出版社，2010：376.
② 同①.

展才华的舞台,为学术研究提供了发表和交流的学术园地,为我国藏学研究培养了人才、壮大了队伍①。经过数十年的发展,中国藏学、国际敦煌项目(IDP)等一批专业学术网站也随着成果的不断积累而纷纷面世。2006年,藏学研究的国家级奖项"中国藏学研究珠峰奖"进行了首届评奖。任乃强、王森、恰白·次旦平措、东噶·洛桑赤列、王尧等15位老一辈的藏学家获荣誉奖,所颁一、二、三等奖则涵盖语言、历史、宗教、社会诸多领域,这是对新中国成立以来特别是这一时期藏学研究的一次检阅和总结。

有学者根据《中国藏学书目(1949—1991)》②、《中国藏学书目续编(1992—1995)》③、《中国藏学书目三编(1996—2000)》④,以及历年《中国藏学年鉴》《中国民族年鉴》等统计,在1949年至1995年的47年中,全国共出版藏学图书2 200余种,其中1992年至1995年4年间出版的藏学图书达700余种,1996年至1999年4年间出版的藏学图书超过1 000种⑤。

藏文古籍文献的数量据称有几十万函、两百余万卷,在中国民族文化宝库中占有重要的地位。在藏文古籍目录的整理方面,以民族图书馆编纂的《藏文典籍目录》体例最精、成就最大,业已出版的第1~3卷"文集类子目",分别由四川民族出版社1984年出版、民族出版社1989年和1997年出版。此书是在木雅·公布、东噶·洛桑赤列、黄明信、汤池安等多位著名学者的指导和参与下完成,详审地著录了民族图书馆所藏藏文古籍的版本、卷号、篇名和作者,并附有相对应的精当典雅的汉文译文,是研究藏族历史不可或缺的资料依据。此外,布达拉宫、拉卜楞寺、德格印经院等处均编纂有各自所藏藏文典籍的目录,也是相关研究的重要参考资料。中国藏学研究中心此时期承担了国家重点课题

---

① 郑堆. 改革开放40年以来中国藏学研究的回顾和展望. 中国藏学,2018(S1):5-16,349.
② 北京:外文出版社,1994.
③ 北京:外文出版社,1997.
④ 北京:外文出版社,2001.
⑤ 同①.

《中华大典·藏文卷》，尽管 2010 年以来其成果《萨迦五祖文集》[1]、《宗喀巴文集》[2]、《贾擦杰文集》[3]、《克珠杰文集》[4]、《历世班禅文集》[5]、《玛尔巴文集》[6]、《米拉日巴文集》[7]、《达布拉杰文集》[8] 才陆续出版。

汉文涉藏古籍中，亦有千余本（种）。已辑录出版的有《通鉴吐蕃史料》[9]、《〈册府元龟〉吐蕃史料校证》[10]、《藏族编年史料集》[11]、《清代藏事辑要》[12]、《明实录藏族史料》[13]、《清实录藏族史料》[14]、《清代藏事奏牍》[15]、《川藏游踪汇编》[16]、《西藏学汉文文献丛书》[17]、《西藏汉文文献汇刻》[18]、《西藏学文献丛书别辑》[19]。其中，吴丰培所编《清代藏事奏牍》[20] 经过 60 年的收集整理，10 余年的核校充实，收录嘉庆至宣统 100 余年间 47 位驻藏大臣及其他官吏的奏牍资料；其所辑《川藏游踪汇编》[21] 共收选史籍 28 种，清代入藏纪程之作于此大体具备，书后附编 20 种地名综合索引。吴丰培先生对藏学的发展做出了重要贡献[22]。

---

[1] 北京：中国藏学出版社，2015.
[2] 北京：中国藏学出版社，2012.
[3] 北京：中国藏学出版社，2019.
[4] 北京：中国藏学出版社，2019.
[5] 北京：中国藏学出版社，2019.
[6] 北京：中国藏学出版社，2018.
[7] 北京：中国藏学出版社，2018.
[8] 北京：中国藏学出版社，2018.
[9] 拉萨：西藏人民出版社，1982.
[10] 成都：四川民族出版社，1981.
[11] 北京：民族出版社，1989.
[12] 拉萨：西藏人民出版社，1983.
[13] 拉萨：西藏人民出版社，1982.
[14] 拉萨：西藏人民出版社，1982.
[15] 北京：中国藏学出版社，1994.
[16] 成都：四川民族出版社，1985.
[17] 拉萨：西藏人民出版社，1988—1994.
[18] 天津：天津古籍出版社，1985—1994.
[19] 北京：中国藏学出版社，1995.
[20] 北京：中国藏学出版社，1994.
[21] 成都：四川民族出版社，1985.
[22] 高瑞昆. 吴江吴氏父子及其边疆学研究. 北京：中国人民大学，2007. 曾国庆. 论吴丰培先生对藏学的贡献. 中国藏学，2008（1）：223-227.

20世纪60年代特别是80年代以后，汉文、藏文、满文等档案文献得以发掘、整理和出版，是新中国成立以来藏学研究中引人注目的领域，为我国的藏学研究提供了坚实的史料基础，出版了《元以来西藏地方与中央政府关系档案史料汇编》①、《西藏历史档案荟萃》②、《西藏地方是中国不可分割的一部分（史料选辑）》③《西藏地震史料汇编》④、《近代康区档案资料选编》⑤ 等重要成果。

改革开放以来，我国藏学界加强了与国际同行的联系，积极开展学术交流，翻译出版了石泰安（R. A. Stein）的《西藏的文明》⑥、戴密微（P. Demiéville）的《吐蕃僧诤记》⑦、杜齐（G. Tucii）的《西藏中世纪史》⑧、戈尔斯坦（Melvyn C. Goldstein）的《喇嘛王国的覆灭》⑨、毕达克（Luciano Petech，又译"伯戴克"）的《西藏的贵族和政府：1728—1959》⑩、戈伦夫（A. T. Grunfeld）的《现代西藏的诞生》⑪、伯戴克的《十八世纪前期的中原和西藏》⑫、《国外藏学研究译文集》（第1—20辑）⑬等一批具有代表性的国外藏学论著，推动了国内外的学术交流。

二、中国藏学研究的特点与重点

与西方欧美的藏学不同，中国藏学自民国时期就形成自己的特点，即以历史、政治和宗教习俗研究为重点，兼及语言文字和宗教经典的研究范式。20世纪50年代，在唯物史观的指导下，历代对西藏政策、藏汉人民的往来交流、西藏的社会形态、西藏的政教关系及帝国主义侵藏史都成为新时期藏学研究的重点课题。

---

① 北京：中国藏学出版社，1994.
② 北京：文物出版社，1995.
③ 拉萨：西藏人民出版社，1986.
④ 拉萨：西藏人民出版社，1982.
⑤ 成都：四川大学出版社，1990.
⑥ 耿昇，译. 北京：中国藏学出版社，1999.
⑦ 耿昇，译. 兰州：甘肃人民出版社，1984.
⑧ 李有义，邓锐龄，译. 北京：中国社会科学院民族研究所民族史室民族学室，1980.
⑨ 杜永彬，译. 北京：时事出版社，1994.
⑩ 沈卫荣，宋黎明，译. 北京：中国藏学出版社，1990.
⑪ 伍昆明，王宝玉，译. 北京：中国藏学出版社，1990.
⑫ 周秋有，译. 拉萨：西藏人民出版社，1987.
⑬ 拉萨：西藏人民出版社，1985—2013.

1. 改革开放前的藏学研究

20世纪50年代开始的藏族社会历史调查，在实践中积累了丰富的研究资料。1963年，在民族社会历史调查的基础上，中国科学院民族研究所、西藏少数民族社会历史调查组编的《藏族简史（初稿）》①、《藏族简志（初稿）》② 相继印行。80年代才得以陆续出版的10辑《西藏社会历史调查资料丛刊》③ 中前6辑对西藏农村封建领主庄园制和牧区部落经济的记述尤为详备。此一时期，关于西藏佛教史的研究有较大进展，代表作当推中国社会科学院民族研究所王森的《西藏佛教发展史略》④，此书主要着力阐明西藏佛教史上的若干重点问题，1965年中国科学院民族研究所内部铅印此书，名为《关于西藏佛教史的十篇资料》，直至1987年才正式出版。

在这一时期的藏学研究队伍中，牙含章最为引人注目。他青年时期在甘南夏河拉卜楞寺和拉萨哲蚌寺研究藏传佛教和藏族历史。50年代以后长期在甘肃和西藏工作，深入研究西藏历史，1952年到1953年写成26万余字的《达赖喇嘛传》⑤，用大量的事实阐明历代达赖喇嘛与历代班禅的关系，并证明西藏是祖国不可分割的一部分。

这一时期藏族史的研究在其他方面也有若干成绩。在清代治藏政策方面，有王忠的《中央政府管理西藏地方的制度的发展》⑥、董彦平的《唐元明清四朝对西藏政策》⑦、札奇斯钦的《蒙古与西藏历史关系之研究》⑧、陈鸣钟的《清朝前期中央政府对西藏地方政治制度、宗教制度改革》⑨ 等。李有义的《一千五百年来的藏汉民族关系》⑩、周昆田的《汉藏两族的传统关系》⑪ 等论文着眼于阐发汉藏源远流长的民族关系。《解

---

① 北京：中国科学院民族研究所，1963.
② 北京：中国科学院民族研究所，1963.
③ 拉萨：西藏人民出版社，1987—1989.
④ 北京：中国社会科学出版社，1987.
⑤ 北京：人民出版社，1984.
⑥ 历史研究，1959 (5)：1-9.
⑦ "国大"宪政年刊，1967 (1).
⑧ 台北：正中书局，1978.
⑨ 史学月刊，1960 (1)：6-11.
⑩ 新建设，1952 (6)：45-49.
⑪ 西藏研究. 台北：中国边疆历史语文学会，1960.

放军报》1959年4月23日发表的《文成公主与西藏》也是相关专题的资料汇集，另外，侯外庐、翦伯赞、田汉、吕振羽等老一辈学者于1960年前后在《戏剧报》《人民日报》也纷纷发表文章集中讨论汉藏通婚等问题。对文成公主的研究热潮除了在"文化大革命"期间一度中断外，一直延续到20世纪90年代初期。

张建木的《宗喀巴大师传》① 和王森的《宗喀巴传论》② 是关于著名宗教改革者宗喀巴的专论。吴从众的《民主改革前西藏农奴制度的生产关系》③ 是对藏族封建农奴制社会形态的总体考察。还有从国际关系视角讨论英、美、俄等对西藏的侵略细节，代表性的有李有义的《英美帝国主义侵略下的西藏》④、王春瑜的《辛亥年间英帝国主义策划的"西藏独立"事件初探》⑤、张广达的《沙俄侵藏考略》⑥ 等论文，集中反映了近代西藏地方在对外关系中与外国殖民势力斗争的历史。此外，佘素的《清季英国侵略西藏史》⑦ 属于当时这类研究范畴中为数不多的专著，书中引用大量中外档案史料，揭露了英国对我国西藏所进行的侵略活动，以此来论证西藏的主权归属问题。

2. 改革开放20年藏学研究的大发展

改革开放以来，随着西方史学理论的不断引入，藏学研究呈现出多元化的发展趋势。这一时期的学术热点、研究内容主要表现在以下几个方面。

（1）通史类著作

通史类著作既是藏学研究发展的必然要求，也体现了藏学研究的发展成就和整体水平。随着汉文、藏文以及外文资料的发掘与整理，研究成果不断积累，西藏通史类著作的编写和出版应运而生。颇具代表性的有恰白·次旦平措、诺章·吴坚、平措次仁编的《西藏简明通史》（藏文本）⑧，该书使用了大量新发现的珍贵藏文历史文献资料。此外，王

---

① 现代佛学，1957（12）：20-24.
② 民族研究，1979（1）：56-67.
③ 中央民族学院学报，1979（3）：28-38.
④ 新观察，1950（5）：13-15.
⑤ 史学月刊，1959（7）：17-21.
⑥ 中央民族学院学报，1978（1）：21-50.
⑦ 北京：世界知识出版社，1959.
⑧ 拉萨：西藏藏文古籍出版社，1991. 汉译本. 陈庆英，格桑益西，何宗英，许德存译. 拉萨：西藏古籍出版社，1996.

锺翰的《中国民族史》①、范文澜和蔡美彪等的《中国通史》②、翦伯赞主编的《中国史纲要》③、白寿彝主编的《中国通史》④ 等通史类著作中，均有不同时代的西藏地方历史的内容。中国社会科学院民族研究所主持的《中国历代民族史丛书》⑤ 对各个断代的藏族史均有涉及。还有谭其骧主编的《中国历史地图集》⑥ 中，绘制有不同时期的西藏地方地图，具有很高的权威性和经典性。

(2) 清代西藏历史专题研究

清代中央政府加强了对边疆地区的管理，留下了诸多汉、藏、满文藏事文献。因此，对清代西藏历史的研究成果不仅数量多，而且内容呈现多元化，除政治史之外，还涉及法律、经济、社会和宗教研究。在边疆治理的研究上，主要集中在驻藏大臣、治藏政策、西藏政教首领跟北京的联系等方面。

驻藏大臣代表中央总理西藏事务，是清朝实施治藏政策的核心人物，相关研究取得了丰厚的成果。萧金松的《清代驻藏大臣》⑦ 全面探讨了驻藏大臣制度。吴丰培、曾国庆合著的《清代驻藏大臣传略》⑧ 是迄今收录驻藏大臣传记资料最多的著作。二人合著的另一部著作《清朝驻藏大臣制度的建立与沿革》⑨ 则对驻藏大臣的设置、职权和施政做了全面总结。贺文宣编著的《清朝驻藏大臣大事记》⑩ 辑录了从康熙四十八年到宣统元年（1709—1909）两百年间派往西藏的百余位驻藏大臣事迹，是驻藏大臣研究中极有参考价值的资料书。车明怀、李学琴编著的《天朝筹藏录——清朝筹边事略与驻藏大臣为政纪实》⑪ 探究了清王朝

---

① 北京：中国社会科学出版社，1994.
② 北京：人民出版社，1995.
③ 北京：人民出版社，1995.
④ 上海：上海人民出版社，1999.
⑤ 成都：四川民族出版社，1996.
⑥ 北京：中国地图出版社，1982.
⑦ 台北：唐山出版社，1996.
⑧ 拉萨：西藏人民出版社，1988.
⑨ 北京：中国藏学出版社，1989.
⑩ 北京：中国藏学出版社，1993.
⑪ 拉萨：西藏人民出版社，1996.

的筹藏得失。

关于治藏政策和措施的研究，有成崇德与张世明合著的《清代西藏开发研究》①、苏发祥的《清代治藏政策研究》②、曾国庆的《清代藏史研究》③等。

就西藏地方史而言，从顾实汗进藏到七世达赖喇嘛时期，西藏局势动荡，故此段时间为学界研究热点，尤其对五世达赖、颇罗鼐、阿尔布巴、珠尔默特那木札勒颇为关注。这种情况与清代涉藏档案史料的陆续出版紧密相关。关于藏军、西藏货币、川滇边改革等专题研究也在20世纪90年代开始受到重视。达赖、班禅两大活佛系统的研究方面，牙含章贡献最大。80年代，牙含章的《达赖喇嘛传》被译成藏、蒙古、英、德文，在国内外陆续出版发行。他又撰写了近30万字的《班禅额尔德尼传》④，1987年以多种文字出版。

近代西藏历史的研究，囿于史料缺乏，形成了以大事件为主线、西藏与外国的关系为重点的研究格局。如杨公素的《中国反对外国侵略干涉西藏地方斗争史》⑤、王远大的《近代俄国与中国西藏》⑥、吕昭义的《英属印度与中国西南边疆（1774—1911年）》⑦等。

三、藏学研究的范式转换

新中国成立后，藏学研究较此前有了极大的推进和突破，总体上可以划分为前后两个研究阶段：第一阶段是从1949年到20世纪70年代末，学术研究经历了从新生到停滞的曲折发展，虽然一度受到政治因素和社会风向的干扰，但也取得了若干具有标志意义的集体和个人成果；第二阶段是改革开放以来20年，学术研究经历了从复苏到繁盛的发展变化，国际学术交往不断加强，学界酝酿已久的潜在能量得以重新迸发，学者的自觉研究和多元化的研究思路逐渐得到发挥，取得并积累了颇为丰硕的研究成果。

---

① 北京：北京燕山出版社，1996.
② 北京：民族出版社，1999.
③ 济南：齐鲁书社，1999.
④ 拉萨：西藏人民出版社，1987.
⑤ 北京：中国藏学出版社，1992.
⑥ 北京：三联书店，1993.
⑦ 北京：中国社会科学出版社，1996.

回顾20世纪五六十年代的藏学研究，相关学术成果基本上在《历史研究》、《史学月刊》、《民族研究》和《新观察》等刊物上发表，彼时也有《解放军报》《人民日报》等与学术刊物相互配合，共同影响着藏学研究并引导人们对西藏予以理性认知。从史学理论上看，研究者主要从阶级革命历史角度切入，运用历史唯物主义的观点和方法进行阐释，剖析藏族社会制度，讨论中央治理政策。这种研究视野承接了新中国成立之前的研究惯性，把中国的边疆危机同学术研究紧密结合。但就研究内容而言，除了部分学术文章外，一些研究成果基本是配合政治形势而作，新中国成立前的一些优秀治学方法没有得到充分弘扬，学术观点的争鸣较少。史学界偏重的重大历史问题的讨论[1]，也投射在藏学研究当中，例如，关于西藏古代社会形态的分期问题，范文澜、黄奋生、李有义与王辅仁提出不同看法，一度成为西藏史的讨论热点[2]。

改革开放20年，社会学、政治学、民族学、人类学、法学等学科的研究方法开始逐渐介入藏学研究，藏学领域愈发呈现出多元化研究态势。无论是研究对象、方法还是理论框架，已在不断完善之中，但西藏历史研究作为其中的重点却相对保守，仍然使用传统方法进行研究，对于90年代以来广泛影响史学界的社会史学、年鉴学派等理论则利用较少[3]。随着西方理论的不断渗透，我们应该警惕这些理论对中国藏学研究的侵蚀，要尽快实现自己理论的创立和应用。

另外，藏文档案的刊布和英文、俄文等外文史料的运用，填补了藏学研究的空白，也使得藏学研究领域得以深化，随着档案的进一步公开，中国的藏学研究也步入新的发展阶段。

---

[1] 例如中国古代史分期事件、中国近代史分期问题、土地制度问题、农民战争问题、中国封建社会长期性问题等。

[2] 范文澜. 中国通史简编. 北京：人民出版社，1953. 黄奋生. 藏族史略. 北京：民族出版社，1985.

[3] 张永攀. 边疆史视野下西藏研究60年. 中国边疆史地研究，2009（3）：30-38.

第五节　20世纪下半叶的西南民族研究

20世纪下半叶的清代西南民族研究成果丰硕，但因涉及地域广阔，民族众多，此处篇幅所限，无法一一详说①，下面仅从瞻对事件、回民起义及改土归流三大问题入手，对相关研究及学界趋势进行总结评述，以求管中窥豹。

一、从"叛乱"到"起义"——清前期的瞻对事件研究

瞻对，在今四川省新龙县，原名"雅绒"（藏语"鱼之河谷"之义）。"瞻对"之得名，据谢国安先生考证，由于元初有雅绒僧人喜饶降泽朝拜元世祖忽必烈，因表演了将一根铁矛徒手挽成一个铁疙瘩的功夫而受到赏识，被封为土司，管理当地，且称其地为"瞻对"，藏语意为"铁疙瘩"②。

瞻对地处川藏大道，其俗尚武，好劫掠，加之地势险阻，易守难攻，在整个康藏地区，堪称"地最险，人最强"。有清一代，清廷为保川藏大道的畅通，曾八次用兵瞻对，其时限之长，次数之多，为清史仅见，因而瞻对事件也久为学界关注。

在清代及民国史书、档案中，对瞻对事件评价颇低，认为其劫掠及扩张属叛乱行为。新中国成立以来，受马克思主义历史观影响，史家眼光向下，将注意力集中于"历史的真正创造者"人民大众身上，利用阶级斗争及阶级分析的方法，使农民起义、农民运动成为历史研究的主题。史家一反陈说，将瞻对事件视为反抗土司压迫的农民起义，清人眼中的"叛首"变为"起义领袖"。具代表性的是曾文琼的《十九世纪中叶川康地区的一次农奴大起义》③一文，该文认为，瞻对事件中的布鲁曼起义，"其规模之大，时间之久，影响之深，是藏族历史上所罕见的，

---

①　详细的研究成果可参阅：达力扎布. 中国民族史研究60年. 北京：中央民族大学出版社，2010.

②　任新建. 论清代的瞻对问题//贾大泉. 四川历史研究文集. 成都：四川省社会科学院出版社，1987：158-178.

③　西南民族学院学报，1979（1）：30-39.

为藏族历史增添了一页光彩夺目的篇章"。且将其视为全国农民战争的有机组成部分,"就是在中国农民战争史上,也应有它不可抹煞的地位和价值"。作者认为,康巴广大农奴阶级,不仅受腐败无能的清政府的封建压迫和剥削,还遭受着本民族封建领主阶级的更沉重的剥削和压迫。布鲁曼起义是康巴农奴阶级在"欲生不能,欲死不忍"的情况下愤而举旗的。至于起义失败的原因,作者指出,其一般原因为生产力发展不足,"没有无产阶级及共产党的正确领导",具体原因为起义军领导集团内部阶级敌人的破坏。

然而,过度强调阶级属性,令上述学者忽视了诸多材料明显存在出入的情况。同时,所谓的清政府及本民族封建领主阶级的压迫古来有之,没有证据显示在布鲁起义前有加重的情形。再者,也不能将失败原因归结为"没有无产阶级及共产党的正确领导"。

事实上,同样使用阶级分析方法的同时期的研究者也有不同看法。上官剑璧《瞻对土司布鲁兵变杂议》① 一文指出,新中国成立 30 年来对 19 世纪中叶瞻对发生的事件到底是什么性质聚讼纷纭,20 世纪 60 年代刊印的某些文字资料也互相矛盾,因此决定利用藏、汉文资料重新进行研究。作者从布鲁曼兵变的历史背景、布鲁曼发动战争的目的、布鲁曼利用宗教的情况等方面进行阐述。作者认为,布鲁曼绝非普通农奴,而是占有中瞻对及上瞻对一带地方并积极向外扩张势力的封建农奴主。布鲁曼发动的是农奴主阶级劫掠性质的战争,既无益于国家的统一,又无益于抵御外侮,在藏族近代史上完全是一股逆流,绝不是什么农民起义的正义战争。徐铭的《工布朗结是农奴起义领袖吗?》② 一文批评更厉,作者依据扎实的藏、汉文史料,指出工布朗结(即上面所说的"布鲁曼")并非普通农奴,而是封建农奴主,又指出了曾文琼文中诸多史实张冠李戴及理解不确之处,更对曾文及《藏族简志(初稿)》所用核心史料提出了质疑。作者敏锐地发觉,藏、汉文传统史料均称工布朗结为"土酋"或"夷酋",只有曾文及《藏族简志(初稿)》所引用的新中国成立后的《布鲁曼(工布朗结)农奴起义》调查材料认定工布朗结为农奴。作者批评道:"作者们所依据的是四川民族调查组的

---

① 西南民族学院学报,1980 (1): 27-35.
② 西南民族学院学报,1980 (1): 20-26, 70.

《布鲁曼（工布朗结）农奴起义》材料写成。在必要的地方，引证了一些'为我所用'的历史文献，并随意地加以解释，摒弃那些如实记载当时事件的藏汉文史料。所以，破绽甚多，经不起推敲。另一个原因，作者们所依据的那份《布鲁曼（工布朗结）农奴起义》调查材料，是很不全面、很不完整的，因当时的调查者有闻必录，未加核实……这份调查材料，空泛的一般性的叙述较多，具体的生动的事例全无，对一些事情经百年后人们已经记忆模糊，而对另一些事情则是聚讼纷纭，莫衷一是。但从事研究工布朗结事件的同志，没有加上一番'去粗取精、去伪存真、由此及彼、由表及里'的思索，就在藏族近代史上撰写了一次罕见的'农奴大起义'。"调查报告缺乏有说服力的材料，在一定程度上影响了研究的价值。以上这些批评，即使在今天听来，也是振聋发聩的。

20世纪80年代末，随着改革开放的深入，同时随着档案的开放及利用，学界对瞻对事件的研究也不再局限于个别人物及个别事例。陈一石的《清代瞻对事件在藏族地区的历史地位与影响》[①] 一文即为此时期最具代表性的作品，该文全面探讨了清代八次大规模用兵瞻对的过程及影响，提出了不少新的观点，在学界影响较大。作者在充分阅读档案的基础上，对清政府官员欺瞒皇帝、矫饰匿败等情节进行了充分揭露。作者并未将川边藏族聚居区域的"夹坝"及"盗贼"简单地视作欺凌他部或反叛中央的行为，而是将其与当地以掠夺为光荣、以偷安为懦弱的社会风尚相结合，视其为一种特定历史阶段的正常现象，这一论点无疑给后辈学者以极大启发。值得注意的是，作者在与他人合写的《略论1889年川边藏族地区撒拉雍珠领导的农奴起义》[②] 一文中认为工布朗结系农奴起义领袖，而在《清代瞻对事件在藏族地区的历史地位与影响》中则修正了这一观点。作者认为，工布朗结虽然身为土司，但是其斗争具有反抗民族压迫的性质，因而具有一定的进步意义。他在境内推行轻徭薄赋政策，并且成功地开展反对藏传佛教的斗争，使"全瞻之民，全为所用"，至今仍为藏族人民所称颂，因此，他不失为藏族历史上的杰出人物。作者还对同治四年（1865年）后驻瞻藏官的苛暴多所揭露，肯定了鹿传霖、赵尔丰等人改土归流的进步意义。然

---

① 西藏研究，1986（1）：37-42；1986（2）：47-54；1986（3）：40-50.
② 西南民族学院学报，1984（3）：51-56，80.

而，作者仍未跳出封建国家压迫、地方民众反抗的二元对立叙述模式，同时也预设了改土归流必然先进、土司制度必然落后的进化论模式，导致对瞻对地方的主体性及所受影响关注不够。

同时期另一篇值得注意的文章为任新建的《论清代的瞻对问题》①，作者综观清代的瞻对问题，认为清政府昧于形势，忽视了瞻对地形复杂、教派纷繁、民俗强悍等地方特殊性，企图以通常的理藩手段来控驭其地，这是瞻对问题长期得不到解决的症结所在。瞻对问题之所以在清代有重大影响，一方面是因瞻对所处的重要地理位置，另一方面是因清王朝对西藏政策和西藏地方政府与清中央间关系的变化而造成的。不过，作者认为，羁縻土司、武力威慑、宗教化导、改土归流，都是清朝理藩政策的具体体现，都具有民族压迫的大民族主义色彩，因而不可能从根本上消除处于不平等地位的少数民族的反抗，更不可能维持各民族的团结。

90年代，台湾学者张秋雯接连撰长文对清代雍乾两朝用兵瞻对，嘉、道、咸、同四朝瞻对之乱，以及鹿传霖力主收回瞻对始末等问题多有考证②，但其文细密有余而新见不足，且立论多从清廷角度入手，有欠客观。

二、是否叛国——杜文秀与"回民起义"研究

杜文秀领导的云南"回民起义"是学界关注的热点问题。学界讨论的问题主要有大理政权的性质及杜文秀的评价问题。关于大理政权的性质，主要有两种观点，第一种为商人地主政权说③，另一种为农民革命政权说④。相较而言，杜文秀的评价问题因涉及有关领导及汉、回民族

---

① 贾大泉. 四川历史研究文集. 成都：四川省社会科学院出版社，1987：158-178.
② 张秋雯. 清代雍乾两朝之用兵川边瞻对. "中央研究院"近代史研究所集刊，1992，21：261-286. 张秋雯. 清代嘉道咸同四朝的瞻对之乱：瞻对赏藏的由来. "中央研究院"近代史研究所集刊，1993，22上：397-420. 张秋雯. 清季鹿传霖力主收回瞻对始末. "中央研究院"近代史研究所集刊，1998，29：1-45.
③ 吴显明. 关于大理政权的性质问题. 学术研究，1961（6）. 高鸿志. 略论杜文秀. 合肥师院学报，1962（3）：111-125. 马汝珩. 试谈清咸同年间回民反清运动性质与领袖人物评价问题. 民族研究，1984（1）：29-36.
④ 林荃，宁超. 大理政权是农民革命政权. 学术研究，1961（3）. 马恩惠. 杜文秀领导的大理政权. 中国民族，1962（3）：34-36. 林荃. 论杜文秀大理政权的性质. 云南文物，1980（10）.

情感而争论更为激烈,有的学者甚至大动感情,前后争执长达50余年。

杜文秀历史疑案的起因,据称最初是中国科学院近代史研究所的一位研究人员根据第三手间接资料,写文章提出杜文秀起义时意图出卖云南给英帝国主义。受当时政治环境影响,范文澜在1954年8月修订、1955年9月出版的第九版的《中国近代史》中就增加了斥责杜文秀"勾结英国侵略者",是"祖国和起义军的叛卖者"等内容①。范老在当时史学界的地位举足轻重,此说一出,被辗转流传,从高校论著到教材均承袭此说②。后来郭沫若主持的《中国历史初稿》一书发展了范老的观点,称杜文秀与英国勾连,接受英军馈赠的军火,并准备在英国的支持下自称"撒里曼苏丹",改年号,造宫室,建立了一个所谓的独立国。这更引起了学界的广泛讨论,但仍有不少学者提出了异议。

吴乾就是第一位为杜文秀辨误的史学家,他在征引大量史料的基础上撰《关于杜文秀的评价问题》③一文,犀利地指出,无论是范著还是郭著,在评价杜文秀问题上,都存在着两方面的问题。一方面,它们没有根据足够而正确的资料,在当时历史条件下进行具体分析,从而过快地得出结论;另一方面,它们得出这结论的依据——史料,是异常贫乏的,而且它们主要是根据法、英侵略者所提供的资料,或传闻疑似之辞,并没有拿丰富的、多方面的中国文献和调查材料互相印证,在某些问题上,连起码的所谓"辨伪"工作都没做到,而是法、英侵略者怎样说就怎样写。因此,在论述这问题时,有不少明显的史实上的错误。

吴文发表后,引起媒体关注,1961年8月23日和10月14日,《云南日报》及《人民日报》先后予以报道,肯定其观点。12月1日,《光明日报》又以较大篇幅将吴文刊出,在全国引起巨大反响。但平心而论,吴文虽然指出了范著及郭著的不少史实性错误,但对范、郭二人提出的杜文秀遣使赴英乞援的关键性问题却没有给出有力的反驳,反而予以承认,这就陷入了自相矛盾之中。究其原因,实为未能利用或没有条件利用英缅殖民政府的一手档案所致。

---

① 王爱国. 谁为杜文秀平了反:为田汝康先生逝世两周年而作. 回族研究,2009(1):5-10.
② 同①.
③ 回族研究,2009(3):26-39.

1962年，中国人民大学马汝珩在《中国民族》发文《关于杜文秀评价问题》①，中和了先前两派的观点，倾向于第三种观点："既要指出杜文秀在起义后期由于派人去英国求援而造成民族分裂倾向的错误，也要看到他领导云南各族人民坚持十八年反清斗争所作出的贡献，而且认为杜文秀在反清斗争中的功绩是主要的，过错是次要的。"简言之，即基本肯定，部分否定。

以上三种观点在50年代至60年代初争论不休，1963年，曾在伦敦翻阅过"杜文秀使英问题"原始档案的田汝康先生，在收到伦敦印度事务部图书馆所寄拍摄件后，撰文《有关杜文秀对外关系的几个问题》②，依据大量一手外文资料对此问题进行重新考订。该文最大的贡献在于对杜文秀评价的关键问题，即刘道衡使英问题中的关键物证，也就是所谓"杜文秀向英皇称臣表"提出了质疑。理由一，所注年月是"辛未年十月"，即1871年11—12月，而据英国驻八莫代表的行政日志所载，"大理使臣"过缅甸是1871年9月，并且在八莫一直停留到11月才离开，甚至还特别注明"显然即正来印途中的大理使臣"。理由二，这份表文的笔迹同刘道衡自伦敦致印度事务部的两封信的笔迹很相似。作者认为，"这样看来，这份表文要不是刘道衡抵缅后，大理才另派人送出，另一个可能便是刘在缅甸自己弄的"。不过，作者据此又不能完全撇清杜文秀与刘道衡使团的关系，因而在文末写道："最后阶段出现了刘道衡使英的事件，这确是一桩可耻的行为，但究竟杜文秀应负什么责任以及其原因何在，还有待进一步的研究。"③

田汝康文章发表不久，"文化大革命"开始，大陆的相关研究陷入停滞。台湾学者王树槐出版了系统介绍杜文秀起义的《咸同云南回民事变》一书，对于杜文秀的使英问题，该书认为："刘道衡以文秀义子名义，率领杜文秀的外甥及马来翻译1人、随从5人，于同治十年底到达缅甸，由英属印度政府之安排，经加尔各答至伦敦。刘在缅时虽受英人重视，但到伦敦则不然，和他接谈者仅是印度事务次官凯依。时北京已

---

① 中国民族，1962（3）：28-33.
② 历史研究，1963（4）：141-150.
③ 房汉佳，林韶华. 中国爱国学者田汝康教授. 砂拉越：砂拉越人民联合党总部研究与资料中心，2004：246.

风闻此事，向英公使威妥玛抗议。威妥玛请英外交部勿与杜文秀议约……于是英政府将刘道衡等遣归。"① 察其叙述，显然认为刘道衡是杜文秀派遣的。

1976年，台湾学者黄嘉谟出版了《滇西回民政权的联英外交（一八六八——一八七四）》一书，该书认为田汝康的观点颇为有趣，但太依赖外国史料，不足深信，对王树槐的观点予以进一步发挥，指出："时当同治十年（1871）十月，杜文秀终于依照刘道衡的建议，仿石敬瑭称臣于契丹的故事，修备上英王表文一道。"② 如此，则不仅刘道衡完全由杜文秀派遣，即杜文秀本人亦成了"儿皇帝"。实际上，王、黄二人的结论均未建立在扎实的史料基础之上。然而，二位学者，尤其是黄嘉谟的观点，为西方学界所接受，影响较大，费正清主编的《剑桥中国晚清史》（下卷）③ 的相关部分即主要根据黄嘉谟的书写成。

1980年，田汝康到澳大利亚国立大学访学，找到了足以证明刘道衡使英与杜文秀无关的关键材料。当年秋天，田汝康在澳大利亚应邀参加第42届莫里循纪念活动，发表题为《对云南回民起义的重新评价》的演讲。其后，此文先是应马曜及王叔武之邀，以《杜文秀对外关系以及刘道衡"使英"问题的研究》为题发表于1981年云南《民族学报》创刊号上④，后以《杜文秀使英问题辨误》为题，发表于1982年《日本东洋文库研究部年报》（总目第40号）。据称，这也是东洋文库首次发表外国人的论文⑤。

在《杜文秀使英问题辨误》一文中，田汝康根据伦敦印度事务部图书馆提供的档案，进行了详尽分析，其中包括了由日本笔迹专家协助所做的档案鉴定，最终得出结论："所谓'回民使节'这一杜文秀被谴责的主要事件，先是由腾越柳映苍所策划，继则由刘道衡在其中扮演主要

---

① 王树槐. 咸同云南回民事变. 台北："中央研究院"近代史研究所，1968：305.
② 黄嘉谟. 滇西回民政权的联英外交（一八六八——一八七四）. 台北："中央研究院"近代史研究所，1976：250.
③ 北京：中国社会科学出版社，2006.
④ 马颖生. 杜文秀历史疑案真相大白于天下：我国史学界50余年讨论杜文秀对外关系问题评述. 回族研究，2009（1）：11-20.
⑤ 王爱国. 谁为杜文秀平了反：为田汝康先生逝世两周年而作. 回族研究，2009（1）：5-10.

的角色。从英缅政府行政日志所揭露的事实来看，刘道衡的使英与杜文秀并无关系。这个近似闹剧似的历史小插曲之所以被大肆渲染，是英国在印度和缅甸当局由于政治上的需要而制造出来的。真相如此，对杜文秀的谴责自然无从成立。且不论云南回民在反抗清政府统治者的斗争中的英勇表现如何，事实上，由于云南回民起义的结果，在杜文秀的直接抗拒或是起义的间接影响下，英、法窥探云南的计划受到打击，被推迟了十八年。因此，杜文秀在这场英勇斗争中的领导地位，是不应加以湮没的。"①

此文是对 1963 年文章的深入和补充，其最大的贡献在于考出刘道衡"使英"乃系宁西大将军柳映苍派遣，非杜文秀派遣，这震动了整个学术界。1984 年，云南省人民政府将杜文秀墓列入第二批省级重点文物保护单位，并拨款重修；此后不久，杜文秀帅府也被列为省级文物保护单位。值得注意的是，在 1981 年发表的《杜文秀对外关系以及刘道衡"使英"问题的研究》一文中，田汝康指出所谓的杜文秀《上英皇书》与刘道衡的四封私人信件笔迹是相同的，因而怀疑是刘道衡伪造。后在 1987 年的《杜文秀使英问题辨误》一文中进行了修改，指出："经过仔细研究刘道衡四封私人信的笔迹，结果发现《上英皇书》与这四封信不是一个人写的。"② 不过作者又指出："这就是《上英皇书》中出现的两个'龙'字写法不同的问题。'发龙飞之师'的'龙'字是正规写法，末页署名'叔岳马似龙'的'龙'却省掉最后一笔的一撇。这并不是偶然的笔误，而是有意识地这样写的。事实说明，这封信的撰写者是一个参加过科举应试而又是以'龙'作为名字的人。他为了避讳不敢把自己看成是传统代表君主那样的'龙'，因而照传统避讳的方式省去最后的一撇以示卑谦。"因而怀疑是同时出使且参加过科举考试的马似龙写的③。但是，在将马似龙笔迹与《上英皇书》相对照之前，很难得出确切的结论。

总而言之，田汝康在杜文秀使英问题考辨上用力最勤，成就最大，基本证实刘道衡使英与杜文秀无关。

---

① 中国帆船贸易与对外关系史论集. 杭州：浙江人民出版社，1987：212.
② 同①194.
③ 同①194.

三、视角转换——改土归流研究

改土归流是明清两代在民族地区废除世袭土司而改设流官统治的一种政治措施。明代主要是对靠近汉族地区的土司进行改土归流,清代雍正年间开始在西南地区实行大规模的强制改土归流。改土归流历来是学界讨论的热点,基本上,可将新中国成立以来的改土归流研究分为两阶段:第一阶段为 20 世纪 50 年代至 90 年代中期,此时期的研究多从国家治理角度入手,探讨的是治理技术,且均持进化论的观点,往往预设了土司制度的落后及改土归流的先进。当然,随着时间的推移,此时期改土归流的研究也有探讨区域渐趋细化、史料挖掘逐步深入的特点。第二阶段为 20 世纪 90 年代中期至 20 世纪末,此时期的显著特点为研究视角由国家转向社会,关注少数民族群体及地区社会文化变迁,且开始对改土归流必然先进的理论预设进行反思。

从宏观上对改土归流进行研究的有:嘉弘的《试论明清封建皇朝的土司制及改土归流》①,论述了明朝中央运用土司制及改土归流的政治工具之主观意图及实质。作者认为,相较而言,从制度上来讲,改土归流加强了中央与少数民族的关系,比土司制更为先进。范同寿的《西南各族土司制度的瓦解与清代前期的改土归流》② 一文探讨了雍正年间的改土归流,认为此时期的改土归流不仅有利于打破土司制度这一存在于西南各族的与国内其他民族之间的壁垒,促进封建国家政治上的进一步统一,减少某些民族上层统治集团为争权夺利而煽动民族情绪发动战争的机会,而且大大解放了当地的社会生产力,促进了西南少数民族地区封建经济的发展,并指出,尽管各地区、各民族间社会经济发展的不平衡使改土归流进行得极不彻底,但在我国多民族国家历史发展的进程上,它的历史功绩应予以充分的估计。李世愉系统地探讨了雍正朝改土归流的原因、目的及善后措施,认为:"雍正朝的改土归流,是对西南少数民族地区地方行政制度的一次重大改革,其结果无疑加强了清政权对西南地区的直接统治。它的发生,是客观形势所造成的,反映了我国各民族要求统一的强烈愿望和历史发展的必然趋势。"并将雍正改土归流与秦始皇设置郡县相提并论,评价颇高。至于善后措施,李世愉认为

---

① 四川大学学报(社会科学),1956(2):59-75.
② 贵州社会科学,1983(2):73-80.

清政府在善后工作中采取的一切措施，都是服从于改流的最终目的，即在政治上，要稳定边区，安靖地方，巩固和加强专制主义的封建统治；在经济上，要从西南少数民族地区获得更多的利益；在思想文化上，要以汉族的传统观念影响西南各民族，达到"以汉化夷"。总而言之，就是要使边区同内地一样，无条件地置于自己的统治之下。对于改土归流及其善后措施的评价，作者认为应一分为二看待，一概肯定或否定都是不符合历史事实的①。

对各地区改土归流进行研究的文章中，关于贵州地区有张永国的《略论贵州"改土归流"的特点》②，该文认为贵州的改土归流，主要在明代，清康熙年间基本完成。当时的封建王朝通过驻军屯田，既推动了社会经济的发展，激化了经济基础和上层建筑、人民群众和土司统治的矛盾，又取得了军事、政治上的优势，所以就能够比较顺利地进行这一社会变革，与其他地区比较，贵州的改土归流具有时间较早、反复不大的特点。胡积德的《清代盘江流域布依族地区改土归流与领主经济向地主经济的转化》③一文探讨了清代盘江流域布依族地区领主经济向地主经济的转化过程，认为地主经济是在领主经济的内部孕育成长起来的，大规模的改土归流如同催化剂，它的作用不仅在于使政治制度发生变革，而且影响到农村生产关系的变化，加速了领主经济向地主经济的转化。但在土司辖区，绝不是只在改土归流后才有地主经济的出现。余宏模的《试论清代雍正时期贵州的改土归流》④认为清雍正时期在西南地区实行大规模改土归流，从贵州的实际情况分析，作者认为废土设流和改土归流是两个不同的概念，改土归流的重点不在土司地区，也不是将土官一律废革。贵州的改土归流任务：一是废革有"过犯"的土司和土目；二是调整疆界，归并事权；三是开辟"苗疆"，设官建制。其重点在于将广大"苗疆"土地赋税和人民直接纳入封建中央王朝统治的轨道。

李茂郁和杨明洪对四川地区的改土归流进行了探讨。李茂郁主要探

---

① 李世愉.试论清雍正朝改土归流的原因和目的.北京大学学报（哲学社会科学版），1984（3）：66-73.
② 贵州文史丛刊，1981（3）：101-105，121.
③ 贵州民族研究，1982（3）：43-58.
④ 贵州民族研究，1997（2）：26-34.

讨清末川边地区的改土归流，他撰文对清末川边改土归流的历史背景、清政府经营川边的最初措施与改土归流经过、改革内容和改流后的设施，以及川边改土归流的历史意义进行了论述，认为："清末川边改土归流，是继雍正西南改土归流后又一大规模改流运动。但它的改革范围，则超过了历次改土归流。即不单是政治上的改革，而且对于与土司制度相适应的封建农奴制的社会经济基础，以及社会生活的其他方面，也进行了广泛的改革。这在我国近代史上，也是藏族近代史上具有重大意义的历史事件。"① 杨明洪则撰文论述了清代凉山彝区的土司制度与改土归流问题。他认为，从清初至康熙年间，清王朝在凉山彝区保留了土司制度。到雍正年间，伴随改土归流在相邻地区进行，在没有弄清凉山彝族社会状况下，在凉山也宣布实行改土归流。而事实上，在凉山改土归流并未实行，只在凉山边缘浅山坝子地带推行州县制度。雍正以后，针对不同的情况，清王朝在土司制度与改土归流问题上采取了比较灵活的政策，从而一部分土司仍被保留下来，而另一部分土司被革除，使凉山边缘某些地方走上了封建道路。到清末，为达"筹边援藏"的目的，清王朝在凉山腹地又宣布搞改土归流，并有废奴之议，但终因黑彝奴隶主势力的反扑，未能如愿②。

覃树冠关于广西的改土归流研究表明，清朝虽在广西推行改土归流政策，实质上它并不想过早埋葬这行之近千年的土司制度。广西虽地处边徼，但到了明清时期，随着汉族的大量迁入，民族杂居范围日益扩大，民族自然融合不断发展，社会经济虽然落后，但已逐渐改变过去那种完全分散闭塞的状态，商品经济有了一定的增长。历史发展的这种趋势，必然导致土司制度的没落和崩溃。清朝政府对广西土司采取的政策并不是加速土司制度的灭亡，而是对其起了延缓的作用③。

王文成与先前学者大多关注雍正时期不同，选择了对近代云南边疆地区的改土归流进行研究，发现在近代中国特殊的社会历史条件下，清政府对改土归流的态度却发生了重大转变，即已不能也不愿大规模实行改土归流了，土司制度不仅不一定要废除，而且对土司还须"赶紧查清

---

① 李茂郁. 试论清末川边改土归流. 西藏研究，1984（2）：5.
② 杨明洪. 论清代凉山彝区的土司制度与改土归流. 民族研究，1997（2）：88-95.
③ 覃树冠. 清代广西的改土归流. 广西师范大学学报，1985（1）：87-92.

承袭"。因此,光绪朝虽然重提改土归流,但明令废革的土司并不多。即使明令废革,其改土归流的方式也较为缓和,与清初截然不同。此外,清政府为"收控驭之益",在云南边疆民族地区继续保留土司制度的同时,加紧设置流官政权,首开近代云南边疆"存土置流"的先河,从其性质上看,这仍不失为近代特殊的"改土归流"方式之一,并为改土归流增添了新的内容。因此,云南边疆民族地区近代以来的改土归流,从客观条件上看,实为困难重重,要完成改土归流,清政府和民国政府既无胆识又无能力。从土流关系看,则土流在新的历史条件下重新达成统一,普遍确立了土流并治的统治形式,全面彻底改土归流已没有必要了①。

综上可见,新中国成立后的几十年里,清代西南民族研究由机械套用固有理论模式,得出一些似是而非的简单观点,到对前人理论方法进行反思,理论及史料的运用皆渐趋多元和深入,有了很大的发展。

---

① 王文成. 近代云南边疆民族地区改土归流述论. 民族研究,1993 (1):41-48,73.

第七章 多元视角下的 21 世纪清代边疆民族史研究（2000 年以来）

进入 21 世纪，清代边疆民族史研究取得了突飞猛进的进步，成果极为丰富，远非笔者一个人的能力所能把握。因此，为了方便，这里将相关研究成果区分为中国疆域形成及相关问题、东北地区与满族、北方地区与蒙古族、西北地区及各族、西藏地区与藏族、西南边疆及各族六个部分加以评论，限于篇幅，仅对部分论著予以列举，述评亦是点到为止，挂一漏万在所难免。

第一节 中国疆域形成及相关问题

中国疆域形成及相关问题研究涵盖了边疆、疆域、族际关系等理论、概念、史实等的研究和探讨，这类研究跨越朝代，纵贯时空，但大多引证清代史实，对清代的相关研究有重要指导意义。进入 21 世纪，围绕中国疆域的研究已经成为一个明显的热点。总体上看，研究围绕两个方面展开：一是疆域形成理论，一是疆域形成过程。疆域形成理论研究侧重古代，主要的发起者和推动者是中国社会科学院中国边疆史地研究中心，涉及古代天下观、治边观、华夷观、大一统观、羁縻政策、宗藩观、宗藩体制、朝贡册封体制，以及国外学界关于中国边疆的理论研讨等。其中用力最勤的是李大龙，从 2004 年发表"中国古代疆域形成理论研究"系列论文的第一篇《传统夷夏观与中国疆域的形成——中国疆域形成理论探讨之一》① 开始，已独自或与他人合作发表 6 篇，包括《不同藩属体系的重组与王朝疆域的形成——以西汉时期为中心》②、《"藩属"与"宗藩"辨析——中国古代疆域形成理论研究之四》③ 和《"中国"与"天下"的重合：古代中国疆域形成的历史轨迹——古代中国疆域形成理论研究之六》④ 等，这些文章在辨析各种概念（观念）含义的同时，侧重分析其对各时期疆域形成的影响。特别是《"藩属"与"宗藩"辨析》一文"从学界对'藩属''宗藩'的认识和使用，'藩属'的含义和使用，'宗藩'的含义和使用等三个方面，对古今'藩属''宗藩'二词的用法进行了综合考察"，认为"藩属"一词最早出现在《明实录》中，但对"藩属"做出明确解释的是《钦定四库全书总目》，用于指称清朝和边疆民族乃至周边邻国的政治隶属关系，但这种关系早在汉代就已经形成，称其为"藩臣"、"外臣"与"属国"。"宗藩"一词则早在《史记》中就已经出现，用于指称皇室宗族或宗族成员分封于地方者。与此相关，毕奥南的《历史语境中的王朝中国疆域概念辨析——以天下、四海、中国、疆域、版图为例》⑤ 更强调概念的历史特定性质，"由于古今中国国家性质不同，王朝中国的疆域概念与现代中国主权、领土不能用简单的继承或对接来解释"。诚然，概念的辨析有正本清源的作用，可防止实用主义的"古为今用"。但是，也要注意到古今词义的继承性和历史联系。例如"宗藩关系"一词用来指清朝与一部分外国之间的关系，受到李大龙等人的批评，称"现代学者用'宗藩'一词指称中国古代王朝尤其是明清和邻国关系的做法并不科学，其'宗藩'的含义和用法不仅与古人对该词的用法明显不同，而且容易形成更多的误解，故而应该改用'藩属'才准确"，"没有发现出现很早的'宗藩'一词有指称邻国或边疆民族的用法"。笔者以为此说过于绝对，事实上文献中也有将"宗藩"一词用于属国的情况。如《清实录》记载，乾隆五十五年（1790 年）正月，乾隆帝在得知安南国王阮光平将要来京祝寿的消息后谕令高规格接待，"福康安于其进关后，应告以此次进

---

① 中国边疆史地研究，2004 (1)：1-14.
② 中国边疆史地研究，2006 (1)：14-22.
③ 中国边疆史地研究，2006 (3)：25-36.
④ 中国边疆史地研究，2007 (3)：1-15.
⑤ 中国边疆史地研究，2006 (2)：9-16.

京祝嘏，大皇帝于国王到京朝见时特赐金黄鞓带。天朝体制，惟宗藩始得系用此带。今国王特膺异数，比于亲藩，实为难觏宠荣"①。六月，清廷"敕封安南国王阮光平长子阮光缵为世子。制曰：朕惟一人宅中驭外，化覃属国之封。列辟守典承庥，佑启克家之胄。禀义方于夙夜，念笃尊亲。知大德之生成，情征爱戴。用沛宗藩之懋赏，特昭旷格之殊恩"②。而且，"宗藩"与"宗藩关系"两词，语源上虽有联系，但毕竟是两个概念。学者在使用时主要是用"宗藩关系"这一概念指代清朝与属国之间的关系，而不是用"宗藩"指代属国。前者是国际关系之一种，涉及双边；后者则单指一方。东亚历史上国际间的宗藩关系，表述的是宗主国与藩属国（源自本来意义上的宗藩含义，即皇帝与宗室藩王，再扩大到异姓藩王，最后也包括境外属国）的关系，是大国与小国之间的不平等不均衡关系（所谓以小事大），是站在王朝中国角度上说的。"藩属关系"当然也可表述双方间这种关系，但却是站在他者即属国角度上说的。大小、主从立场不同，两词可以并存，"藩属关系"却不可替代"宗藩关系"的概念。这也是中外学者普遍使用这一概念的本意。

涉及朝贡制度的主要有祁美琴的《对清代朝贡体制地位的再认识》③、李云泉的《清代前期对藩属国的封赏与朝贡贸易》④、《朝贡制度史论：中国古代对外关系体制研究》⑤、《朝贡制度的理论渊源与时代特征》⑥等。祁美琴着眼于朝贡制度在明清两代的差别，认为"清代虽然延续了明代的朝贡制度，但实质已经转化为一种处理与周边国家关系的政治方式，剔除了明代中原王朝与边疆民族之间、中国与西洋诸国之间形成的藩属关系，且朝贡中的贸易性质也远不同于明朝"。李云泉则认为清初对藩属国的赏赐并未秉承明代"厚往薄来"的传统，康熙末年以后，这一传统的对外交往原则才逐渐有所体现。随着时间的推移，清代的朝贡贸易日呈繁荣之势。朝贡制度的理论渊源，"源自先秦的华夏中

---

① 清高宗实录：卷一三四六：乾隆五十五正月壬辰.
② 清高宗实录：卷一三五六：乾隆五十五六月丙辰.
③ 中国边疆史地研究，2006（1）：47－55.
④ 东方论坛，2003（6）：96－102.
⑤ 北京：新华出版社，2004.
⑥ 中国边疆史地研究，2006（3）：37－42.

心意识、大一统理念及'事大字小'的交邻之道"。

应该说，清代朝贡制度相当复杂，前期与后期不同，在笼统的"朝贡制度"下，涉及的对象与范围、动机与手段都在变化中。清前期也存在清朝与准噶尔之间的朝贡贸易，清与周边国家（如俄罗斯）及西洋国家的关系似也不能全部纳入朝贡体制考量。而且，以单方的话语为根据讨论双边关系，本身也存在危险。

作为实证性的研究，孙宏年的《清代中越宗藩关系研究》① 是值得特别指出的。该书共八章，从"宗藩关系的演进""宗藩关系的运作""礼仪与规范""朝贡贸易""民间贸易""边界交涉""海事与边事问题""入华越侨""入越华侨"等方面研究了1644—1885年的中越关系，堪称详尽。另外，何新华的《试析清代缅甸的藩属国地位问题》② 从"语言霸权"的视角，对清代文献和现代研究清代中缅关系的学者"把缅甸看作与朝鲜、越南和琉球一样地位的藩属国"的定论提出质疑，认为："实际上，有清一代，缅甸并不把中国作为它的天朝上国，也从未自己主动承认过是中国的藩属国。与之相反，缅甸几乎一直以一个平等国家的身份与清朝来往。"这种情况当然不限于缅甸，这一见解不仅仅是立场转换，更涉及史料选择和正确分析历史语境及话语权问题。

疆域形成过程的研究重点集中在清代，代表作是中国人民大学出版社出版的由成崇德主编的"清代疆域形成研究"丛书，已出版了三部。孙喆的《康雍乾时期舆图绘制与疆域形成研究》③ 独特之处在于从舆图的角度考察清代疆域的形成。作者以康乾时期具有代表性的舆图为例，对这一时期地图绘制的历史及地图在当时的社会功能，尤其是地图与疆域的关系进行了细致的考察和研究，为传统的边疆史地研究贡献了一个新的视角。刘文鹏的《清代驿传及其与疆域形成关系之研究》④ 通过对清代驿传在地域范围上变化的考察，以及对其管理制度中的物质供给、信息传递等的分析，揭示清代驿传实际运行方式，阐述其在国家政治、军事、疆域形成等方面的作用。若从疆域研究的视角看，论题颇

---

① 哈尔滨：黑龙江教育出版社，2006.
② 历史档案，2006（1）：72—77.
③ 北京：中国人民大学出版社，2003.
④ 北京：中国人民大学出版社，2004.

感分散。宝音朝克图的《清代北部边疆卡伦研究》① 在前人研究的基础上,从"卡伦"一词的词源及含义、卡伦的分布、卡伦的职能、卡伦的管理等多个角度考察了清代边疆特有的卡伦制度,问题相当集中。不足在于,对卡伦与并存于边疆地区的台站(边台、军台)之间属何种关系关注不够,对晚清的巡边制度也着墨不多。2015 年,成崇德的《清代边疆民族研究》② 一书面世,该书分为清朝疆域形成、清朝边疆民族政策、清朝边疆开发三编,涉及清朝统一边疆、乾隆时代清朝疆域的奠定、清朝对边疆民族的管理及政策等内容,在前期研究基础上,对疆域形成问题做了宏观、系统的梳理,弥补了以往论题分散的缺憾。此外,乌云毕力格主编的《满文档案与清代边疆和民族研究》③ 以论文集的形式,充分利用满文档案,探讨了清代蒙古、满、藏等族的历史和蒙古、西藏、东北等边疆地区史,丰富了对清代疆域形成等问题的研究。

关注边疆民族社会的特殊性,是进入 21 世纪边疆民族史领域出现的一个新的动向。张世明自发表《清代边疆开发不平衡性:一个从人口经济学角度的考察》④ 以来,持续关注边疆社会的特殊性以及移民到边疆地区后的"边疆化现象"。他与龚胜泉合写的《另类社会空间:中国边疆移民社会主要特殊性透视(1644—1949)》⑤ 提出了"移民社会无序动荡性""组织形态变异性""王同春模式"等一系列概念,并引用国外社会学、文化人类学理论加以解释。该文从移民社会入手,聚焦边疆社会的特殊性,颇有其独到之处。但是,边疆地带是文化多样性地带,不仅与内地汉文化不同,而且各边疆地区彼此间也迥然有异。汉族移民带来的"特殊性"是某一地区特有的,还是边疆共有的?每一特殊现象的存在与表现有无时空差异?这些问题都需要系统研究,都应有大量翔实的资料来证实和支持。受其启发,笔者认为,跨文化的移民自然要造成边疆民族地区文化景观上的多样性和交汇性,因为不同文化间的接触、涵化导致的文化变迁是一个必需的过程。受文化能量的制约,外来移民先"边疆化""世居化",再随着能量的增大,引导、带动边疆原有

---

① 北京:中国人民大学出版社,2005.
② 北京:紫禁城出版社,2015.
③ 北京:社会科学文献出版社,2013.
④ 清史研究,1998 (2):90-101.
⑤ 中国边疆史地研究,2006 (1):78-88.

社会走向内地化（如蒙古牧民定居，改操农业生计，改操汉语，成为地道农民），移民自身也回归"常态"，这可谓中国边疆移民史提供的"历史经验"和规律。从长时段来看，移民带来的各种特殊现象，只存在于特定的时期，是"暂时"现象，不断被减少乃至被消除才是长期趋势。从法律视角研究边疆民族社会，出现了比较成熟的成果。杜文忠《边疆的法律：对清代治边法制的历史考察》[1] 考察了清代治边法制的状况，包括民族观及治边法制思想、边疆与边疆固有的制度文化、边疆法制的近代化与近代民族政治等，从宏观和微观两个层面，对清朝后期边疆民族立法、司法对民族关系的影响进行了透视。作者将清代全局性的治边思想、治边政策与局部、区域的法律治理结合起来，并注重从南北边疆地区文化类型的角度出发，对清朝在南方和北方的法律调整模式进行比较研究。方法上，注重从法理学的角度出发，结合中西方制度史上的差异以及现代民族政治理论，进行跨学科的综合性研究。这项研究提供的新认识至少有以下两个方面：第一，通过对中国古代民族关系和边疆法制两个方面的综合研究，提出了有助于加深对二者关系认识的"文化边疆"概念。第二，与张世明的研究视角相近，作者把注意力集中到由于清代人口激增引发大量人口向边疆地区流动这一基本事实，以及由此引起的整个国家"制度供给不足"的现象，并就这些现象对边疆地区法律制度、民族关系的影响给予了关注，认为清代边疆人口激增，不仅促使清政府加强了对边疆的法律控制，而且还突显了习惯法在清代边疆社会经济生活中的地位和作用，同时也在客观上加强了边疆与内地的一体化进程，为边疆法制的近代化奠定了深厚的历史基础。但是，假如我们把制度及其运行看作是一个系统，那么，仅仅考察法律系统的建立和配置是不够的，它的运行和实效如何，也应该受到重视。

当然，对边疆社会特殊性的认识是多角度的。祁美琴的《明清之际的"夜不收"与"捉生"》[2] 考察了边疆地区普遍军事化的现象。张永江的《论清前期内蒙古地区的基本经济类型、特征及其缺陷》[3] 则从经

---

[1] 北京：人民出版社，2004.
[2] 清史研究，2005（4）：19-28.
[3] 顾诚先生纪念暨明清史研究文集. 郑州：中州古籍出版社，2005：139-156.

济类型的角度考察了清代前期的内蒙古地区。

传统的研究重点清代边疆民族政策领域，文章不少，但鲜有突破。值得提出的是苏德毕力格的《晚清政府对新疆、蒙古和西藏政策研究》①，主要内容包括：清代前期对新疆、蒙古和西藏的管理及其政策特点，外来侵略与近代边疆危机，新疆变乱与改设行省，开放蒙古与筹划设省，"收回政权"与整顿藏政，清朝治边政策转变的原因与结局分析，以及关于一体化及其相关问题的理性思考。

与传统的研究清朝的边疆民族政策视角不同，关于清代民族观的研究异军突起，郭成康的《清朝皇帝的中国观》②是其中的代表性成果。作者视角宏大，思维缜密，通过梳理清代前期几位重要皇帝的"中国""中华"观念，认为清朝皇帝"中外一家"的观念有力地促进了境内各民族对"大中国""大中华"的民族认同和国家认同。正因为如此，在清朝覆亡的历史关头，"元明之际'驱逐胡虏'的故事没有重演，'合满蒙汉回藏五族完全领土'的中国大一统局面得以维持并延续至今，这对已经步入近代世界的中国无疑是一大幸事"，"清朝皇帝从民族认同到统一国家的认同，清朝治下各民族从民族认同到统一国家的认同，经历三百年的曲折发展至此终成正果，并不因清朝覆亡而被抛弃。今天中国各族人民一致认同自己是'中国人'，认同自己的祖国是'中国'，可谓历尽沧桑，备尝艰辛，中间数千年的战争与和解，分裂与统一，冲突与融合，从猜忌防范，彼此隔阂，到泯灭恩仇，合为一家，每一历史时期的人民和统治者都做出过那一时代的独特贡献，而水到渠成大势之下，终由清朝统治者一锤定音，从这个意义上讲，清朝不仅留给今天中国人民国家版图与统一的多民族国家的物质财富，而且留下了界定中国与中华民族内涵与外延的弥足珍贵的精神财富"。这一结论高屋建瓴，振聋发聩，对我们有着多方面的启示。首先，我们应该重新评价清朝的历史地位。以往肯定清朝主要是在政治方面，在国家统一和缔造版图上，而忽视了清朝统治者在整合民族观念、促进大中华民族认同方面的功绩。这无形的历史遗产让我们至今仍在受益。其次，这一新的民族观的研究路径超越了我们以往专注于民族政策的狭窄视域，在此基础上，我们可以

---

① 呼和浩特：内蒙古人民出版社，2005.
② 清史研究，2005（4）：1-18.

进一步探讨，清朝成功有效的民族政策从何而来？这可以深化我们的研究。

2017年，祁美琴梳理了清代满、蒙古文档案文献中有关"汉（尼堪）""中国（清朝）""皇帝（汗）"等概念的记载和表述，考察了满、蒙古、藏各族及中亚、俄国等地区和国家的非汉群体在清朝初年对于新生的清朝政权属性的认识，进而探索此类表述背后所体现出的满、蒙古、藏各族以及俄罗斯、中亚等国家和地区对清朝国家属性的认知①。

同一年，黄兴涛的《重塑中华：近代中国"中华民族"观念研究》②出版，该书"以传统的精英思想史为骨骼"，同时借助了新文化史的某些做法，如概念史、话语符号的实例分析等，将对思想形态的研究与社会心理、政治文化实践紧密结合起来，对"中国"和现代中华民族观念的孕育、形成、发展及其内涵，做了深入的整体性考察和阐释。该书重点是对中华民族从"自在"到"自觉"的发展过程做进一步的辨析，探讨"自在"的中华民族究竟是在哪个阶段最终形成的。作者认为能够获得最大学界共识的时段是清朝的康乾时期，这不仅是因为康乾时期奠定了延续至今的中国内部民族构成的基本格局，而且是因为这一时期的清王朝已经与若干欧洲列强发生重要的互动，乃至于与俄国通过平等条约确定两国数千里边界线。在这一语境下，作为整体认同对象的"中华"或"中国"概念"获得了带有现代性因素的历史文化共同体与国家政治体符号性质的客观内涵"。因此，满人建立的清朝绝不能被简单地视为一个"满人族群主权"的王朝，清朝皇帝主动地将自己纳入中原王朝的谱系之中，所确立的是一种面向各个族群的普遍皇权，而非只是针对各个族群的特殊统治身份（比如满人族长，蒙古可汗，西藏文殊菩萨或转轮王）的简单加总。康、雍、乾三帝已将他们所统治的庞大国土称为"中国"，在与西方国家打交道时，皆以"中国"自居。在19世纪清廷与各国签订的条约之中，绝大多数条约都是"中国"或"中华"与"大清国"或"大清帝国"混用。清朝君主对内拥有皇帝的普遍身份，对外又是列强广泛承认的中国的主权代表。晚清预备立宪时期，一

---

① 祁美琴. 从清代满蒙文档案看"非汉"群体的中国观. 清史研究，2017（4）：19-31.
② 北京：北京师范大学出版社，2017.

些满人官员和留日旗人也力倡破除满汉畛域，倡导五族大同。在20世纪初，尽管"中华民族"这一符号尚未普及，但是中国已有的族群关系和政治结构，有利于并强调维护政治共同体的一体性，故晚清虽然出现了以"驱除鞑虏"为口号的汉民族主义运动，但并没有真正走向单一民族独立建国的道路。该书对清史领域中对中国与中华民族一体性的怀疑给出了有力的回应，从概念史、文化史的角度对清朝统治者的"中国"观念做了进一步阐发和解读。

第二节 东北地区与满族

进入21世纪，有关清代东北地区的研究成果涉及满族、新满洲、赫哲族、锡伯族、俄罗斯族等多个民族及族际关系。张杰、张丹卉的《清代东北边疆的满族（1644—1840）》① 对清代东北封禁、新满洲的构成、反击沙俄的主力军、东北满族区域文化、学校与科举、萨满与索罗杆等课题进行了新的理论阐释和史实描述。根据史实，驳斥了以往学术界流行的"清朝初年封禁东北"说。张杰的《满族要论》② 虽以专著形式推出，实为多年发表论文的提炼和补充。该书从"三仙女与朱果发祥"的神话传说起，依次论述了如下方面：满族的源流，建州三卫兴起的关键人物李满住，1644年满族入关并且取得胜利的原因，满蒙联姻政策在满族兴起和清朝统一多民族国家发展中的历史作用，新满洲构成东北满族主体之经过，科举考试对满族融入汉文化的影响，"国语骑射"对于满族共同体形成与八旗武力兴衰的关系，东北满族文化教育的发展以及清代东北区域文化的满族化趋势，作为满族人进身之阶的翻译考试，处处展现满族风情的民俗习惯，阐述可谓细致而全面。

族际关系方面，赵英兰的《从满化、汉化，到民族多元一体化——清代东北族际关系之演变》③ 提出，清代在白山黑水之间形成了多个民

---

① 沈阳：辽宁民族出版社，2005.
② 北京：中国社会科学出版社，2007.
③ 东北亚论坛，2007（5）：116-120.

族（满、汉、蒙古、朝等）、三种经济文化（渔猎、游牧、农耕）并存且互动的格局。这一民族格局并非是静态的，各个民族在保持自身传统的民族地域、文化的同时，又不断碰撞、交融，大致经历了满化、汉化，最后形成了东北地区民族多元一体化。周喜峰的《论科尔沁蒙古对满族形成的影响》① 一文从外部因素进行审视，以当时与满族关系最密近、影响最大的科尔沁蒙古为切入点，从军事、政治、经济等方面阐述其对满族形成的作用。

关于清、朝（鲜）关系，孙卫国的《试论入关前清与朝鲜关系的演变历程》② 讨论了明末以来建州女真/清朝与朝鲜双边关系的演变，不同以往的是其视角放在了朝鲜的"文化心态"上。

关于锡伯族，杜家骥的《清代东北锡伯族的编旗及其变迁》③ 提出，清政府最初安置伯都讷等三处的主体锡伯人所采取的措施是将其编为八旗，而不是编入满洲八旗。迁至盛京及北京后，锡伯族人则被拆散而散编入满洲八旗、蒙古八旗各佐领之中，而且散居多处驻防点的各村屯，这对其民族属性不无影响。此后，由盛京地区西迁伊犁的锡伯人，又是从各家族、家庭中抽出，甚至父子分离。但至伊犁后，锡伯族人则又被集中组成"锡伯营"，成为独立性的民族群体，延续至今。这一追溯，对我们理解锡伯人如何获得了满族性质甚有益处。

关于新满洲也有新成果发表。陈鹏的《清代前期东北地区赫哲"新满洲"形成初探》④ 讨论了赫哲入旗新满洲后，即调往东北各地驻防，与旧满洲共处而全面满化，最终融入满族共同体，完成了由赫哲而新满洲、由新满洲而满洲的历史进程。

围绕八旗，论文依然不少。刘小萌的研究最为活跃。2006—2007年连续发表了《碓房与旗人生计》⑤、《关于清代北京旗人谱书：概况与研究》⑥、《内务府世家的类型及其婚姻关系》⑦、《清代北京旗人社会中

---

① 求是学刊，2006 (3)：133-138.
② 中国边疆史地研究，2006 (2)：98-107.
③ 求是学刊，2006 (3)：126-132.
④ 史学集刊，2007 (6)：85-90.
⑤ 清史论丛 2006 年号. 北京：中国广播电视出版社，2006：13-48.
⑥ 文献，2006 (2)：31-48.
⑦ 陈捷先，成崇德，李纪祥. 清史论集. 北京：人民出版社，2006：372-397.

的民人》①和《关于清代北京的俄罗斯人——八旗满洲俄罗斯佐领寻踪》②。从以上可以明显看出，刘小萌研究的重心是清代的旗人社会。作者关于俄罗斯佐领的研究引人关注，不仅因为论题前人鲜有涉及，更在于方法上尝试了将田野调查与文献研究相结合，并利用了碑刻拓片等新鲜史料。作者磨砺多年的专著《清代北京旗人社会研究》③也已于2008年出版。

对清代旗人聚居地区进行社会调查研究是2000年以后的一个新的研究思路。如定宜庄、郭松义、李中清和康文林合著的《辽东移民中的旗人社会：历史文献、人口统计与田野调查》④，定宜庄、邱源媛合著的《近畿五百里：清代畿辅地区的旗地与庄头》⑤都是这方面的代表性成果。尤为值得注意的是，进入21世纪，受美国"新清史"的影响，八旗成员的身份认同、满族和清朝的内亚属性等问题，已经超出传统满族史领域，成为民族史乃至整个中国史学界所关注的热点问题。而这也进一步促进了社会科学理论方法向满族史的渗透，如孙静的《"满洲"民族共同体形成历程》⑥一书，是国内较早就满族的形成与认同问题与"新清史"展开对话的专著，其中引入了人类学、民族学的理论进行阐释；哈斯巴根的《清初满蒙关系演变研究》⑦亦受到了"新清史"的启发，并运用历史语言学方法，对清初满族的汗、札尔固齐、巴克什、达尔汉、巴图鲁等官爵名号追根溯源，探寻满族文化中的蒙古文化渊源。

潘洪钢的《清代驻防八旗与当地文化习俗的互相影响——兼谈驻防旗人的族群认同问题》⑧认为"驻防八旗受到当地文化习俗的影响是无疑的，如本民族语言的消失、风俗的演变等。在这种变迁过程中，驻防

---

① 故宫博物院八十华诞暨国际清史学术讨论会论文集. 北京：紫禁城出版社，2006：93-107.
② 清史论丛 2007年号：商鸿逵先生百年诞辰纪念专集. 北京：中国广播电视出版社，2006：365-377.
③ 北京：中国社会科学出版社，2008.
④ 上海：上海社会科学院出版社，2004.
⑤ 北京：中国社会科学出版社，2016.
⑥ 沈阳：辽宁民族出版社，2008.
⑦ 北京：北京大学出版社，2016.
⑧ 中南民族大学学报（人文社会科学版），2006（3）：59-63.

旗人也深深地融入当地社会。但他们保持了自身的族群认同，所有习俗的演变都隐隐显示出一种有选择的学习与变化；同时，他们也用自己的文化习俗深深地影响了当地社会"。笔者对这一结论持保留意见，文化交汇当然有双向影响的情况，但并不是对等的。所谓旗人对当地习俗的影响不过是旗人文化变迁过程中的一些孑遗，很难说有多深。至于说旗人长期保有自己的族群意识，是另外一个问题，涉及原因更加复杂，恐怕不单单是习俗弃留所能解释的。作者花费了相当的精力从事田野调查，收获了文献上所没有的东西，值得赞赏。作者的另一篇文章《清代驻防八旗与汉族通婚情况蠡测》[1]认为，"传统观念中驻防旗人与当地人民之间不通婚的概念是不准确的"，"八旗内部满、蒙民族与汉军之间的通婚也从未被明令禁止。在八旗驻防地区，所谓禁止满汉通婚主要指旗女不外嫁，而旗内满、蒙和汉军娶当地汉女为妻、妾的情况是确实存在过的"。但细审全文，作者的论据似不够坚实，如推测驻防志中的记载"某佳氏"均为汉族，并不可靠。清代有汉军和汉人两个概念。汉军作为旗人，其权利、义务与满洲、蒙古八旗人士略同，八旗内部各集团之间可以自由通婚。汉人与旗人通婚即便有，也是个别情况，且系单向娶进，不能视为通常情形。针对"新清史"所引发的满族对汉文化态度问题，张永江指出："在这一过程中，满洲精英明显不是以塞外族群文化（或者称内亚）代表的姿态对抗汉文化，而是站在'大一统'的政治高地，以高于塞外族群文化和中原文化的姿态，对二者进行资源整合调处，创造一种新的大一统的意识形态，以便适应领土广袤、族群众多、文化各异的'天下'型国家治理的需要。"[2]

关于清朝宫廷史研究方面，杨珍着力甚多，其娴熟运用满、汉文档案，接连出版两本专著，即《清朝皇位继承制度》[3]和《康熙皇帝一家》[4]；并以满、汉文档案相互参照的方式，对多尔衮称号的形成与变化以及"皇父摄政王"在满、汉文中的歧义进行梳理，认为顺治帝称多尔衮为"ama wang"（父王）是满洲旧俗，多尔衮从未被称为"han

---

[1] 中南民族大学学报（人文社会科学版），2007（5）：61-66.
[2] 张永江. 礼仪与政治：清朝礼部与理藩院对非汉族群的文化治理. 清史研究，2019（1）：17-29.
[3] 北京：学苑出版社，2001.
[4] 北京：学苑出版社，2009.

ama"（皇父），其称号"皇父摄政王"的满文原文实际上并无"皇父"二字，清初宫廷政治中满、汉文化的差异，造成"皇父摄政王"的满、汉文歧义①。

第三节　北方地区与蒙古族

进入 21 世纪，涉及清代北方地区与蒙古族的研究相当分散，包括贸易、榷关、王公年班制度、西人传教、卡伦边防、蒙地开垦、财政、经济开发、寺院经济、蒙汉文化交流、各部落史研究等，林林总总，不下数十篇。从研究动向上来说，清代内蒙古地区经济和明清以来各部落变迁史成为新的热点，这有别于过去侧重政治视角的满蒙关系、政治制度等研究。

蒙古地区经济史的研究一直是薄弱环节，进入 21 世纪，受全国性的社会史、经济史热的推动，状况大有改观。城镇研究有了专门性的著作，乌云格日勒的《十八至二十世纪初内蒙古城镇研究》② 综合利用了蒙、汉文档案和地方文献，特别是日本人的调查报告，对清代内蒙古城镇兴起的社会背景，地方设治与内蒙古城镇的关系，清及近代城镇的分布与特殊类型，城镇的政治、经济、文化教育、宗教功能，以及城镇社会做了全面、细致的分析，具有开创性意义。

贸易方面，过去主要研究旅蒙商，现在长城边口贸易也有专题论文出现。祁美琴的《论清代长城边口贸易的时代特征》③ 在与明代长城边口互市对比的基础上，对清代长城边口贸易存在的原因、贸易的特点、管理及其性质诸方面进行了初步探讨，特别提出了不同于明代的一些新特点。关于蒙古沿边地区的榷关，过去只是在探讨旅蒙商和"走西口"时才有所涉及，廖声丰的《清代前期北方边疆地区的榷关》④ 对清代前

---

① 杨珍. "皇父摄政王"新探. 清史研究. 2017（1）：136－141.
② 呼和浩特：内蒙古人民出版社，2005.
③ 清史研究，2007（3）：73－86.
④ 贵州社会科学，2007（10）：147－151.

期北疆地区的张家口、杀虎口、归化城、多伦诺尔、古北口等地的榷关进行了总体研究，认为北疆地区榷关对于促进北疆地区经济发展具有重要意义，使内地与北疆地区成为一个牢固的经济共同体，有利于多民族国家的巩固与繁荣。吴美凤的《清代的杀虎口税关》① 则通过考察台北故宫博物院收藏的 88 份清代杀虎口税关奏折的内容，澄清了清代杀虎口税关的财政、国家行政职能、土地和税关修缮等问题，试图说明杀虎口在清代中国经济中的地位与作用。与此相关，还有王泽民的《杀虎口与中国北部边疆》②，该书虽不限于清代，但也主要是从税关角度论说杀虎口。

蒙地开垦问题不是新问题，但随着新史料的发掘，重点转到了鄂尔多斯地区，如哈斯巴根的《鄂尔多斯农耕的开端和地域社会变动》③ 从人文地理、经济生活、社会组织诸方面讨论了农耕对地域社会的影响；刘龙雨、吕卓民的《清代鄂尔多斯地区的垦殖活动》④ 则从历史地理的角度对该地区的农垦加以分析。

明清时期蒙古各部落史的研究是进入 21 世纪蒙古史及清代边疆民族史领域的最大收获。直接原因是清代满、蒙文历史档案的大规模发掘和利用，如齐木德道尔吉等主编的《清内秘书院蒙古文档案汇编》⑤ 和宝音德力根等主编的《清内阁蒙古堂档》⑥ 等，当然，研究理念特别是史料及分类观念的更新也很关键。比较重要的成果反映在宝音德力根等主编的《明清档案与蒙古史研究》（一、二）⑦ 和中国蒙古史学会会刊《蒙古史研究》（第七至九辑）⑧ 及达力扎布的《明清蒙古史论稿》⑨ 中。其中达力扎布重点探讨了清初蒙古扎萨克旗的起源、察哈尔部设旗等问题，宝音德力根侧重研究明代蒙古各部落历史变迁，乌云毕力格则把重点放在明末清初各部落历史研究上。他们的共同特点是重视原始的满、

---

① 山西大学学报（哲学社会科学版），2007（2）：13-18.
② 呼和浩特：内蒙古大学出版社，2007.
③ 清史研究，2006（4）：1-16.
④ 中国历史地理论丛，2006（3）：152-160.
⑤ 呼和浩特：内蒙古人民出版社，2004.
⑥ 呼和浩特：内蒙古人民出版社，2005.
⑦ 呼和浩特：内蒙古人民出版社，2000，2002.
⑧ 呼和浩特：内蒙古大学出版社，2003，2005，2007.
⑨ 北京：民族出版社，2003.

蒙文档案，参以其他文献，与过去主要依靠官书文献形成了明显的区别。下面以乌云毕力格的研究为例试做评论。

1999年以来，乌云毕力格陆续用蒙古、汉、德、日等文字发表了十余篇论文，如《从17世纪前半期蒙古文和满文"遗留性史料"看内蒙古历史——（一）"昭之战"》①，涉及东西土默特部、察哈尔部、林丹汗、喀尔喀各部、朵颜兀良哈部、和硕特部、车臣汗部的政治、外交、牧地、军事行动等多方面问题，取得了突破性的进展。最具代表性的成果是《喀喇沁万户研究》②。众所周知，万户制度是元明时代蒙古最重要的政治和社会组织，也是明清蒙古部落、盟旗的基础和母体。要阐明明清时期蒙古部落的来历，必须先搞清楚各万户的来历及其崩解后的去向。但这必须打破以往的学科领域分隔，将元明清三时期北方历史贯通，纵向上加以考察才能实现。因此这项研究前无古人。本书共九章，主要内容是探讨喀喇沁万户形成、发展史及喀喇沁—满洲关系史，包括：喀喇沁的起源与应绍万户，喀喇沁万户的形成，山阳万户的解体与东土默特人，喀喇沁万户中"诺颜-塔布囊"体系的形成，喀喇沁万户与爱新国，喀喇沁、土默特与爱新国的对外关系，喀喇沁万户各集团的结局。阐述了从13世纪初钦察人至元朝皇帝护卫军、应绍卜万户、喀喇沁万户、喀喇沁部、东土默特部和满洲八旗内之蒙古佐领长达五个半世纪的嬗变史。这项成果可谓系统、深入，不仅推进了对相关问题的研究，对理解17世纪前半期蒙古社会、政治的变迁及满洲在漠南蒙古统治的逐步实现，也有很大的帮助。

概括起来，这部著作具有以下几个显著特点：一是，作者具有自己明确清晰的史料观念。作者接受德国伯伦汉（Ernst Bernheim）的史料学理论，将史料根据性质，分为两种：一为"遗留性史料"，一为"记述性史料"。前者是客观的、无意识的，因而是可靠的；后者则是主观的、有意识的产物，必须审慎地进行真伪鉴别和正误评判。正确确定本项研究在史料上的立足点，可以保证作者在研究过程中正确地使用史料。二是，在研究方法方面，利用了"历史的、批判的研究方法"，将传统史料考证和现代西方的文书研究、文本研究方法相结合，对历史事

---

① 内蒙古大学学报（人文社会科学版），1999（4）：122.
② 呼和浩特：内蒙古人民出版社，2005.

实进行认真考订和充分论述。针对不同种类的史料，运用了不同的研究手段。三是，在史料方面，以蒙古文文书档案、满文档册和明朝兵部题行档等三种"遗留性史料"为主要资料，并以明清时期的蒙、满、汉等文献记载为辅，相互印证，进行严谨的史料批判。四是，在史实、观点方面，发现了构成喀喇沁万户的各成员集团，详尽论述了该万户形成、发展和解体的全部过程，以及它与后金王朝的关系。其中，对喀喇沁万户的各个成员及其融入万户的过程、喀喇沁万户各集团的游牧地、林丹汗西迁时期喀喇沁万户各集团的动向、该万户与满洲的关系，以及喀喇沁万户各集团的最后结局等问题的阐明，堪称新的贡献。五是，严格遵从国际学术界的学术规范，在史料描述、专名翻译转写、文献征引注释等方面都很严谨，特别是书后所附"人名索引"，非常便利。

需要说明的是，该书以"爱新国"取代以往中国学界熟悉的"后金"一名，虽有一定道理，但毕竟不合中国习惯。日本学界采用这一译名情有可原，从中文的角度看，"爱新国"（音译）和"金国"（意译）都是满文 Aisin gurun 的翻译，而"后金"系努尔哈赤自己使用过的名号①，更符合"名从主人"原则，改译改称反觉不便。

类似的研究还有乌云毕力格的《〈阿萨喇克其史〉研究》②，特木勒对朵颜卫的研究③，张永江关于喀喇车里克部的研究④，齐木德道尔吉对乌喇忒部的研究⑤，胡邦铸的《罗布淖尔与土尔扈特研究》⑥，姑茹玛的《喀尔喀车臣汗部研究》（蒙古文）⑦，扎·乌力吉著、钢特木尔等转写的《巴尔虎蒙古史》（蒙古文）⑧，包额尔德木图的《嫩科尔沁史概

---

① 黄彰健. 奴儿哈赤所建国号考."中央研究院"历史语言研究所集刊，1967，37 下：421-448. 孟森. 满洲开国史. 上海：上海古籍出版社，1992：1-2.
② 北京：中央民族大学出版社，2009.
③ 特木勒. 朵颜卫研究：以十六世纪为中心. 南京：南京大学，2001.
④ 张永江. 从一份顺治五年蒙古文档案看明末清初翁牛特、喀喇车里克部的若干问题. Association for International Studies of Mongolian Culture. Tokyo, 2005.
⑤ 齐木德道尔吉. 乌喇忒部迁徙考. 中央民族大学学报（哲学社会科学版），2006（3）：81-86.
⑥ 乌鲁木齐：新疆人民出版社，2009.
⑦ 沈阳：辽宁民族出版社，2016.
⑧ 海拉尔：内蒙古文化出版社，2012.

略》(蒙古文)①,白初一的《内喀尔喀五部历史研究》②,等等。

进入21世纪,利用"遗留性史料"即满、蒙文档案研究清代、近代蒙古史已经蔚成风气,并由部落史、政治史向其他领域拓展。如乌仁其其格的《清代大青山各沟煤矿业概述——以归化城副都统衙门矿务档案为例》③、胡日查的《清代内蒙古地区寺院经济研究》④、珠飒的《18—20世纪初东部内蒙古农耕村落化研究》⑤、格·李杰的《喀喇沙尔蒙古族社会制度与行政制度之研究》(蒙古文)⑥、道尔基等的《清代土尔扈特部与和硕特部印章研究》(汉蒙文对照)⑦、胡日查等的《藏传佛教在蒙古地区的传播研究》⑧、M.乌兰的《卫拉特蒙古文献及史学:以托忒文历史文献研究为中心》⑨、胡日查的《清代蒙古寺庙管理体制研究》⑩、高·阿日华的《乌珠穆沁部落研究》(蒙古文)⑪、齐光的《大清帝国时期蒙古的政治与社会:以阿拉善和硕特部研究为中心》⑫、李·蒙赫达赉和阿敏的《呼伦贝尔萨满教与喇嘛教史略》⑬、策·巴图的《〈蒙古—卫拉特法典〉文献学研究》⑭、达力扎布的《〈喀尔喀法规〉汉译及研究》⑮、赵令志和郭美兰的《准噶尔使者档之比较研究》⑯ 等,都是主要依据中国第一历史档案馆或地方所藏满、蒙文档案,从不同角度探讨清代蒙古地方史的成果。

这一时期对清代满蒙关系、蒙古法律制度、蒙古宗教问题的研究继

---

① 沈阳:辽宁民族出版社,2014.
② 北京:民族出版社,2017.
③ 中国蒙古史学会.蒙古史研究:第9辑.呼和浩特:内蒙古大学出版社,2007:250-263.
④ 沈阳:辽宁民族出版社,2009.
⑤ 呼和浩特:内蒙古人民出版社,2009.
⑥ 乌鲁木齐:新疆人民出版社,2009.
⑦ 乌鲁木齐:新疆人民出版社,2009.
⑧ 北京:民族出版社,2012.
⑨ 北京:社会科学文献出版社,2012.
⑩ 沈阳:辽宁民族出版社,2013.
⑪ 沈阳:辽宁民族出版社,2013.
⑫ 上海:复旦大学出版社,2013.
⑬ 北京:民族出版社,2013.
⑭ 北京:民族出版社,2014.
⑮ 北京:中央民族大学出版社,2015.
⑯ 北京:中央民族大学出版社,2015.

续受到关注，如杨强的《清代蒙古法制变迁研究》①和《蒙古族法律传统与近代转型》②、李治国的《清代藩部宾礼研究：以蒙古为中心》③、那仁朝格图的《13—19世纪蒙古法制沿革史研究》④、宋瞳的《清初理藩院研究：以顺治朝理藩院满文题本为中心》⑤、哈斯巴根的《清初满蒙关系演变研究》⑥、吕文利的《嵌入式互动：清代蒙古入藏熬茶研究》⑦、黄治国的《漠南军府：清代绥远城驻防研究》⑧等。

此外，20世纪80年代以来，社会史研究在中国重获新生，其"眼睛向下"乃至"自下往上"的研究方法和视角亦被吸收到蒙古史研究之中，以满足民族史学科自身发展的需求。从相关成果中可以看到，同部族源流、政治事件、精英人物一样，历史上蒙古基层社会的基本结构、经济生活、文化习俗等问题，成为研究者重要的关切对象，进入21世纪，涌现出了一系列研究成果，如梁丽霞的《阿拉善蒙古研究》⑨、常宝的《漂泊的精英：社会史视角下的清末民国内蒙古社会与蒙古族精英》⑩，以及高铁泰的博士论文《清代青海蒙古族社会研究》⑪，均是以此作为研究路径。

第四节　西北地区及各族

在清代西北边疆治理研究方面，牛海桢的《清代西北边疆地区民族

---

① 北京：中国政法大学出版社，2010.
② 北京：中国政法大学出版社，2013.
③ 呼和浩特：内蒙古大学出版社，2014.
④ 沈阳：辽宁民族出版社，2015.
⑤ 上海：上海古籍出版社，2015.
⑥ 北京：北京大学出版社，2016.
⑦ 呼和浩特：内蒙古大学出版社，2017.
⑧ 北京：社会科学文献出版社，2018.
⑨ 北京：民族出版社，2006.
⑩ 北京：社会科学文献出版社，2012.
⑪ 西安：陕西师范大学，2015.

政策研究》①立足于民族关系,以民族政策作为切入点,论述了清朝对西北地区的民族政策。全书共十章,前三章纵向讨论清代西北边疆民族政策的初步形成与基本确立、鸦片战争前后清代西北边疆民族政策的转型,第四章到第八章分别从政治、经济、边防、宗教和文化教育等方面对清代西北边疆民族政策进行了专门探讨,第九章划分了清代西北边疆民族政策的类型,第十章对清代西北边疆民族政策的指导思想及其历史作用做了定性、评价。有论者评价该书"是对民族政策学的探讨,有一定的前瞻性"②。清朝的民族政策被誉为成功,内容丰富,值得总结,但有无必要上升到"学"的高度,值得斟酌。

其他尚有管守新的《清代新疆军府制度研究》③、王东平的《清代回疆法律制度研究(1759—1884年)》④、齐清顺和田卫疆的《中国历代中央王朝治理新疆政策研究》⑤、苏德毕力格的《晚清政府对新疆、蒙古和西藏政策研究》⑥、马大正的《新疆史鉴》⑦、方英楷的《中国历代治理新疆国策研究》⑧、田澍和何玉红的《西北边疆管理模式演变与社会控制研究》⑨、周卫平的《清代新疆官制边吏研究》⑩等。这些著作均笔墨不等地对清朝新疆开拓及统治政策、行政和军事建置等问题进行了论述,对其实施的效果及经验教训做了总结。

进入21世纪,清代西北边疆史地学的研究依然热度不减,相关论文有十余篇,比较重要的成果也有几部。如侯德仁的《清代西北边疆史地学》⑪将清代西北边疆史地学分为兴起、发展、繁荣、终结四个阶段进行研究,从宏观上探讨了清代西北边疆史地学研究的历史条件、发展

---

① 兰州:兰州大学出版社,2004.
② 尚季芳. 一部有创见的学术专著:简评牛海桢《清代西北边疆地区民族政策研究》. 甘肃联合大学学报(社会科学版),2006(3):94-96.
③ 乌鲁木齐:新疆大学出版社,2002.
④ 哈尔滨:黑龙江教育出版社,2003.
⑤ 乌鲁木齐:新疆人民出版社,2004.
⑥ 呼和浩特:内蒙古人民出版社,2005.
⑦ 乌鲁木齐:新疆人民出版社,2006.
⑧ 乌鲁木齐:新疆人民出版社,2006.
⑨ 天津:天津古籍出版社,2012.
⑩ 乌鲁木齐:新疆人民出版社,2014.
⑪ 北京:群言出版社,2006.

阶段、主要成就和特点，再从微观的角度，以清代西北边疆史地学发展进程中的关键人物和代表性著作为个案，进一步探讨了清代西北边疆史地学的巨大成就。该书新意在于"改变了历来学术界研究清代边疆史地学偏向于私家名著的倾向"，但总体显得平铺直叙。与此不同，郭丽萍的《绝域与绝学：清代中叶西北史地学研究》① 专注于嘉道咸时期的西北史地学，研究更加细致，也更加深入。作者对清中叶西北史地研究的定位是："清代中叶的西北史地研究是前人关于经世之思考与成熟考据学双重作用的产物，其完整的面貌至少应包括两个方面：经世致用的贯彻、考据学的发扬。"② 此系本书的核心思想和主要贡献。写法上也饶有特色："本书力图将学术史还原为有时间、地点、人物、事件，甚至还有情节的历史过程。书中展现了学者频繁聚会、烹羊炊饼、剧谈西北史地的历史场景，也叙述了当时的学者通过同年同寅、同乡同学、姻亲戚友、座师门生等社会关系而进行的交往史事。"③ 这也大大增加了其赏读性。贾建飞的《清代西北史地学研究》④ 侧重从学术史角度对西北史地学做了述评，书中亮点是对中西相关研究做了比较，探寻其间的关联性。

卫拉特蒙古史方面，黑龙围绕噶尔丹与准噶尔连续发表了《噶尔丹统治时期准噶尔与清朝的贸易往来》、《康熙帝第二次亲征噶尔丹述论》（后来都收录在其《满蒙关系史论考》⑤ 一书），就一些争议问题提出自己的看法。崔岩的《噶尔丹死亡问题考辨》⑥ 主张"自杀说"，排除了"病死说"。梁丽霞、王希隆的《清前期的西北战局与阿拉善蒙古》⑦，将阿拉善蒙古放到这一动荡局势中进行考察，分析了其与西北其他势力集团的复杂关系，探讨了其与清政府之间相互选择的过程，并论述了阿拉善蒙古对清政府稳定西北局势所发挥的重要作用，认为"阿拉善蒙古部落的形成，是 17 世纪准噶尔部势力膨胀的结果，同样因为受到准噶尔势力的干扰，阿拉善蒙古未能实现与其亲族青海和硕特蒙古的联合，

---

① 北京：三联书店，2007.
② 郭丽萍. 绝域与绝学：清代中叶西北史地学研究. 北京：三联书店，2007：302.
③ 同②序 3.
④ 乌鲁木齐：新疆人民出版社，2010.
⑤ 北京：民族出版社，2013.
⑥ 清史研究，2007（1）：110 - 113.
⑦ 中国边疆史地研究，2006（3）：99 - 106，149 - 150.

但这也在客观上保持了阿拉善蒙古自身的完整性和独立性"。这确实是可以接受的一种新认识。

关于回疆的研究仍然是清代西北边疆研究的重点，对清前期集中在法律、制度方面，对清后期集中在杨增新主政新疆时期。王东平持续致力于回疆法律制度的研究，成果颇丰。其专著《清代回疆法律制度研究（1759—1884年）》深入探讨了清代回疆地区法律典章、清代回疆行政法规、清代回疆刑法、清代回疆司法制度、清代回疆伊斯兰民事法、清代回疆经济政策与法规诸问题。此外还有论文《〈大清律例〉回族法律条文研究》①、《"塔里雅沁"考》②、《关于清代回疆伯克制度的几个问题》③等，提出"清朝统一回疆之前该地最具地方特色的行政制度——伯克制度存在着一套固有的运行机制和管理规范，这是清朝中央政府改造伯克制度并将其纳入清朝地方官制序列的基础"。潘向明的《清代新疆和卓叛乱研究》④根据档案文献等一手史料，对历次和卓叛乱爆发的原因、过程、主要人物、清廷的应对政策、措施等做了论述，并剖析比较了乾、嘉两朝治疆政策的演变。王力的《清代治理回疆政策研究》⑤则对清代回疆政策的制定、发展、演变做了系统梳理和述评。

进入21世纪，关于新疆官制的研究逐渐从伊犁将军扩展到其以下的驻扎大臣，如参赞大臣和办事大臣。关于参赞大臣的研究主要集中在总理各回城事务参赞大臣（又名"总理回疆事务参赞大臣"）的考察上。王超的硕士论文《清代乾嘉时期总理各回城事务参赞大臣研究》⑥对参赞大臣的驻地迁移过程、养廉银、生卒年等进行了论证和分析。此后在论文基础上，王超陆续发表了几篇文章，如《清代总理各回城事务参赞大臣驻地迁移探析》⑦一文主要梳理了参赞大臣驻地的迁移过程，指出自回疆平定以来，参赞大臣的驻地经历了阿克苏—叶尔羌—阿克苏—喀什噶尔—乌什—喀什噶尔—叶尔羌—喀什噶尔巡回驻扎的过程；

---

① 回族研究，2000（2）：9-13.
② 新疆大学学报（哲学·人文社会科学版），2007（4）：68-72.
③ 民族研究，2005（1）：72-79，109.
④ 北京：中国人民大学出版社，2011.
⑤ 北京：民族出版社，2011.
⑥ 兰州：兰州大学，2011.
⑦ 史学集刊，2014（2）：122-128.

《清代总理回疆事务参赞大臣养廉银研究》①一文则以参赞大臣养廉银为中心，系统梳理了参赞大臣养廉银的变化过程及影响其实得数额的因素，并认为参赞大臣的养廉银是由"盐菜银"转化而来的，包括参赞大臣养廉银与京城养廉银两种；《清代总理各回城事务参赞大臣生年考》②一文利用了上谕档、《清代官员履历档案全编》等文献，考证并论述了十四名参赞大臣的生年。甘桂琴在其《清代总理回疆事务参赞大臣始置时间考》③一文中梳理了从统军作战的参赞大臣到驻防喀什噶尔参赞大臣再到总理回疆事务参赞大臣的演变过程，指出最初的阿克苏办事大臣舒赫德即已经兼管南疆各城事务，而后此权力逐渐移交喀什噶尔参赞大臣，至乾隆二十八年（1763年）正月正式设立总理回疆事务参赞大臣。相关的成果还有吴绍军的《清代总理回疆事务参赞大臣对屯垦事业的经营与管理（1763—1864年）》④、《浅析清代总理回疆事务参赞大臣对浩罕的外事管理》⑤，周卫平的《清代新疆塔尔巴哈台参赞大臣的设置与变迁》⑥，马文娟的《清代总理回疆事务参赞大臣研究》⑦，等等。2019年，陈雅瑶在以往研究基础上，撰写了硕士论文《乾嘉时期新疆参赞大臣研究》⑧，对清代新疆的参赞大臣体制在乾嘉时期的各方面情况进行了重新梳理和考察，包括总理各回城事务参赞大臣、伊犁参赞大臣和塔尔巴哈台参赞大臣设置的时间、职官特点、制度化进程、职能等，厘清了该体制在乾嘉时期的发展演变过程，并对新疆的参赞大臣与伊犁将军的关系分别进行了探讨。

关于办事大臣的研究，主要有刘文鹏的《清代南疆办事大臣职权考》⑨，该文重点考察了办事大臣的任命特点、来源、地位和权力、监察体制等，认为"南疆的办事大臣基本是由三品以上的官员出任，在品级、资历上与喀什噶尔参赞大臣没有高低之分，和其他地区的办事大臣

---

① 历史档案，2015（3）：99-107.
② 伊犁师范学院学报（社会科学版），2015（1）：43-47.
③ 新疆大学学报（哲学·人文社会科学版），2006（3）：63-66.
④ 合肥学院学报（社会科学版），2012（4）：49-52.
⑤ 华北水利水电学院学报（社科版），2012（4）：35-37.
⑥ 中国边疆史地研究，2013（4）：58-66，49.
⑦ 乌鲁木齐：新疆师范大学，2010.
⑧ 北京：中国人民大学，2019.
⑨ 中国边疆史地研究，2014（1）：81-89，180.

可互相调任,在权力行使上有很强的独立性"。达丽的《论新疆喀喇沙尔办事大臣的设置及其职责》① 一文探讨了喀喇沙尔办事大臣的设置、沿革、职责,将办事大臣的职责归纳为管理军政驻兵事务、查办粮运屯田事务、稽查卡伦台站事务、办理蒙古王公事务等,并附表统计了自乾隆二十四年(1759年)设置至光绪八年(1882年)历任喀喇沙尔办事大臣的信息,包括人数、职衔、任命时间、离职时间等。张浩森的《补乾隆朝叶尔羌参赞办事大臣表》② 主要厘清了乾隆朝历任叶尔羌参赞大臣、办事大臣及其详细信息,包括任职时间与原职衔、离职时间与原因、旗籍、到任与否、交接印日期等,弥补了章伯锋、魏秀梅诸表缺失乾隆朝叶尔羌参赞大臣、办事大臣表的不足。张洋的《嘉道时期南疆办事大臣研究》③ 着眼于南疆办事大臣设置缘起、制度变迁完善、职能、出身、迁转、任期等问题,对该制度做了系统梳理和研究,尤其是考察了南疆和卓叛乱时办事大臣的应对和作为,以此对嘉道时期治疆的成效进行了评析。这是迄今有关办事大臣研究中,叙述和讨论最为全面、最系统的成果。

在清代西北边疆地区经济史和社会史研究方面,主要有蔡家艺的《清代新疆社会经济史纲》④,该书在吸收以往研究成果的基础上,利用历史学、语言学、民族学等多学科交叉方法,对清代新疆各个时期的社会经济制度、农牧业、城镇、工矿业、商业等进行了系统全面的考察。黄达远的《清代中期新疆北部城市崛起的动力机制探析》⑤ 则专门对北疆城市发展的动力进行了探讨,他认为其崛起的动力机制,"一是体现在国家行政力量的推动,二是北疆商业市场机制的形成对北疆城市地位的确立和巩固意义重大,改变了历史时期'南重北轻'的新疆城市分布格局"。此外,还有王东平、郭红霞的《清代回疆粮赋制度研究:牛津大学所藏清代库车、沙雅尔署衙档案之探讨》⑥,黄达远、吴轶群的《多重

---

① 西部蒙古论坛,2013(3):25-31,126.
② 呼和浩特:内蒙古师范大学,2010.
③ 北京:中国人民大学,2017.
④ 北京:人民出版社,2006.
⑤ 西域研究,2006(2):55-59,119.
⑥ 中国边疆史地研究,2007(3):32-47,148-149.

视角下的边疆研究：18 世纪至 20 世纪初叶的新疆区域社会史考察》①，等等。

关于清朝与中亚的关系问题，阿力肯·阿吾哈力的《一件清代哈萨克租牧地文书的研究》② 对中国第一历史档案馆赠给哈萨克斯坦一件清代哈萨克族察合台文租地文书进行了拉丁文转写、汉译和注释，并对其中几个相关的历史问题加以考辨。马子木的《经略西北：巴达克山与乾隆中期的中亚外交》③ 一书通过讨论清朝在西帕米尔权力网络的建立、展开的过程及其运作实态，探究清朝对边外潜在危机的因应策略、清朝中亚外交及新疆行政体制的运作、清朝"天下秩序"在中亚的建构，同时对乾隆年间政治文化的构建与朝廷西进经略交互为用的关系等问题做了考察，希望以此达到由边裔反观内地的目的。

第五节　西藏地区与藏族

进入 21 世纪，有关西藏历史研究的热点，依然集中在历代中央政府对西藏的政策与施政，英、俄等与中国西藏的关系，达赖和班禅系统，以及藏传佛教等问题上，相继出版了一批著作。通史类的著作有四卷本的《中华通鉴·西藏卷》④，该书以年代为序、以重大事件为线索展现西藏地方历史发展进程。而由中国藏学研究中心牵头、组织协调全国近 30 家研究机构及高校的近百位专家学者合力完成的八卷十三册的巨著《西藏通史》⑤，展现了西藏地方、藏族历史发展的漫长进程，以及与内地、与各民族交往、交流、交融的时空长卷，系统地展现了从远古到现今西藏历史发展的各个方面，被认为是反映中国藏学研究最新水

---

① 北京：民族出版社，2009.
② 民族研究，2006（5）：70－73, 109.
③ 上海：上海古籍出版社，2019.
④ 北京：中国藏学出版社，2013.
⑤ 北京：中国藏学出版社，2015.

平、奠定中国藏学研究国际领先地位的著作①。伍昆明主编的《西藏近三百年政治史》②则是一部系统的西藏近代史专著。相关研究还有白玛朗杰、孙勇、仲布·次仁多杰的《西藏百年史研究》③等。

在清代驻藏大臣和治藏政策研究方面，曾国庆主编的《百年驻藏大臣研究论丛》④选取了一百年来各时期四十余位学者关于驻藏大臣的近五十篇研究文章，并在前言中对驻藏大臣研究现状做了详细评述，极具参考价值。康欣平的《〈有泰驻藏日记〉研究：驻藏大臣有泰的思想、行为与心态》⑤以有泰日记为研究核心，展开驻藏大臣的个案研究。廖祖桂、李永昌、李鹏年的《〈钦定藏内善后章程二十九条〉版本考略》⑥对《钦定藏内善后章程二十九条》文本及相关史实做了详细考定。

在西藏地方政府与西方国家的关系方面，周伟洲主编的《英国、俄国与中国西藏》⑦、冯明珠的《中英西藏交涉与川藏边情（1774—1925）》⑧、张永攀的《英帝国与中国西藏（1937—1947）》⑨、李晔的《美国在中国西藏的"游戏"：20世纪美国对中国西藏政策研究》⑩、梁俊艳的《清末民初亚东关税务司研究》⑪，均涉及中国西藏与周边各国及西方国家的关系。

进入21世纪，论文成果数量增长很快，但重复研究不少。值得提出的有周融冰、封加斌的《论嘉庆帝治理西藏》⑫，该文不再把视点集中在康、雍、乾诸帝的治藏方略上，而是下移到嘉庆时期，认为嘉庆帝执政期间，在西藏整肃吏治，坚决贯彻各项成章，殚精竭虑，为进一步巩固自清政权入关以来的治藏成果和中央政府与西藏地方的关系

---

① 郝时远.《西藏通史》奠定了中国藏学研究的国际领先地位.中国藏学，2018（2）：36-37.
② 厦门：鹭江出版社，2006.
③ 北京：社会科学文献出版社，2015.
④ 北京：中国藏学出版社，2014.
⑤ 北京：民族出版社，2015.
⑥ 北京：中国藏学出版社，2006.
⑦ 北京：中国藏学出版社，2000.
⑧ 北京：中国藏学出版社，2007.
⑨ 北京：中国社会科学出版社，2007.
⑩ 长春：东北师范大学出版社，2010.
⑪ 北京：中国藏学出版社，2017.
⑫ 西藏民族学院学报（哲学社会科学版），2006（2）：23-27，106.

做出了重要贡献。但是，受制于世界大势，加上国力的限制，嘉庆帝在西藏边境上采取了"置之不问"的闭关主义对外政策和"慎重"的单纯防御性国防政策，导致西藏藩篱不保，给中国的西南边防留下了隐患。

李保文的《顺治皇帝邀请第五世达赖喇嘛考》① 通过对比满、蒙古、汉文档案文献，认为《清世祖实录》顺治元年正月己亥（十日，1644年2月17日）条所记当为"顺治元年正月十五日"文书的误解，添加的"达赖喇嘛"字样，是清朝修史者异想天开杜撰的结果。五世达赖喇嘛应邀觐见，说明西藏政教界对新兴的大清政权的高度重视。清朝频繁遣使入藏及达赖喇嘛等屡屡遣使来内地，表明双方都渴望建立一种稳固的相互依存的关系。达赖喇嘛要求变更会晤地点以及提前辞行，并非出于"达赖喇嘛长时观望不决"，而是出于他个人及其随从等健康方面的考虑。这是一项"转换立场"的研究，有一定新意。但关于最后一点，学者们观点不一，如张永江认为五世达赖的决定还是政治考量的结果②。

平措塔杰的《再论西藏地方政教合一制度的概念和1642—1705年政教合一制度的有关问题》③ 认为，人们对西藏地方政教合一制度的概念还存在不一致的看法，这造成对西藏地方政教合一制度产生的时间存在分歧。作者通过对西藏地方政教合一制度概念的进一步探讨，提出"西藏地方的政教合一制度产生于萨迦政权时期"的说法更为科学。文章还对1642—1705年西藏地方历史进行了分析，认为这一时期西藏地方实行的仍然是政教合一制度。看来在这一问题上要统一认识，仍需时日。陈庆英的《清代金瓶掣签制度的制定及其在西藏的实施》④ 运用藏、汉文材料，对金瓶掣签制度的制定和在西藏的实施做了详细的介绍分析，为研究金瓶掣签制度提供了详细可信的资料，说明金瓶掣签是清朝管理活佛转世事务的重要历史定制。

清代西藏地方政府与不丹之间的宗藩关系颇受关注。扎洛先后发表

---

① 西藏研究，2006（1）：17-28.
② 张永江. 清代藩部研究：以政治变迁为中心. 哈尔滨：黑龙江教育出版社，2001.
③ 西藏大学学报（汉文版），2006（2）：41-43，88.
④ 西藏民族学院学报（哲学社会科学版），2006（3）：1-6；2006（4）：1-10；2006（5）：7-14；2006（6）：1-8.

了《〈五世达赖喇嘛1680年发给门隅、珞渝地方之法旨〉考释》①、《清宫档案中有关颇罗鼐平息不丹内乱之史料》② 讨论相关问题。周娟、高永久的《试论清代中国西藏地方政府与不丹之间的宗藩关系》③ 再次提起这一问题，试图弄清西藏地方政府与周边地方政权不丹之间早期交往的历史，追溯两地宗藩关系的产生、发展过程，还分析了随着清朝中央政府的衰落和英国政府加强对南亚的渗透，两地宗藩关系逐渐弱化以致瓦解的过程。

第六节 西南边疆及各族

进入21世纪，关于清代西南边疆的研究成果数量众多，成绩斐然。仅以著作成果而言，较有分量的有方铁主编的《西南通史》④、余定邦的《中缅关系史》⑤、孙宏年的《清代中越宗藩关系研究》⑥、朱昭华的《中缅边界问题研究——以近代中英边界谈判为中心》⑦、吕昭义的《英帝国与中国西南边疆（1911—1947）》⑧、杨煜达的《清代云南季风气候与天气灾害研究》⑨、陈征平的《云南工业史》⑩、林荃的《杜文秀起义研究》⑪、吴小凤的《明清广西商品经济史研究》⑫ 等。

从研究内容上来看，比较突出的一个亮点是重视从地域与本土视角展开对改土归流的观察。段超的《试论改土归流后土家族地区的开

---

① 中国边疆史地研究，2003（4）：98-106.
② 西藏研究，2004（4）：74-77.
③ 中国边疆史地研究，2007（3）：107-114.
④ 郑州：中州古籍出版社，2003.
⑤ 北京：光明日报出版社，2000.
⑥ 哈尔滨：黑龙江教育出版社，2006.
⑦ 哈尔滨：黑龙江教育出版社，2007.
⑧ 北京：中国藏学出版社，2001.
⑨ 上海：上海复旦大学出版社，2006.
⑩ 昆明：云南大学出版社，2007.
⑪ 昆明：云南民族出版社，2006.
⑫ 北京：民族出版社，2005.

发》① 对改土归流后土家族地区的开发进行了研究，不仅关注到改土归流的进步意义，也关注到其危害，指出清雍正年间对土家族地区的改土归流，是土家族历史上划时代的变革，伴随着改土归流的实施，清政府对土家族地区开始了大规模的开发，这种涉及经济、社会、文化多方面的开发，大大推动了土家族地区的发展，促进了土家族的进步和我国统一的多民族国家的巩固与发展。与此同时，片面的农耕垦殖使土家族地区传统的多元经济体系被打破，并在一定程度上造成了水土流失加重，地力下降，动植物资源减少，水旱灾害增多。当今土家族地区的大开发必须借鉴历史经验和教训。

周琼的《从土官到缙绅：高其倬在云南的和平改土归流》② 注意到雍正时期高其倬在云南和平改土归流中所发挥的作用，认为其善于抓住时机，采取适当措施，用和平的方式完成对云南汉化土司改流的历史重任，并将其妥善安置，使之转变成为封建地主阶级中的一员，促成了边疆民族土官到封建缙绅的历史转变，具有深远的历史意义。

温春来、黄国信对新中国成立以来的改土归流研究颇多批评，认为"这些研究大致从社会形态更替（封建地主制取代农奴制或奴隶制）、社会经济发展、文化进步等宏观角度展开，并且大都或预设了生产方式演变的理论前提，或着重于描述先进生产力的发展以及先进文化在少数民族地区的推广，或流于泛泛而谈，或纠缠于社会进步与退步的价值评判。对改流前后少数民族社会的实态，特别是权力关系的变化，缺乏深入细致的实证性研究，使我们难以真正理解改土归流所带来的深刻影响"。因而撰文《改土归流与地方社会权力结构的演变：以贵州西北部地区为例》③ 考察改土归流前后黔西北区域社会制度的变革，旨在探讨王朝的典章制度在一个具有自己的文字、礼仪以及政治法律传统的非汉族社会中推行与表达的过程。指出，在土司制度建立之前，黔西北彝族已有自己的文字，并建立了被称为"勾"的君长国。元、明王朝大力开拓西南，在黔西北建立了土司制度，但以则溪制度为核心，君、臣、布摩三者秉权的彝制仍然有效运行着。自明初以降，朝廷的各种边政措施

---

① 民族研究，2001 (4)：95-103, 110.
② 中国边疆史地研究，2004 (3)：55-66, 147.
③ "中央研究院"历史语言研究所集刊，2005, 76 (2)：351-410.

以及从内地向贵州的移民，逐渐对彝制产生多方面的影响，关于嫡长子继承君长之职的规定、中央王朝对彝族各君长国相互继承习惯的干预，以及汉人跻身"勾"政权等，都可视为彝制嬗变的重要例证。"勾"政权在清朝初年的军事征剿中被瓦解，清王朝变更彝制的区划，置府设州，建立里甲制，将许多原住民籍为编户，黔西北成为王朝的"新疆"。但朝廷没有迅速培植起一个在儒家的意识形态中更具正统性的绅士阶层，以协助官府管理地方社会，而是借助了当地既有的势力集团——土目，这可视为彝制在新的政治、文化环境中的延续。布摩身份的逐渐变动，土目与地方官府、新兴绅士阶层等之间的微妙关系，反映出彝制不断受到新的制度与意识形态的挑战，并逐渐被削弱，黔西北逐渐被视为清王朝的"旧疆"。到20世纪50年代，彝制彻底崩溃，但并未从历史记忆中消失，仍然对现实生活产生影响。马建雄的《哀牢山腹地的族群政治：清中前期"改土归流"与"倮黑"的兴起》[1] 一文与此相似，不过其重点关注了改土归流中国家对地方族群的压制，进而导致新的族群及文化的诞生。

赵世瑜的《亦土亦流：一个边陲小邑的晚清困局》[2] 探讨了云、贵、川三省交界地的九姓长官司由于族群关系复杂、流民汇聚而导致的亦土亦流的特点，以及由此引发的困局，尤其着重分析了同治时期因本地学额受到外来移民的挤占而引发的土客纠纷问题。作者指出，该地官绅的不满和上诉，体现了他们维持原有地方统治格局的愿望。在面临商业化、人口流动、制度变革、西方势力进入的现代性挑战时，他们的愿望唯有破灭。但直至进入20世纪，这一事涉管理体制的问题并未因改土归流而得到最终解决。

常建华的《清雍正朝改土归流起因新说》[3] 一文属旧题新作的典范，作者指出，旧有的雍正改土归流起因的分析是从土司与朝廷两方面以及历史背景进行的。就历史背景而言，以往学者均认为是平定"三藩"之乱后，清朝统治者加强对西南地区控制所致；就土司的形象来说，基本被刻画为社会经济落后的代表，割据一方，抢夺掳掠，为非不

---

[1] "中央研究院"历史语言研究所集刊，2007，78（3）：553-602.
[2] 近代史研究，2015（5）：28-40，160.
[3] 中国史研究，2015（1）：185-197.

法；而清朝改土归流的目的是采取措施以维护社会秩序，改变土司地区的落后，控制土司地区，加强中央集权，增加财政收入。作者认为："这些论述应当说不同程度地反映了当时的实际情况，但是我们也看到由于受到社会形态进化理论的影响，首先将土司置于落后的方面；受肯定中央集权维护大一统传统的正统论的影响，又将土司置于地方与分权的方面；在史料方面则多相信基于清朝立场而形成的文献，未能充分进行史料批判，不自觉地相信官方立场史料大量对土司的负面记载。如果从今天社会历史理论、民族政治理论讨论提出的问题出发，我们会看到，以往有关改土归流的研究存在着上述问题，需要重新思考，从更客观、公正的立场进行研究。"作者进而利用大量的雍正朝朱批奏折考察改土归流问题，发现了改土归流与推行保甲、缉盗、设置汛塘的直接关系，看到改土归流是在雍正初年新政改革的背景下出现的，深化了对雍正朝改土归流起因的认识。

对瞻对土司工布朗结的深入研究是西南边疆民族史研究的另一个较有特色之处。以藏族学者玉珠措姆的研究最具代表性，他的《瞻对工布朗结在康区的兴起探析》[①] 一文充分利用藏、汉文史料，探讨了导致工布朗结兴起的诸多因素，包括康区及瞻对地区特殊的社会、政治及经济环境，其本人的个性和领导才能，独特的家庭背景，以及当地特殊的行为准则和文化风尚诸多因素，其中，对工布朗结的个性和领导才能的勾勒及对当地特殊的行为准则和文化风尚的阐释尤为精彩。作者认为，工布朗结充分利用当地强烈的"男子汉""勇猛""复仇""忠诚"等观念来为自己的事业服务。他依靠核心亚部落和亲属来实现个人野心。其家族命运被认为与亚部落的利益密不可分。瞻对家族的敌人不仅要与其家族为敌，而且要与整个亚部落为敌。这种整个团体要团结对外的观念意味着工布朗结的所有行动都会被辩护为维护团体整体利益所需。其另一篇文章《瞻对工布朗结事件对清末汉藏关系的影响》[②] 则从清廷赏赐三瞻的初衷、对康区地方层面权力互动关系的影响以及对清廷和西藏地方政府关系的影响三个层面全面探讨了瞻对工布朗结事件对清末汉藏关系产生的错综复杂的影响。值得一提的是，作者还在其博士论文基础上出

---

① 中国藏学，2014 (2)：31-42.
② 中国藏学，2015 (2)：121-126.

版了英文专著 *The Rise of Gönpo Namgyel in Kham: The Blind Warrior of Nyarong*①，其主要观点已浓缩于上述两文之中。

可以看出，进入 21 世纪，西南边疆历史问题研究有一个眼光向下及研究对象具体化的趋势，以摆脱前期研究中的国家及进化单线逻辑，关照到以往关注不够的问题，丰富了研究内容。但我们也应该看到，在局部研究深入的情况下，具有全局性视野及理论关怀的文章却越来越少。如何在局部研究深入的情况下不失全局性视野和理论关怀，这也许是今后西南民族研究应探索的课题。

总体看来，进入 21 世纪，清代边疆民族史的研究，成果数量不少，新领域的开拓、新理论方法的尝试都令人欣喜。但老问题依然存在，许多研究选题重复，观点缺乏新意。这既有问题意识缺乏的原因，也往往因论者视野太窄，对先行研究不重视，造成无意中的重复劳动。显然，真正突破性的成果，不见得都是鸿篇巨制，但明确的问题意识、透彻的先行研究、恰当的解释工具、扎实的史料功夫、严谨的学术态度，缺一不可。

---

① Lanham，MD：Lexington Books，2014.

第八章　边疆开发范式下的清代边疆研究

近代以来，通过各项开发手段的实施，以促进边疆民族地区的经济、文化、教育、交通等的发展，缩小边疆与内地差异，推动民族国家的形成，成为社会有识之士之共识。作为中国最后一个封建王朝，清朝对边疆地区的治理对今天疆域和民族格局的形成、边疆各地区的经济发展具有直接的影响，其政策和措施的成败得失对今天亦有着重要的借鉴意义。因此，自民国以降，清代边疆开发史研究始终是一个受关注的问题。20世纪三四十年代，在边疆研究第二次高潮中，围绕这一专题已经出现过不少论著，如曾问吾的《中国经营西域史》①，希冀以此唤醒国人注意边疆，共筹巩固国防之策，而奠民族复兴之基。该书之外，还有谢国桢的《清初流人开发东北史》②及朱惠方、董一忱的《东北垦殖史》③。总而言之，这一时期的清代边疆开发研究有筚路蓝缕之功，为此后的研究奠定了基础。抗战胜利后，边疆研究进入了低潮期，清代边疆开发研究亦归于沉寂。新中国成立后，尤其是20世纪90年代以来，随着国家西部大开发战略口号的提出，这一领域的研究成为一时之热点，涌现出众多优秀成果，一时蔚为大观。以下分专题述之。

---

① 上海：商务印书馆，1936.
② 上海：开明书店，1948.
③ 长春：从文社，1947.

第一节 "边疆开发"概念、范畴的
讨论及其总体研究

戴逸认为，在边疆开发实践不断推进之际，研究历史上中国的边疆开发显得尤为必要。边疆开发实践的进一步开展要求史学研究者研究历史上中国的边疆开发，总结过去边疆开发之经验，吸取其教训，并为时下之边疆开发提供借鉴。又因清代与近代距今日不远，可资借鉴之处当属最多，因而应加强对清代和近代边疆开发的研究①。他认为，"开发"主要是指"人对环境的利用和改造"②，具体到边疆开发史来说，其研究内容应当指"边疆地区不同的经济形式及其向更高形式前进的过程，同时还要注意研究这些发展变化与自然环境的相互关系"③。就清代边疆开发研究的地域而言，大体包括东北（辽、吉、黑）、北部（内蒙古）、西北（新疆）、西南（云南、广西、西藏），以及东南海疆（台湾和海南岛）。

戴逸对清代边疆开发研究有倡导之功。马汝珩继之阐明了清代边疆开发研究的主要内容，应囊括农牧业发展状况、土地开垦程度、水利设施、生产技术、商业贸易、交通运输、城镇建设及文化教育等各个方面④。马大正又进一步提出，清代边疆开发研究应当涵盖"各边疆地区开发的总体研究、农业屯垦研究、工业、贸易和交通运输开发、遣犯、流人与边疆开发"等方面⑤。就开发与治边的关系而言，成崇德认为，二者的差别在于边疆开发侧重经济和文化教育，而治边侧重于政治和军事⑥。而马汝珩则认为，"治边政策的成败得失，直接关系到边疆开发

---

① 戴逸. 加强边疆开发史的研究. 新疆社会科学，1986（5）：59-61.
② 戴逸. 边疆开发活动中的人和环境. 清史研究通讯，1988（3）：1.
③ 同②.
④ 马汝珩. 清代边疆开发史研究的内容及意义. 清史研究通讯，1988（3）：5-6.
⑤ 马大正. 深化清代边疆开发研究之管见. 清史研究通讯，1988（3）：8.
⑥ 成崇德. 对清代边疆开发史中几个问题的认识. 清史研究通讯，1988（3）：11-16.

的进程,故清政府的治边措施应该作为开发史的重要侧面加以研究"①。他们均提到边疆开发中最重要的因素是人,"人口的流动和迁徙是边疆开发的前提"②,移民研究是边疆开发研究中的重要内容。有学者更是明确提出:"清代边疆开发实际是一项在政府主导下的、以人口跨区域流动为主要方式的经济文化开发活动。"③

在时代要求与学术内在发展理论的驱动下,清代边疆开发研究领域涌现出众多成果,概而言之,可归纳为如下两类。一类将重心放在各专题之考察。它们将边疆地区划分为若干区域,深入考察各区域的农牧业、工矿业、商业贸易、交通运输、人口流动等各方面的情况。另一类则着眼于清代边疆开发研究全局性之问题,如探讨清代边疆开发的经济动因、清代边疆开发与美国的西部开发的比较研究及边疆开发与环境的关系等。其中有两部成果是清代边疆开发研究领域的集大成制作。一部是马汝珩、马大正主编的《清代边疆开发研究》④,它代表了20世纪80年代清代边疆开发研究的最高水平。全书共收集论文15篇,主要内容有:清代内地人口迁居边疆的原因、地域以及迁居后的开发实况和影响,清政府在北疆实施新政的概况、新政时期蒙古的官垦和屯垦以及工商实业和文化教育的开发,清开垦东北土地的实况和政策,晚清时期东北地区的近代工业和矿业情况,清代前期蒙古地区农业发展政策和评述,清前期对内蒙古、喀尔喀蒙古的赈济及其作用,清代新疆屯田的概况、形式及性质,清中叶新疆与内地开展贸易往来的方式、渠道、贸易类别和产品及贸易往来的作用,清代的茶法与川茶叶的发展、川茶叶对藏区社会经济的推动,清代云南矿业开发由盛转衰及其原因、矿业开发对云南经济开发的影响,清代云南交通的实况,"铜矿"的开凿、三迤地区主要道路的开发、交通工具及设施、邮电和铁路的兴起,清代台湾与海南经济开发比较研究等。几乎涉及所有清代边疆地区,内容丰富。一部是马汝珩、成崇德主编的《清代边疆开发》⑤,该书是20世纪90

---

① 马汝珩.清代边疆开发史研究的内容及意义.清史研究通讯,1988(3):5.
② 戴逸.边疆开发活动中的人和环境.清史研究通讯,1988(3):1.
③ 侯宣杰.论清代内陆边疆城市发展的特征.云南民族大学学报(哲学社会科学版),2010(4):100.
④ 北京:中国社会科学出版社,1990.
⑤ 太原:山西人民出版社,1998.

年代清代边疆开发研究的综合性成果，全书共分六大部分，将清代的边疆开发活动置于世界的大背景下进行比较和审视，分别对新疆、东北、蒙古、西藏、滇桂、台湾和海南等地在清代的开发背景、开发过程、开发的主要成就及其经验教训，进行了全面、详尽的论述，从而将清代边疆开发的全貌及清代不同边疆地区的开发异同同时展现出来。同时，对清代的边疆开发活动与生态环境变化之间的关系进行了客观分析，提出要以史为鉴，对边疆地区的开发和对生态平衡的保护必须同时进行，二者是密切相关、不可分离的。

具体到边疆各地区的研究而言，大致情况如下。

一、东北地区

清代东北地区的开发按照时间顺序可分为三个阶段。第一阶段为顺治、康熙、雍正时期。顺治初年，为开发东北，多次颁布《辽东招民开垦条例》，积极鼓励汉人进入东北地区进行社会生产。康熙七年（1668年）虽然取消了《辽东招民开垦条例》，但此后一直在东北地区实行弛禁政策，并未严格禁止汉人进入东北进行开发。在这一阶段，土地所有形式可分为民垦、旗垦、庄垦三类。第二阶段为乾隆、嘉庆、道光时期。乾隆时期在东北颁布封禁令，严格控制汉人进入东北。然而，其结果仍然是屡禁不止。在封禁令之外，乾隆还大规模开展移京旗垦边活动，只是收效甚微。就大趋势而言，这一时期的旗垦与庄垦逐渐向民垦转变。第三阶段为咸丰之后。咸丰之后，在边疆危机的大背景下，清廷逐渐放开对东北地区的封禁令，在东北地区实行自由放垦政策[①]。

有关东北开发史的专题研究，主要有孔经纬的《东北经济史》[②]及后来主编的《清代东北地区经济史》[③]，对清统一后至鸦片战争前东北社会经济的发展，包括官庄、旗地、民地的性质及其相互转化的关系，农业、商业、工矿业的发展，帝国主义对东北的经济掠夺等都进行了详细介绍。对满族以外的其他少数民族，如达斡尔、鄂温克、鄂伦春、赫哲等族的经济形式和经济贡献也有所涉及，在一定程度上了弥补了学界对东北少数民族在东北开发史上的地位关注较少的缺憾。胡赤军的《近

---

① 马汝珩，成崇德. 清代边疆开发. 太原：山西人民出版社，1998：389-406.
② 成都：四川人民出版社，1986.
③ 哈尔滨：黑龙江人民出版社，1990.

代中国东北经济开发的国际背景（1896—1931）》①　注意将世界视野引入东北开发史研究中，全面勾勒了 1896—1931 年东北经济发展状况，对影响其发展的国际政治环境进行了深入探讨。陈桦的《清代东北地区经济的发展与特点》②、赵毅和王景泽的《对清前期（1644—1840）开发东北经济的检讨》③、陈桦的《清代区域社会经济研究》④、佟大群和李路华的《清代吉林中西部土地财政问题述略》⑤ 等论著，也对东北经济形态的独特性和形成原因等问题进行了探讨。

对清代东北开发史的研究还可见于东北通史、地方史著作中，较具代表性的有张博泉的《东北地方史稿》⑥、董万仑的《东北史纲要》⑦、薛虹和李澍田主编的《中国东北通史》⑧、佟冬主编的《中国东北史》⑨、宁梦辰的《东北地方史》⑩、李治亭主编的《东北通史》⑪、程妮娜主编的《东北史》⑫ 等。其中，尤为值得一提的是佟冬主编的《中国东北史》，该书对上起上古社会下至中华人民共和国成立的东北史进行了详尽、系统的梳理。其第四卷"清代东北编"对驿路交通，农业发展及畜牧、狩猎、采集经济，手工业生产与商业贸易，文化教育事业的发展进行了详尽介绍，使我们能够对清代东北各个领域的开发情况有一个总体的认识和了解。

断代史性质的著作，主要有王魁喜等的《近代东北史》⑬、杨余练等的《清代东北史》⑭ 等。此外，关于一省的断代史也有十余部出版。这些著作，尽管研究的问题、观点、方法不尽相同，但都在不同领域丰

---

① 北京：商务印书馆，2011.
② 清史研究，1993（4）：11-21.
③ 中国社会经济史研究，1999（1）：40-50，39.
④ 北京：中国人民大学出版社，1996.
⑤ 社会科学战线，2015（11）：115-118.
⑥ 长春：吉林大学出版社，1985.
⑦ 哈尔滨：黑龙江人民出版社，1987.
⑧ 长春：吉林文史出版社，1991.
⑨ 长春：吉林文史出版社，1987.
⑩ 沈阳：辽宁大学出版社，1999.
⑪ 郑州：中州古籍出版社，2003.
⑫ 长春：吉林大学出版社，2001.
⑬ 哈尔滨：黑龙江人民出版社，1984.
⑭ 沈阳：辽宁教育出版社，1991.

富了清代东北史研究的内容，论述了清代开发政策的实施情况和各族人民对边疆开发所做出的贡献。

二、蒙古地区

清代蒙古地区的开发可分为四个阶段。第一阶段为顺治元年到乾隆十三年（1644—1748）。在这一阶段，清政府虽然颁布了禁垦蒙地的法令，但实际奉行的却是在一定条件限制下允许汉人前往蒙古地区开荒种地的政策。第二阶段为乾隆十四年到乾隆六十年（1749—1795）。这一时期的特征是禁而不绝。第三阶段为嘉庆元年到光绪二十七年（1796—1901）。这一时期，清政府实行的是承认既成事实、禁止扩大私垦，同时又允许在部分蒙地招垦的政策。第四阶段为光绪二十八年至清朝灭亡（1902—1911）。这一时期，清政府放弃了禁垦蒙地的祖宗家法，在"移民实边"思想的指导下，对蒙荒实行全面放垦[1]。

有关清代蒙古开发问题的研究成果无论从学科领域、考察视角、研究地域，还是在数量和深度上，都取得了可喜的成绩。20世纪90年代以来陆续出版了不少蒙古历史通史性著作，如中国社会科学院和内蒙古大学合作完成的《蒙古民族通史》[2]、"中国蒙古学文库"的《蒙古族全史》[3]、伊克昭盟《蒙古民族通史》编委会的《蒙古民族通史》[4]、"中国边疆通史丛书"中赵云田撰写的《北疆通史》[5]、泰亦赤兀惕·满昌主编的《蒙古族通史》[6]、郝维民和齐木德道尔吉主编的《内蒙古通史纲要》[7]、达力扎布的《蒙古史纲要》[8]、乌云毕力格等主编的《蒙古史纲要》[9]、邢野主编的《内蒙古通志》[10]、曹永年主编的《内蒙古通史》[11]，

---

[1] 色音.蒙古游牧社会的变迁.呼和浩特：内蒙古人民出版社，1998：5-10.
[2] 北京：民族出版社，1991.
[3] 沈阳：辽宁民族出版社，2000.
[4] 呼和浩特：内蒙古大学出版社，1991.
[5] 郑州：中州古籍出版社，2003.
[6] 沈阳：辽宁民族出版社，2004.
[7] 北京：人民出版社，2006.
[8] 北京：中央民族大学出版社，2006.
[9] 呼和浩特：内蒙古人民出版社，2006.
[10] 呼和浩特：内蒙古人民出版社，2007.
[11] 呼和浩特：内蒙古大学出版社，2007.

郝维民和齐木德道尔吉总主编的《内蒙古通史》①、金海等的《清代蒙古志》②等，这些著作均对清代蒙古地区的开发问题有所论述。另外，卢明辉的《清代蒙古史》③、马汝珩和马大正主编的《清代边疆开发研究》④，以及乌云毕力格、成崇德、张永江撰写的《蒙古民族通史》第四卷清代部分更是用较多笔墨对这一问题予以论述。

而一些蒙古区域性研究著作，如达力扎布的《明代漠南蒙古历史研究》⑤、马大正和成崇德主编的《卫拉特蒙古史纲》⑥、阎光亮的《清代内蒙古东三盟史》⑦、周喜峰的《清朝前期黑龙江民族研究》⑧、珠飒的《18—20世纪初东部内蒙古农耕村落化研究》⑨、乌云格日勒主编的《扎鲁特历史文化》⑩、潘小平和武殿林主编的《察哈尔史》⑪等，以及有关清代蒙古地区经济史的专题著作，如卢明辉主编的《清代北部边疆民族经济发展史》⑫、高延青的《呼和浩特经济史》⑬、阿岩和乌恩的《蒙古族经济发展史》⑭、胡日查的《清代内蒙古地区寺院经济研究》⑮等，都对清代蒙古地区开发问题给予了密切的关注和研究。

三、新疆地区

清代新疆地区的开发可分为三个阶段。第一阶段从乾隆年间统一新疆到嘉庆末年。这一时期，实边垦区主要分布在天山以北。第二阶段从道光初年到同治四年（1865年）阿古柏入侵新疆。这一时期，开发区域有所扩大。在天山以北得到开发之外，天山以南亦有内地民人进入开

---

① 北京：人民出版社，2011．
② 呼和浩特：内蒙古人民出版社，2009．
③ 天津：天津古籍出版社，1990．
④ 北京：中国社会科学出版社，1990．
⑤ 海拉尔：内蒙古文化出版社，1997．
⑥ 乌鲁木齐：新疆人民出版社，2006．
⑦ 北京：中国社会科学出版社，2006．
⑧ 北京：中国社会科学出版社，2007．
⑨ 呼和浩特：内蒙古人民出版社，2009．
⑩ 呼和浩特：内蒙古教育出版社，2011．
⑪ 呼和浩特：内蒙古人民出版社，2012．
⑫ 哈尔滨：黑龙江教育出版社，1994．
⑬ 北京：华夏出版社，1995．
⑭ 呼和浩特：远方出版社，1999．
⑮ 沈阳：辽宁民族出版社，2009．

垦。第三阶段为光绪末年至清亡。这一时期，清廷再度组织实边新疆，但其实际开发情况则远不如第一阶段之开发①。有关清代新疆开发的论著极为丰富，如殷晴主编的《新疆经济开发史研究》②、邹礼洪的《清代新疆开发研究》③、齐清顺的《中国历代中央王朝治理新疆政策研究》④、苗普生和田卫疆的《新疆史纲》⑤、杨发仁的《西部大开发与民族问题》⑥、马大正主编的《新疆史鉴》⑦、方英楷的《中国历代治理新疆国策研究》⑧、蔡家艺的《清代新疆社会经济史纲》⑨、殷晴和田卫疆主编的《历史时期新疆的自然灾害与环境演变研究》⑩ 等。

其中，邹礼洪的《清代新疆开发研究》一书，是其研究清朝治理与开发新疆的结集，内容包括清朝统一新疆斗争中的维吾尔族功臣、近代新疆禁鸦片述论、新疆的骆驼养殖与驼运史管窥、左宗棠新疆开发思想初探等。该书注重人物研究，通过人物研究展现清代对新疆的开发政策，其关于阿古柏、左宗棠等的讨论，有助于理解清廷对新疆政策的变化。虽然没有全面系统地展示清代新疆开发的全部内容，但探讨了一些前人关注较少的问题。蔡家艺的《清代新疆社会经济史纲》是全面系统研究清代新疆社会经济史的第一部专著，通过对新疆社会经济的研究，反映清廷在新疆的开发政策。值得注意的是，其将准噶尔汗国时期的历史纳入清代新疆史的范畴，对清代新疆经济及其相关问题进行了全面系统的研究，解决了诸多疑难问题。作者采用贯通时空的研究方法，呈现出清代新疆经济前后两个不同发展阶段密切的内在联系。例如，书中指出，准噶尔汗国时期北疆的农业已经有了广泛分布和快速发展，达到了较高水平，清代对北疆的开发是在其基础上的继续发展。此外，书中对准

---

① 王希隆. 清代实边新疆述略. 西北史地，1985（4）：62-72.
② 乌鲁木齐：新疆人民出版社，1992.
③ 成都：巴蜀书社，2002.
④ 乌鲁木齐：新疆人民出版社，2004.
⑤ 乌鲁木齐：新疆人民出版社，2004.
⑥ 北京：人民出版社，2005.
⑦ 乌鲁木齐：新疆人民出版社，2006.
⑧ 乌鲁木齐：新疆人民出版社，2006.
⑨ 北京：人民出版社，2006.
⑩ 乌鲁木齐：新疆人民出版社，2011.

噶尔汗国时期到清末新疆不同时期、不同地区、不同民族的畜牧业、矿业、手工业、城镇的发展，商人阶层的形成和商品流通等问题进行了分门别类的梳理，全面展现了清代新疆开发的过程。该书是研究清代新疆社会经济发展变化的集大成之作。殷晴、田卫疆主编的《历史时期新疆的自然灾害与环境演变研究》对历史时期新疆地区的自然灾害状况、成因，以及人类与生态环境之间错综复杂的关系进行了较为系统、全面的深入探讨，梳理出各种区域性灾害的类型和特点、各类灾害的时空分布，以及其对不同时期社会经济发展的影响。

四、西藏地区

清代的西藏地方经济，长期处于停滞、落后的状态，它突出表现在人民极端贫困和地方财政极度匮乏两个方面。张羽新在《清代前期西藏地方经济长期停滞落后的原因》①一文中归纳了西藏地方经济长期停滞落后的三个原因：一为繁重的赋税和差役；二为佛教盛行，大批社会财富被用于宗教活动而不是社会生产；三为战乱频仍，政局长期动荡不安。除以上原因外，侯宣杰在《论清代内陆边疆城市发展的特征》②一文中还提出，西藏开发缓慢与清廷在西藏实行的消极的边疆开发政策息息相关。清政府认为开发西藏弊大于利，唯恐开发西藏会诱发原有社会制度的变革，从而激化西藏地区复杂的社会矛盾。因而，清政府治理西藏以保持西藏社会稳定为最高目标，开发建设被降为次要目标。在这种思想指导下，终清一代，西藏的经济、社会发展进度十分缓慢。苏发祥的《清代治藏政策研究》③较全面地论述了清代中央政府的治藏政策，涉及清末西藏地方的新政实施经过和内容等。

五、西南地区

清代西南地区的开发可分为三个阶段。第一阶段自顺治元年至康熙末（1644—1722）。这一阶段为战乱和重建统治秩序时期。这一时期内仅有部分核心区域农业生产的恢复，尚无积极的经营开发可言。第二阶段自雍正元年至道光末（1723—1850）。这一阶段为大规模经营开发时

---

① 西藏研究，1983（2）：32-36.
② 云南民族大学学报（哲学社会科学版），2010（4）：98-102.
③ 北京：民族出版，2001.

期。其中雍正年间的改土归流与乾嘉年间的社会经济开发高潮,在整个西南边疆开发史上都占有突出地位。第三阶段自咸丰元年至宣统末(1851—1911)。在这一阶段,清朝国势颓危,无力支持西南地区开展大规模经济建设,只力图维系第二阶段遗留之成果。总而言之,这一时期的经济开发基本处于停滞状态①。黎小龙等的《历史时期西南开发与社会冲突的调控》②认为,历史时期西南地区的开发始终贯彻着两条主线:一是西南疆域的开拓与边疆的治理,一是西南地区经济的开发和社会的发展。这两方面开发在实施过程中,均会产生不同程度的社会矛盾与冲突,从而导致社会动荡。因此,治理、调控政策和措施是否得当,会直接影响社会矛盾和冲突调控的效果。

就西南地区开发总体研究而言,相比较西北、北部和东北边疆研究而言,20世纪90年代以前学界对于西南边疆研究关注很少,如马大正等所言:"(边疆开发)研究本身发展亦不平衡,以地区而言,对东北、新疆、蒙古、台湾等地研究较多,而对西南、海南、西藏的研究,则甚为寥寥。"③ 90年代以后,成果日益丰富,时至今日,西南地区开发研究已经颇为宏阔全面,代表性成果有杨毓才的《云南各民族经济发展史》④、蓝勇的《南方丝绸之路》⑤和《历史时期西南经济开发与生态变迁》⑥、李珪主编的《云南近代经济史》⑦、方铁等的《中国西南边疆开发史》⑧、陆韧的《云南对外交通史》⑨、吴兴南的《云南对外贸易:从传统到近代化的历程》⑩、钟文典主编的《广西近代圩镇研究》⑪、周宏伟的《清代两广农业地理》⑫等。其中,吴兴南的《云南对外贸易》在

---

① 成崇德. 清代西部开发. 太原:山西古籍出版社,2002:355.
② 重庆:西南师范大学出版社,2011.
③ 马大正,成崇德,达素彬. 清代边疆开发研究概述. 中国边疆史地研究导报(下),1990(2):26.
④ 昆明:云南民族出版社,1989.
⑤ 重庆:重庆大学出版社,1992.
⑥ 昆明:云南教育出版社,1992.
⑦ 昆明:云南民族出版社,1995.
⑧ 昆明:云南人民出版社,1997.
⑨ 昆明:云南人民出版社,1997.
⑩ 昆明:云南民族出版社,1997.
⑪ 桂林:广西师范大学出版社,1998.
⑫ 长沙:湖南教育出版社,1998.

论述清前期对外贸易的发展历程时,摆脱了学界研究中早期的革命史观叙事逻辑,较为客观地评价了清朝的历史功绩,探讨了改土归流对云南与内地一体化的影响。

在专著以外,亦有诸多论文考察清代边疆开发的全局性问题。如梁四宝、燕红忠的《清代边疆开发的经济动因及其影响》① 对清代边疆开发的经济动因及其影响的探讨。在他们看来,清代边疆开发的经济根源是边疆经济价值的提高和利益机制的刺激。在清代边疆开发的实践中,政府是主要推动力,在政府之外,商人亦扮演了重要的角色。而清代边疆开发在减缓人口压力、拓宽疆土、巩固国防及取得其他经济利益的同时,也造成了生态环境的破坏与恶化。成崇德、张世明的《清代中国边疆开发与美国西部开发对比刍议》② 则将清代边疆开发与美国西部开发相对比。该文提出,清代边疆开发与美国西部开发有如下不同:一是,前者为单纯之开发,而后者则为拓殖。二是,前者开发过程中各民族和谐相处,而后者则是血腥残杀。三是,前者之地理环境有许多自然障区,而后者的绝大部分地区都适宜开发。四是,前者之劳动力多为贫苦农民,无资金、无技术;而后者则为上升的资产阶级,在资金、技术方面都资源丰富。五是,前者之交通不便,而后者之交通极速发展。六是,前者市场狭窄,而后者积极参与国际经济循环。七是,前者政府实行封禁政策,后者政府鼓励西进。八是,前者安土重迁,后者积极拓荒。正是因为清代的边疆开发与美国的西部开发存在着诸多层面的不同,才使得二者产生了迥然不同的结果。

第二节　农（牧）业、屯垦研究

农业是中国传统社会赖以生存的基础。20 世纪 90 年代,在以往研究的继承上,三册《中国屯垦史》③ 陆续面世,进一步厘清了中国历代

---

① 中国经济史研究,2003（3）：127－133.
② 中国边疆史地研究,1991（2）：8－19.
③ 杨向奎,张政烺,孙言诚.中国屯垦史：上册.北京：农业出版社,1990. 张泽咸,郦家驹,陈高华,等.中国屯垦史：中册.北京：农业出版社,1990. 王毓铨,刘重日,郭松义,林永匡.中国屯垦史：下册.北京：农业出版社,1991.

屯垦演变之脉络。彭雨新的《清代土地开垦史》① 全面梳理了顺治年间至清末的垦政及其实际开垦效果。同时，随着对边疆开发研究热潮的勃兴，学者们亦将眼光聚焦于清代边疆开垦上。彭雨新在《清初的垦荒与财政》② 中从垦政与田赋、屯政与军粮财政两个方面来探讨清代的垦荒政策及其实际影响。他提出，清初的垦政政策包括招垦、报垦、升科三方面的内容，而该政策的实行有助于政府田赋收入的增加和边疆土地的开发。在屯政和军粮财政方面，新疆屯田是乾隆年间规模较巨、收获较大的屯垦。就屯政的影响而言，边疆屯田的实行，有效地确保了军粮供应，同时还促进了某些地区的经济繁荣。马东玉在《清代屯田探讨》③ 一文中将清代屯田分为军屯、民屯和漕运屯田三类。清初军屯、民屯先建于内陆省份，后因在边疆用兵而在边疆地区设立。漕运屯田因其特殊性质，仅存在于直隶、山东、安徽、江苏、浙江、江西、湖北和湖南。屯田性质为国有制，管理屯田的官员和耕种者对土地没有所有权，只有使用权。屯田的国有制性质使得土地的耕种者承受着较民田更大的剥削，正因如此，就总体而言，清代的屯田呈现出向民田演变的趋势。就其影响而言，清代的屯田起到了巩固塞防、加强边疆与内地经济联系的作用。各边疆地区有其特殊的自然地理环境和社会历史状况，在清代的土地开垦上亦表现出不同的特征，为不使边疆之整体特性掩盖各区域之特殊性，下文对各边疆地区分别展开论述。

一、东北地区

早在 20 世纪 30 年代，对清代东北土地开垦的研究就已经起步。1934 年，贺扬灵发表《清初关外农垦的检讨》④。1938 年，龚维航发表《清代汉人拓殖东北述略》⑤，是第一篇系统论述清代东北开发的文章。1943 年，萧一山发表《清代东北之屯垦与移民》⑥。1947 年，朱惠方、董一忱的《东北垦殖史》⑦ 出版。1958 年，国家科学规划委员会委托东

---

① 北京：农业出版社，1990.
② 武汉大学学报（哲学社会科学版），1978 (6)：34-47；1979 (1)：69-80，57.
③ 辽宁师范大学学报，1985 (1)：62-68.
④ 新中华，1934，2 (24)：35-38.
⑤ 禹贡，1936，6 (3/4)：105-110.
⑥ 东北集刊，1943，5：137-197.
⑦ 长春：从文社，1947.

北人民大学（今吉林大学之前身）着手编辑"东北垦殖史"资料。1972年，管东贵发表《清初辽东招垦授官例的效果及其被废原因探讨》①，该文是系统论述清初东北招垦政策的第一篇论文。80年代以来，成果日丰，最具代表性的当属90年代"长白丛书"东北区域研究中东北农学研究的系列成果，包括：乌廷玉、张云樵、张占斌的《东北土地关系史研究》②，衣保中的《东北农业近代化研究》③和《中国东北农业史》④，衣保中、陈玉峰、李帆的《清代满洲土地制度研究》⑤，刁书仁的《东北旗地研究》⑥，等等。此外，尚有彭雨新的《清代土地开垦史》⑦，王革生的《清代东北土地制度史》⑧，衣兴国、刁书仁的《近三百年东北土地开发史》⑨，于春英、衣保中的《近代东北农业历史的变迁》⑩，以及"黑龙江屯垦史"⑪系列丛书等。

总体而言，清代东北之屯垦研究主要聚焦在两个问题上：一是清廷在东北实行的开发政策，二是清代东北的土地开发。

清廷在东北实行的开发政策主要是不同时期的招垦和封禁。就清初招垦而言，学界对招垦的实际效果、招垦废除原因等问题存在着不同的观点。按照日本学者稻叶君山的看法，清初的招垦并未产生什么实际效果，其废除原因亦在于招垦的成绩不良。除此之外，他认为清初的招垦政策实开卖官鬻爵之先河⑫。管东贵与其有着截然不同的看法。管东贵认为，清初的招垦政策起到了开发东北经济的效果，而其废除原因则是清统治者为保护满洲贵族在东北的利益⑬。张璇如对此提出了另一种解

---

① "中央研究院"历史语言研究所集刊，1972，44（2）：227-246.
② 长春：吉林文史出版社，1990.
③ 长春：吉林文史出版社，1990.
④ 长春：吉林文史出版社，1993.
⑤ 长春：吉林文史出版社，1992.
⑥ 长春：吉林文史出版社，1993.
⑦ 北京：农业出版社，1990.
⑧ 沈阳：辽宁大学出版社，1991.
⑨ 长春：吉林文史出版社，1994.
⑩ 长春：吉林大学出版社，2009.
⑪ 北京：社会科学文献出版社，2017.
⑫ 稻叶君山. 满洲发达史. 杨成能，译. 奉天：萃文斋书店，1940：268-269.
⑬ 管东贵. 清初辽东招垦授官例的效果及其被废原因探讨. "中央研究院"历史语言研究所集刊，1972，44（2）：227-246.

释。他指出，出于整顿吏治的考虑，康熙帝罢招垦授官之例，但并未禁止招民开垦①。

就东北封禁政策的研究上，学界对封禁的范围、封禁的开端及其原因存在着不同的解释。稻叶君山认为封禁的范围是整个东北②。马越山则认为清代对东北的封禁是局部的、不彻底的，甚至时禁时弛，或者明禁暗弛③。张璇如亦认为清代的封禁令没有一条涉及整个东北。就地域而言，仅为东北之一部分。就封禁人员而言，不仅是汉人，满人亦在封禁之列④。在封禁开端问题上，学者大多认为清初柳条边的修建和印票制度的实行标志着封禁的开端，张杰则对此有不同看法，在他看来，乾隆五年（1740年）的一系列禁令才是封禁的开端⑤。在封禁原因方面，稻叶君山认为是为了防止汉人偷挖人参⑥。马越山认为清政府实行封禁政策有三个原因。一是关内汉人不断涌向关外，人多地少激化了土地矛盾与民族矛盾。为维护旗人利益，清廷开始限制汉人到关外垦荒种地。二是清廷为贯彻落实移八旗驻东北政策，须防止汉人与旗人争地。三是保持满八旗特性，防止沾染汉人习俗，维护清的军事力量⑦。王景泽则提出清代在东北实行的封禁政策是其总体战略的有效组成部分，它与闭关政策共同构成清"控驭中外"的严密网络⑧。

在东北土地开发方面，孙占文的《清初、中期黑龙江省的土地开发》⑨、辛培林等人编的《黑龙江开发史》⑩及2017年出版的"黑龙江屯垦史"系列丛书全面地勾勒出有清一代黑龙江土地开发的全貌。此外，还有金颖的《近代东北地区水田农业发展史研究》⑪、李为的《清代粮食短缺与东北土地

---

① 张璇如. 清初封禁与招民开垦. 社会科学战线，1983（1）：182-188.
② 稻叶君山. 满洲发达史. 杨成能，译. 奉天：萃文斋书店，1940：277.
③ 马越山. 清代东北的封禁政策. 社会科学辑刊，1986（2）：44-49.
④ 同①.
⑤ 张杰. 柳条边、印票与清朝东北封禁新论. 中国边疆史地研究，1999（1）：78-85.
⑥ 同②287.
⑦ 同③.
⑧ 王景泽. 对清代封禁东北政策的再认识. 东北师大学报（哲学社会科学版），1997（2）：48-54.
⑨ 北方论丛，1981（1）：89-100，112.
⑩ 哈尔滨：黑龙江人民出版社，1999.
⑪ 北京：中国社会科学出版社，2007.

开发》① 等。

二、蒙古地区

迄今为止，关于清代北疆开发问题的研究，还没有形成一部较为完整系统的专著。四十年来，对清代蒙古地区开发的研究主要围绕三个方面的内容：一是蒙古的经济形态从游牧业向畜牧业为主、农业为辅的多种经营方式并存的转变。二是清代蒙古农业的发展。三是对清代蒙古农业开发垦殖得失的评价。

就蒙古游牧经济及其变迁而言，学者们普遍认为，传统游牧经济根据季节变化和草场状况，以游动方式经营牛、马、羊等畜群。在清以前，蒙古的传统农业一直作为游牧经济的副业而存，从未对游牧经济形成冲击。清代时，蒙古的游牧经济形态发生了变化。邢亦尘指出，清代蒙古的游牧经济与传统游牧经济存在着三方面的不同：畜群在蒙旗界内放牧，改变了大规模远距离的移牧方式，游牧生产相对稳定，逐渐向半游牧和半农半牧过渡；游牧业受到农业的支援，生产技术和经营管理水平都有较大提高；牧业生产的商品化程度高，民族贸易、地区贸易兴起②。色音与王建革均认为，蒙古地区的开垦是游牧社会发生变迁的主要因素③。闫天灵则更重视汉族移民对蒙古游牧经济变迁的影响④。

在清代蒙古地区的农业发展研究方面，曲察金、杨亚军与周清澍系统地介绍了清代蒙古农业发展的过程⑤。王建革则将蒙古分为三个区域，具体分析了各区域的农业发展情况。在他看来，中蒙地区气候干旱，清代农业开发程度较低；东蒙地区的农业先改变后取代了当地的游牧经济；而外蒙古地区的农业开发则集中于有灌溉条件的地区⑥。在论述清代蒙古农业开发情况之外，亦有学者探讨了清代蒙古游牧经济变迁

---

① 长春：吉林人民出版社，2011.
② 邢亦尘. 清代蒙古族游牧经济浅议//蒙古族经济发展史研究：第1集. 呼和浩特：内蒙古自治区蒙古族经济史研究组，1987：145-167.
③ 色音. 蒙古游牧社会的变迁. 呼和浩特：内蒙古人民出版社，1998. 王建革. 农业渗透与近代蒙古草原游牧业的变化. 中国经济史研究，2002（2）：76-86.
④ 闫天灵. 汉族移民与近代内蒙古社会变迁研究. 北京：民族出版社，2004.
⑤ 曲察金，杨亚军. 清代内蒙古地区农业发展浅探. 古今农业，1988（2）：92-95，128. 周清澍. 试论清代内蒙古农业的发展. 内蒙古大学学报（社会科学），1964（2）：35-63.
⑥ 王建革. 农业渗透与近代蒙古草原游牧业的变化. 中国经济史研究，2002（2）：76-86.

的原因。张永江提出，清初蒙古地区面临着严重的粮食危机。为解决这一问题，清廷只能从两个方面来着手：一是蒙古与内地之间的贸易交换，二是发展蒙古当地农业。因临近蒙古的地区并未形成发达农业，没有大量的余粮用于交换，清廷只能采取在蒙古发展农业的政策。而该政策的实行则是清代蒙古游牧经济变迁的主要原因①。其他相关论文研究成果斐然，因篇幅所限，兹不赘述。

三、新疆地区

屯垦是清代新疆农业开发的核心内容。清代统一新疆以后，屯垦成效和规模都超过以往，屯垦不仅是新疆农业发展和进步的主要动力，而且是新疆社会发展演变最主要的动力之一。清代新疆的屯垦，不仅奠定了近代以来新疆地区农业生产的基本格局，而且对新疆地区民族、社会、疆域的奠定等方面都具有重要的历史意义。对这一问题的研究也凝聚了很多学者的心血，从各个角度对其予以研究和探讨。

在新疆屯垦开展的前提和条件方面，华立在《清代新疆农业开发史》②中论述了新疆农业开发的自然条件和历史基础，清廷开发新疆农业的原因及开发的手段、方式、制度、措施与成效，提出"整个开发过程表现为清代新疆政治、经济和社会多种因素的动态相互作用"。王希隆认为清政府在新疆实行屯垦政策主要是为了解决平准战争中军粮转输极度困难以及新疆统一后当地驻兵的粮食供应问题③。他还总结了清代新疆屯田得以充分发展的三个条件：地广人稀、土地充足，劳动力充足，清廷对畜牧业和手工业的重视。李景屏认为清代新疆的农业生产水平远落后于内地各省，从而为屯垦提供了相应的社会条件，而清廷在边疆地区实行的因地制宜的统治政策则是其发展的充分条件④。

关于屯垦的形式和性质问题，大多学者从劳动者的身份出发，将其划分兵屯、遣屯、旗屯、民屯、回屯五种类型。如王希隆的《清代西北屯田研究》、方英楷的《新疆屯垦史》⑤、马大正主编的《新疆史鉴》、王毓铨等的《中国屯垦史》（下册）、华立的《清代新疆农业开发史》、

---

① 张永江. 粮食需求与清初内蒙古农业的兴起. 清史研究，2003（3）：30－42.
② 哈尔滨：黑龙江教育出版社，1995.
③ 王希隆. 清代西北屯田研究. 兰州：兰州大学出版社，1990.
④ 李景屏. 清前期军屯概述. 中国社会经济史研究，1984（4）：50－57.
⑤ 乌鲁木齐：新疆青少年出版社，1989.

蔡家艺的《清代新疆社会经济史纲》等。但也有一些学者持不同观点，如赵海霞在《清代新疆商屯研究》① 一文中又将商屯从民屯中划分出来，列为第六种，认为商屯与民屯在人员组成、经营性质等方面都是不同的。纪大椿的《清代新疆屯田研究的力作——〈清代新疆农业开发史〉读后》② 认为清代新疆的屯垦实际上可以划分为兵屯和民屯两大类，这种划分主要是从经营屯垦的劳动者身份和农产品的分配角度出发，兵屯和遣屯收获物属于公家而不属于劳动者，而民屯、旗屯、回屯的土地是分配给农户的，收获物除了应缴纳的赋税外，其余归屯户所有。在关于各类屯垦的研究中，王希隆的《平准战争中的转输与屯田》③ 探讨了清代新疆兵屯的实施范围、组织形式、主体、衰落及原因等问题，指出兵屯因战争需要而产生，但在和平的局面下，其生产价值难抵国库兵费的消耗，尤其在更具优势的民屯发展下，兵屯在清末衰落。华立在《乾隆年间移民出关与清前期天山北路农业的发展》④ 一文中探讨了清代前期以天山北路为主的民屯（主要是移民的）的形成、制度及意义，对乾隆年间清政府制定移民出关的方针、迁徙措施、安置、民屯实践等方面进行了详细论证，认为这一时期民屯的发展为天山北路屯垦重心由兵屯向民屯转变及北路农业发展奠定了基础。对清代新疆回屯的研究是屯垦类型研究中成果较为集中的部分，王希隆在《清代新疆的回屯》⑤ 中对清代新疆回屯的形成、组织、经营方式、隶属关系、屯垦重心转移及废弛等内容进行了梳理。

就新疆屯垦方式演变的大趋势而言，华立在《清代屯垦方式重心的转移及其意义》⑥ 一文中认为清代新疆屯垦呈现出从军屯向民屯转变的趋势。在清代新疆屯垦的实际效果方面，大多数学者认可新疆屯垦在解决边疆军需供应、保障西北边疆安全、开发新疆经济、促进民族融合、加强文化交流等方面的积极作用。但也有学者指出清代新疆屯垦的弊

---

① 西域研究，2011 (1)：50-59.
② 中国边疆史地研究，1997 (4)：112-116.
③ 西北民族学院学报（社会科学版），1986 (2)：16-25.
④ 西北史地，1987 (4)：119-132.
⑤ 西北民族学院学报（哲学社会科学版），1985 (1)：44-52.
⑥ 西域研究，1991 (4)：42-53.

端，如董琳的《清代新疆移民屯田的历史作用与教训》① 认为，清代新疆重北轻南的屯田格局具有不平衡性，在促进北疆经济发展的同时也埋下了南疆民族冲突的隐患。关于新疆屯垦政策的发展变化，大多数学者认为清代在新疆的屯垦政策，是由"重北轻南"向"南北兼顾"发展的，华立在《清代新疆农业开发史》中细致论证了这两大特点的发展变化，指出：乾隆、嘉庆时期新疆屯垦政策以清廷的"以北制南"为原则，新疆屯田布局形成"北重南轻"的局面，这一时期的屯垦活动主要在北疆开展，屯垦形式也从早期的兵屯逐渐变为民屯为主；道光、咸丰时期新疆屯垦政策的重要转变在于天山南路西四城开始设置屯田，南疆的屯垦大大促进了当地经济发展，南疆的民族结构和社会面貌也有了很大的变化；光绪、宣统时期新疆屯垦政策则主要立足于恢复社会。清廷初期对北疆、南疆采取不同的开发政策与当地的形势有着密切的关系，对新疆开发政策的调整是针对不同时期新疆的实际情况而制定的。张晓莉的《清代新疆屯田布局对我国西北安全的影响》② 对 1715—1864 年新疆屯垦政策进行分析后认为，这一时期新疆屯垦政策及屯垦组织形式的发展演变轨迹为：1715—1755 年，以边养边的军屯；1756—1830 年，移民屯垦、兵民结合；1830—1864 年，重视南疆屯垦。她提出，清代新疆屯垦政策经历了从"临时性以边养边措施"到"持久性全国经济开发组成部分"的演变，而乾嘉年间将新疆兵屯转向解决全国性社会经济问题的民屯是清代屯垦政策最重大的转变，其意义远超之前各代服务于战争目的的屯垦。

四、其他边疆地区

清代藏区的农业开发研究成果较少，主要有李家瑞的《清代川西北藏族地区的土屯制与屯田制》③ 和刘正刚、王敏的《清代藏族农业经济初探》④。前文探讨的主要是金川战争结束后，清廷为解决驻防官兵口粮而在该地实行屯田制度，有助于当地社会生产的恢复和民族间的经济文化交流的增强。后文则认为清代藏族地区的农业经济在农耕技

---

① 新疆师范大学学报（哲学社会科学版），2001（1）：58-62.
② 石河子大学学报（哲学社会科学版），2011（3）：14-18.
③ 西南民族学院学报（哲学社会科学版），1984（4）：48-52.
④ 西藏研究，2003（3）：38-43.

术水平、农作物品种的推广和土地垦殖扩张方面均取得较大发展。

关于清代西南地区农业开发问题，较早的研究成果有李炳东的《清代前期广西农业经济的发展与变化》①，文章认为在清政府休养生息、鼓励垦荒的政策指导下，广西吸引了其他地区的民众，农业所需劳动力比较充足，由此使农业经济得到恢复和进一步提高，并带动了商品经济的活跃，但仍未能为资本主义萌芽的出现准备比较充分的条件。潘向明的《清代滇桂地区开发概论》②主要针对云南周边及广西西部这些由于自然条件恶劣而导致前此历代发展水平十分低下的地区在清代的开发问题进行论述。方慧的《清代前期西南边疆地区农业生产的发展》③认为促进西南边疆地区农业发展的主要原因在于内地汉族人口的大量移入。潘先林的《高产农作物传入对滇、川、黔交界地区彝族社会的影响》④关注到高产农作物玉米和马铃薯的传入不仅解决了这一地区粮食困难的问题，而且推动了彝族社会由领主制经济向地主制经济的过渡。秦树才的《清代前期云南农业发展原因初探》⑤提出官方和非官方组织下的流民进入、工商业发展等两个因素是推动清前期云南农业发展的主要原因。粟冠昌的《清代广西的土地问题》⑥对流官管辖区内各种类型的土地做了分析，并对农业发展水平给予了积极评价。李华的《清代广西农村的商业性农业》⑦对广西农村多种经济作物做了分析，指出当时广西的经济发展水平应该大大超过了云贵地区。李映发的《清代地丁合一改革与广西州县经济发展》⑧认为雍正朝"地丁合一"改革使得广西的农业得以迅速发展。陈曦的《论清代云南屯田》⑨对清代屯田与移民的关系进行了细致梳理。李中清等的《清代中国西南的粮食生产》⑩运用了计量史学研究方法，对清代西南地区的粮食生产状况做了较为宏观的研

---

① 广西大学学报（哲学社会科学版），1980（2）：65－70.
② 清史研究，1991（2）：44－49.
③ 中国边疆史地研究，1997（2）：26－32，118.
④ 思想战线，1997（5）：60－64.
⑤ 昆明师专学报（哲学社会科学版），1990（1）：80－86，93.
⑥ 社会科学探索，1991（2）：113－119.
⑦ 史学月刊，1991（6）：35－41.
⑧ 历史档案，1997（4）：93－97，102.
⑨ 学术探索，2006（5）：93－97.
⑩ 史学集刊，2010（4）：72－79.

究和解读,认为清代西南地区的耕地面积可能已达到 4 000 万亩,开发梯田、扩大对粪肥的使用并大力推广轮种技术、引进新的粮食作物等都极大地提高了西南地区的土地利用程度。与此同时,西南地区的边缘区取代中心区成为西南粮食的主要生产区。

第三节 边疆地区的工矿业、商业贸易和城镇

一、工矿业

清代,边疆地区的工矿业、商业贸易和城镇亦有了很大发展。工矿业是关系国计民生的重要生产部门之一。它为铸作农具、兵器、货币和部分生活日用品提供了基本原料,与人民生活、社会生产、国家军事和财政息息相关。就清代工矿业而言,可以鸦片战争为界分为前后两期。前期主要是中国传统工矿业,后期则开始步入近代工业的道路。

学界对于清前期工矿业的研究主要聚焦在清廷的矿业政策和各地工矿业的发展上。韦庆远、鲁素在《清代前期矿业政策的演变》[1] 一文中认为清代前期矿业政策大概经历了如下历程:康熙二十一年(1682年),时任云贵总督的蔡毓荣上《筹滇十疏》,提出"广鼓铸开矿藏"的主张。此后"立开派"与"立禁派"争论六十余年,至乾隆十四、十五年(1749、1750年),方在全国范围内确定开放采矿业的政策。杨余练在《康雍时期矿业政策的演变》[2] 中认为清朝矿业政策应发端于康熙十八年(1679年),该年户部等衙门会议奏准《钱法十二条》,其中第八条即为"开采铜铅"。常建华在《康熙朝开矿问题新探》[3] 一文中详细论述了康熙朝矿业政策的变迁,提出,康熙四十三年(1704年)之前可视为早中期,四十三年到五十二年(1704—1713)为后期,五十二年至康熙帝升遐(1713—1722)为晚期。早中期基本采取的是"任民自

---

[1] 中国社会经济史研究,1983 (3): 1-17; 1983 (4): 5-28.
[2] 社会科学辑刊,1983 (2): 128-132.
[3] 史学月刊,2012 (6): 34-44.

取"的矿业政策。清朝初年，由于政局尚未稳定，清廷采取封禁的矿业政策。康熙十四年（1675年）后，政局渐趋稳定，逐渐开始转变矿业政策。康熙十八年（1679年）开始形成比较完整的铜铅矿业政策。康熙二十一年（1682年），又进一步强调了任民自取的矿业政策。早中期的矿业政策调动了商民投资矿业的积极性，有助于推动矿业的发展。康熙后期采取的是限开限卖的矿业政策。随着开矿人数的日益增多，谋生矿民日益集聚，形成社会治安问题。为维护社会秩序，重新修订矿业政策。康熙晚期采取的是限中寻开的矿业政策，因开矿能满足国家铸币需求，增加国课，解决民生问题，故晚期的矿业政策渐趋放开。高王凌在《关于清代矿政的几个问题》①中认为雍正年间的矿政并非趋向严厉，当时矿禁较严的，实际上只有广东等省及临近"苗疆"用兵处。

在清代工矿业的发展方面，因云南矿冶业相对集中，学界研究成果亦最多，相关专著有马琦的《国家资源：清代滇铜黔铅开发研究》②等，论文有彭雨新的《清代前期云南铜矿业及其生产性质探讨》③、龚荫的《清代滇西南边区的银矿业》④、况浩林的《鸦片战争前云南铜矿生产性质再探》⑤等。

在对清代其他边疆地区矿业发展情况研究方面，较为重要的成果有傅笑枫的《论清代东北矿业》⑥、江桥的《清代归化城地区的煤炭开采及其特点》⑦、王致中的《清代新疆矿业述略》⑧、李炳东的《清代前期广西的矿冶业》⑨等。

清代后期，随着近代工业逐渐在中国社会兴起，边疆地区的近代工业也开始起步。其中，漠河金矿的发展最受人瞩目，学界对此研究亦颇多，相关论文主要有张凤鸣的《19世纪后半期黑龙江地区金矿业的兴

---

① 清史研究，1993（1）：20-22.
② 北京：人民出版社，2013.
③ 武汉大学学报（社会科学版），1984（5）：78-86.
④ 思想战线，1982（2）：88-91.
⑤ 中央民族学院学报，1989（4）：65-71.
⑥ 北方文物，1989（2）：101-107，84.
⑦ 内蒙古大学学报（哲学社会科学版），1989（3）：85-90.
⑧ 社会科学，1986（6）：119-129.
⑨ 广西大学学报（哲学社会科学版），1980（1）：61-71.

起和发展》①、蔡永明的《洋务企业的近代股份制运作探析：以1889—1898年的漠河金矿为例》②、侯雁飞的《关于漠河金矿与三姓金矿几个问题之比较》③、杨昕沫的《清末漠河金矿考》④、方之的《漠河金矿减衰记》⑤、谢小华的《光绪年间开办黑龙江漠河金矿史料》⑥、曲从规的《漠河金矿与李金镛》⑦、李德征的《论李金镛对漠河金矿的贡献》⑧ 和刘薇的《李金镛与漠河金矿初探》⑨ 等。吉林机器制造局（吉林机器局）是东北第一个近代军事工厂，对加强东北边防起过重要作用，对它的研究是东北工业开发史研究的重要组成部分。马国晏和张本政的《东北第一个近代军火工厂：吉林机器局》⑩、刘学军和黄海泉的《吉林机器局的创办及其历史作用》⑪、孙华和李业巍的《从档案史料看吉林机器制造局的兴衰及其历史作用》⑫、彭传杰的《吉林机器局创建的背景》⑬ 等论述了吉林机器局的创建、兴衰和历史作用。还有多篇论文探讨吉林机器局的经营模式、企业特点、与吉林城市化的关系等。

煤矿是东北矿业的重要组成部分，相关研究有王林楠的《近代东北煤炭资源开发研究（1895—1931）》⑭、付永正和张文霞的《清代东北旗人群体经营采煤业问题初探》⑮ 等。另外，东北丰富的林业资源在近代得到了较快开发，相关研究有陶炎的《东北林业发展史》⑯、王长富的《东北近代林业经济史》⑰、郑宇的《近代东北森林资源产业化研究

---

① 黑龙江社会科学，2008（6）：140-142.
② 中国社会经济史研究，2003（4）：86-91.
③ 东北师大学报（哲学社会科学版），2013（4）：235-237.
④ 前沿，2015（9）：135-139.
⑤ 黑龙江文物丛刊，1981（1）：41-43.
⑥ 历史档案，2004（1）：33-44；2004（2）：27-37；2004（3）：25-37.
⑦ 中国社会经济史研究，1983（4）：118-128.
⑧ 山东社会科学，1990（6）：72-76.
⑨ 兰台世界，2014（16）：21-22.
⑩ 社会科学战线，1981（1）：154-160.
⑪ 北方论丛，1995（2）：82-85.
⑫ 兰台内外，2007（2）：61-62.
⑬ 绥化学院学报，2010（1）：78-79.
⑭ 长春：吉林大学，2010.
⑮ 中国社会经济史研究，2017（2）：23-36.
⑯ 长春：吉林省社会科学院，1987.
⑰ 北京：中国林业出版社，1991.

(1878—1931)》①等。其中,陶炎探讨了森林的开发利用对当地各民族的经济、社会发展产生的重要影响,考证了清中叶四十八处窝集的位置、沙俄和日本掠夺滥伐森林的史实,并探讨了森林消长同生态环境的关系等。其他工业方面的论文还有杨永芳的《清末民初黑龙江烟草业发展探析》②、田东升的《清代东北柞蚕业发展研究》③等。

二、商业贸易和城镇

清代,各边疆地区的主要商业贸易为内地与边疆之间的贸易,但因自然环境、社会历史发展程度的不同,各区域的商业贸易和城镇亦表现出不同特征,下面分区域展开论述。

1. 东北地区

商业贸易研究方面,随着近代铁路的修建和港口的开埠,东北地区的商贸有了很大的发展,研究成果颇多,如费驰的《清代东北商埠与社会变迁研究》④和《1907—1931 年的东北对外贸易》⑤、张哲的《清代东北地区晋商经营活动研究》⑥、曹亚楠的《清前中期营口地区商业研究》⑦、张雪的《近代东北粮食贸易研究》⑧ 等。

由于经济发展和军事战略的需要,鸦片战争前,东北已经形成一批大小城镇,如奉天、辽阳、锦州、宁远、兴京、铁岭、抚顺、吉林乌拉、宁古塔、宽城子、三姓、珲春、舒兰、瑷珲、墨尔根、卜奎、布特哈、海拉尔等。但由于东北特殊的地理位置和地位,与内地相比,东北的城镇开发无论是规模上还是功能上,都比较落后,直到清末才比较快速地发展起来。正因如此,学界对东北早期城镇的研究比较少,也很不充分,主要有梁志忠的《清初东北的城镇》⑨、王佩环和赵德贵的《清代三姓城的勃兴及其经济特点》⑩、许淑明的《清前期黑龙江地区的三

---

① 长春:吉林大学,2017.
② 哈尔滨:哈尔滨师范大学,2013.
③ 长春:东北师范大学,2016.
④ 长春:东北师范大学,2007.
⑤ 社会科学战线,2008 (12):116 - 121.
⑥ 太原:山西大学,2011.
⑦ 沈阳:辽宁师范大学,2014.
⑧ 哈尔滨:哈尔滨师范大学,2014.
⑨ 北方文物,1988 (4):76 - 81.
⑩ 社会科学战线,1987 (1):197 - 202.

座新城——瑷珲、墨尔根和齐齐哈尔》①等,对东北地区城镇的兴起及其功能进行了研讨。随着移民开发和交通的进一步发展,清末东北出现了一批新兴城市,大体可分为农业开发区的新兴城市和铁路沿线的新兴城市两种类型。《清代边疆开发》一书较为全面地介绍了吉林、黑龙江的新兴城市及其区位特征。相关论著还有王士宾的《清代东北地区城市空间形态的演变》②、翁有利的《长春人口发展与城市变迁研究（1800—1945）》③、佟银霞的《吉林市城市近代化研究》④、曲晓范的《近代东北城市的历史变迁》⑤、吴晓松的《近代东北城市建设史》⑥等。同时,也有不少论文从交通建设的角度探讨城市发展史,如程维荣的《近代东北铁路附属地》⑦、刘莉的《近代交通与东北城市发展（1860—1931）》⑧、宫雯雯的《铁路发展与近代东北城市化研究》⑨等。

在交通史研究方面,《黑龙江古代道路交通史》⑩对清代黑龙江道路网的形成,包括驿路的开辟、驿站的设置和管理进行了研究。孟宪振的《清初吉林至瑷珲驿站考》⑪、丛佩远的《清代东北的驿路交通》⑫、张林的《略论清代吉林的驿路交通及其对边疆地区开发的贡献》⑬、吴祖鲲的《论清代吉林的驿路交通》⑭、刘文鹏的《论清代东北驿站功能的发展》⑮、温洪清和李志红的《清代黑龙江地区的驿道和驿站》⑯、许铭的《清代黑龙江地区驿站的土地开发》⑰等对清代东北不同地区驿路

---

① 清史研究通讯,1988（3）:17-23.
② 科教导刊,2010（22）:244-245.
③ 长春:吉林大学,2012.
④ 长春:东北师范大学,2011.
⑤ 长春:东北师范大学出版社,2001.
⑥ 广州:中山大学出版社,1999.
⑦ 上海:上海社会科学院出版社,2008.
⑧ 长春:吉林大学,2017.
⑨ 大连:大连理工大学,2014.
⑩ 北京:人民交通出版社,1988.
⑪ 历史档案,1982（4）:107-111.
⑫ 北方文物,1985（1）:80-91,46.
⑬ 东疆学刊,1999（4）:30-32.
⑭ 长白学刊,2001（1）:92-96.
⑮ 吉林师范大学学报（人文社会科学版）,2003（2）:49-54.
⑯ 黑龙江史志,2007（7）:40-41.
⑰ 边疆经济与文化,2010（6）:98-100.

的形成、拓展、作用进行了考释与分析。

2. 蒙古地区

综论清代蒙古与内地商业贸易的研究成果有卢明辉的《清代蒙古地区与中原地区的经济贸易关系》① 等。就清代蒙古商业贸易与城镇而言，研究主要聚焦在三个问题上，分别是旅蒙商、买卖城与长城沿线城镇。在旅蒙商研究方面，卢明辉、刘衍坤著有《旅蒙商：17 世纪至 20 世纪中原与蒙古地区的贸易关系》② 一书。相关论文有陈东升的《清代旅蒙商初探》③、赖惠敏的《清代北京的旅蒙商》④、王秀艳的《旅蒙商与呼伦贝尔地区少数民族经济文化变迁》⑤、周建波的《旅蒙晋商在蒙古地区的开发与经营》⑥、刘国俊的《19 世纪末科布多买卖城及旅蒙商》⑦。在买卖城研究上，主要有赖惠敏的《清代库伦的买卖城》⑧、祁美琴和王丹林的《清代蒙古地区的"买卖城"及其商业特点研究》⑨、宿丰林的《清代恰克图边关互市早期市场的历史考察》⑩、王少平的《买卖城》⑪ 等。清代长城沿线城镇的开发研究是讨论的热点，相关论文主要有祁美琴的《论清代长城边口贸易的时代特征》⑫、陈喜波、颜廷真、韩光辉的《论清代长城沿线外侧城镇的兴起》⑬、祁美琴、李立璞的《明后期清前期长城沿线民族贸易市场的生长及其变化》⑭、许檀的《清代前期北方商城张家口的崛起》⑮，等等。

3. 新疆地区

新疆与内地的贸易由来已久，著名的"丝绸之路"是沟通东西方政

---

① 内蒙古社会科学，1982 (5)：21 - 29，33.
② 北京：中国商业出版社，1995.
③ 内蒙古社会科学，1990 (3)：89 - 98.
④ 中国边疆史地研究，2016 (3)：136 - 148，182.
⑤ 前沿，2010 (17)：125 - 129.
⑥ 中国地方志，2009 (2)：50 - 54.
⑦ 文史月刊，2007 (7)：42 - 43.
⑧ 内蒙古师范大学学报（哲学社会科学版），2015 (1)：18 - 32.
⑨ 民族研究，2008 (2)：63 - 74，109.
⑩ 求是学刊，1989 (1)：84 - 91.
⑪ 史学集刊，1986 (2)：66 - 69.
⑫ 清史研究，2007 (3)：73 - 86.
⑬ 北京大学学报（哲学社会科学版），2001 (3)：12 - 18.
⑭ 西域研究，2008 (3)：33 - 42，132 - 133.
⑮ 北方论丛，1998 (5)：94 - 98.

治、经济和文化的重要通道,其经由新疆各地区通往中亚、南亚和欧洲,在古代历史上,西北各民族和内地很早便开始贸易往来。清代新疆开发政策,繁荣了新疆的贸易活动,促进了新疆地区的经济发展。与此前相比,新疆贸易在规模、方式上都有了很大的变化。尤其是乾隆中后期以后,新疆与内地的贸易迅速繁荣起来,大大促进了新疆地区经济发展。林永匡、王熹的《清代西北民族贸易史》[①]叙述了清代西北各民族贸易的方式、特点与历史作用,其中着重叙述了新疆地区。书中将清代西北民族贸易的发展分为三个时期:发端时期,大致为顺治、康熙、雍正三朝,主要特点是茶马贸易的活跃。兴盛时期,大致为乾隆朝,这一时期贸易规模更大,更加兴盛,内容更丰富,包括准噶尔贸易、哈萨克贸易、丝绸贸易、土尔扈特贸易。发展时期,大致为嘉庆、道光两朝,其重要特点是官方贸易持续发展,民间贸易逐渐兴盛且与官方贸易相辅相成。清前期的准噶尔贸易主要以纳贡、定期互市的形式进行,这一时期的贸易对新疆地区的开发、民族经济的发展,以及后来清政府对新疆的统一,都有着很大的促进作用。清代中期,内地与西北的哈萨克贸易,是以官方贸易的形式进行的,这种贸易关系建立在清廷平定准噶尔叛乱的基础上,有着重要的政治意义,该书详述了清廷在乌鲁木齐、伊犁、塔尔巴哈台的哈萨克贸易,是研究清朝与哈萨克贸易不可缺少的参考书。清代新疆与内地的丝绸贸易,是新疆与内地贸易的重要内容,主要以官方贸易的形式进行。总之,新疆与内地之间的各种贸易,大大促进了新疆地区经济文化的发展,加强了新疆和内地之间的联系。

华立在《清中叶新疆与内地的贸易往来》[②]中,详细讨论了乾隆朝以后新疆与内地的贸易往来。清初的新疆与内地的贸易,主要以"贡""赏"交换和"贡"外互市的形式进行,康熙年间双方贸易曾出现两次高潮。乾隆朝中叶开始,新疆与内地的贸易进入蓬勃发展的新阶段,这一时期的官方贸易主要表现为内地丝绸与天山北路哈萨克部和天山南路各城的农畜产品之间的贸易。民间贸易品种繁多,诸如牲畜、茶叶、绸缎、药材、玉石等,都是其交易的基本商品。清中叶的贸易活动与清初相比,不仅规模扩大,而且在流通渠道、交易方式等方面都有了很大的

---

① 北京:中央民族学院出版社,1991.
② 马汝珩,马大正. 清代边疆开发研究. 北京:中国社会科学出版社,1990:275-304.

发展。

此外，董倩的《清代西北商业贸易的历史考察》①、林永匡和王熹的《乾隆时期内地与新疆哈萨克的贸易》②、杜玲的《清代前期内地与新疆的商业贸易》③ 等均对清代新疆与内地的贸易往来做了综合论述。

有关清代新疆商业贸易的专题研究成果也很丰富。王熹、林永匡二人用力最多，其《清代新疆的丝绸贸易》④ 梳理了清代新疆的丝绸贸易，将其大致划分为三个不同的阶段：自乾隆二十二年（1757 年）开始清廷与哈萨克商队开展丝绸贸易为第一个阶段；自乾隆二十四年（1759 年）开始清廷在平定南疆地区大小和卓木叛乱期间开展"随军丝绸贸易"为第二个阶段；乾隆朝后期及嘉庆、道光朝年间，清廷在北疆与各族商队及中亚商人进行丝绸贸易则是第三阶段。最后一个阶段的突出特点是，在官方贸易继续发展的同时，民间商业贸易也得到发展，大大加强了新疆与内地的交流。该书的结论是，清代的丝绸贸易较前代更加繁荣兴盛，再次兴起的丝绸贸易，不仅是维系内地与西北地区的一条重要经济纽带，而且是沟通新疆与中亚地区各国之间的桥梁之一。二人就此问题还发表了《乾嘉时期内地与新疆的丝绸贸易》⑤、《清代乾嘉年间苏州与新疆的丝绸贸易》⑥、《杭州织造与清代新疆的丝绸贸易》⑦ 等十余篇论文。此外，还有范金民的《清代江南与新疆地区的丝绸贸易》⑧ 等。

19 世纪开始的中俄新疆贸易是清代新疆贸易中的重要组成部分，因此，对新疆商贸研究的另一个侧重点就是关于中国新疆和俄国之间的贸易往来。王少平在《中俄新疆贸易》⑨ 中探讨了双方贸易的发生、发展及其意义，指出，中俄新疆贸易始于 19 世纪初，与中俄北京贸易和恰克图贸易一样，是在俄国积极要求和努力争取下发生的。《伊

---

① 探索与争鸣，2007（5）：70-74.
② 历史档案，1985（4）：83-88.
③ 黑龙江史志，2009（20）：107-108.
④ 新疆社会科学，1986（6）：63-74.
⑤ 新疆大学学报（哲学社会科学版），1985（4）：45-55.
⑥ 苏州大学学报（哲学社会科学版），1985（4）：9-14.
⑦ 杭州大学学报（哲学社会科学版），1986（2）：108-115，130.
⑧ 新疆大学学报（哲学社会科学版），1988（4）：44-51；1989（1）：54-61.
⑨ 史学集刊，1989（4）：61-66.

犁条约》签订后，中俄新疆贸易快速发展，从 1884 年到 1913 年，中俄新疆贸易增长近九倍。中俄新疆贸易虽然使中国在税收等方面蒙受了巨大损失，但不能因此而否定这一活动对新疆经济发展的意义，它为中苏新疆贸易的发展起了奠定作用。刘金萍的《20 世纪初期中国新疆与俄国的贸易》① 分阶段叙述了中俄新疆贸易的状况：早在 18 世纪末，俄国商人已开始与伊犁、塔尔巴哈台发展贸易往来。1851 年《伊犁塔尔巴哈台通商章程》签订后，沙俄攫取了在新疆进行贸易的优惠特权，伊犁、塔尔巴哈台与俄正式通商。此后俄国又通过《中俄北京条约》、《陆路通商章程：续增税则》、《改订伊犁条约》和《改订陆路通商章程》等不平等条约，获取了更多的贸易特权，中国新疆和俄国间的贸易因而有了巨大的增长。20 世纪的中俄新疆贸易，随着俄国进入帝国主义阶段，呈现出新特点，具体表现为通过经济手段垄断新疆贸易活动。因此，中俄新疆贸易首先是一种不平等的、掠夺性的贸易，但是也不能否认中俄新疆贸易的发展对新疆地区产生的诸多积极的影响。

4. 西南地区

研究重点集中在商人和对外贸易方面。李华的《清代广西的地方商人》② 对活跃在广西的各商帮进行了分类分析。刘云明的《试析清代云南商人的群体整合》③ 对几大商帮的来源、成分以及发展进行了分析。吴兴南在《清代前期的云南对外贸易》④ 中提出，云南对外贸易以越南、老挝、缅甸等邻国为主要对象，是沟通内地与南亚国家的重要路线。方慧、徐中起的《清代前期西南边疆地区商品经济的发展》⑤ 分析了西南边疆地区商品经济发展状况及原因。何伟福、章青琴的《清代云南经济的开发与商品经济的发展》⑥ 提出云南经济的开发和生产的商品化促进了云南的贸易繁荣。周智生的《商人与近代中国西南边疆社会：

---

① 西北史地，1998（4）：47 - 51.
② 历史档案，1992（1）：86 - 92.
③ 思想战线，1996（2）：81 - 86.
④ 云南社会科学，1997（2）：75 - 81.
⑤ 民族研究，1997（2）：96 - 101.
⑥ 湘潭师范学院学报（社会科学版），2008（4）：27 - 29.

以滇西北为中心》① 则以活跃于近代中国西南边疆商贸舞台上的各民族商人为主要研究对象，探讨了这些本土商人与近代滇西北多民族聚居区的社会变迁间的互动关系，以及由此所产生的深远历史影响。另外，还有唐凌的《从会馆看边疆经济开发中的民间力量及商业史叙述语言的选择——以广西为例》②、高蓉芳和胡萤的《清代晋商对广西边疆地区的开发研究》③ 等。

西南地区商业对于城市的塑造作用远大于其他边疆地区，这既缘于政府的治边政策，也得益于西南地区能够与内地及缅甸等国保持密切联系，这些因素共同造就了西南地区活跃的商业贸易。侯宣杰在《清代广西边疆的商人迁移与城镇商业经济开发》④ 中对广西商业移民的地域来源进行了分析，并论述他们对边疆社会城镇经济发展的影响。他的另一篇文章《论清代内陆边疆城市发展的特征》⑤ 指出清代内陆边疆城市主要依靠国家行政力量的推动与国内外经济文化交往所形成的"外力"实现发展。这种依附式发展虽然给内陆边疆城市带来新的发展机遇和发展景象，但是也导致其发展时起时伏，内力孱弱，呈现时序上的不稳定与空间上的不平衡状态，容易陷入顿挫与失衡的发展困境。

清代西南地区商业贸易的主要内容之一为茶叶贸易，有关这方面的研究成果也很突出，相关论文有陈一石的下列文章：《清代滇茶业述略》⑥、《印茶侵销西藏与清王朝的对策》⑦、《清末印茶与边茶在西藏市场的竞争》⑧ 以及《清末的边茶股份有限公司》⑨。陈一石还与陈泛舟合写了《滇茶藏销考略》⑩、《滇藏贸易历史初探》⑪ 两篇文章。除此之外，

---

① 昆明：云南大学出版社，2011.
② 广西师范大学学报（哲学社会科学版），2012（5）：161-170.
③ 钦州学院学报，2013（10）：90-95.
④ 传承，2010（6）：68-70.
⑤ 云南民族大学学报（哲学社会科学版），2010（4）：98-102.
⑥ 西南民族学院学报（哲学社会科学版），1989（3）：89-93，67.
⑦ 民族研究，1983（6）：24-33，43.
⑧ 思想战线，1985（4）：76-80.
⑨ 思想战线，1987（2）：79-84，64.
⑩ 西藏研究，1989（3）：10-17.
⑪ 西藏研究，1988（4）：51-58.

还有卢征良和李滨的《从垄断到竞争：近代藏区边茶贸易市场体系变迁研究》①、吕昭义的《清代滇茶销藏考》②、董志勇的《关于"印茶入藏"问题》③、鲁子健的《清代藏汉边茶贸易新探》④、郭孟良的《清初茶马制度述论》⑤、李培林的《近代西藏茶叶市场之争与云南茶叶的地位》⑥等。

第四节　移民和文化教育

一、东北地区

有清一代，内地向东北移民，是中国历史上规模最大的人口移动之一，它对东北地区的历史进程产生了巨大而深远的影响。改革开放以来，随着社会史、人口史研究的拓展和深入，清代东北移民问题重新受到学界的关注，产生了大量丰富的研究成果。

葛剑雄主编的《中国移民史》⑦、石方的《中国人口迁移史稿》⑧、路遇和滕泽之的《中国人口通史》⑨、姜涛的《中国近代人口史》⑩、行龙的《人口问题与近代社会》⑪等均有专章讨论清代东北移民问题，涉及清代东北移民政策的演变、移民的重大意义、移民的数量、移民与农业开发等问题。在专论方面，路遇在《清代和民国山东移民东北史略》⑫中通过实地调查，运用第一手资料，对清代山东移民东北的社会

---

① 西藏大学学报（社会科学版），2016（2）：37-43，64．
② 思想战线，1993（3）：58-61．
③ 中国藏学，1993（3）：69-82．
④ 中国藏学，1990（3）：50-60．
⑤ 历史档案，1989（3）：87-90，99．
⑥ 云南社会科学，1981（4）：71-78．
⑦ 福州：福建人民出版社，1997．
⑧ 哈尔滨：黑龙江人民出版社，1990．
⑨ 济南：山东人民出版社，2000．
⑩ 杭州：浙江人民出版社，1993．
⑪ 北京：人民出版社，1992．
⑫ 上海：上海社会科学院出版社，1987．

背景、人数、路线、移民的贡献等进行了探讨，成为新中国成立后有关清代东北移民问题的一部奠基性的著作，其观点、数据等多为后来研究者所参考引用。李德滨、石方的《黑龙江移民概要》①不仅对清代黑龙江地区的国内移民进行了研究，而且对这一时期日、朝、俄等国际移民也做了叙述和分析。辽宁、吉林两个地区的移民史，尚无专著问世。

范立君的《近代关内移民与中国东北社会变迁（1860—1931）》②则以清朝东北移民政策为中心，在对清前中期东北移民史进行回顾的基础上，重点阐述了清末东北移民政策发展演变的历史过程，并对东北移民产生的动因、移民的特点及移民活动的性质等做了考察。对东北流人史的考察在东北移民史研究中占有独特的地位，其中，李兴盛的《东北流人史》③对历代东北流人特别是对清代东北流人的概况、特点及流人对东北开发的贡献与历史作用等做了研究，堪称东北流人史研究的拓荒之作。张士尊的《清代东北移民与社会变迁：1644—1911》④探讨了清代关内移民进入东北的过程及其对东北社会变迁的影响。马平安的《近代东北移民研究》⑤主要侧重研究近代东北移民的历史，对清末东北移民情况亦有所涉及。

清代东北移民，不论是政府组织的人口迁移（如京旗移垦），还是各省自发进入东北的流民，都对当地的政治、经济、社会、文化产生了巨大的影响。从不同角度进行探讨的论文成果丰富，其中不乏研究深入的成果，如在政府政策与东北移民方面，张璇如的《清初封禁与招民开垦》⑥、曲淑珉的《清代东北封禁政策述评》⑦、谭玉秀的《清末东北移民政策转变动因探源》⑧等分别对清前中期封禁东北的原因、政策内容及其对移民的影响进行了较为详细的分析。

移民与城镇发展方面，范立君、黄秉红的《清末民初东三省移民与

---

① 哈尔滨：黑龙江人民出版社，1987.
② 北京：人民出版社，2007.
③ 哈尔滨：黑龙江人民出版社，1990.
④ 长春：吉林人民出版社，2003.
⑤ 济南：齐鲁书社，2009.
⑥ 社会科学战线，1983（1）：182-188.
⑦ 中国边疆史地研究，1989（2）：1-7.
⑧ 兰台世界，2010（9）：54-55.

近代城镇的兴起》①、吴晓松的《东北移民垦殖与近代城市发展》② 从移民垦殖的角度探讨了清代移民对东北城市发展所产生的影响。移民与文化方面，陈忠、王曦昌的《东北文化的移民文化形态及其异化初探》③ 阐述了汉族传统文化在成为移民文化主体的同时，在东北特殊环境下所发生的变异。马平安、楚双志的《移民与新型关东文化：关于近代东北移民社会的一点看法》④ 考察了新型关东文化的形成和特点。白宏钟的《移民与东北近代社会文明的建构（1860—1911）》⑤探讨了移民在东北近代社会文明的建构中的重要作用，但同时指出，由于建设近代社会文明的特殊要求和移民自身特点的限制，移民在东北近代社会文明建构的过程中始终不是主导力量，也不是主要动力，不过，移民使得这一时期的东北近代社会文明的建构具有可塑性强的特点。

教育开发是边疆开发中的重要内容。王鸿宾主编的《东北教育通史》⑥ 叙述了从先秦至中华人民共和国成立前东北教育发展的过程，论证了东北教育发展的复杂性、间歇性、不平衡性及与内地教育的相互作用，其"清代的东北教育"一章，对于东北各地的教育概况、组织形式、科举制度及鸦片战争后各时期的教育革新和特点做了详细论述，基本展现了东北教育的全貌。与清前中期的东北教育研究相比，学界对清末东北教育关注更多，视角也较为丰富，如樊期曾的《东北农业教育史（1906—1985 年）》⑦、栾学钢的《晚清吉林的实业教育》⑧、佘丽娜的《清末民初黑龙江女学教育研究》⑨、杨岩的《清末民初奉天地区社会教育研究》⑩ 等。

二、新疆地区

清代对新疆的人口迁移和开发政策，促进了当地经济的发展，加强

---

① 吉林师范大学学报（人文社会科学版），2006（1）：93-98.
② 城市规划汇刊，1995（2）：46-53，65.
③ 社会科学战线，1997（6）：187-197.
④ 辽宁大学学报（哲学社会科学版），1996（5）：25-28.
⑤ 中国社会历史评论，2006（7）：383-398.
⑥ 沈阳：辽宁教育出版社，1992.
⑦ 沈阳：辽宁教育出版社，1987.
⑧ 中国科技史杂志，2005（3）：231-237.
⑨ 哈尔滨：哈尔滨师范大学，2013.
⑩ 长春：东北师范大学，2017.

了新疆和内地之间的文化交流,新疆教育事业的发展也自此开始。刘仲华在《清代新疆的封建教育和科举》①中指出,乾隆年间对新疆的大力开发为当地的文化教育事业发展奠定了基础,乾隆三十四年(1769年)新疆始设学校,开始有规范的教育和科举制度,光绪年间新疆建省后,开始设立新式学堂。赵云田在《清末新政期间新疆文化教育的发展》②中详细叙述了清末新政期间新疆教育事业的发展。光绪二十三年(1897年)之后,各地开始大力创办学堂,新疆亦是,据统计,直至清亡,新疆共设学堂606所,有学生16 000多名。新政期间,新疆教育事业发展的成果是显著的,各府厅州县的学堂大力推广简易识字课本,许多地方还办有义学。创办学堂,普及教育,尤其是选派留学生,给新疆社会带来了新气象,一些资本主义的民主政治思想和自然科学知识传播到新疆,这又为新疆各方面的发展奠定了基础。

19世纪下半叶到20世纪上半叶是西方列强在中国划分势力范围的时期,新疆也成为西方列强的势力范围,其对新疆的侵略渗透进文化教育事业中。周泓的《近现代帝国主义列强对新疆的文化侵略》③一文深入分析了西方列强在新疆的文化侵略。其侵略行为具体表现为两类:第一,意识形态领域的侵扰。首先,其通过创办新式学校、传播印刷品等方式,大力宣传泛伊斯兰、泛突厥主义,妄图分割新疆、分裂中国。其次,在新疆直接进行思想文化输入,其借助瑞典传教团及其喀什噶尔印刷所,直接传教,进行文化渗透。第二,文物抢掠和情报收集。随着帝国主义的殖民入侵,19世纪晚期开始了所谓"中亚和西域探险"的时代。列强纷纷派出各有其目的的探险队、考察队、考古队,踏入中国甘、新、蒙古、藏等地区,挖掘、窃劫大量珍贵文物,搜集政治、经济、军事、文化、民族诸方面情报资料。据调查统计,今有关维吾尔族社会、历史、文化,用突厥文、回鹘文、察合台文、波斯文、于阗文、龟兹文、梵文等写成的文书文献,98%都藏于国外。帝国主义列强对新疆意识形态领域的侵扰、肆意的文物掠夺、全方位的情报搜窃,是帝国主义在新疆文化侵略的轮廓和轨迹,并清晰地表现出其文化侵略活动背

---

① 西北史地,1997(2):76-78.
② 西域研究,2002(2):47-55.
③ 新疆师范大学学报(哲学社会科学版),1998(1):46-53,96.

后的政治、军事渗透的目的。

在清代新疆开发和文化教育发展过程中,有两个人的功绩不容忽视,即林则徐和左宗棠,关于他们对新疆开发所做出的贡献的研究成果很丰富。华立的《论林则徐与南疆屯垦》① 指出,开垦南疆是林则徐谪戍南疆期间的主要活动之一,也是清代开发新疆的重要事件。道光二十四年(1844年),林则徐由伊犁赴南疆,通过清查土地、兴修水利,为屯垦奠定基础,接着提出将垦地"全部给回"、"民回兼顾"及"全部招民"三种设想,最后结合具体情况,因地制宜,实行不同的政策,有力地促进了当地的农业生产,对当时加强西北边防也有着重要作用。殷晴的《十九世纪中叶新疆农垦事业的发展:兼论林则徐等人在新疆建设开发史上的地位和贡献》② 总结了林则徐在新疆的功绩,指出其最重要的贡献是纠正了清廷在农垦政策上对天山两路的偏差,使天山南路的农业生产获得显著发展,改变了清代前期屯垦重北轻南的倾向,这对改善民族关系、稳定形势,特别是促进新疆的开发建设,有着深远的影响。周轩的《关于林则徐在新疆的思想和实践的评价》③ 将林则徐在新疆的活动概括为报国志之不移、关心新疆边防、伊犁开垦与南疆勘地、文学创作的深化与完善等四个方面,详述了林则徐对新疆边防的重视及其在道光年间新疆屯垦热潮中所起的作用,充分肯定了林则徐在新疆开发中的作用,文中还对林公树、伊犁捐垦的动机、林公井与林公车等问题做了考证。

左宗棠收复新疆是近代历史上的重大事件。邹礼洪在《左宗棠新疆开发思想初探》④ 中将左宗棠的新疆开发思想概括为:以兴农实边为中心,以水利建设为基础,以社会稳定为保障,以兴学育才为根本,以经济手段为引导。认为左宗棠的新疆开发思想,较之前人更具有系统性、深刻性和实用性,其中某些主张对于今天的新疆开发仍然具有启迪意义。沈传经的《论左宗棠对新疆的历史贡献》⑤ 一文详述了左宗棠在新疆的功绩:收复新疆,新疆建省。马啸的《试论左宗棠振兴新疆文教的

---

① 新疆社会科学,1986(5):61-72.
② 新疆社会科学,1986(6):49-62.
③ 新疆大学学报(哲学·人文社会科学版),2006(6):71-75.
④ 新疆大学学报(社会科学版),2002(1):47-52.
⑤ 新疆社会科学,1982(3):59-74.

措施与特点》①叙述了左宗棠振兴新疆文教的动因、措施和特点，着重对其因地制宜的教育举措做了论述，如从湖州雇请"熟习蚕务者"前来新疆设局讲学，传授蚕桑织造技术，并提出维吾尔族人民"勤习工作，可收事半功倍之效"等。文章认为，新疆设省后出现的持续二三十年的稳定局面和开发热潮与左宗棠振兴新疆文教的措施是分不开的，可以说，新疆近代教育是从左宗棠开始起步的。此外，石泰的《左宗棠经营西北农业问题述评》②、洪涛的《左宗棠对新疆经济建设的贡献》③、沈其新的《左宗棠西北屯田中土地改革思想述略》④、谭属春的《左宗棠兴修水利》⑤、冯志文的《左宗棠归复新疆及其对发展新疆经济的贡献》⑥等，均从不同方面、不同角度论述了左宗棠在开发新疆中所做的努力，充分肯定了左宗棠在新疆开发中的历史功绩。

三、西南地区

进入 21 世纪，人口和移民问题成为西南边疆研究的一个重要内容。龙晓燕的《清代落籍滇东北地区的汉族士兵》⑦针对滇东北不同地区的特点，分析了已有大量汉族定居的曲靖府以及刚刚改土归流、所属人民皆为少数民族的昭通、东川府的绿营驻防和外籍汉族士兵定居的情况。秦树才、田志勇的《绿营兵与清代云南移民研究》⑧阐述了绿营兵及其家属在云南形成的三种移民类型及对民间移民所产生的影响。李晓斌在《清代云南汉族移民迁徙模式的转变及其对云南开发进程与文化交流的影响》⑨中指出，清代内地与云南经济互补的实现使云南汉族移民的迁徙模式由强制性向自发性转变，而这种转变加速了清代云南的开发进程。林超民在《汉族移民与云南统一》⑩中认为清代移民实边的进程使得汉文化在云南得到更加广泛和深入的传播，推动了云南各民族对民族

---

① 新疆师范大学学报（哲学社会科学版），2003（3）：36－39.
② 社会科学，1984（4）：115－121.
③ 历史教学，1984（9）：11－13.
④ 湖南师大学报（哲学社会科学版），1985（6）：100－101.
⑤ 湖南师大学报（哲学社会科学版），1985（5）：42－43.
⑥ 喀什师范学院学报，1985（Z1）：114－120，129.
⑦ 贵州民族研究，2003（1）：142－145.
⑧ 清史研究，2004（3）：32－40.
⑨ 贵州民族研究，2005（3）：172－177.
⑩ 云南民族大学学报（哲学社会科学版），2005（3）：106－113.

国家的普遍认同。古永继的《元明清时期云南的外地移民》① 对清代移民云南地区的方式、来源和民族构成进行了分析，他的另外一篇《明清时期云南的江西移民》② 具体分析了江西籍的移民方式对于云南地区产生的影响。梁亚群在《边疆经略与地方社会：清中前期广西土司地区移民开发初探》③ 中对移民开发活动带来的影响以及政府的应对措施做了论述。

在文化教育方面，古永继的《清代云南官学教育的发展及其特点》④ 提出清代云南的官学教育同全国一样，以鸦片战争为节点，分为前后两个阶段，同治、光绪间，国内不少新式学校先后建立，云南也开始建立新式学堂。他在另一篇文章《明清时期云南傣族地区的教育发展及特点》⑤ 中对明清时期云南傣族地区儒学教育和寺庙教育的状况进行了梳理。于晓燕在《清代云南官办民助初等教育"义学"探析》⑥ 中就义学的教育对象、内容和目的进行了分析。张惠鲜的《清代中越边境地区义学教育探析》⑦ 则着重对中越边境义学的设立和发展进行了研究。

此外，对清朝封疆大吏与当地文教发展关系的研究有黎瑛、陈炜的《经略西南：岑毓英的思想及实践（1865—1885）》⑧、施铁靖的《岑毓英对西南民族地区文化教育贡献初探——岑毓英研究之三》⑨、张惠鲜和王晓军的《郑孝胥与清末广西边疆地区民智开发》⑩ 等。

第五节　边疆开发与生态问题

有清一代对边疆的开发，促进了边疆地区经济的发展，其积极意义

---

① 民族研究，2003（2）：69-78，109.
② 思想战线，2011（2）：117-122.
③ 广西民族研究，2015（1）：124-131.
④ 云南社会科学，2003（2）：92-96.
⑤ 云南师范大学学报（哲学社会科学版），2011（2）：142-150.
⑥ 云南民族大学学报（哲学社会科学版），2007（3）：153-157.
⑦ 云南民族大学学报（哲学社会科学版），2015（3）：131-137.
⑧ 贵州民族研究，2006（1）：155-161.
⑨ 广西民族研究，2010（1）：74-81.
⑩ 兰台世界，2012（33）：19-20.

毋庸置疑，但与开发相伴而生的环境问题，也值得重视，更是当今环境史学者对中国环境问题追本溯源关注的重点。关于开发与环境的关系问题，在开发研究兴起之时，戴逸就撰文《边疆开发活动中的人和环境》① 对二者的关系予以讨论。但是，在 2000 年以前，学者们多从开发的积极角度去分析问题，对于它所带来的边疆地区人与人之间、人与环境资源之间的紧张关系注意不够。2000 年 4 月，戴逸在《人民日报》发表《清代开发西部的历史借鉴》② 一文，指出清代二百多年的开发，使西部人口增加，经济文化显著发展，东西部交流更加密切，东西部差距缩小，从而使民族凝聚力进一步加强，国家统一大大巩固，意义深远，而教训也比较大，主要是生态环境的破坏。

此后，吴晓军、董汉河的《西北生态启示录》③ 一书较为系统、翔实地论述了西北历史上生态环境恶化之因与沉痛教训，表明人类的不合理开发对环境造成了极大的破坏，书中较多篇章涉及清代新疆屯垦与环境问题。南疆、北疆的垦荒，对当地的森林、草原造成了破坏，例如，大黄山在清初时东南丘陵还有着茂密的柳科灌木，但清朝垦荒政策实施后，此地遭到了毁灭性破坏，森林不复存在。书中认为，清代新疆开发虽然促进了新疆地区经济的发展，但带来的环境问题不容忽视，因此，在开发中应注意经济发展与环境保护之间的平衡，科学合理地进行开发。赵珍的《清代西北生态变迁研究》④ 一书叙述了清代西北生态变化的过程、原因及其带来的生态问题，其中亦有较多篇章分析了清代对新疆的开发。新疆虽然地广人稀，但其脆弱的生态环境是开发的基础，清代对新疆的开发改变了新疆之前"南农北牧"的格局，新疆的经济由牧业经济向农业经济过渡，生态环境由草原景观逐渐转化为农业种植景观。尤其是清代新疆的垦殖、放垦荒地均集中在塔里木河的上游和周围，农田用水加速了对水资源的利用程度，导致塔里木河下游水流量减少，改变了区域环境结构，打破了原来的生态平衡，造成环境问题。

---

① 清史研究通讯，1988（3）：1-2.
② 人民日报，2000-04-13.
③ 兰州：甘肃人民出版社，2001.
④ 北京：人民出版社，2005.

党瑜的《历史上西北农业开发及对生态环境的影响——以新疆和河西走廊为例》① 以新疆和河西走廊为例，对历史时期西北地区农业开发及对生态环境所造成的影响进行了探讨。西北地区农业经济的开发，始于西汉，到唐代，无论是河西走廊还是新疆地区，到处呈现一片繁荣景象。清代新疆地区农业经济得到继续发展，而河西走廊的经济有所萎缩。农业经济的发展与繁荣，促进了边疆政局稳定和交通畅通，为西北地区社会经济的发展奠定了坚实的物质基础和技术保障。但是，在开发西北农业经济的同时，也给自然环境带来不同程度的破坏，历史上的不合理开垦、利用以及对森林的滥伐等，造成当地河流改道、土地沙化等严重后果。因此，文中从生态环境的角度提出了在当今西北大开发中，应以史为鉴，注意对西北地区脆弱环境的保护。刘翠溶、范毅军的《试以环境史角度检讨清代新疆的屯田》② 一文从环境史的角度考察了清代屯田制度下人与自然的关系。该文详述了清代在新疆的五种屯田方式，并概括屯田引起的新疆人为景观的出现，通过纪昀、林则徐和谢彬在不同时期对新疆的见闻，表明有清一代的屯田制度确实改变了新疆的自然景观。此外，刘超建的《从清代新疆屯垦政策角度谈屯田与生态环境的关系：以天山北路东部屯垦为中心》③ 和《异地互动：自然灾害驱动下的移民——以1761—1781年天山北路东部与河西地区为例》④、齐清顺的《论清朝中期新疆解决人口与耕地矛盾的重大措施》⑤ 等文章都从不同角度探讨了这一时期人与环境之间的关系，论证新疆自然环境的变化与新疆开发之间有着密切联系，提醒在对新疆的开发中，应注意对环境的保护。

清代蒙古地区农业开发与牧业发展、环境变迁的关系也一直是边疆史学者、环境史学者关注的重点。况浩林在《评说清代内蒙古地区垦殖的得失》⑥ 一文中指出，蒙古游牧经济因其自身的脆弱性而需要当地农业的发展，但清代蒙古地区农业的过度发展反而超出了环境的承载力。

---

① 西北大学学报（自然科学版），2001（3）：271-276.
② 常建华. 中国社会历史评论：第8卷. 天津：天津古籍出版社，2007：183-227.
③ 干旱区地理，2015（2）：391-402.
④ 中国历史地理论丛，2013（4）：58-66.
⑤ 石河子大学学报（哲学社会科学版），2010（1）：10-17.
⑥ 民族研究，1985（1）：46-53.

此种违背客观规律的行为，必然受到自然的制裁。佟双喜则从民族矛盾、社会冲突的角度考察清代蒙古屯垦得失，在《清代蒙古人的北迁研究：以迁居郭尔罗斯公旗外旗蒙古人为中心》①中认为，蒙地开垦使蒙古人的贫困化问题日益严重，迫于生计，蒙古人北迁。北迁后的蒙古人不仅从根本上改变了迁入地的生活、生产方式，而且加速了其原住蒙旗苏木制度和蒙旗武备的松懈，最终导致清末蒙古地区金丹道等社会动乱的发生。亦有许多学者从自然环境的角度考虑其垦殖得失。包玉山的《内蒙古草原畜牧业的历史与未来》②认为，草原畜牧业生产方式注重人、草、畜之间的协调发展，具有可持续性，而蒙古地区农业生产方式则不具有可持续性。因此，清代蒙古农业的过度开垦给当地带来了严重的生态破坏。陈育宁的《鄂尔多斯地区沙漠化的形成与发展述论》③通过考察清代蒙古农业开发与鄂尔多斯地区沙漠化的关系，提出，清代蒙古的过度屯垦无疑是鄂尔多斯地区沙漠化的主要原因。而肖瑞玲的《清末放垦与鄂尔多斯东南缘土地沙化问题》④对此则有不同看法，她认为，鄂尔多斯地区沙漠化的根本原因是第三、四纪以来青藏高原的隆升导致的生态极度脆弱，清代蒙古农业的开发只是次要因素。

有关西南地区开发与环境的研究，主要有蓝勇的《明清美洲农作物引进对亚热带山地结构性贫困形成的影响》⑤，文章对南方山地玉米、马铃薯等作物种植所产生的负面影响进行了分析，指出不仅造成水土流失，而且形成了另一种结构性贫困。这种结构性贫困是指历史时期形成的产业结构与该区域适合的发展模式不相符合，具体而言，就是高产耐旱作物的引入并没有很好发挥地区的丰富资源优势。周琼、李梅在《清代中后期云南山区农业生态探析》⑥中亦对玉米和马铃薯种植带来的环境问题进行了阐述。张振兴的《论清代在西南山区推广玉米种植的生态后果》⑦则提及西南山区的乡民在种植玉米的过程中逐渐形成了生态意

---

① 中央民族大学学报（哲学社会科学版），2013（3）：63-68.
② 呼和浩特：内蒙古教育出版社，2003.
③ 中国社会科学，1986（2）：69-82.
④ 内蒙古师范大学学报（哲学社会科学版），2004（1）：10-15.
⑤ 中国农史，2001（4）：3-14.
⑥ 学术研究，2009（10）：123-130.
⑦ 原生态民族文化学刊，2010（3）：40-47.

识，例如将玉米和藤蔓植物混合播种，以抑制水土流失等。杨煜达在《清代中期（公元1726—1855年）滇东北的铜业开发与环境变迁》[①]一文中提出，在清朝前130年间，铜业生产直接导致该地区森林覆盖率下降了20%。

总而言之，改革开放以来，清代边疆开发研究取得了不小的成就，主要体现在：

一是研究范围广，几乎涵盖了清代所有边疆地区，东北（辽、吉、黑）、北部（内蒙古）、西北（新疆）、西南（云南、广西、西藏）以及东南海疆（台湾和海南岛）各地区，均有学者涉足。

二是研究内容丰富，涉及方方面面。对边疆地区农牧业发展状况、土地开垦程度、水利设施、生产技术、商业贸易、交通运输、城镇建设、移民、文化教育等各个方面都进行了深入的史料挖掘和探讨研究。

三是注意将研究置于当时的历史场景去考察，结合清代的边疆现状、治边政策、内外变化来研究开发问题，同时，贯彻经世致用的治学方针，知古鉴今，将历史研究与今天边疆建设和开发任务紧密结合起来。在研究角度上亦能与时俱进，引入其他学科的新视角、新方法，如对开发与环境生态关系的考察等。

在研究上，也存在着明显的不足之处。戴逸在《加强边疆开发史的研究》[②]一文中，倡议边疆开发研究时就曾提到这是一个交叉学科，涉及历史学、经济学、民族学、社会学以及自然科学。在当今的研究实践中，虽然有的研究者已经开始重视借鉴自身以外学科的研究方法和研究视角，但从总体而言，各学科的合作和联系还有待于加强，尚须注入新鲜的动力，使渐趋于平淡的边疆开发研究重新焕发活力。

---

① 中国史研究，2004（3）：157-174.
② 新疆社会科学，1986（5）：59-61.

第九章 海疆问题的出现与清代海疆史研究

海疆是中国边疆的重要组成部分,这一观点在民国时期已得到诸多学者的共识。新中国成立以后,尽管与陆疆史的研究相比,海疆史的研究仍有很大的不平衡性,相对发展较慢,但始终处于不断深入发展过程中。改革开放以来,尤其是20世纪80年代以后,海疆史研究蓬勃发展。正如李国强在《新中国海疆史研究60年》中所言:"与陆地边疆史研究有所不同的是,60年来中国海疆史的学术研究不仅因循学术发展的规律、助力哲学社会科学的不断繁荣,而且与社会发展的现实紧密相关。"① 除学术研究的求真之外,海疆史研究的发展与现实的致用息息相关。改革开放之后,海洋在国家发展中扮演着越来越重要的角色,不仅对我国国民经济产生了举足轻重的影响,而且海洋主权、海洋权益等方面不断面临严峻挑战,如南海问题、钓鱼岛问题等,直接影响了中国与周边国家双边关系及地区安全。此外,诸如海洋生态问题、海盗问题、海洋走私贩毒问题等都日渐突出。因此,现实的需求成为海疆史研究发展的首要推动力。

同时,改革开放以来,中国的学术氛围得到极大改善,研究环境宽松,视角多元,中外交流频繁,为海疆史研究的进一步发展打下坚实的基础。一些专门研究边疆问题甚至海疆问题的机构也纷纷涌现,如中国社会科学院中国边疆史地研究中心明确提出中国海疆史为中国边疆研究的重要组成部分,并且在多年的研究中推广深化这一认识,推动了海疆史研究学术体系和学术框架的探索与完善。《中国边疆史地研究》2001

---

① 中国边疆史地研究,2009(3):50.

年第2期刊载了一组关于海疆史研究的学术论文,讨论了海疆史的定义、性质以及研究任务等问题。同时,该中心组织力量出版了诸多海疆史著作,如吕一燃主编的《中国海疆历史与现状研究》①、安京的《中国古代海疆史纲》②,以及"中国边疆通史丛书"中张炜、方堃主编的《中国海疆通史》③ 等。

李国强《新中国海疆史研究60年》一文梳理了新中国成立以来60年的海疆史研究,是较为全面的一篇海疆史研究综述。在此基础上,下面以清代海疆史研究作为主要关注点,对以往研究做一个梳理和归纳。

第一节 基本概念及研究范围

一、"海疆"的概念及研究范围

中国古代自《禹贡》始,文字记载疆域即有九州、十二州及大九州之说,海被视为天然屏障。限于科技水平与认知能力,人类主观上并未把海洋本身视为国家疆域,"海疆"这一概念在古代也并未形成。但从客观上讲,古代的海疆的确存在,它主要指"海岸线以内的沿海地区及其靠近大陆的海岛构成的、有着海洋文化特征的'沿海疆域'"④。15世纪后,以地理大发现为分水岭,西方开始将海洋作为争夺对象,"海疆"的概念也相应确立起来,并开始在全世界范围传播。19世纪末叶,中国开始接受3海里领海观念。1931年南京国民政府明确规定中国领海宽度为3海里。至20世纪50年代,中华人民共和国政府公布了12海里领海范围。20世纪90年代,全国人大常委会批准了《联合国海洋法公约》,通过了《中华人民共和国领海及毗连区法》和《中华人民共和国专属经济区和大陆架法》,使国家疆域范围合法地延伸至领海、毗连区、专属经济区和大陆架的海洋上,这标志着中国具有了包括沿海地

---

① 哈尔滨:黑龙江教育出版社,1995.
② 哈尔滨:黑龙江教育出版社,1999.
③ 郑州:中州古籍出版社,2003.
④ 张炜.中国海疆史研究几个基本问题之我见.中国边疆史地研究,2001(2):1-6.

区陆地、领海、大陆架底土和管辖海域的现代海疆观念。李德元在《论中国近代海疆观念的形成》[1] 一文中提到中国近代海疆观念是在西方势力入侵后诱发的,而中国传统社会架构内海洋性因素的缓慢增长对于中国近代海疆观念的形成也有一定的催发作用。

李国强曾提出:"海疆史则是中国历史学特有的特色领域……所以更准确地说,'海疆史'即为'中国海疆史'。"[2] 也就是说,关于海疆史的概念、研究范围等问题几乎无法从国外得到借鉴,那么,作为海疆史研究对象的"海疆",应该如何定义呢?国内学术界对此有着不同的观点和意见。

1992年,吕一燃发表《二十年来边疆史地研究的回顾与展望》[3] 一文,对中国边疆史地研究的特点进行了总结,并对日后如何进一步开展研究提出了意见。值得注意的是,其所提意见的第三条特别提到了日后要加强海疆史地的研究。但具体怎样加强,却语焉不详,只是特别提出了要加强对海岛的研究。很明显,这与当时迫切的现实需要密切相关。在该文中,尽管作者没有提到"海疆史"的概念,但从强调加强海疆史地研究,尤其是提到海岛研究来说,作者认为海疆史的研究是应该包括海岛研究在内的。

2001年,张炜主张海疆史研究的范围应当根据时代而定,"中国古代近代海疆史的'海疆'概念应定位于中国的沿海地区,主要指海岸带,包括沿海的陆地、滩涂、港湾、岛屿……现代海疆史则应当完全包括管辖海域,同时应包括根据现代国际海洋制度赋予的合法权利在公海进行的海洋开发利用活动"[4]。2003年,马大正提出海疆应包含两大部分,"一是大陆海岸线至领海基线之间的海疆,这是国家的内海,其法律地位与领土完全相同;二是领海基线以外的国家管辖海域与岛域","将拥有大陆海岸线的省区称为海疆地区似欠科学,但论及海疆,尤其是历史上的海疆,也难以将它们与这些省区之间的政治、经济诸关系完

---

[1] 厦门大学学报(哲学社会科学版),2014(3):75-82.
[2] 李国强. 关于海洋史与海疆史学术界定的思考:兼贺《中国边疆史地研究》出刊百期. 中国边疆史地研究,2016(2):8.
[3] 史学理论研究,1992(1):27-28.
[4] 张炜. 中国海疆史研究几个基本问题之我见. 中国边疆史地研究,2001(2):2.

全割裂"①。

李国强就海疆和海疆史的研究范围方面也不断阐发着自己的观点。2001 年,他在《关于中国海疆史地学术研究的思考》② 一文的标题中使用了"海疆史地"一词。在文章中,他对海疆的构成、研究的基本内容及具体范畴等进行了阐述,提出海疆史的研究范围应该为:"历代海洋政策与海洋思想史、历代海防研究、历代海上丝绸之路和海上贸易研究、历代海疆疆域史等。这其中以历代海疆疆域史所涉及的内容最为多样,如南海史地研究、钓鱼列屿历史研究以及海南、台湾、香港、澳门历史研究等等。"尽管文中对于海疆史包括的具体内容有所规定,但正如作者自己所说,对"海疆"的界定"完全是现代意义上的概念,而历史上的海疆与现代意义上的海疆不可相提并论"。因此,他同意何瑜的意见③,认为清朝的海疆主要是指东南海防区域,海洋观念直至清末也未形成。2014 年,在《关于海疆史研究的几点认识》④ 一文中,李国强提出海疆史研究的范围"包括历代海洋疆域史、历代海洋政策、历代海洋思想史、历代海防、历代海上贸易、近当代中国海上边界等等,其中以历代海洋疆域史涉及区域性的问题最为多样,包括黄海、东海、南海疆域史以及海南、台湾、香港、澳门等地区的历史"。与十余年前的提法相比,变化不大,只是研究范围上增加了黄海和东海等地。

2015 年,李国强又发表题为《中国海疆史话语体系构建的思考》⑤ 的文章。文中虽然没有给出海疆史研究的具体研究范围,但指出,"在'海疆史'研究中,关注的对象当然是海洋",明确提出对海疆史的研究应该重点关注海洋。次年,其在《中国边疆史地研究》出刊百期的贺文中再次全面阐述了海疆史的研究范围:"海疆史是关于海洋疆域形成、发展、演变的历史。从其范畴上而言,它包含了由古至今从海洋疆域到海洋领土主权、管辖权演进的全部历史。从研究对象上而言,主要集中

---

① 马大正."中国边疆通史丛书"总序//赵云田. 中国边疆通史丛书:北疆通史. 郑州:中州古籍出版社,2003:3.
② 中国边疆史地研究,2001(2):7-9.
③ 何瑜. 清代海疆政策的思想探源. 清史研究,1998(2):77-89.
④ 史学集刊,2014(1):42-45.
⑤ 中国边疆史地研究,2015(4):1-5,179.

于历代海洋政策、海洋制度、海洋管辖、海洋管理、海洋开发。"①

从以上的各种观点可以看出，学术界对于"海疆史"的研究范围的界定有一定差距，即便就李国强个人观点而言，前后也有变化。总的来说，从1992年研究发端至今，对于"海疆史"的研究范围的界定呈现出两个特点：第一，从与大陆的距离上来说，有从起初的沿海地区逐渐延伸到海洋的趋势。第二，从表述的内容来看，前后内容明显有一个逐渐增加丰富的过程，且增加丰富的内容明显有一部分属于海洋史研究的范畴。

二、海疆史与海洋史的界定

"海疆"的概念与研究范围的模糊不清所导致的后果之一即是其与海洋史研究的混淆。海洋史作为学术领域，其出现可追溯到1960年"国际海洋史委员会"成立，当时其研究领域主要有海洋探索、海军战史、海洋经济等。到90年代，海洋社会、文化生活等研究内容的引入，使海洋史研究内涵得到极大扩展。2008年，美国历史学会将海洋历史研究列为历史学的一个专门史学科，更是推动了海洋史研究的发展②。此外值得一提的是，按照夏继果的观点，在20世纪80年代以前，我国尚无"海洋史"这一概念，中国的海洋史研究应从90年代开始算起③。

2010年，冯尔康在《大力开展海洋史研究此其时也》④一文中提出："笼统地说，（中国海洋史）是政治、经济、文化、外交史，具体地说，或者说研究重点是贸易史及对贸易双方的影响；沿海地区发展史及其特点（包括港口、内河通海的城市，如扬州、苏州之历史变迁）；航运和航海技术史（含海难事件、海盗）、文化交流史（信仰、生活方式与习俗、文化遗存、历史记忆）、移民史（外国人移入、中国人移出、国内区域间通过海洋的迁徙，如山东人渡海至辽东、闽粤人至台湾）和海外华人史；海洋与人类生存环境是不可忽视的大课题；等等。"但他仅列举了"重点研究"领域，并未对海洋史概念内涵做出明确界定，

---

① 李国强. 关于海洋史与海疆史学术界定的思考：兼贺《中国边疆史地研究》出刊百期. 中国边疆史地研究，2016（2）：8.

② 同①6.

③ 夏继果. 海洋史研究的全球史转向//刘新成. 全球史评论：第9辑. 北京：中国社会科学出版社，2015：3-18.

④ 中国社会科学报，2010-06-08.

而其对海洋史研究范围的界定与上文提到的李国强对于海疆史的研究范围的界定有重合之处。

同一年,韩国学者姜凤龙在其《海洋史与世界史认知体系》① 一文中认为:"海洋史可以说是记录海洋人在海洋世界中展开的丰富人生的历史。因此,作为海洋史的考察研究主题将涉及捕捞器具与捕捞方法、通过海洋的相互交流、船舶制造与运用技术、航海技术与航线、围绕海洋主导权而进行的战争与海洋掠夺、海洋生活方式、海洋信仰体系、海洋的划分,以及更深一步的国家与社会单位的海洋认知与政策的建立、海洋世界以及与海洋人有关的一切。"

李国强认为上述二人都列举了所谓海洋史研究应该涵盖的领域,却并不全面,并不一定要非此即彼,亦可将两人所谈的领域全部涵盖。海洋史研究是一个非常大范畴,兼具自然和人文两方面属性,如海洋灾害、海洋生物等自然形态历史考察以及海洋经济、海洋军事等人文形态的历史考察都属于海洋史研究的范畴②。

海洋史的研究范围本身亦有一个发展过程,由 20 世纪 60 年代的海洋探索、海军战史、海洋经济等领域不断扩展。如夏继果在《海洋史研究的全球史转向》③ 一文所言,受全球史思潮的影响,已出现了所谓"新海洋史";奥多明尼昂大学的因戈·海德布林克(Ingo Heidbrink)在其《海洋史:未来全球史研究的核心学科》一文中亦提出所谓"科际整合"(跨学科研究),将"全球史"与"海洋史"整合起来,"海洋史作为一门重要的历史学分支学科,必须广泛吸收自然科学研究的精华,积极开展基础研究,为全球史与海洋史的密切结合奠定坚实的基础"④。海洋史研究的范围像滚雪球般越滚越大。如此看来,李国强 2016 年在《中国边疆史地研究》的百期贺文《关于海洋史与海疆史学术界定的思考:兼贺〈中国边疆史地研究〉出刊百期》中所界定的海洋史研究范围是相对全面且与时俱进的。按照其说法,海洋史与海疆史的相同之处在于"二者都是以海洋历史作为研究客体,都以历史学的研究范式作为基

---

① 海交史研究,2010(2):25-33.
② 李国强. 关于海洋史与海疆史学术界定的思考:兼贺《中国边疆史地研究》出刊百期. 中国边疆史地研究,2016(2):7-8.
③ 刘新成. 全球史评论:第9辑. 北京:中国社会科学出版社,2015:3-18.
④ 张广翔,周嘉滢,译. 社会科学战线,2016(9):82.

本研究路径，部分研究内容相互重叠甚至是一致的"。至于不同之处，则除了二者"在研究范畴、研究对象、研究目标上有着显而易见的差异"，还在于"海洋史具有国际性特点，其研究视野覆盖世界范围内海洋区域的历史；而海疆史则是中国历史学特有的特色领域。在学科分野上，海洋史是历史学的一个门类的话，海疆史既可视为海洋史的重要分支，同时又是中国边疆史研究的有机组成部分"，"更准确地说，'海疆史'即为'中国海疆史'"①。海洋史的研究范围是可以基本涵盖海疆史的，海疆史可以视为海洋史的一个分支。在海洋史发展尚不成熟的时代，言"海疆史和海洋史研究范围有交叉"自然无可厚非；在海洋史空前发展的今天，讲"海洋史在研究范围方面基本已经可以涵盖海疆史"似乎也并无不妥。

总之，自20世纪90年代几乎同时呼吁加强海疆史、海洋史的研究以来，二者自身概念、研究范围的界定及彼此之间关系的界定，时至今日仍不明晰，在以后的研究工作中尚须进一步探索，尽早形成各自的专业化和学科化体系，向精深和严谨的方向发展。

第二节 与国际争端联系密切的海疆专题史研究

张海鹏曾指出，"现实的需要，永远是引领学术前进的基本指标"②，中国海疆史研究的这一色彩尤其明显。国家海洋主权、海洋权益都与海疆史密切相关，如李国强所言，"通过海疆历史研究，才能使我们更加科学和完整地认知中国拥有海洋主权的脉络和进程，从而使我国在海洋领土的主权地位奠基于确凿的理论基础和历史证据链"③。出于国际争端需求，南海诸岛史、钓鱼岛史、中琉关系史等海疆专题史研究自然会成为学界关注的焦点。

---

① 李国强. 关于海洋史与海疆史学术界定的思考：兼贺《中国边疆史地研究》出刊百期. 中国边疆史地研究，2016（2）：8.

② 陈于武."海峡两岸台湾历史研究现状与未来趋势"学术研讨会综述. 学术动态，2005（7）：19.

③ 李国强. 中国海疆史话语体系构建的思考. 中国边疆史地研究，2015（4）：3.

一、南海诸岛史研究

新中国成立以来，南海诸岛史即是海疆史研究中最引人瞩目的焦点问题之一[①]。自20世纪70年代以来，越南、菲律宾、马来西亚等国侵占我国南海一些岛礁与海域，提出所谓"主权"并要求分割海域，1983年，中国地名委员会授权公布了包括南沙群岛在内的南海诸岛的标准地名。随着南海争端愈演愈烈，南海诸岛史的研究亦更加活跃。宏观层面上学界对南海主权的历史依据及基本史实进行了详细的梳理和深入的剖析，微观层面上则涉及诸如地名考证、史料辨析等，研究成果颇为丰富，如韩振华的《南海诸岛史地考证论集》[②]、刘南威的《中国南海诸岛地名论稿》[③]、辛业江主编的《中国南海诸岛》[④]、黄彩虹的《遥远的国土》[⑤]、李金明的《中国南海疆域研究》[⑥]、吴士存的《纵论南沙争端》[⑦]、国家图书馆中国边疆文献研究中心编著的《南海诸岛图籍录》[⑧]、李彩霞的《南海诸岛历史事件编年》[⑨]、吕一燃主编的《南海诸岛：地理·历史·主权》[⑩]、李国强的《南中国海：历史与现状》[⑪]、郭渊的《晚清时期中国南海疆域研究》[⑫]、张良福的《让历史告诉未来：中国管辖南海诸岛百年纪实》[⑬]等，研究较为全面。此外亦有许多资料集等出版，如广东地名委员会编的《南海诸岛地名资料汇编》[⑭]、韩振华主编的《我国南海诸岛史料汇编》[⑮]、戴可来和童力合编的《越南关于西南

[①] 王斤役. 唐代以来西沙群岛已经是中国的领土. 新史学通讯，1956（11）：21. 王斤役. 南沙群岛简史. 史学月刊，1958（1）：25-28. 朱契. 南沙群岛和东、西、中沙群岛一向是中国的领土. 光明日报，1956-06-07.

[②] 北京：中华书局，1981.

[③] 北京：科学出版社，1996.

[④] 海口：海南国际新闻出版中心，1996.

[⑤] 北京：海洋出版社，1991.

[⑥] 福州：福建人民出版社，1999.

[⑦] 海口：海南出版社，2005.

[⑧] 北京：国家图书馆出版社，2016.

[⑨] 北京：社会科学文献出版社，2017.

[⑩] 哈尔滨：黑龙江教育出版社，1992.

[⑪] 哈尔滨：黑龙江教育出版社，2003.

[⑫] 哈尔滨：黑龙江教育出版社，2010.

[⑬] 北京：海洋出版社，2011.

[⑭] 广州：广东省地图出版社，1987.

[⑮] 北京：东方出版社，1988.

沙群岛主权归属问题文件资料汇编》①、吴士存等合编的《南海资料索引》②、吴士存主编的《南海问题文献汇编》③ 等。

除专著之外，南海诸岛史的学术论文更是不胜枚举④。其中，涉及清代南海诸岛研究的论文主要有林荣贵、李国强的《南沙群岛史地问题的综合研究》，文章对南沙群岛的发现、命名、经营、管辖等问题进行了梳理，提出在清代，中央政府已将其列入版图，并置于广东省琼州府万州管辖之下。吴凤斌的《明清地图记载中南海诸岛主权问题的研究》⑤ 搜集了明清时期有关南海诸岛的各类地图，逐一进行辨析研究，论述了中国人对南海诸岛地理的认知过程。吕一燃在《近代中国政府和人民维护南海诸岛主权概论》中阐述了 20 世纪上半叶中国社会各界从外交、政治、军事、经济诸方面对南海诸岛主权的维护和斗争。只因为这些长期坚持不懈的行为，才使得在抗战以后，中国政府能够合理合法收复南海诸岛。这一时期的研究成果还有林金枝的《1912—1949 年中国政府行使和维护南海诸岛主权的斗争》⑥、李金明的《南海诸岛史地研究札记》⑦、林漫宙和吉夫的《南海诸岛历史地理》⑧、房建昌的《近代南海诸岛海图史略：以英国海军海图官局及日本、美国、法国和德国近代测绘南沙群岛为中心（1685—1949 年）》⑨、王涛的《明清以来南海主要渔场的开发》⑩。对清代北部湾的研究集中在海外贸易上，代表

---

① 郑州：河南人民出版社，1991.
② 海口：海南出版社，1998.
③ 海口：海南出版社，2001.
④ 戴可来，于向东.《抚边杂录》与所谓"黄沙""长沙"问题. 国际问题研究，1989（3）：24-28，38. 黄盛璋. 南海诸岛历来是中国领土的历史证据. 东南文化，1996（4）：81-91. 陈启汉. 中国渔民是开发南海诸岛的主人. 广东社会科学，1993（6）：71-74. 李金明. 我国史籍中有关南海疆域的记载. 中国边疆史地研究，1996（3）：28-36. 林琳. 西汉以前中国人民对南海诸岛的开发和经营. 北京社会科学，1995（4）：82-85，81. 吕一燃. 近代中国政府和人民维护南海诸岛主权概论. 近代史研究，1997（3）：1-39. 李国强. 民国政府与南沙群岛. 近代史研究，1992（6）：163-174. 林荣贵，李国强. 南沙群岛史地问题的综合研究. 中国边疆史地研究，1991（1）：78-88.
⑤ 南洋问题研究，1984（4）：92-111.
⑥ 南洋问题研究，1991（4）：65-75，108.
⑦ 中国边疆史地研究，1995（1）：21-26.
⑧ 海南大学学报（人文社会科学版），2000（2）：27-32.
⑨ 海南大学学报（人文社会科学版），2013（4）：21-37.
⑩ 上海：上海交通大学，2014.

作有陈思宇的《近代时期北部湾地区商业网络的形成与影响探究》①、吴小玲和何良俊的《明清时期北部湾海防及其对海外贸易的影响》② 等。

从上述学术成果中可看出南海诸岛史研究的两个明显特点：一是研究主要遵循我国对南海诸岛拥有主权的历史脉络，以历史实际为本，回到历史中去寻找解决问题的方案；二是多学科结合，不仅是单纯的历史研究，而且涉及法律研究，或与其他学科相结合，尤其是与国际法密切结合③。

二、钓鱼岛史研究

关于钓鱼岛问题，中日之间一直悬而未决。在中日建交之时，周恩来总理即提出将钓鱼岛问题暂时搁置，留待日后解决。然而1979年日本在钓鱼岛上修建直升机场，引发海峡两岸的抗议，后又有设置灯塔、日本保安厅巡逻船冲撞中国渔船、议员登岛、钓鱼岛"国有化"等一系列事件。随钓鱼岛问题的升温，作为中国海疆史研究领域之一的钓鱼岛史研究，自20世纪80年代以来亦有近百篇论文与不少专著问世，其中受人关注的成果主要有吴天颖的《甲午战前钓鱼列屿归属考：兼质日本奥原敏雄诸教授》④、鞠德源的《日本国窃土源流：钓鱼列屿主权辨》⑤和《钓鱼岛正名：钓鱼岛列屿的历史主权及国际法渊源》⑥、郑海麟的《钓鱼岛列屿之历史与法理研究》⑦、刘江永的《钓鱼岛列岛归属考：事实与法理》⑧ 等。资料整理方面的成果有于福顺和刘耀祖编的《钓鱼列岛历史资料》⑨、集体编写的《钓鱼台档案》第3卷《中日之间重大国事真相》⑩ 及日本大学法学部教授浦野起央和北京大学刘苏朝、张植荣

---

① 桂林：广西师范大学，2012.
② 广西民族大学学报（哲学社会科学版），2016（6）：134-141.
③ 王丽玉. 初论中国发现和有效占有南海诸岛的国际法意义. 海洋开发与管理，1991（4）：39-44. 李国强. 对解决南沙群岛主权争议几个方案的解析. 中国边疆史地研究，2000（3）：79-88. 林金枝. 外国确认中国拥有西沙和南沙群岛主权的论据. 厦门大学学报（哲学社会科学版），1992（2）：66-72.
④ 北京：社会科学文献出版社，1994.
⑤ 北京：首都师范大学出版社，2001.
⑥ 北京：昆仑出版社，2006.
⑦ 增订版. 北京：中华书局，2007.
⑧ 北京：人民出版社，2016.
⑨ 中国边疆史地研究报告：第1辑. 北京：中国边疆史地研究中心，1987：78-101.
⑩ 北京：红旗出版社，1998.

共同整理编著的《钓鱼台群岛（尖阁诸岛）问题研究资料汇编》[1]等。2015年，国家图书馆中国边疆文献研究中心所编《文献为证：钓鱼岛图籍录》[2]出版。2017年，张生主编的10卷本《钓鱼岛问题文献集》[3]面世，该文献集共433万余字，汇集了课题组从美国、日本、英国，以及中国大陆和台湾的档案馆、图书馆、资料馆搜罗的中文、日文、英文等三种文字的资料。它的出版，必将大大推动相关问题的研究进一步深化和细化。

学术界对钓鱼岛历史问题的研究主要集中在以下三个方面：

第一，中国钓鱼岛主权的历史依据研究。主要有何慈毅的《从几则历史资料看钓鱼岛等岛屿的归属》[4]、吕一燃的《历史资料证明：钓鱼岛列岛的主权属于中国》[5]、吴巍巍的《清代涉台文献中的钓鱼岛资料记录及相关考证》[6]、吴巍巍和方宝川的《清代钓鱼岛隶属于台湾行政管辖史实考：兼驳日本外务省的"基本见解"》[7]、张海鹏和李国强的《论〈马关条约〉与钓鱼岛问题》[8]、庄林丽的《清代台湾道、台湾道台与台湾社会研究》[9]、王宏斌的《清代前期台湾内外洋划分与水师辖区：中国对钓鱼岛的管辖权补证》[10]等。

第二，中国拥有钓鱼岛主权的法理依据。主要有刘文宗的《从历史和法律依据论钓鱼岛主权属我》[11]、王翰灵的《中国对钓鱼岛拥有主权法律依据充分》[12]、谭晓虎和汪开明的《从国际公法角度论钓鱼岛主权归属》[13]、李清川的《国际法视角下的钓鱼岛问题》[14]、郑海麟的《钓鱼

---

[1] 香港：励志出版社，2001.
[2] 北京：国家图书馆出版社，2015.
[3] 南京：南京大学出版社，2017.
[4] 东南文化，1993（1）：249-255.
[5] 抗日战争研究，1996（4）：2-6.
[6] 海交史研究，2014（1）：1-25.
[7] 福州大学学报（哲学社会科学版），2016（1）：5-12.
[8] 人民日报，2013-05-08.
[9] 福州：福建师范大学，2013.
[10] 军事历史研究，2017（3）：76-93.
[11] 海洋开发与管理，1997（1）：47-50.
[12] 法制日报，2005-06-10.
[13] 西北第二民族学院学报（哲学社会科学版），2003（4）：74-76.
[14] 党政论坛，2003（12）：25.

岛主权归属的历史与国际法分析》①、金永明的《钓鱼岛主权若干国际法问题研究》② 等。

第三，钓鱼岛与中日关系研究。主要有蒋立峰的《钓鱼岛问题与中日关系》③、苏崇民的《关于钓鱼岛问题的思考》④、陈本善的《日本政治右倾化和钓鱼岛问题》⑤ 等。

三、中琉关系史研究

此研究大致可分为两大类，一是侧重清代中琉宗藩关系发展演变的研究，如米庆余的《琉球历史研究》⑥、戚其章的《日本吞并琉球与中日关于琉案的交涉》⑦ 和《李鸿章与中日琉球交涉》⑧、马钰的《日本吞并琉球与清政府对日交涉》⑨、王营的《日本吞并琉球与清代中琉宗藩关系的终结》⑩、王瑛的《李鸿章与琉球宗主权的丧失》⑪、隋淑英和陈芳的《战后初期日本对琉球的领土政策：兼论钓鱼岛问题》⑫ 等。二是侧重于中琉朝贡贸易研究。以清代为时间段进行研究的有丁春梅和林京榕的《清政府对琉球朝贡贸易政策初探》⑬、尤淑君的《明末清初琉球的朝贡贸易与其多重认同观的形成》⑭、吴怀民的《清代中国对琉球的册封》⑮、戈斌的《清代琉球国朝贡活动概述》⑯、杨彦杰的《论明清之际的中琉关系》⑰、俞玉储的《清代中国和琉球贸易初论》⑱ 和《再论清

---

① 中国边疆史地研究，2011 (4)：60-71，148-149.
② 中国边疆史地研究，2014 (2)：155-166，182.
③ 日本学刊，2012 (5)：32-48，157-158.
④ 现代日本经济，1995 (Z1)：91-93.
⑤ 东北亚论坛，1997 (1)：92-97.
⑥ 天津：天津人民出版社，1998.
⑦ 济南教育学院学报，2000 (5)：1-8，72.
⑧ 历史教学（高校版），2007 (3)：11-15.
⑨ 文史精华，2002 (8)：20-23.
⑩ 长春：东北师范大学，2006.
⑪ 云梦学刊，2006 (1)：59-61.
⑫ 近代史研究，2013 (5)：4-20，160.
⑬ 海交史研究，2007 (1)：81-91.
⑭ 世界历史，2015 (3)：4-19，157.
⑮ 福建师范大学学报（哲学社会科学版），1992 (3)：92-98.
⑯ 历史档案，1993 (2)：90-98.
⑰ 福建论坛（文史哲版），1995 (3)：18-23.
⑱ 历史档案，1993 (3)：86-92；1993 (4)：91-100.

代中国和琉球的贸易：兼论中琉互救飘风难船的活动》①、秦国经的《清代国子监的琉球官学》②、朱淑媛的《清代琉球国的谢恩与表奏文书》③、吴元丰的《新近发现的清代中琉关系满汉文档案及其价值》④ 等。

此外，2010 年以来，海洋出版社推出"中琉关系研究丛书"，包括赖正维的《清代中琉关系研究》、孙清玲的《明清时期中琉友好关系历史遗存考》、徐斌的《明清士大夫与琉球》、谢必震和胡新的《中琉关系史料与研究》、杨邦勇的《琉球王朝 500 年》等。

第三节 海上丝绸之路与海上贸易研究

与陆上丝绸之路一样，海上丝绸之路也一直受到学界的重视，其研究可以 2000 年和 2013 年为两个节点，分为改革开放以来至 2000 年、2000 年至 2013 年、2013 年以来这样三个阶段。

一、改革开放以来至 2000 年的海上丝绸之路研究

改革开放以来，尤其是 20 世纪 80 年代初以后，学术界对海上丝绸之路的研究逐步展开，并形成热潮。此阶段主要讨论的是海上丝路与陆上丝路关系、海上丝路与各地方关系及丝路文化等。如陈炎在 1980 年率先讨论了"西南丝路"、"西北丝路"与"海上丝路"之间的关系，并有《陆上和海上丝绸之路》⑤ 和《海上丝绸之路与中外文化交流》⑥ 两部专著先后问世。此外，亦有陈达生和王连茂主编的《海上丝绸之路与伊斯兰文化》⑦、杜经国和吴奎信主编的《海上丝绸之路与潮汕文化》⑧

---

① 历史档案，1995 (1)：98 - 109.
② 历史档案，1993 (1)：86 - 94.
③ 清史研究，1998 (4)：94 - 101.
④ 清史研究，1998 (1)：100 - 106.
⑤ 北京：北京大学出版社，1989.
⑥ 北京：北京大学出版社，1996.
⑦ 福州：福建教育出版社，1997.
⑧ 汕头：汕头大学出版社，1998.

等专著陆续面世，还有陈森镇的《略论泉州伊斯兰史迹人文优势对振兴海上丝绸之路的作用》①、刘重日的《明代海上丝绸之路与澳门》② 等一批论文涌现。值得一提的是，1991年福建社会科学院成立中国与海上丝绸之路研究中心，推动了海上丝路研究的开展。

二、2000年至2013年的海上丝绸之路研究

这一时期的研究呈现出两个特点：一是研究的深度和广度得到极大扩展；二是研究得到社会各界，尤其是得到各级政府的高度关注，与现实社会的联系加强③。代表性研究成果有泉州港务局和泉州港口协会编的《泉州港与海上丝绸之路：纪念郑和下西洋六百周年论文集》④、刘凤鸣的《山东半岛与东方海上丝绸之路》⑤、合浦县人民政府与北海市地方志办公室合编的《北海合浦海上丝绸之路史》⑥ 等。

三、2013年以来的海上丝绸之路研究

2013年9月和10月，习近平主席在出访中亚和东南亚国家期间，先后提出共建"丝绸之路经济带"和"21世纪海上丝绸之路"，即"一带一路"的国家级顶层合作倡议。此战略构想提出之后，学界对于海上丝绸之路的研究亦不甘落后，相关学术论著呈爆炸式增长，仅以知网收录的论文为例，2013年相关论文为60余篇，而2014年则飙升至800多篇。这一时期研究的最大的特点就是与国家的"一带一路"倡议紧密结合，主要研究成果有黄启臣主编的《广东海上丝绸之路史》⑦、赵明龙的《人文交流：海上丝绸之路建设不可或缺的内容》⑧、郑海麟的《建构"海上丝绸之路"的历史经验与战略思考》⑨、徐桑奕的《明清时期中央政权南海管制式微与海上丝绸之路的衰落》⑩、黄茂兴的《历史与

---

① 厦门大学学报（哲学社会科学版），1988（2）：91-94，90.
② 东岳论丛，1999（5）：92-96.
③ 李国强. 新中国海疆史研究60年. 中国边疆史地研究，2009（3）：50-63.
④ 北京：中国社会科学出版社，2005.
⑤ 北京：人民出版社，2007.
⑥ 南宁：广西人民出版社，2008.
⑦ 广州：广东经济出版社，2014.
⑧ 东南亚纵横，2014（11）：18-21.
⑨ 太平洋学报，2014（1）：1-6.
⑩ 历史教学，2014（6）：9-13.

现实的呼应：21世纪海上丝绸之路的复兴》①，还有中国社会科学院"一带一路"研究系列，如王灵桂主编的《海丝列国志》② 等。

海上贸易是海疆史研究中的重点，研究内容涉及清代的政策与制度问题。从总体研究来看，清代的海上贸易以鸦片战争为分界线，有着两种截然不同的发展态势，是中国从闭关锁国政策被迫走向开放、从传统社会走向近代社会的重要标志之一。因此，有关清代前期海上贸易的研究一向是学界研究的重点。

俞云平的《十八至十九世纪前期的中暹海上贸易》③ 对18—19世纪中暹海上贸易情况做了较为系统的论述，并对其性质及影响贸易发展的因素加以分析。李金明的《清康熙时期中国与东南亚的海上贸易》④ 对康熙时期海外贸易做了阶段性分析，并指出不管海禁实行与否，中国与东南亚之间的海上贸易均未曾间断过，所不同的只是贸易的形式与发展的程度而已。刘奇俊的《清初开放海禁考略》⑤ 探讨了海禁政策与海上贸易的相连性。陈东有的《东南商人与近代世界市场的互动（十六世纪至十九世纪中叶）》⑥ 探讨了16世纪至19世纪中叶活跃在东南地区的商人与近代世界市场的互动关系，分析商人在内陆贸易带与海岸贸易带、海岸贸易带与海外贸易带之间的互动行为。张晓宁《天子南库：清前期广州制度下的中西贸易》⑦ 一书探讨清前期广州中西贸易的实况，认为"广州制度"是清朝应对西方海洋经济东进的保守措施，抑制和扭曲了中国海洋经济自然发展进程，但中西海洋经济在广州市场上的碰撞，在客观上又对广东和其他地区的经济产生了不同层次的推动。王日根的《元明清政府海洋政策与东南沿海港市的兴衰嬗变片论》⑧ 对海洋政策的开放与封闭影响东南沿海港市兴衰问题进行了具体细致的探讨。高志超的博士论文《明清时期伶仃洋区域海洋社会经济变迁》⑨

---

① 北京：经济科学出版社，2015.
② 北京：社会科学文献出版社，2015.
③ 南洋问题研究，1990（2）：59-68.
④ 南洋问题研究，1990（2）：48-58.
⑤ 福建师范大学学报（哲学社会版），1994（3）：123-125.
⑥ 厦门：厦门大学，1997.
⑦ 南昌：江西高校出版社，1999.
⑧ 中国社会经济史研究，2000（2）：1-7.
⑨ 广州：暨南大学，2008.

从海洋社会经济史的角度入手，分析明清时期伶仃洋区域各类人群的社会经济活动，并揭示其对中国社会发展变迁所产生的历史效应。王万盈的《东南孔道：明清浙江海洋贸易研究》① 认为，明清浙江商品经济较宋元时有较大发展，此发展一方面得益于浙江地区优越的区位优势，另一方面则与世界海洋贸易发展大势互为因果。新航路开辟后浙江海洋贸易出现新动态，从而把明清浙江社会进一步纳入世界贸易体系之中，同时也促进了浙江商品经济的发展和海洋社会的形成。李俊颖的硕士论文《清前期海洋政策与环渤海区域的海上贸易》② 以环渤海区域的海上贸易作为研究对象，考察古代中国北方以海洋为媒介与周边国家的交往进程、沿海区域经济联系以及海洋政策与海上贸易关系等问题。

第四节　清代海疆政策和海疆治理研究

一、海疆政策研究

总结历代海疆政策和海疆思想的经验教训，无疑是为当今海疆管理提供借鉴的一个重要途径，因此研究成果较为丰富。早期研究论文主要集中在对海疆思想的探讨上，代表性成果有何瑜的《康乾盛世与海疆政策》③ 和《清代海疆政策的思想探源》④、李德元的《海疆迷失：对中国传统海疆观念的反思》⑤ 等文。进入 21 世纪，王日根在《明清海疆政策与中国社会发展》⑥ 一书中从明清海防政策与阶段性、明清海外贸易政策的演变、明清海洋移民政策演变、海疆政策与中国社会发展等方面展开讨论，认为海防是海疆政策的中心环节。作者在论述海疆政策的时候，不仅关注不同时期政策的制定与调整，尤其注意到政策的执行效

---

① 北京：海洋出版社，2009.
② 济南：山东师范大学，2015.
③ 清史研究，1993（1）：28 - 29.
④ 清史研究，1998（2）：77 - 89.
⑤ 厦门大学学报（哲学社会科学版），2006（2）：43 - 50.
⑥ 福州：福建人民出版社，2006.

果。卢建一的《明清海疆政策与东南海岛研究》① 一书对东南诸海岛进行比较研究，分析其共性与个性，探讨海疆政策演变中海岛的开发进程，突出海岛特色。

在有关海疆政策研究论文方面，刘俊珂发表了一系列有关海疆政策的文章，其《海上阴霾：西人东来对清朝前期海疆政策的影响》② 一文以早期来到中国海域的葡萄牙人、荷兰人和英格兰人为考察对象，对西方商业殖民者东来后对政策变化的影响进行分析。其《继承与发展：元明清时期的南海经略》③ 一文对元、明、清三朝在政府层面如何加强对南海海域系统化管辖进行了分析，提出这一时期的南海经略呈现出一条由弱而强、由模糊到清晰的发展主线。其《清前期海疆治策之检讨》④ 一文以清前期海疆军事防御体系的构建、禁海和开海之间的纠结、海岛治理得失及海疆治策对海上商业力量的影响等为考察对象，从不同侧面去探讨这一时期海疆治理的经验与教训。

此外，郑维宽的《明清之际北部湾地区的"海寇"与海疆经略》⑤ 论述了明清王朝鼎革之际，以杨彦迪为代表的北部湾地区"海盗"如何参与到反清复明的政治角逐之中，以及清王朝为彻底消除北部湾地区的海患以在北部湾沿海地区建立统治秩序所采取的一系列措施。张公政的《甲午中日战争时期的东北海疆危机》⑥ 通过分析中日甲午战争时期东北海疆危机的具体表现，分析清朝统治者晚清边防战略上的失误以及海洋观念上的淡薄。侯俊云的博士论文《雍正朝东南海疆治理研究》⑦ 以雍正朝东南沿海地方官员向朝廷奏报海疆、海防事宜的密折为依据，考察雍正时期的东南海疆治理，尤其侧重于对海防政策的论述。

"海禁"政策作为对中国历史进程产生深远影响的海疆政策，自然得到了学界的高度关注，相关研究成果也不少，如李宪堂的《大一统秩

---

① 福州：福建人民出版社，2011.
② 文山学院学报，2012 (4)：40 - 44.
③ 云南师范大学学报（哲学社会科学版），2013 (1)：1 - 7.
④ 中国边疆史地研究，2013 (2)：10 - 18，147.
⑤ 广西师范大学学报（哲学社会科学版），2017 (2)：1 - 8.
⑥ 中国边疆史地研究，2015 (4)：115 - 123，181.
⑦ 广州：暨南大学，2007.

序下的华夷之辨、天朝想象与海禁政策》①、陈柯云的《论清初的"海禁"》②、郭蕴静的《清代对外贸易政策的变化：兼谈清代是否闭关锁国》③、韦庆远的《论康熙时期从禁海到开海的政策演变》④、连心豪和谢广生的《再论施琅与清初开放海禁》⑤、史志宏的《明及清前期保守主义的海外贸易政策》⑥、陈尚胜的《清初"海禁"期间（1646—1683）海外贸易政策考——兼与明初海外贸易政策比较》⑦、王泽亚的《清代海禁政策与对外贸易中的利益博弈分析——以新制度经济学视角》⑧、苏惠苹的《试析明清时期闽籍士绅关于"开海""禁海"问题之态度》⑨、何新华的《陆权与清代"海禁"政策》⑩ 等。

二、海疆制度研究

制度史研究一向是政治史研究领域的重要内容，其中亦包括对历代海疆制度的讨论。有关清代海疆制度的研究成果，主要有苏惠苹的《明中叶至清前期海洋管理中的朝廷与地方：以明代月港、清代厦门港、鹿耳门港为中心的考察》⑪，该文以明中叶至清前期海洋管理中朝廷与地方的关系为研究对象，探讨"海乱"之后，明清两朝中央政府所做出的因应措施，力图揭示中央朝廷与地方官府、地方海洋社会之间的复杂关系，从中透视明、清两朝在边疆治理问题上的得失。张公政的《二元归一：清代东北海疆治理转型》⑫、《明清鼎革时期东北海疆的归属与治理》⑬ 两篇文章集中对东北海疆的治理进行了探讨。张振国的《清代海疆缺考论》⑭ 以档案资料为中心，结合其他文献记载，详细梳理了清代

---

① 齐鲁学刊，2005（4）：41-47.
② 北京师院学报，1980（1）：38-44.
③ 天津社会科学，1982（3）：52-57.
④ 中国人民大学学报，1989（3）：103-111.
⑤ 中国社会经济史研究，2002（4）：49-54.
⑥ 中国经济史研究，2004（2）：33-41.
⑦ 文史，2004（3）：135-147.
⑧ 安徽史学，2015（3）：67-71.
⑨ 中国社会经济史研究，2015（3）：60-67.
⑩ 东南亚研究，2012（1）：107-110.
⑪ 厦门：厦门大学，2008.
⑫ 中国社会科学报，2016-01-18.
⑬ 黑龙江民族丛刊，2016（5）：95-101.
⑭ 史学月刊，2015（9）：93-103.

海疆缺的初创、订立、调整乃至稳定的过程，评析其对沿海州县官员选任和海疆治理的影响。尹全海的《清代渡海巡台制度之研究》① 以清代治台政策为背景，以渡海巡台制度的演变为主线，通过对制度运作之描述与分析，揭示其性质与功能。林旭鸣的硕士论文《明清广东海防同知研究》② 以明清广东海防同知为研究对象，分析明清时期广东海防与海洋管理的基本原则及具体政策。朱波的《清代海岛厅县政治地理研究》③ 从历史政治地理的角度对清代设置的海岛厅县的沿革进行了梳理，结合政区本身的要素进行分解式研究，探讨清代海岛厅县的设置对海岛经济开发、文化教育发挥的作用及其对后世的影响。

三、海防与海军研究

学界在海防问题和海军发展问题的研究中，以清代和近代的海防问题、"海防"与"塞防"之争为关注重点。

黄顺力在《鸦片战争时期传统海防观的影响与扬弃》④ 一文中，从传统思想制约下形成的传统海防观角度，阐述了中国人海防观念淡薄的原因。沈波的《从清朝海防看鸦片战争失败原因》⑤ 主要从鸦片战争前清朝水师及其防守战略等角度来分析失败原因。卢建一的《从东南水师看明清时期海权意识的发展》⑥ 以明清东南水师发展为例，阐述了海权意识在中国产生的过程。曾小全的《清代前期的海防体系与广东海盗》⑦ 以广东海盗作为研究视角，将之与广东海防体系结合起来做了微观考察及论述。吴昊的《清代前期澎湖水师汛防制度探析》⑧ 就清代前期澎湖水师的汛防制度进行了阐述，从中反映了清朝对澎湖海防经营的探索和努力。王宏斌的《清代前期海防：思想与制度》⑨、《晚清海防：思想与制度研究》⑩ 两书对于海防的研究颇具代表性，分别从清代前期

---

① 北京：九州出版社，2007.
② 广州：广东省社会科学院，2015.
③ 北京：中央民族大学，2015.
④ 厦门大学学报（哲学社会科学版），1992（2）：53-59，78.
⑤ 杭州大学学报（哲学社会科学版），1993（2）：86-91.
⑥ 福建师范大学学报（哲学社会科学版），2003（1）：107-113.
⑦ 社会科学，2006（8）：144-156.
⑧ 中国边疆史地研究，2018（1）：150-160，216.
⑨ 北京：社会科学文献出版社，2002.
⑩ 北京：商务印书馆，2005.

和晚清封疆大吏的海防思想、军工修造制度等角度对其做了较为系统的梳理和研究。刘海峰的《嘉、道时期海防政策研究》① 对嘉、道年间清廷的海防政策、海疆管理、水师的建构及组织方面进行了论述。

此外，区域性海防研究有较多成果。张公政、何瑜的《晚清东北海疆驻防体系变革考析》② 对晚清东北海疆驻防体系变革进行梳理，总结了晚清东北海疆驻防的新特点及驻防体系革新的深层原因。赵红的博士论文《明清时期的山东海防》③ 从军事角度出发，以山东海防建设为主线，对明清不同历史时段的山东海防对象、主体、手段、得失等方面进行论述。胡志荣的硕士论文《清代福建海防战略地位演变研究》④ 对福建海防形势、海防对象的变化，政府在主要沿海省份的海防部署及海防建设情况几个方面，以比较的方法揭示出各个时期福建在全国海防战略中的地位，从而展现出清代海防的发展变化过程。陶道强的硕士论文《清代前期广东海防研究》⑤ 对清前期广东海防进行了梳理。台湾学者许毓良的《清代台湾的海防》⑥ 一书，将台湾海防置于清朝整个东南海防的背景中来探讨，试图建构清代台湾海防的多重场景。刘耀的博士论文《晚清台湾海防建设研究》⑦ 以晚清台湾的海防建设为出发点，将其置于当时中国的政治社会环境之下，探讨台湾海防建设中的各种力量及其所发挥的作用。还有一些学者关注炮台、海防建筑的建设研究，如冯磊、常海鑫分别对清代浙江、山东海防炮台的建设进行了讨论⑧，汪溶则从海防建筑入手分析清代前期浙江的海防情况⑨。此外，一些学者也从行政区划、地理角度分析海防，鲁延召的《明清时期广东中路海防地

---

① 乌鲁木齐：新疆大学，2010.
② 东北史地，2016（2）：17-22.
③ 济南：山东大学，2007.
④ 福州：福建师范大学，2011.
⑤ 广州：暨南大学，2003.
⑥ 北京：社会科学文献出版社，2003.
⑦ 武汉：武汉大学，2014.
⑧ 冯磊. 清代浙江海防炮台研究. 石家庄：河北师范大学，2015. 常海鑫. 晚清山东海防炮台建设研究. 石家庄：河北师范大学，2015.
⑨ 汪溶. 清代前期（1840年以前）的浙江海防研究：以海防建筑为中心. 杭州：浙江大学，2016.

理研究》① 运用历史地理学的方法对明清时期广东中路的海防地理进行研究，探讨以伶仃洋区域为核心的广州府所辖区域的海防地理因素及其相互关系。

对清代海防思想，尤其是对特定历史人物的海防思想研究，也取得了较多成果，如戚其章的《姚莹的海防思想与海国研究》②、王生怀的《刘铭传对沈葆桢筹划台湾海防的继承与发展》③、闫存庭的《文祥与近代中国的海防和塞防之争》④、苏小东的《刘铭传的海防思想与实践：兼论台湾在中国海防中的战略地位》⑤、王荣国的《严复海权思想初探》⑥、史滇生的《李鸿章和北洋海防》⑦ 和《中国近代海军战略战术思想的演进》⑧、黄新田和孟彭兴的《魏源军事思想再研究：论魏源的海疆防御思想》⑨、覃寿伟的《姚莹海洋思想探析》⑩、王鹏辉的《龚自珍和魏源的舆地学研究》⑪、戚其章的《晚清海防思想的发展及其历史地位》⑫、何平立的《略论晚清海防思想与战略》⑬、成赛军的《曾国藩海防思想简论》⑭ 等。

四、海上移民与海盗等研究

主要涉及海疆移民史、海疆产业、海盗、海疆社会群体等问题。在海疆移民史方面，曾少聪的《东洋航路移民：明清海洋移民台湾与菲律宾的比较研究》⑮ 着重比较了海洋移民国内发展与国外发展两种模式的

---

① 广州：暨南大学，2010. 此外，这方面的文章还有宋平章的《清代前期学者关于渤海周围地区海防地理形势的认识》［信阳师范学院学报（哲学社会科学版），2001（1）：107 - 109］、祝太文的《清代浙江省行政区划变动的海防因素》［求索，2015（3）：158 - 162］等.
② 安徽史学，1994（1）：26 - 31.
③ 安庆师范学院学报（社会科学版），2003（5）：89 - 92.
④ 石河子大学学报（哲学社会科学版），2007（6）：39 - 42.
⑤ 安徽史学，2007（1）：99 - 105.
⑥ 厦门大学学报（哲学社会科学版），2004（3）：40 - 48.
⑦ 安徽史学，1992（3）：45 - 50.
⑧ 军事历史研究，2000（1）：122 - 129.
⑨ 史林，1989（2）：30 - 35.
⑩ 漳州师范学院学报（哲学社会科学版），2010（4）：78 - 82.
⑪ 历史研究，2014（3）：73 - 86，190 - 191.
⑫ 东岳论丛，1998（5）：82 - 91.
⑬ 上海大学学报（社会科学版），1992（3）：43 - 50.
⑭ 军事历史研究，2010（3）：72 - 77.
⑮ 南昌：江西高校出版社，1998.

异同及作用。刘正刚的《东渡西进：清代闽粤移民台湾与四川的比较》① 指出闽粤移民东渡台湾与西进四川均属在官府指导下的经济趋利性流动，但又是两种不同的发展方向，所构建的移民社会因环境的不同而各具特色。杨国桢等的《明清中国沿海社会与海外移民》② 分别就明清时期华侨政策的历史演变、海疆政策对海洋移民的影响、沿海区域居民被牵引加入海洋移民行列的历程等进行了细致讨论。

有关海疆产业的研究一般与沿海社会的开发和历史变迁结合起来，这方面的代表性成果有刘淼的《明清沿海荡地开发研究》③，该书对明清时代沿海荡地开发进行了较为全面和系统的研究，试图从海洋社会发展的角度去审视荡地开发在中国海洋经济发展中的地位和作用。周琍的《清代广东盐业与地方社会》④ 从社会史的视角展开对清代广东盐业与地方社会互动关系的研究，探讨清代广东私盐盛行的地域特征，以及私盐销售对百姓民生、商品经济、社会风气、地方财政的影响。白斌的博士论文《明清浙江海洋渔业与制度变迁》⑤ 认为明清是中外海洋经济大发展时期，也是中外海洋社会大碰撞时期，中国迈向海洋，沿海渔民是开路先锋。作为海洋经济的基础，海洋渔业发展与沿海社会稳定互为因果、相互影响，而浙江海洋渔业经济发展的形态更具有代表性。

关于海盗研究，吴建华在《海上丝绸之路与粤洋西路之海盗》⑥ 一文中对海盗与海禁的关系做了论述。刘平对海盗做了一系列研究，如《清中叶广东海盗问题探索》⑦、《乾嘉之交广东海盗与西山政权的关系》⑧、《关于嘉庆年间广东海盗的几个问题》⑨ 等，特别关注了清中叶海盗的发展历程及其与越南西山政权的关系。郑瑾在《明清时期的海盗

---

① 南昌：江西高校出版社，2004.
② 北京：高等教育出版社，1997.
③ 汕头：汕头大学出版社，1996.
④ 北京：中国社会科学出版社，2008.
⑤ 上海：上海师范大学，2012.
⑥ 湛江师范学院学报，2002（2）：24-28.
⑦ 清史研究，1998（1）：39-49.
⑧ 江海学刊，1997（6）：117-123.
⑨ 学术研究，1998（9）：78-84.

与地方基层社会》① 一文中驳斥了把海盗作为阶级斗争产物的传统观点，指出当时海盗的主要成分是贫苦农民、船工、海商、失业渔民等，认为这是他们为求生存而采取的一种策略。曾小全在《清代嘉庆时期的海盗与广东沿海社会》② 一文中分析了嘉庆时期海盗产生的原因，并探讨了海盗的发展历程，以及清廷应对海盗政策的演变过程。

在海洋社会群体的研究方面，黄挺的《明代后期闽粤之交的海洋社会：分类、地缘关系与组织原理》③ 以明后期闽粤之交海域为场域，讨论了海洋社会群体的分类、地域关系和社群组织原理，强调海洋社群与陆上社群的密切联系。陈春声对16世纪闽粤交界地域海上活动人群的特质进行了考察，指出，省界的存在对于官府行政和军事活动的制约作用，使具有"反官府"或"非官方"活动性质的人群得以利用这种限制，在行政区域的界邻地方发展自己的力量，并使界邻地区成为一个为其所用的具有完整性的区域④。谢湜以浙南乐清湾的海域历史为例，对王朝海疆经略与海岛社会变迁之关系、海域人群的籍贯特质问题等做了探论⑤。王亚民以乡村社会史研究为视角，从《问俗录》入手，探讨县官陈盛韶对海疆乡村社会的管理⑥。

第五节　海疆区域地方史研究

一、台湾史研究

新中国成立以来学界对台湾的研究从未中断。鉴于台湾地位的特殊

---

① 陈支平. 第九届明史国际学术讨论会暨傅衣凌教授诞辰九十周年纪念论文集. 厦门：厦门大学出版社，2003：150-152.
② 史林，2004（2）：57-68，126.
③ 海交史研究，2006（2）：123-134.
④ 陈春声. 16世纪闽粤交界地域海上活动人群的特质：以吴平的研究为中心//李庆新. 海洋史研究：第1辑. 北京：社会科学文献出版社，2010：129-152.
⑤ 谢湜. 14—18世纪浙南的海疆经略、海岛社会与闽粤移民：以乐清湾为中心. 学术研究，2015（1）：99-113.
⑥ 王亚民. 从《问俗录》看县官对海疆乡村社会的管理. 中国海洋社会学研究，2016（4）：123-134.

性和海峡两岸关系以及国际局势，台湾史研究带有明显时代特点。新中国成立至改革开放前，有关台湾的研究成果主要集中在对郑成功收复台湾及康熙朝统一台湾的研究上。改革开放以来，台湾史的研究进一步深入，不乏一些高水平的学术专著问世，如《台湾通史辨误》①、《台湾历史纲要》② 以及《清代台湾移民社会研究》③，陈在正的《台湾海疆史研究》④，等等。除专著以外，还涌现出大量学术论文，主要集中在清代台湾行政区划的设立与地方开发上，如李祖基的《清代台湾行政区划的变迁与台湾历史》⑤ 和《清代台湾地方的开发与岛上对外交通》⑥、王政尧的《简论清初收复台湾》⑦、张先清和谢必震的《清代台湾与琉球关系考》⑧、周翔鹤的《制度、地方官、"汉番关系"：关于清代台湾"番政"形成的一些考察》⑨、安京的《清朝消极治台政策与台湾行政区划的设置》⑩、胡恒的《清代台湾"南雅厅"建置考》⑪、董丽娟的《清代台湾自然灾害与社会应对（1684—1895）》⑫ 等。

二、香港史研究

20 世纪 80 年代初，随着中英两国展开解决香港问题谈判，香港史研究得到了内地学界的极大重视，著作不断涌现，如叶德伟等编著的《香港沦陷史》⑬、姜秉正的《香港问题始末》⑭、余绳武和刘存宽主编的《十九世纪的香港》⑮、彭琪瑞等的《香港、澳门地区地理》⑯ 等。论文

---

① 南昌：江西人民出版社，1990.
② 北京：九州图书出版社，1996.
③ 厦门：厦门大学出版社，1990.
④ 厦门：厦门大学出版社，2001.
⑤ 中国方域：行政区划与地名，1995（1）：21-23.
⑥ 台湾研究集刊，2002（2）：37-46.
⑦ 清史研究，1995（3）：11-21，100.
⑧ 中国社会经济史研究，1998（1）：46-57.
⑨ 台湾研究集刊，2004（3）：59-68.
⑩ 中国边疆史地研究，2008（3）：104-113，150.
⑪ 台湾研究集刊，2014（3）：7-13.
⑫ 广州：暨南大学，2015.
⑬ 香港：广角镜出版社，1982.
⑭ 西安：陕西人民出版社，1987.
⑮ 北京：中华书局，1994.
⑯ 北京：商务印书馆，1991.

则有刘存宽的《英国强占香港岛与所谓"穿鼻条约"》①、徐曰彪的《近代香港华商的崛起（1841年—1900年）》②、郭卫东的《香港开埠初期与内地贸易研究：以〈虎门条约〉第十三款为案例》③、郭双林的《晚清香港设领问题初探》④ 等。

三、澳门史研究

新中国成立以来相当长的一段时间里，内地学界对澳门史的研究十分薄弱，20世纪80年代之前的学术成果寥寥无几。与香港史研究类似，澳门史研究的发展与澳门回归进程息息相关。1979年2月，中葡建交，此后，澳门史研究开始得到学界的广泛关注，大量学术著作先后问世，如费成康的《澳门四百年》⑤、黄鸿钊的《澳门史纲要》⑥、汤开建的《明清士大夫与澳门》⑦、张廷茂的《明清时期澳门海上贸易史》⑧ 和《晚清澳门番摊赌博专营研究》⑨、陈伟明的《明清澳门与内地移民》⑩ 等。此外，黄启臣等编的《澳门港史资料汇编（1553—1986年）》⑪ 为澳门史研究提供了宝贵的史料。而张海鹏主编的《中葡关系史资料集》⑫ 则是研究澳门史必不可少的资料汇编，除中文档案资料以外，该资料集广泛收录了葡、英、法、日等不同语言的档案资料，具有极高的学术价值。

研究论文主要集中在葡澳关系史、政治史以及经济史等领域，如郑炜明的《从有关条约看澳门"附属地"问题》⑬、卜奇文的《清代澳门与广州经济互动问题研究》⑭、张坤的《清代澳门额船制度的完善与演

---

① 世界历史，1997（2）：2-8，128.
② 中国边疆史地研究，1993（3）：89-99.
③ 中国经济史研究，1997（2）：123-130.
④ 近代史研究，1998（6）：176-196.
⑤ 上海：上海人民出版社，1988.
⑥ 福州：福建人民出版社，1991.
⑦ 澳门：澳门基金会，1998.
⑧ 澳门：澳亚周刊出版有限公司，2004.
⑨ 广州：暨南大学出版社，2011.
⑩ 北京：中国华侨出版社，2002.
⑪ 广州：广东人民出版社，1991.
⑫ 成都：四川人民出版社，1999.
⑬ 中国边疆史地研究，1992（2）：80-83，86.
⑭ 广州：暨南大学，2003.

变》①、刘景莲的《从葡萄牙东波塔档案馆藏中文档案看清代澳门的借贷》②、陆晓敏的《葡萄牙人入居澳门再探》③、韩国瑞的《清代中后期澳门人口华洋结构变迁研究》④、朱俊芳的《明清时期澳门人口研究》⑤、张廷茂的《明清时期澳门华人人口总量考》⑥、赵利峰和郑爽的《明清时期澳门人口问题札记三则》⑦、陈伟明和兰静的《清代澳门生活资料的来源与特点（1644—1911）》⑧、陈文源和李琴的《明清时期澳门人口、族群与阶层分析》⑨ 等。

四、海南史研究

改革开放以来，尤其是 1988 年海南建省以后，海南史的研究有了长足发展，特别是谭其骧与杨武泉那场著名的学术辩论之后，海南史的研究不断向纵深发展。其主要成果有谭其骧的《自汉至唐海南岛历史政治地理：附论梁隋间高凉冼夫人功业及隋唐高凉冯氏地方势力》⑩、杨武泉的《西汉晚期至萧齐海南岛不在大陆王朝版图之外：与谭其骧先生商榷》⑪、谭其骧的《再论海南岛建置沿革：答杨武泉同志驳难》⑫、曾昭璇的《先秦至隋海南省行政区划史研究》⑬、房建昌的《关于日本侵略海南岛的考察》⑭ 等。海南开发史以及海南地名研究都是学者关注的焦点，如何瑜的《清代海南开发述略》⑮、纪宗安的《古代移民和海南

---

① 中国边疆史地研究，2010（4）：102-111.
② 历史档案，2018（2）：134-138.
③ 广东社会科学，2005（6）：172-178.
④ 广州：暨南大学，2012.
⑤ 广州：暨南大学，2005.
⑥ 澳门研究：第47期. 澳门：澳门基金会，2008：151-156.
⑦ 华南师范大学学报（社会科学版），2009（6）：144-150.
⑧ 暨南学报（哲学社会科学版），2010（5）：134-142，164.
⑨ 暨南学报（哲学社会科学版），2011（3）：181-187，210.
⑩ 历史研究，1988（5）：3-20.
⑪ 历史研究，1989（6）：109-115.
⑫ 历史研究，1989（6）：116-121.
⑬ 中国边疆史地研究，1993（2）：1-11.
⑭ 中国边疆史地研究，1998（3）：76-84.
⑮ 中国边疆史地研究，1992（2）：38-46.

的早期开发》①、黄进先的《海南开发史略》②、李勃的《"海南"考释》③、倪萍丽的《清代海南建置制度考》④等。整体来看，海南史研究中断代史研究成果丰富，而通史研究则相对薄弱。

除上述这些重要的关注点以外，越来越多的学者开始关注海疆文献整理和海图研究。赵成凯的《〈山东海疆图记〉研究》⑤结合《山东海疆图记》中海防史料记载，对山东沿海墩台、山岛、海运航线展开研究。伍海苏的《〈新译中国江海险要图志〉的海防地理史料价值研究：以广东沿海为中心》⑥，以广东沿海为中心，探讨了《新译中国江海险要图志》的海防地理史料价值。王耀的《清代〈海国闻见录〉海图图系初探》⑦通过综合比对图名、绘图、题记等，揭示了《四海总图》图系、《环海全图》图系和《天下总图》图系之间的关系，并归纳出各图系的特征。此外还有林瀚的《李廷钰与〈海疆要录〉研究》⑧等。

在有关海图整理和研究方面，代表性成果有王秋华的《清代乾隆时期〈七省沿海图〉考》⑨、孙靖国的《开眼看世界的先驱：陈伦炯及其〈沿海全图〉》⑩、奚可桢和卢卫新的《南京博物院藏清雍正时期〈沿海全图〉考略》⑪、姚旸的《万国形势藏轴卷 海疆坤舆汇图说：记天津博物馆藏〈沿海全图〉》⑫、汪家君的《近代历史海图研究》⑬、王颖等主编的《中国沿海疆域历史图录》⑭等。此外，海疆数据库的建设也提上日程。厦门大学图书馆着力收集以族谱、碑刻、田野调查、地方史料为主的民

---

① 暨南学报，1990（4）：109-120.
② 海南师院学报，1995（4）：126-129；1996（2）：101-103；1996（3）：112-115；1996（4）：106-108，112.
③ 中国历史地理论丛，1997（1）：38，80.
④ 上海：华东政法大学，2011.
⑤ 青岛：中国海洋大学，2015.
⑥ 广州：暨南大学，2016.
⑦ 社会科学战线，2017（4）：112-117.
⑧ 南海学刊，2017（1）：96-104.
⑨ 中国边疆史地研究，2008（3）：95-103，149-150.
⑩ 地图，2012（4）：130-131.
⑪ 紫禁城，2011（11）：66-71.
⑫ 收藏家，2011（10）：58-62.
⑬ 北京：测绘出版社，1992.
⑭ 合肥：黄山书社，2017.

间资料和中外文地图资料，构建了独具特色的"东南海疆研究数据库"①。

总之，改革开放以来海疆史研究取得的发展有目共睹，然而我们也应该看到研究中存在的不足与面临的困境。李国强曾将海疆史的研究现状概括为："学术成果丰硕，学术体系薄弱；专题性研究突出，系统性研究欠缺；史实类研究显著，理论类研究滞后。"② 具体而言，除了前文所提及的概念及研究范围模糊问题外，还有如下问题值得思考：

第一，相关史料匮乏，现有的史料亦未得到充分的利用。我国历史上"重陆轻海"思想严重，这导致海疆史的相关史料，尤其是古代史史料相对匮乏，成为束缚海疆史研究的瓶颈。如何通过外文史料及考古发现来弥补传世文献的不足，是海疆史研究需要解决的问题之一。此外，在对现存史料的利用上，国内相关机构保存了一批清末民国时期的档案文献，涉及海域管理、岛屿开发、社会经济等多个方面，然而这些宝贵的资料却没有得到有效整理。如何有效保护、整理、研究这些资料也是海疆史研究亟待完成的任务。

第二，海疆史研究力量分散，没有专门研究机构。当前学界对海疆史的研究缺乏一个整体的规划与协调，这使得学术交流和沟通渠道不够通畅，各研究力量各自为战，课题多有重复，从而造成学术资源的浪费，学术水平难以有质的提升。后继人才的培养和科研队伍的建设也是海疆史研究面临的一大难题，当今还没有一个专门从事海疆史研究的科研机构，在研究队伍新老交替时期，后继乏人的问题尤其突出。这些都不利于科研队伍的建设和后备人才的培养，不利于海疆史研究的深化。

第三，海疆史研究的地位有待提高，学术规范及体系有待完善。海疆史研究长期未受到应有的高度重视，无论是质还是量都无法同陆疆研究史相比。当今海疆史研究的成果与我国如此巨大的海洋疆土以及海洋在国家发展中的重要战略地位都极不相称。无论是学术发展还是现实需求，海疆史研究在哲学社会科学研究中地位的提高势在必行。此外海疆

---

① 郑咏青，王爽.东南海疆研究数据库的构建与发展策略.图书馆杂志，2015（3）：39-46.
② 李国强.新中国海疆史研究60年.中国边疆史地研究，2009（3）：63.

史研究尚缺乏学科建设的整体规划，各个相关专题、领域的研究未形成有机联系。理论建设的进一步完善也是海疆史研究的任务之一。

第四，学习和借鉴海外研究成果的力度不够。涉及中国海疆史研究的国外学术成果已经相当丰富，尤其是以英文、日文和东南亚各国文字发表的学术成果较多，但其中大多数没有被翻译过来，利用得还远不够充分。加强同国外学界的交流，加大对国外著作的翻译与讨论，对我国海疆史研究的健康发展所起到的作用是不言而喻的①。

第五，"致用"是推动海疆史研究深入发展的重要动力，也是海疆史研究的重要目标所在。就改革开放以来海疆史研究的脉络来看，其发展的原因主要还是现实需求的推动，国际争端等现实因素促使海疆史研究发展迅速，但"致用"的同时亦应加强"求真"和"求实"的基础研究工作，要做到厚积而薄发，而不是用全部的力量集中攻克某些现实问题，从而为海疆史研究创造可持续发展的平台，推动其健康平衡发展。

---

① 李国强. 新中国海疆史研究 60 年. 中国边疆史地研究，2009 (3)：50-63.

主要参考文献

1. 蝠池书院. 中国边疆行纪调查记报告书等边务资料丛编：初编. 北京：蝠池书院，2009.
2. 蝠池书院. 中国边疆行纪调查记报告书等边务资料丛编：二编. 北京：蝠池书院，2010.
3. 吕一燃. 北洋政府时期的蒙古地区历史资料. 哈尔滨：黑龙江教育出版社，1999.
4. 马大正. 民国边政史料汇编. 北京：国家图书馆出版社，2009.
5. 马大正. 民国边政史料续编. 北京：国家图书馆出版社，2010.
6. 王庆仁，等. 吴文藻纪念文集. 北京：中央民族大学出版社，1997.
7. 达力扎布. 中国民族史研究60年. 北京：中央民族大学出版社，2010.
8. 胡耐安. 边政通论. 台北：商务印书馆，1970.
9. 马大正，刘逖. 二十世纪的中国边疆研究：一门发展中的边缘学科的演进历程. 哈尔滨：黑龙江教育出版社，1997.
10. 孙喆，王江. 边疆、民族、国家：《禹贡》半月刊与20世纪30—40年代的中国边疆研究. 北京：中国人民大学出版社，2013.
11. 汪洪亮. 民国时期的边政与边政学（1931—1948）. 北京：人民出版社，2014.
12. 王建民. 中国民族学史. 昆明：云南教育出版社，1997—1998.
13. 蔡美彪. 陈寅恪对蒙古学的贡献及其治学方法. 历史研究，1988（6）：58-61.

14. 房建昌. 简述民国年间有关中国边疆的机构与刊物. 中国边疆史地研究, 1997 (2): 93-105.

15. 罗贤佑. 20 世纪中国蒙古史研究述略. 民族研究, 2000 (3): 10-21.

16. 李国栋. 民国时期的民族问题与民国政府的民族政策研究. 兰州: 兰州大学, 2006.

17. 马丹丹. 蒙藏委员会与蒙藏事务研究. 石家庄: 河北师范大学, 2011.

18. 马大正. 当代中国边疆研究 (1949—2014). 北京: 中国社会科学出版社, 2016.

19. 孟森. 清史讲义. 北京: 中华书局, 2010.

20. 汪荣宝, 许国英. 清史讲义: 上册. 上海: 商务印书馆, 1913.

21. 汪荣宝, 许国英. 清史讲义: 下册. 上海: 商务印书馆, 1913.

22. 吕思勉. 中国大历史. 上海: 商务印书馆, 1923.

图书在版编目（CIP）数据

百年清史研究史. 边疆民族卷/孙喆，张永江著. --北京：中国人民大学出版社，2022.9
ISBN 978-7-300-31060-2

Ⅰ.①百… Ⅱ.①孙… ②张… Ⅲ.①中国历史-研究-清代②少数民族-民族历史-研究-中国-清代 Ⅳ.①K249.07②K280.049

中国版本图书馆CIP数据核字（2022）第180279号

国家出版基金项目

黄兴涛　夏明方　杨念群　主编
百年清史研究史·边疆民族卷
孙　喆　张永江　著
Bai Nian Qingshi Yanjiu Shi · Bianjiang Minzu Juan

出版发行	中国人民大学出版社				
社　　址	北京中关村大街31号		邮政编码	100080	
电　　话	010-62511242（总编室）		010-62511770（质管部）		
	010-82501766（邮购部）		010-62514148（门市部）		
	010-62515195（发行公司）		010-62515275（盗版举报）		
网　　址	http://www.crup.com.cn				
经　　销	新华书店				
印　　刷	北京联兴盛业印刷股份有限公司				
规　　格	160 mm×230 mm　16开本		版　次	2022年9月第1版	
印　　张	25.5 插页3		印　次	2022年9月第1次印刷	
字　　数	386 000		定　价	149.00元	

版权所有　　侵权必究　　印装差错　　负责调换